민주화 이후의 공동체 교육

# 민주화 이후의 공동체 교육

한국교육의 새로운 희망과 대안을 찾아서

1판 1쇄 인쇄 ㅣ 2008년 11월  5일
1판 1쇄 발행 ㅣ 2008년 11월 11일 초판 2000부

지은이 ㅣ 심성보
펴낸이 ㅣ 김승희
기획 ㅣ 정광일, 김상진

본문 디자인 ㅣ 글빛
표지 디자인 ㅣ 최시아
교정 ㅣ 조현주

펴낸곳 ㅣ 도서출판 살림터
주소 ㅣ 서울시 마포구 서교동 357-1번지 415호
전화 ㅣ (02) 3141-6553
팩스 ㅣ 02 3141-6555
출판등록 ㅣ 2008년 3월 18일 제313-1990-7호
이메일 ㅣ gwang80@hanmail.net
ISBN 978-89-85321-93-8  93700

한국교육의
새로운 대안과 희망을 찾아서

# 민주화 이후의 공동체 교육

심성보 지음

살림터

# 머리말

 지금 우리 사회는 큰 전환기를 맞이하고 있다. 외형적 민주화는 어느 정도 진척되고 있는 듯하나, 실질적 민주화는 커다란 진척을 보이지 못하고 있다. 억압으로부터 탈출하는 절차적 차원의 소극적 자유는 어느 정도 획득하였지만, 진정 그 자유를 더욱 발전시키고 내용을 채우는 적극적 자유를 위한 활동은 미진하다. 오랜 억압과 권위주의로부터 탈출은 하였으나 학교의 민주주의는 크게 실천되지 않고 있다. 일반 민주주의의 발전에 따라 학교의 민주주의도 동시에 발전되어야 함에도 지체 현상을 보이고 있는 것이다.

 그러기에 이제 민주화 이후의 민주주의, 즉 제2의 민주주의가 개시되어야 한다. 이제 권위주의에 저항하는 민주주의도 필요하지만, 교육 현장에서의 실천적 대안을 마련하는 '실천적 민주주의'를 더욱 착실히 다져나가야 한다. 특히 초 · 중등 학교 현장에서의 민주주의 발전은 좀처럼 진전되고 있지 못하여 학생들은 학교 벽을 넘어 밖으로 뛰어 나가고 있다.

이렇게 된 근본 원인은 구조적으로 지나친 입시 위주의 교육체제 때문이며, 동시에 학교 일상생활에서의 민주적 문화가 정착되지 못한 것, 즉 생활화하지 못한 데 있다. 정치적 민주화의 진전과 함께 국가권력의 민주화는 어느 정도 진전되었지만, 학생들을 민주주의의 직접적 주체로 대우하지 않아 그들은 비시민인 신민적 지위에 머물러 있다. 학생들을 미성숙한 어린이로 취급함으로써 정치적 시민으로 성장시키지 않은 것이다. 학교에서 배우는 민주주의는 지식으로서 암기되었을 뿐 일상생활 속에서 학생을 미래의 시민으로 성장할 주체로서 경험을 시키지 않은 것이다.

　학교의 민주주의가 지체되는 상황에서는 학교현장에 민주주의의 싹이 자랄 수 없다. 학생들이 학교에서 민주주의를 체험하지 않고 곧바로 시민으로 성장할 수는 없다. 교과서에서 민주주의에 대한 지식을 아무리 많이 배워도, 또 학급 자치 활동을 아무리 강조하더라도 담임교사가 학급활동 속에서 구체적으로 자치활동을 시행하지 않으면 교실현장에 구체화되지 않는 공허한 주장에 지나지 않는다. 학교운영위원회의 의결기구화 등 절차의 민주화를 외치면서도 교사가 스스로 학급단위나 학년단위, 그리고 학교단위에서 민주주의를 실천하지 않으면 진정 교육현장에 뿌리를 내리지 못할 것이다.

　이러한 현실에서 설상가상으로 광풍처럼 몰아치고 있는 시장만능주의 또는 시장물신주의로 대표되는 신자유주의 교육정책은 학교에서의 민주주의 정착을 점점 어렵게 하고 있다. 그동안 지나치게 경쟁적인 입시 위주의 교육정책은 학생들이 서로를 잠재적 적으로 여기게 함으로써 학교를 '공동체'라기보다는 '공장'이나 '군대 막사'처럼 변화시키고 있다. 이런 현실임에도 엎친 데 덮친 격으로 신자유주의 교육정책은 학교를 점점 막다른 골목으로 몰아가고 있다.

이런 과도한 경쟁주의적 교육정책은 학생과 학생, 교사와 학생, 교사와 학부모 관계 모두를 소원하게 하여 교육을 더욱 물신화·황폐화함으로써 학교를 더욱 위험스런 위기 상황으로 몰아가고 있는 것이다. 게다가 미국과 영국 등 선진 강대국 중심의 능률과 경쟁을 중심으로 한 신자유주의 교육정책은 민주주의뿐 아니라 공동체의 존립 근거를 위태롭게 하고 있다. 신자유주의는 극단적 개인주의 삶의 양식을 유포하는 경향을 보이고, 효율성이 높은 학교만을 칭송하는 경향이 있기에 학교가 공동체로서 존재하는 것을 매우 어렵게 한다.

신자유주의의 시장화 전략은 복지국가의 이념과 사회의 공공선을 소홀히 하고 사익에 탐닉하게 하는 나 중심주의를 부추기고, 유아독존적 개인주의화나 자유지상주의의 섬에 학생들을 가두어놓고 있다. 그리하여 복지나 권리의 상실, 환경의 마모, 사회의 파편화, 일의 비인간화, 지역의 문화 및 역사의 피폐화, 가족의 붕괴 등을 초래한다. 이렇게 세계화 재편 과정 속에서 나타나기 시작한 신자유주의의 파고는 나와 우리 모두를 절망의 나락으로 빠뜨리고 있는 것이다.

특히 양육강식의 신자유주의는 그동안 아름다운 전통으로 자리 잡아온 우리의 '학급'과 '학급담임'의 공동체적 위상을 크게 흔들어놓고 있다. 같은 학급에 있으면서도 모래알 조직처럼 원자화·개별화되어가는 요즘의 학생들에게 학급의 공동체적 구성원이라는 인식과 끈끈한 연대의식을 갖지 못하게 한다. 입시 위주의 교육과 개인주의의 잘못된 침투는 최근 학생들 사이에 '왕따' 현상을 보이기도 하고, 심하게는 폭력으로 발전하기도 한다. 이런 조건에서는 바람직한 우정의 발전이 어렵고, 더욱이 공동체 의식의 형성은 원천적으로 가로막히는 것이다.

그래서 그런지 요즘 많은 교사들은 교육을 하기가 힘들다고 한다. 특히 학생들의 강한 개인주의 문화 때문에 그들 앞에서 공동체의 의미를 전달하는 것이 쉽지 않다고 하며, 그런 교사들을 학생들은 고리타분하거나 답답한 교사로 여긴다. 분명 독선적인 집단주의의 과도화는 개인을 지나치게 획일적으로 만들 위험이 있기에 자제되어야 한다. '나라의 발전이 나의 발전의 근본임'을 깨닫는 박정희 식의 국가주의는 개인의 발현을 어렵게 하는 이데올로기이기에 삼가해야 한다. 그러나 올바른 가치를 지닌 공동체의 의미조차 거부해서는 안 된다. 우리가 없는 나란 존재할 수도 없다. 정반대로 나 없는 우리도 존재할 수 없다. 이럴 경우 '나'가 숨을 쉴 수 있는 '우리'의 울타리를 넓혀가야 하고, 동시에 우리의 울타리(한계)를 넘을 수 있는 나의 비판의식을 용납해야 한다.

몇 해 전 화제가 되었던 "공자가 살아야 나라가 산다"는 구호는 강력한 공동체를 표방하는 이념으로서 '신보수주의'의 위험이 있으며, 반대로 "공자가 죽어야 나라가 산다"는 구호는 강력한 개인을 표방하는 구호로서 '신자유주의'의 위험을 내포한 극단주의로서 모두 바람직한 대안이 될 수 없다. 전자는 역대 권위주의 정권에 의해 상용되었던 강력한 공동체 이데올로기로서 국가안보의 기제로 악용된 전철이 있기에 바람직하지 않고, 후자는 개인의 이익만을 챙기는 자기중심주의로서 무정부적 개인주의를 범람시킬 우려가 있기에 바람직하지 않다.

부당한 권리 침해에 대해 자신의 권익을 주창하면서도 동시에 아동을 사랑하고 배려하는 의무와 책임을 동시에 지는 미덕을 지녀야 한다. 공동체의 강압이 가져올 위험을 걱정하여 민주주의를 절실히 필요로 하지만, 동시에 민주주의의 요청이 지나치면 권리를 남용할 가능성이 있다. 민주주의를 권리 주창만으로 좁게 이해하면 시민적 덕목으로서 공동체의 가치가 제자리를 잡을 수 없는 것이다. 그러기에 인권을 중시하는 사람은 정직과 성실과 같은 인격의 덕목을 동시에 존중해야 한다. 그렇지 않으면 민주주의자는 타락의 늪에 빠지기 쉽다.

타인의 잘못이나 국가의 실책에 대해서는 정의의 칼날을 들이대며 날카로운 비판을 하면서도 정작 일상생활의 대인관계에서는 폭력적 언행을 일삼는 경우를 많이 보게 된다. 지난날 권위주의 정권하에서 폭력에 대한 저항은 위대한 용기로서 존중되어야 하지만, 정작 그 저항정신이 내면화되어 학생들을 폭력적으로 대하는 행동으로 이어지면 안 된다. 교사가 이런 행동을 보이면 그 피해는 고스란히 학생에게로 전이된다. 이런 태도를 보이는 교사들은 마음의 치유를 받아야 한다. 외부의 폭력을 향한 저항정신은 이제는 내면의 폭력을 향해 저항해야 한다. 외부의 부조리나 폭력에 대한 공격성으로 인해 축적된 내면의 공간에 싹튼 적개심을 씻어내야 한다. 상처 난 마음의 치유를 위해 사랑과 보살핌의 마음을 가득히 채워야 한다. 그래야 진정 교육의 정신이 솟아나올 수 있다.

물론 사랑과 보살핌의 정신을 지나치게 강조함으로써 불의에 타협하거나 인정에 사로잡혀 사태를 공정하게 처리하지 못하는 우를 범해서는 안 된다. 그래서 양극단은 바람직하지 않다. 자유, 권리, 자기 이익만을 주창하면서 양보, 타협, 공동체의 가치를 소홀히 하거나, 제도의 잘잘못을 적극적으로 제기하면서 개인의 삶에서는 불성실한 모습을 보인다면 내외의 불일치를 보여 신뢰를 잃을 것이다. 그러기에 정직이나 성실의 덕목에는 반드시 공정성이나 사회정의의 덕목이 붙어 있어야 하는 것이다. 그렇게 할 때 공동체의 가치는 보수주의와 전통주의로 회귀하지 않을 것이다.

개인주의적 신자유주의가 문제가 있다고 하여 '전근대'의 전통교육으로 돌아가서도 안 되고, 국가의 강압이 지나치다고 하여 '해체주의적' '무정부적' 교육으로 건너뛰어서도 안 된다. 국가주의와 관료주의가 간과하기 쉬운 '효율성'과 공동체주의가 간과하기 쉬운 '자율성'을 우리의 교육은 포용하여 공존시켜야 한다. 강한 공동체주의 문화를 선호하는 '구세대 교사'와 개인주의 문화를 지향하는 '신세대 교사', 그리고 기존의 관행을 지키고자 하는 보수적 교사와 새로운 변화를 요구하는 자기주장이 강한 학생 사이에 가로 막힌 불통과 불신을 뚫어주는 새로운 소통과 신뢰의 다리를 놓아야 한다.

이런 불신과 불통 속에서 갈등하며 제 역할을 찾지 못하는 무기력한 교사들에게 필자는 하나의 대안으로서 '민주적 공동체 학교'의 이상을 제시하려고 한다. 학교를 더 이상 불합리와 억지가 통하는 곳이 아니라, 타협과 협의가 풍성하고 참여와 자치로 가꾸어지는 민주적 공동체를 체험하는 장소로 변모시켜야 한다. 대화와 깨달음이 없이 무의미한 삶을 살아가는 학생들을 학교의 공동체화와 민주화를 통해 새로운 존재로 변화시켜야 한다. 교사에게 따뜻한 보살핌을 받아봄으로써 이타적 존재로 성장하도록 도와야 하고, 교사와 학생의 의사소통을 활성화하고 민주주의를 경험하게 하여 문제를 평화적으로 해결하도록 도와주며 타인에게 상처를 주지 않도록 하는 민주적 공동체 교육을 해야 한다.

지금까지 국가 중심의 교육개혁이 한계에 부딪히자 공교육 개혁의 흐름이 관료 중심에서 교사 중심으로, 교사 중심에서 학부모 중심으로, 이제는 학부모 중심에서 학생 중심으로 이동하고 있음을 주목해야 한다. 학교를 민주적 공동체로 만드는 핵심 주체로서 교사의 역할은 지대하지만, 그들은 이제 학생의 삶과 행복을 위한 것에 집중해야 한다. 그리고 지금 학교를 민주적 공동체로 변화시키는 것이 어려운 이유는 학생들의 힘이 허약하기 때문이기도 하기에, 가장 약한 존재로 있는 학생들이 자신들의 목소리를 내야 한다. 교사는 그들이 목소리를 내도록 도움을 줌으로써 학교를 변화시키는 새로운 동력이 생기는 것이다. 학생들이 자신들의 목소리를 내도록 도와줄 수 있는 교사의 민주적 전문성과 지혜가 절실하게 요청된다.

이러한 문제의식 아래 1부에서는 교육을 상품화하고 학교를 반공동체로 변질시키는 신자유주의 교육정책의 한계를 지적하고, 공공재로서 교육을 지향하는 공동체적 학교는 존중과 신뢰, 배려, 협력, 사회정의, 다름의 가치 등을 중시해야 한다는 점을 주장한다. 그러나 학교가 공동체의 이념을 지나치게 추구할 경우 초래될 전체주의적 위험성을 줄이기 위해 민주주의적 가치를 요청하면서 동질성과 이질성 그리고 친밀성과 익명성의 조화, 공동선과 차이의 공존, 정의와 배려를 동시에 모색해야 함을 말한다. 그리고 학교와 학부모 그리고 공동체의 상호관계에 있어 격리와 분리 모델, 상호 간여 모델, 학부모 지배 모델, 교육시장 지배 모델, 공동체 지배 모델에 대한 논쟁을 통해 새로운 대안을 모색한다.

2부에서는 권리의 담지와 덕목을 지닌 시민, 민족적 시민, 심의적 (숙고적) 시민, 지구적·여성적 시민 등 민주적 시민권의 역사적 변천, 교과서 안의 지식으로 박제된 민주주의를 극복하기 위해 학교에서 직접민주주의 구현을 위한 심의민주주의 심화, 소극적 자유를 넘어 적극적 자유 실현을 위한 참여적 시민 양성을 통한 민주적 시민 교육의 구상, 소극적 자원봉사 활동을 넘어 정치적 의식을 가진 시민의식으로 발전시키는 봉사 학습 등 시민 교육의 다양한 목적을 제시하였다.

3부에서는 교사가 군림하는 억압자의 위치를 넘어서 교육개혁뿐 아니라 삶의 변화를 위해 학생과 함께 노력해야 하며, 학생들의 목소리 강화를 통해 그들을 시민으로 성장시키는 민주시민 교육의 시도, 보살핌과 비판 그리고 성찰 및 동료애를 지닌 민주적 공동체 학교 문화 만들기, 참여민주적 방식의 정의로운 학급운영을 통한 민주적 학급 규칙 만들기, 소통과 탐구 그리고 토론과 담론 등 대화를 통한 민주적 학급 만들기를 제안하였다.

이 책은 교육을 점점 시장화하고 반공동체적으로 변질시키는 국가 교육정책을 수정할 수 있는 차단의 담론으로 기획되었다. 민주적 공동체 학교 건설을 위한 담론은 문제의 인식뿐 아니라, 학교교육의 변화를 위한 실천담론으로서 대안적 기능을 할 수 있을 것이다. 일부 정치인이 제시하는 보수주의와 시장주의가 결합된 '공동체적 자유주의'와는 전혀 다른 관점을 보게 될 것이다.

이러한 문제의식을 가지고 기획된 본 책은 그동안 논문으로 발표하였거나 강연에서 발표한 글, 그리고 이 책을 위해 새로 쓴 글을 추가하여 재구성하였다. 모쪼록 본 책이 민주화 이후의 새로운 대안으로서 제창된 민주적 공동체 교육을 통해 학교 민주주의를 더욱 실천화하고 공고화하여 제2의 민주주의를 앞당기는 계기가 되기를 기대해본다. 우리는 지금 잘못된 제도의 개혁을 위한 '싸움'을 하면서도 남을 이해하고 다른 사람의 이야기를 경청하는 '수양'의 미덕을 동시에 구현한 안仁과 밖義이 일치된 시민의 자격citizenship을 갖추어야 하고, 그 자격을 갖추게 하는 민주적 공동체 교육 또는 민주시민 교육을 절실히 필요로 한다.

　모쪼록 학교와 학급에서 공동체와 민주주의의 절묘한 만남이 이루어져 학교가 새로운 형태로 변화되기를 기대해본다. 이 책의 출간을 계기로 더 많은 소통과 실천적 논의가 이루어져 독자들과 대화와 만남의 물꼬가 터지는 전기를 갖게 되기를 진정으로 바란다. 출판사의 어려운 사정에도 불구하고 출판을 허락한 살림터 정광일 대표님에게 깊은 감사의 말씀을 드린다.

한새벌 연구실에서

심 성 보

# 차례

1부

신자유주의 극복을 위한
민주적 공동체교육

# 1장

# 신자유주의 교육정책의
# 기조와 한계

## 1. 신자유주의 교육정책의 기조

최근 선진 각국에서 활발하게 전개되고 있는 민영화 전략은 동유럽의 붕괴 이후 지난 10년 동안 사회주의권의 급속한 퇴락과 제3세계 진영의 경제발전 전략, 그리고 기존 선진국의 세계자본주의화 방안에 따라 공공부문의 시장화가 가속화되는 과정에서 이루어진 것이다(윤정일 · 윤홍주, 1999 : 241-251).

전근대적인 규제와 제한을 철폐하여 자유로운 시장이 경제를 주도할 것으로 믿었던 18, 19세기의 '고전적 자유주의'가 빈익빈 부익부의 심화, 세계대공황 등의 문제에 직면하자, 그 대안으로 케인스의 '수정자본주의'가 제시되었다. 수정자본주의는 국가가 적극적으로 개입함으로써 시장의 불완전성을 해결할 수 있다고 믿었다. 그러나 1970년대 이후 세계적인 경제불황, 재정적자 누적 등의 문제점들이 노정되면서 케인스적 수정주의의 적절성에 대한 논란이 가열되고, 그 대안으로 비대한 관료국가의 개입 축소와 자율적 시장 기능 회복이 요청된다. 즉, 정부의 시장 개입을 강조하는 케인스의 경제 이론에서 벗어나 아담 스미스의 자유시장 체제로의 복귀와 모든 규제를 해제하는 탈규제 정책을 시도한다. 소위 경제적 자본주의에 대한 고전적 신념에 바탕한 자유시장 경제로의 복귀라고 할 수 있다. 고전적 자유주의의 명제인 시장의 자유주의로의 복귀를 통해 최대의 이익추구와 최소의 손해 회피를 제1원리로 삼고 있는 것이 '신자유주의'이다(김기수, 1997 : 161).

신자유주의에서는 국가가 해결하고자 했던 '문제'를 안고 있던 시장이 오히려 다시 '해결사'로 복귀하고 있다(손호철, 2000). 신자유주의는 20세기 인류의 공동목표였던 경제적 풍요와 사회적 형평의 조화가 신중상주의적인 국가명령적 경제에 의해서가 아니라, 자유경쟁 시장체제를 통하여 달성될 수 있다고 믿는다.[1] 오늘날 많은 나라에서는 복지국가의 효율성 위기에 대처하기 위해 공동체가 시장과 계약을 통해 이루어지는 자유주의의 유사종인 신자유주의를 채택하려고 한다. 신자유주의는 철도산업이나 수도산업 등을 공기업보다는 사기업에 맡겼을 때 효율성이 높다는 '민영화privatization' 전략, 정확하게 말하면 자본축적을 목표로 하는·공적 영역의 '재민영화re-privatization'를 채택한다.

1979년 영국의 보수당이 집권하면서 등장한 대처와 메이저 정부는 1970년대 국공립 학교의 실패, 교사들의 부적절한 교수 능력, 교육비

---

1) 신자유주의가 '작은 국가'를 지향하는 것은 사실이나 '법과 질서', '범죄와의 전쟁'을 선포하는 등 '강한 국가'를 지향하는 부분도 있기에 국가의 개입을 완전히 부정하는 것은 아니라는 점을 두고 케인스주의와의 단절이라기보다는 그것의 '우파적 변형'이며, 자본주의 위기 내에서의 '우파적 국가개입'으로 이해하는 사람도 있다.

의 과잉투자를 두고 기존의 노동당 정부의 교육기회 평등화 정책의 효율성이 떨어진다고 보고 전면적 수정을 시도하였다. 이를 위한 사회적·정치적 조건을 마련하기 위해 효율성이 떨어지고 있는 국가의 주요 기간산업을 민간에게 맡기고, 효율성을 방해하고 있는 노동조합을 약화시키는 조치를 취하였다. 보수당은 지방 교육청이 누리고 있던 공립학교 교육에 대한 독점적 권한을 제거하기 시작하였다.

또한 1990년대에 접어들어 근대민족국가의 공교육 체제에 대한 '구조조정'이 시도된다. 특히 전통적 교육개혁의 효과가 없자, 1980년대 이래 영국(주로 대처와 메이저의 보수당 정부의 교육정책)과 미국(주로 레이건과 부시의 공화당 정부)은 건강, 전화 및 철도 산업, 법인 관리 등 사회의 기능을 가능한 시장 환경에 맡겨둘 때 효율성이 크다는 신자유주의적 정책 아래 국가운영의 기반을 새롭게 마련하기 시작하였다. 구체적으로 말하면 ① 고객이 서비스 제공자를 선택하도록 하기 위해 국가나 기타 독점기관을 약화시키거나 없애버려 공급자 간의 경쟁을 시켜야 한다. ② 국가 지원이나 보조금을 제거해야 공급자가 가장 효율적인 경쟁을 '더욱 순수하게' 할 수 있다. ③ 소비자에게 믿을 수 있는 정보(경쟁하는 서비스 제공자가 사용하는 비용과 수행 능력 등에 대해 정확하고 종합적인 상품이나 비교 자료의 기술)를 제공해야 한다. ④ 소비자가 선택할 수 있는 진정한 기회를 창출하고 그 선택을 자신들이 평가할 수 있어야 한다(Bridges & McLaughlin, 1994 : 1).

이렇게 신자유주의는 당면한 경제 위기의 원인을 국가의 시장에 대한 개입에서 찾으면서 철저한 시장 메커니즘의 복원을 통해 탈출하려는 시장만능론에 기초하고 있다. 이러한 정책은 기존의 복지정책이 생산자의 효율성을 극도로 떨어뜨렸으며, 지금까지 가장 좋은 제도라고 여겨졌던 공립학교 체제가 획일성을 띠고 하향평준화mediocrity, level-ling-down되었다는 평가를 내리고, 교육개혁 조치를 취하기 시작하였다(Whitty, Power & Halpin, 1998 : 14). 그것은 ① 지원구조의 개혁을 통해 국가 지원 학교를 도입하거나 독립학교를 지원하는 형식을 통해 그 동안 막강한 권한을 누리고 있던 지방교육청을 해체시켰다. ② 소비자인 학부모가 소비자의 선택 정보를 얻을 수 있게 학교의 수행 능력에 대해 더욱 많은 비교 자료를 공표하도록 하였다.[2] ③ 자녀들의 학교 선택에서 학부모가 더 많은 선택의 기회를 누리도록 학교 입학에 있어 더 많은 유연성을 갖게끔 하였다.[3] ④ 학교운영위원을 통해 학교를 사업처럼 경영하도록 유도하고 그렇게 할 수 있는 기술을 갖게 하였다. ⑤ 전통적으로 지방교육청이 관리하고 있던 전 영역의 서비스(학교의 정원관리, 청소, 식사조달, 건축 등)를 사적 기관으로 확대하여 경쟁의 장을 활짝 열어놓았다. ⑥ 경쟁적 입찰을 토대로 일의 경쟁을 시키기 위해 학교 감사를 다양한 기관에 열어놓았다. 특히 고등교육기관의 학교 감사를 외부 기관에 맡겨 학교의 경쟁력을 높이려고 하였다(Bridges & McLaughlin, 1994 : 2-3).

이러한 신자유주의적 정책은 기본적으로 다음과 같은 기조에 바탕을 두고 추진되었다.

첫째, 신자유주의적 교육정책은 교육을 '비즈니스처럼businesslike'[4] 운영하겠다는 전문경영 전략 하에서, 국가가 세금을 통해 국민의 교육을 책임지는 공공의 과제였던 교육 서비스를 사적 책임으로 돌리는

---

2) 우리나라도 올해부터 '교육정보 공시제'를 시행하고 있다.
3) 우리나라의 자립형 사립학교, 특수목적 고등학교가 이에 해당한다.
4) 이명박 정부의 '비즈니스 프렌들리'를 생각나게 한다.

'민영화privatization' 전략을 시도한다. 교육의 민영화란 "교육의 공적 성격과는 대비되는 개념으로서 교육에 있어서 사적 권리의 보장, 즉 능력에 따라 자유롭게 다양한 교육을 받을 수 있는 권리를 강화해나가는 경향성"을 일컫는 것이다. 즉, 교육제도의 작용을 결정하는 데 있어서 시장의 힘의 기능을 허용하는 것이다. 국가기구의 축소와 효율적 운영과 함께 정부의 재정 지출 축소 효과를 보겠다는 것이다(Kenway, 1993 : 110-111). 교육부문에서의 민영화 정책은 영국의 공교육에서 효율성이 떨어지고 교육의 기초도 제대로 전달되지 않아 국가의 교육 위기가 도래하자, 1970년 말과 1980년대 초 바우처 제도,[5] 협약학교[6]를 통해 학부모의 학교선택권[7]을 보장하고 사립학교를 확대하는 등 1979

---

5) 바우처(Voucher) 제도(사립학교의 수업료 대신 증서를 사용하여 어느 학교나 입학할 수 있는 교육제도)가 함의하고 있는 정책은 돈을 쓸 수 있는 권한의 조절이라고 할 수 있다. 권한의 이양, 규제의 철폐, 교육과정과 학생선발 등에 대한 결정권 위임, 직원채용과 교사선발 기준의 자율적 책정과 행사와 같은 문제는 바로 권한 공유 등 권력관계를 둘러싼 정치적 문제이다.

6) 공통학교 개혁의 대안으로 제시된 미국의 '협약학교(charter school)' 제도는 모두 단위학교의 자율성과 전문성을 중시하면서 동시에 일정정도의 학력을 확보하기를 요구하는 선택제 학교이다. 미국의 클린턴과 영국의 블레어 정부는 학교기반 경영, 단위학교의 책임경영, 효율성, 학교체제의 개혁, 교사의 전문성 확보와 교사의 권한 강화 등을 통해 보다 세련된 신자유주의 교육정책을 추진해나가고, 자율성, 결정권한의 분산, 지방분권, 학교의 재구조화를 추진하면서 교원노조의 주장도 일정 정도 수렴하려고 하였다(Chubb & Moe, 1990 : 185-229). 이들은 협약학교가 자율성과 다양성이 좀 더 폭넓은 학교 선택을 하게 하고, 다양한 학교 유형의 창출을 가능하게 하며, 나아가 '공립학교(public school ; 공공재원으로 지원되어 운영하는 학교)'의 민영화 등을 열어주어 좀 더 효율적인 경영과 전문성 강화, 그리고 효과적인 학교를 만들 것이라는 이점을 제시했다. 그 대안으로 우파측은 근본적 차원의 학교선택 제도로서 교육구매권이나 개인의 평생교육기금을 대안으로 제시한다(Tooley, 1997). 교육구매권 발급을 통해 자유롭게 학교를 선택하도록 하는 공교육의 구조조정(재편성)은 위에서 아래로 권한을 이양하는 탈중심과 탈집중의 가치를 보여주는 학교현장 중심 경영과 자율성을 중시하는 '자율경영 학교(self-governing school)' 모형으로 나타난다.

7) 신자유주의자들이 선호하는 '학교선택제'는 첫째, 새로운 공급 주체의 자유로운 출현을 가능하게 하고, 둘째, 공립학교를 포함한 모든 학교에서 학생이 감소할 경우 폐교나 교사 방출을 가능하도록 하고, 셋째, 학부모에게 선택권을 행사할 수 있는 무제한적 자유를 주면서 학교 소재지역과 종류에 상관없이 교육비를 제공하고, 넷째, 개별 학교가 자체의 학

년 영국 보수당의 대처가 수상이 되면서 본격적으로 추진한 정책이다.[8]

둘째, 관료적 통제를 제거하여 교육의 효율성을 높이자는 공교육의 민영화 정책은 모든 교육정책을 시장의 원리에 맡기는 시장화marketization 원리를 선호한다. 이는 다양한 능력과 흥미를 계발할 수 있는 자율성을 신장하고, 민주적 통제와 조절이 가능하며 교육의 관료주의를 극복하는 데 중요한 도움을 주기에 국가의 근대화 프로그램에 대한 환멸을 반영하고 있다. 타인과 교육 경쟁을 하도록 하는 '유사시장quasi-market'의 마련은 경쟁력이 없다면 개인이나 국가 간의 경쟁에서도 이길 수가 없다고 본다.[9] 유사시장주의는 경쟁, 효율성, 인간자원 관리, 계약의 이행, 기술적 합리성 위주 등 신경영주의, 기업형 관리구조, 기업경영주의, 경제적 합리주의 방식을 통해 학교를 운영하려고 한다(Cowen, 1997 : 65-68). 새로운 교육용어로 고객, 서비스의 배달, 마케팅, 촉진, 사업계획, 비용 통제, 질guality 평가 등의 개념이 적용되는 등 '교육경영학'이 발달한다(Whitty, Power & Halpin, 1998 : 51).[10]

신자유주의자들은 민영학교가 교육시장에서 더욱 효과적이고 교육

---

생선발 정책을 자발적으로 수립할 수 있도록 하고, 다섯째, 철저히 시장에 귀속된 교육체제를 마련하고, 여섯째, 관료주의와 정치적 힘을 배제하면서 공적 감독이 필요한 경우 최소한의 규정에 그치는 조치를 취하도록 하고 있다.

8) 이명박 정부의 '고교 다양화 300 프로젝트'와 흡사하다.

9) 상품시장의 기능과 개인의 의사결정 방식을 교육 및 복지의 영역으로 확대하려는 시도를 흔히 '유사시장'이라고 이름 붙인다.

10) 교육경영학은 학교가 학생을 위해 무엇을 할 것인가보다는 학생이 학교를 위해 무엇을 할 것인가에 더욱 관심을 갖는다. 승자와 패자를 구분하며 승자에게 이익을, 패자에게 불이익을 주는 시장의 법칙을 중시한다. 이전에는 교육공급자로서 국가가 모든 것을 통제하던 것을 이제 학부모인 교육구매자 또는 교육소비자가 권한을 행사하여 학교를 선택하도록 하는 것이다. 교육을 더욱 시장화하고 민영화(사유화) 형태로 교육 서비스를 제공해야 양질의 교육이 가능하다는 것이다.

소비자의 요구에 잘 부응하는 경영구조를 갖고 있다고 생각한다. 학부모의 선택이란 공립학교 가운데서 더 좋은 학교를 선택할 수 있는 기회를 늘리려는 시도, 민영학교의 학업성취도가 더 우수할 것이기에 민영학교 부문까지 선택을 연장시키기 위해 공공재원을 사용하는 제도의 발전으로 나아간다. 경쟁력이 떨어진 공립을 사립과 경쟁시킴으로써 우수학생 선발이라는 효과를 보겠다는 것이다. 신자유주의자는 근대 공교육체제가 평등을 이루는 데 실패하였기에 그것을 '탈규제화'로써 해결해보려고 한다. 교육의 평등화는 국가에 맡겼을 때보다 시장에 맡겼을 때 더 잘 보장된다는 것이다. 학부모와 학생이 자신들에게 가장 알맞다고 느껴지는 학교교육의 형태를 자유롭게 선택할 수 있을 때 효율성 있는 학교가 된다는 것이다. 사립학교가 공립학교보다 훨씬 효율성이 높은 이유가 바로 학교운영의 제약이 상대적으로 적다는 데 있다는 것이다.

셋째, 신자유주의 정책은 교육개혁의 핵심을 '분권화'에 둔다. 중앙집권화된 교육관료주의를 해체하고 교육기관의 자율성을 보장하면서 단위학교 중심 경영과 학교행정을 포괄하는 '권한이양devolution'의 교육체제를 구축하려고 한다.[11] 권한이양의 흐름은 중앙집권화된 계획의 실패로 인해 대두된 정책으로 학부모의 선택권을 강화하고 지역사회의 학교 참여를 강조한다. 시군 교육청에서부터 단위학교에 이르기까지 교육전문가나 지역사회에 기반을 둔 각종 위원회가 학교운영을 책임지게 하는 권한이양의 전략을 구사한다. 학교의 효율성을 높이기 위해 가장 중요한 전략은 관료적 제약으로부터 자율성을 획득하는 것

---

11) 이명박 정부의 '4 · 15 자율화 조치'와 흡사하다.

뿐이다(Chubb & Moe, 1990. 1997). 시장의 원리에 따른 학교선택권의 옹호는 다양한 능력과 흥미를 계발할 수 있는 자율성 신장, 그리고 민주적 통제와 조절이 가능하다(Cookson, 1992 : 83-99 ; Ruth, 1997 : 90).

교육청 중심 체제는 민주적 통제의 원리에 입각해 있다고는 하나 본질상 관료화되기 쉬워 진정으로 민주적인 체제가 되기 어렵기에 관료화를 지양하고 자율성의 가능성을 찾는 방안을 소비자의 선택에서 찾는다. 그리하여 비능률적이고 비생산적인 원탁에서 만들어지는 관료주의적 교육정책을 극복하고, 위에서 아래로 일방적으로 진행되는 교육개혁 방식과 획일적인 대중적 교육체제를 제거하려고 한다.

넷째, 신자유주의는 국가간여의 증대 없이 비용 효과를 증진시키고자 하는 시장적 기제를 선호한다. 선택하는 소비자가 선호하는 학교는 고객이 좋아할 만한 교육 프로그램을 내세워 학생이 많이 입학하기를 바란다. 신자유주의에 찬동하는 교육정책 입안자들은 개인의 탁월성을 향상시키기 위한 다양한 원칙, 권리, 선택에 기반을 두고 교육 영역에 '자유시장의 원리'를 도입한다. 그래서 교육 소비자가 '합리적 소비'를 할 수 있는 길을 터줌으로써 교육의 효율성과 개인의 개체성을 신장할 수 있는 가능성을 열어준다(Cookson, 1992 : 95). 학생과 학부모는 더 이상 학습자가 아니라 '고객'으로서 교육적 선반에서 가장 좋은 제품을 가려낼 수 있는 기회를 제공받아야 하며, 일률적으로 선택이 배분되는 것은 아니다(Davies, 1996 : 92-93). 소비자에게 인기 없는 학교는 환골탈태하거나 교육사업에서 과감하게 벗어나는 게 좋다. 그렇지 않고 살아남으려면 피나는 경쟁을 해야 한다(Chubb & Moe, 1990. 1997). 시장주의자들은 학생이 받는 교육이 자신의 능력과 노력(업적주의)보다 '부모의 요구'에 의해 좌우되는 교육개혁을 시도한다.

그들은 자유, 경쟁, 선택, 효율성, 수월성, 유연성, 반응, 의사소통, 학부모의 힘, 소비자 등의 개념을 매우 중시한다. 이러한 흐름은 '학부모 통치 이데올로기parentocracy'를 반영한 것이다(Brown, 1994 : 58).

다섯째, 시장의 원리를 선호하는 국가권력은 교육에 대한 강력한 평가 기능을 행사하려고 한다. 모든 교육개혁을 평가를 통해서 촉진하려는 평가만능주의 교육개혁을 '평가 중심 국가evaluative state'라고 부른다. 과정이 아닌 결과 중심의 '사후성 평가'와 수행 평가의 표준화(표준, 교육평가, 수행능력, 경영능력 등)를 요구하고, 더욱 정교해진 정책 수단을 통해 전략적 통제를 하려고 한다(Whitty, Power & Halpin, 1998 : 36-39).[12]

여섯째, 교육 서비스의 포스트포디즘적 다양화와 유연화를 목적으로 하는 학교선택 프로그램들은 '다원주의' 사상과 밀접하게 관련되어 있다. 물론 다원주의가 '가치자유' 교육을 포함하고 있어 도덕적 가치가 허물어지고 있다는 신우파의 도전이 있기에 보수주의의 이념도 부가되어 나타난다(Dougherty & Sostre, 1992 : 27). 신자유주의자들은 개인의 자율성에 대한 고전적 자유주의를 거부하고 공동체를 내세웠다. 개인주의와 소극적 자유에 관심을 가진 고전적 자유주의는 공동체와 적극적 자유를 강조하는 보다 새로운 견해로 대체되었다(Violas, 심성보 역, 1987 : 88-9). 경쟁 경제, 사적 소유, 개인주의, 정부 간섭으로부터의 자유를 철학적으로 정당화하던 고전적 자유주의는 관리 경제, 국가계획, 집단주의 사고, 계획적 변화를 옹호하는 신자유주의와 결합하였다(Karier, 심성보 역, 1987 : 110). 전통적 가치와 기본으로 돌아가기

---

12) 이명박 정부가 들어서면서 각 시도 교육청이 일제고사와 학업성취도 평가, 진단 평가 등 각종 평가를 시행하는 것과 흡사하다.

등 '신보수주의'는 이렇게 적절하게 신자유주의와 결합하여 '신우익' 세력을 형성한다. 신보수주의자의 주장에 따르면, 선택의 필수조건인 교육적 다양성이 공통교육을 포기하여 공교육이 지향해야 할 규준이 쇠퇴하고 전통적 가치가 상실되고 있기 때문에 공통된 규준과 교육과정을 학습하는 학교를 만들려고 하였다(Flew, 1987). 이것은 국가경쟁력 확보를 위해 부가가치가 높은 수학, 과학, 영어, 역사 등을 반드시 가르쳐야 한다는 산업 측의 요구를 반영하고 있다(Whitty, 1989 : 329-341 ; Dougherty & Sostre, 1992 : 27). 신자유주의와 신보수주의는 모순의 관계에 있는 것처럼 보이지만, 이처럼 공생할 수 있는 관계에 놓일 수 있다. 자유와 시장을 강조하고, 사회주의를 강압과 국가독점이라고 공격하며 정치경제는 독점하에 있다고 비판하는 신자유주의는 사회적 질서 · 전통 · 일치를 중시하고 강한 국가를 보장하는 신보수주의와 공생한다(Apple, 1997 : 597 ; Johnson, 1991 : 89 ; Whitty, Power & Halpin, 1998 : 38). 이러한 이원성을 갖는 노선이 결합한 것은 전통적 · 종교적 가치를 지키고, 평등주의자들의 도전으로부터 시장의 힘을 지키기 위한 이데올로기 연대에서 비롯된 것이다(성열관, 1998 : 151). 이런 자유시장과 보수주의의 결합을 두고 '추잡한 신자유주의'라고 강하게 힐난하는 사람도 있다(Johnson, 1991 : 97).


## 2. 신자유주의 교육정책의 한계

첫째, 교육을 시장에서 유통하는 '유사상품psudo-commodity'으로 간주하는 신자유주의는 교육을 공공재public good가 아니라 민간재로 보기에 교육의 전인적 활동을 소홀히 할 위험이 있다. 교육이라는 공공재가 소비자에 의해 주도되면, 시장의 속물성을 보이며 교육정책에 영향을 미치는 합리적 판단자로서 기능하지 못할 뿐 아니라 공동체적 이해나 공공성을 망각하게 만들기 쉽다. 신자유주의를 학교교육의 개혁에 적용하면, 교육은 국가가 국민을 위해 평등하게 베풀어야 하는 공공재의 성격보다는 개인이 스스로 노력하여 확보해야 하는 사적 소유가 가능한 재화의 성격을 강하게 띤다. 아동이라는 인격체를 일반 생산품과 마찬가지로 불량과 우량으로 쉽게 판정해버리고, 불량으로 판정되면 폐기처분하면 되는 상품으로 보는 비인간화의 성질을 띤다.

신자유주의적 교육개혁은 비인격체인 물품의 생산과정과 인격체인 아동을 새로운 존재로 형성시키는 교육사업의 성격이 본질적으로 다르다는 생각을 하지 않는다. 교육을 수돗물과 같이 모두가 함께 마셔야 하는 '공공재public good'가 아니라, 약수와 같이 개인의 선택에 의해 마음대로 선택할 수 있는 '민간재private good'로 본다. 특히 신자유주의적 시장화는 '도구적 합리성'을 제도화하는 경향과 내재적 · 본질적 · 목적적 가치보다 외재적 · 수단적 · 물질적 가치를 선호하는 속물적 성향을 띠기에 공공재로서 교육의 위상을 어렵게 한다(Grace, 1994 : 130-134). 단위학교의 권한 확대와 교사의 자율성 강화가 시장주도의 외재적 동기와 기술합리성 이데올로기에 의해 주도되면, 교사의 전문적 자율성과 내재적 동기를 소홀히 하게 되고, 그것은 필연적으로 도구적 가치에 경도된 경제주의로 나타난다.

교육이란 결코 시장에서 유통되는 상품이 아니라 공공재라는 가치를 생산하는 사업이다. 국가는 교육기회의 균등과 효율성을 위해 최적의 조건을 제공해야 한다. 교육은 국가에 의해 모든 시민에게 제공되어야 하는 공공의 가치사업인 것이다. 단순히 교육은 사용자의 주머니를 통해 이루어지는 것이 아니라 공비를 통해 제공되어야 하는 국가의 복지사업인 것이다(Grace, 1994 : 126-127 ; Halstead, 1994 : 14). 따라서 국가의 온정적 개입은 필수불가결하고 교육의 공공의식이 필요하다. 단순히 소비자의 이해에 따라 취사선택할 수 있는 사적 대상이 될 수 없고 전체 사회 차원에서 책임지고 보장해야 하는 사회공동의 국가적 과제이다(Wringe, 1994). 신자유주의의 주장처럼 공공선은 '개인의 선택이 합쳐진 것'이 아니라 그 이상의 것이다. 개인과 가정이 책임지던 전근대 교육에서 국가가 공적 책임을 지는 근대 공교육 이념이 요청되는 이유가 여기에 있다.

| 시장의 가치(market values) | 종합적 가치(comprehensive values) |
|---|---|
| 개별적 수행능력(학교와 학생) | 개별적 요구(학교와 학생) |
| 세분화/서열화(배치/가려냄/선발/제거) | 공통성(능력이 혼합된 학급/열린 수업) |
| 능력 있는 사람에게 더 많은 자원을 충당 | 약한 사람에게 자원의 충당과 보충을 강조 |
| 경쟁주의(학교 및 학생 사이의 경쟁) | 집합주의(학교 및 학생 간의 협동) |
| 수행 능력의 공헌도에 가치를 둔 좁은 평가 | 다양한 능력과 질에 바탕을 둔 포괄적 평가 |
| 아동의 교육은 교육 경비와 결과와 관련하여 가치를 결정 | 모든 아동의 교육은 내재적, 평등한 가치에 있음을 강조 |

Davies, 1996.

둘째, 시장주의적 교육개혁은 '양'에 기초한 교육개혁을 중시하기에 부과되는 각종 행정사무로 인하여 교수학습의 '질'을 떨어뜨리는 경향이 있다(Whitty, Power & Halpin, 1998 : 112). 시장주의적 교육정책은 학문적 탁월성을 우선시하는 나머지 인간이 본래 가졌던 다양한 독특성을 소홀히 취급한다. 학습결과주의는 교육받는 과정보다는 결과 측면으로 교육과정을 수정함으로써 교육 서비스와 교육 목적의 범위를 좁히고 있다. 교육개혁을 학습 기회의 고양보다는 성과 위주로 이끈다. 학습과정보다 학생의 성취 달성을 더 강조하는 것은 점차 교육과정의 분절과 단위화, 평가할 수 없는 연구 영역의 주변화, 그리고 학생들의 서열화를 더욱 경직되게 만들고 있다(Whitty, Power & Halpin, 1998 : 87). 즉, 본질적 가치와 교환적 가치의 전도 현상이 일어난다. 이 모두가 교육을 공공재로 인식하지 않는 데서 비롯된다.

셋째, 시장의 기제는 학교 간의 불평등과 사회적 격차를 더욱 크게 할 위험성을 내재하고 있다. 교육을 공적 영역에서 점점 배제하여 '사적 영역'으로 남게 함으로써 시민의 권리보다 소비자의 권리를 우위에 두어 학부모의 교육비 부담이 더욱 커진다. 그러기에 선택은 소비자의 권리보다 '시민의 권리'로 접근해야 한다(Whitty, 1998 : 92-94). 시장의 원리는 적자생존의 법칙을 더욱 강화시키는 기능을 하기에 부익부 빈익빈 현상을 심화시켜 사회구조를 양분화하는 경향이 있다. 장기간 노동을 해야 하는 저소득층에게는 그림의 떡에 지나지 않고, 이들 계층 출신의 학생들을 따돌리는 사회적 특권층의 학교가 될 가능성이 있다(Whitty, Power & Halpin, 1998 : 98). 그리고 선택권으로 인해 '있는 집 학생'을 위한 사적 영역이 늘어난 반면, '없는 집 학생'을 위한 공적 영역은 감소됨으로써 교육 불평등이 심화될 수 있다(Apple, 1997). 또 노동자 계층의 학부모 자녀, 즉 가장 어려움을 겪을 불리한 위치에 있는 학생들이 학교참여를 할 수 있는 기회가 배제됨으로써(Carspecken, 1991), 기존의 위계구조를 영속화하여 불평등을 강화할 가능성이 있다. 또 가난한 사람과 잘사는 사람의 사회적 분리를 더욱 확대할 수 있으며 과잉축적의 위험도 있다.

시장은 완전경쟁의 고전적 자유시장이 아니다. 열악한 처지에 있는 학생들의 복지보다는 이긴 자 중심의 적자생존 전략을 선호하는 신자유주의 교육개혁은 실패한 자에 대한 배려가 잘 이루어지지 않고, 공급자의 경쟁과 소비자의 선택 기회를 확장하는 것이기에 복지정책의 엄청난 후퇴를 필연적으로 불러온다.

넷째, 교육자를 '관리인'으로, 학생과 부모를 '고객'으로, 그리고 교육 자체를 '상품'으로 보아 학교선택권을 부여하면, '집단적 선택'을 '개별적 선택'으로 넘김으로써 학교선택이 약자에게 불이익을 가져올 가능성이 있다. 학부모에게 교육선택권을 부여함으로써 학부모의 자유와 참여가 보장되고, 그들의 욕구를 잘 충족시킬 수 있다고 확신하지만 그것의 획득 가능성을 예상하기란 쉽지 않을 것이다(Cookson, 1992 : 95). 개인의 선택을 누가 중재하느냐 하는 사회적 힘과 개인의 공동체적 연루에 대한 이해 없이 단순히 '보이지 않는 시장의 힘'에 의존하는 것은 소비자의 속물적 욕구에 교육을 떠맡기는 것이나 다름없다.

학부모의 개별적 선택이 동등한 교육기회를 제공하는 것처럼 보이지만 그것은 의사결정의 책임을 공공 영역에서 사적 영역으로 옮기는 것과 마찬가지고, 모든 사람을 위한 교육의 질을 높이기보다는 집단적 노력의 가능성을 축소시킬 위험이 있다. 교육이 소비자에 의해 주도되면, 소비자는 시장의 속물성을 보이며 교육정책에 영향을 미치는 합리적 판단자로서 기능하지 못할 뿐 아니라 공동체적 이해나 공공성을 망각하게 만들기 쉽다(White, 1994). 따라서 국가 주도의 복지정책 해체와 공공부문의 예산축소, 그리고 완전한 자유시장 원리 도입 등과 같은 신자유주의는 진정한 의미의 인간의 자유를 보장해주지 않는다고 할 수 있다(정재걸, 1998).

| 친선택의 담론 | 반선택의 담론 |
|---|---|
| 1. 선택은 관료주의를 줄여주고 단위학교의 자율성을 더욱 많이 부여한다. | 1. 학생의 선택은 학교 간 불평등을 증대시킬 것이다. |
| 2. 교육의 선택권을 보장함으로써 교육관리들의 동기, 지도력, 그리고 분위기가 증진될 것이다. | 2. 인종과 계층 간 학생들의 지리적 배분이 이루어져 불평등한 학교선택을 낳아 학교의 분리를 증대시킬 것이다. |
| 3. 교육의 선택 체제가 이루어지면 학부모 참여가 증대할 것이다. | 3. 학습 불능과 장애 등 학생들의 특수한 요구들이 학교선택 체제 아래서는 잘 충족되지 않을 것이다. |
| 4. 선택 체제가 되면 학교는 더욱 다양하고 개혁적이고 유연해질 것이다. | 4. 선택이 이루어지면 사회적 책무성이 상당히 줄어들고, 최소한의 수준도 유지될 수 없을 것이다. |
| 5. 선택 체제가 되면 학생의 학업성취는 향상될 것이다. | 5. 학교의 정보를 얻는 데 비용이 많이 들게 되고, 따라서 높은 사회경제적 지위를 가진 가족들이 더욱 쉽게 접근 기회를 가질 것이다. |
| 6. 경쟁과 시장의 힘은 비용을 줄여주고 효율성을 크게 할 것이다. | 6. 교육의 다양성이 증대하면서 공통교육의 전통은 상실될 것이다. |

Witte, 1992 : 105.

다섯째, 신자유주의의 분권화 전략과 권한이양의 탈규제(자율화) 전략은 겉보기에는 민주화의 외피를 쓴 것 같지만, 단위학교 현장을 중앙에서 직접 통제하려는 전략과 맞물려 있다. 직접 통제의 의도는 교육을 더욱 시장화하겠다는 시도로 보인다. 권한이양은 아래로부터의 내부적·동료적 통제보다는 소비자의 주권과 권리를 중시하고, 소비자의 요구에 의해 학교를 인가하는 경쟁을 통해 시장 기제를 도입하고, 과정보다는 목표에 중심을 두고, 약한 국가통제와 강력한 학교 경영 체제 등과 같은 교육정책을 도입한다(Whitty, Power & Halpin, 1998). 그러므로 여기에는 상위 수준의 행정구조를 민주화하지 않고 낮은 단계에서 모든 갈등을 처리하도록 방치해 책임을 회피하려는 의도가 숨겨져 있다. 본질적인 것은 중앙에서 통제하고 하찮은 일만 하부로 이양하는 것은 진정한 권한이양이라고 볼 수 없다.[13] 의사결정 권한을 학교 차원으로 이양하는 정책은 교사의 자율성과 전문성을 높이는 결과를 낳지 못했고, 학생의 학습 성과에도 별다른 효과를 낳지 못하고 있다.

'보이지 않는 손'에 의해 시장이 움직이려면 관료주의적 국가의 통제는 축소되어야 하지만, 국가의 공적 매개 없이 소비자의 힘에 의해 학교선택권이 확대되면 교사의 '전문적 자율성'이 크게 축소될 가능성도 있다(Halstead, 1994 : 15). 그러기에 교육을 '보이지 않는 시장의 손'에 움직여지도록 남겨두어서는 안 된다. 왜냐하면 그것은 '보이지 않는 주먹'이 되기 쉽기 때문이다. 이렇게 되면 교육활동의 탈숙련화 deskilling와 탈전문화, 그리고 단순사무노동자화proletarianization 현상은 더욱 심화된다(Whitty, Power & Halpin, 1998 : 73, 75). 새로운 시장의 원리로 등장하고 있는 포스트포디즘적인 유연성은 더욱 정교한 또 다른 획일성(효율성, 계산 가능성, 양화, 평가만능주의) 등을 초래하여 교사의 숙련성 발휘를 어렵게 하고, 교사의 연대성을 파괴할 가능성도 커진다.[14]

---

13) 이명박 정부가 교육과학기술부의 권한을 지방 교육청에 이양하려는 조치와 흡사하다.
14) 이 때문에 '교육은 교사에 의해 이루어진다'는 교원단체로부터 강력한 도전을 받았다.

여섯째, 단순히 '보이지 않는 시장의 힘'에 의존하는 신자유주의는 개인을 원자주의적 삶에 매몰시킬 뿐 아니라, '소유집착적 개인주의 possesive individualism'로 몰입시키는 심리학을 조장하는 경향이 있고 (Whitty, 1997 : 88 ; Whitty, Power & Halpin, 1998 : 10, 113), 소비자란 기본적으로 집착적 삶의 유형을 보이기에 '반사회적'이고 '반공동체적' 경향이 있다. 그리고 공동체를 개인의 선택에 기반한 경제적 조직의 차원에서 보기 때문에 공동체 속에 살고 있는 개인은 반드시 도덕적으로 이타적이거나 우애적이지가 않다. 신자유주의는 경쟁적 개인, 자율성, 권리, 자유와 선택 등의 개별적 이념을 원자화하고, 분리와 소외를 심화시킨다(Peters & Marshall, 1996 : 21-22, 44, 56-60). 공동체 정신을 가진 이웃이 자기이익만을 추구하는 고객으로 대체되고, 구체적인 이웃이 추상적인 개인으로 대체되며, 공적 문제가 사적 문제로 전환되기에 공동체와 공동선은 근본적으로 위태로워진다. 이러한 경향을 보이는 소비자가 공정한 경쟁을 하리라고 기대하는 것은 토양에 대한 전제 없이 종자의 힘을 너무 과신하는 것이나 다름없다. 공동체보다 시장을 앞세우고 시민보다 소비자를 앞세우는 것은 개인의 이익을 최대화하는 것으로서 도덕과 윤리를 주변화할 위험이 있다(Grace, 1994).

기술합리성을 중시하는 나라의 경우 문화적 가치보다 경제적 가치를 추종하였기 때문에 빈곤 타파에는 성과를 거두었으나 도덕적 삶의 질은 크게 발전하지 않아 인성의 황폐화를 가져왔다(Cowen, 1997 : 61-65). 이러한 경향은 공동체 속에서 서로 '보살피는 관계'를 갖지 못하게 하는 삭막한 계약 문화만을 만들 뿐이고(Johnson, 1991 : 95), 개인의 권리를 지나치게 중시하고 특권화하는 것은 정의로운 사회질서를 희생시키는 것이다(Whitty, 1997 : 87). 개체성을 사회적 과정 속에서 형성하려고 하지 않는 신자유주의 노선은 신보수주의적 신우익과 결합할 소지가 다분하다(Apple, 1997 : 595-597).

일곱째, 게다가 시장의 기제는 선택권이 '있는 집 학생'을 위한 사적 영역을 증대시키고, '없는 집 학생'을 위한 공적 영역을 축소시켜 불평등의 심화와 '계층 분단' 사회를 고착화하는 경향이 있다. 시장의 원리는 기본적으로 적자생존의 법칙을 더욱 강화하는 기능을 하며, 부익부 빈익빈 현상을 심화시켜 사회구조를 양분화하고 불평등한 사회관계를 감추는 기능을 한다. 시장 기제에 의해 움직이는 학교선택제는 특수아동과 빈민아동을 더욱 가난하게 살게 할 뿐이다. 이것은 학교의 '특수 빈민지구'를 형성하는 것이나 다름없다(Whitty, Power & Halpin, 1998 : 119-120).

효율성을 위해 정책으로 채택된 학교 안에서의 사회경제적 격차의 강화는 교육정책뿐 아니라 주택정책이 맞물려 빚어진 결과이기도 하다. 교육을 전반적으로 상품화하는 전략이나 학부모의 교육선택권을 강화하려는 전략은 마치 학부모에게 다양한 선택 기회를 제공하는 것처럼 보여지나 실은 또 다른 '우수학생 선발cream-skimming'을 위한 불평등 전략이나 다름없다(Whitty, Power & Halpin, 1998 : 119-120). 최소의 투자로 최대의 이윤을 내자는 것이 우수학생 선발정책이다. 효율성이 곧 평등성을 위협한다. 학업 능력이 뒤처지거나 정서나 행동 장애를 보이는 학생은 정책에서 밀려나기 마련이다. 생산성 차원에서만 학생을 보고 평균점수를 깎아먹는 사람을 귀찮게 여기는, 인간의 얼굴을 하지 않은 냉혹한 시장의 법칙이 우수학생 선발정책을 관통하고 있다. 신자유주의적 시도는 학업성취가 열등한 학생이나 사회경제적으로 불리한 위치에 처해 있는 공동체 구성원들에게 불이익을 준다. 선택의 이데올로기에 기반한 교육개혁은 공정하고 포용적인 교육을 가져오지 못한 채 평등주의를 거두어들이고, 사회적 재생산을 바로 곁에서 거드는 차별화된 교육체제를 재구축하게 될 게 뻔하며, 나아가 사립학교의 자유로운 선택은 사회적 계층화를 더욱 조장하고 말 것이다. 또한 교육 소비자의 선택이 입학자격에 있어 학력에 한정된다면 학업성적이 좋지 않은 학생이 자신의 능력을 발휘하기란 애당초 어려울 것이다. 자유로운 선택이 소비자들에게 광범위한 권한을 부여하는 것 같지만, 그것은 소수의 학부모에게만 해당될 뿐 많은 학부모들에게는 오히려 선택 기회가 차단된다. 이렇게 되면 원래 교육시장주의자가 노렸던 교육소비자의 선택 기회 확대가 그 효과를 발휘하지 못할 것이다. 물론 일부 아동들의 교육적 수행능력에서 성과를 거두겠지만 그것은 교육을 분할 통치하는 것이다. 각 지역 교육청에 대한 '차등 지원정책positive discrimination, sliding formula'은 국가가 관료제를 통해 국민에게 집단적으로 교육 서비스와 같은 복지를 제공하기보다 공급자들끼리의 경쟁을 통해 개별 소비자에게 직접적으로 제공하는 신자유주의 전략을 구사하는 것이다(Whitty, Power & Halpin, 1998 : 19, 25).

교육의 시장화 원리에 기반한 자유로운 학교선택권의 원리는 있는 사람의 자녀와 없는 사람의 자녀를 더욱 차별하는 계급화의 기제로 작용할 가능성이 높다. 이렇게 공교육에 시장원리를 도입하는 것은 국가가 져야 할 최소한의 복지적 책임을 개인과 가족의 책임으로 돌리는 것으로서, 교육의 '사유화' 전략일 뿐이다.

신자유주의 교육개혁 전략에서 강조하고 있는 권한이양과 선택의 전략이, 복지체제가 제대로 마련되지 않은 국가에서 정부가 부담해야 할 재정적 책임을 개별 교육기관과 개개인에게 떠넘김으로써 소외집단의 '교육기회 박탈'을 더욱 강화할 위험이 있다. 거기에는 신자유주의적 자본주의 체제 운영이 내적으로 지닌 불평등과 재정의 부족함을 국가가 은폐하거나 최소한 책임을 면제받으려는 의도와 고비용을 수익자에게 부담시키는 이데올로기가 숨겨져 있다(천보선·김학한, 1998). 그리하여 가난한 사람을 더욱 가난하게 만들 가능성이 있기에 수평적 다원성보다는 '수직적 다원성'을 확대 생산할 가능성이 있다(Whitty, 1994). 지위 경쟁에서 탈락하는 사람이 다수를 이루면 계층 갈등이 증폭될 것이다. 이렇듯 이미 불이익을 받고 있는 집단을 더욱 불리한 위치로 몰아넣는 학교선택 정책은 '통합학교'의 이념을 침해하고 있어 계층 및 인종의 분리를 확대 재생산할 위험이 있다.

여덟째, 소비자의 선택과 분권화의 원리를 강조하는 신자유주의 교육정책은 공동체의 동질성을 확보하기 위한 '공통교육common education(미국)' 또는 '종합학교comprehensive school(영국)'의 존립을 어렵게 한다. 소비자의 과도한 학교선택권은 공동체 구성원들의 '분리주의 교육separate education'으로 유도되어 계층 간의 반목과 갈등을 증폭시켜 공교육의 공동체적 기반 자체를 허무는 사회적 위기 사태를 수반할 가능성이 있다(Benn, 1992 ; Whitty, 1997 : 300). 한 사회의 다양한 집단 사이를 사회적으로 통합하고 상호작용과 상호이해를 고양시키는 모든 사람을 위한 공통교육이나 종합교육의 존재를 어렵게 하여 '분리화 현상'이 심해져 고착화되면, 가난한 사람들은 최악의 학교교육 환경으로 떨어질 뿐 아니라, 공통된 이념을 공유할 수 있는 '공적 시민civic'의 형성, 즉 교육의 공적 역할 자체를 어렵게 하는 문화적 해체도 초래할 수 있다(Feinberg, 1991).

아홉째, 자유로운 시장을 통한 경쟁이 최선의 결과를 가져올 것이라고 믿는 신자유주의는 빈부격차의 심화, 실업자 수의 증가 등 사회적 불안정을 높일 뿐이며, 집단적인 사회적 책임을 거부하고 개인의 욕심과 탐욕의 편협한 철학을 사회발전의 토대로 삼는다는 비판을 받고 있다(Cleaver, 2000). 개인의 가치 증가와 선택과 경쟁을 강조하는 신자유주의의 수요자 중심주의나 시장주의 원리는 학교를 효율화하려는 구조조정 또는 재구조화 전략에 따라 학교를 지나치게 공학주의나 경영주의 차원에서 운영하려고 한다.

이러한 신우익의 정치 전략은 개인에 의해 해결할 수 없는 복지나 권리 문제, 환경의 마모, 사회의 파편화, 노동의 재구조화 등의 문제를 낳고, 지역사회의 민주주의를 피폐시키고, 가족을 붕괴시키고, 인간 간의 신의를 조롱하며, 현장과 역사의 결속을 부식시킨다(Ranson, 1993 ; Whitty, Power & Halpin, 1998 : 91). 이렇게 시장의 논리는 소외집단을 위한 교육복지적 배려를 소홀히 하기 쉽고, 사회적 책임을 외면하고 이윤의 극대화만을 추구하는 경향이 있다. 자기이익만을 추구하는 경향이 있는 고객이 공동체 정신을 가진 이웃을 대체하고, 추상적인 시장이 구체적인 이웃을 교체하고, 공적 문제를 사적 문제로 돌리는 시장의 전략은 공교육의 기반 자체를 위태롭게 한다.


## 3. 교육개혁의 제3의 길 모색

영국과 미국에서는 강력한 신자유주의자(시장주의자)와 사회민주주의자나 참여민주주의자 사이에 아직도 치열한 논쟁이 계속되고 있다. 신자유주의자는 시장화와 민영화를 중심 이념으로 하여 선택, 권한이양, 탈규제, 구역 폐지, 격리 폐지, 효율성, 유연성, 다양성 등을 중시한다. 그리고 그것에 바탕하여 세운 협약학교와 자립형 사립학교, 도시기술학교 등을 대안으로 내세운다. 반면 참여민주주의자는 시장화의 숨겨진 교육과정을 주목하며, 공공재로서의 교육과 공적 시민의 양성 그리고 교육목적으로서의 내재적 가치 등을 중시하며, 보통학교와 종합학교 이념을 존속시키려고 한다. 신자유주의자들은 보통학교와 종합학교의 획일성과 하향 평준화 경향을 우려하며 교육복지 정책의 전면적 수정을 주장한다. 이에 대해 사회민주주의자(또는 참여민주주의자)는 이런 효율성 중심의 교육경영학적 정책이 빚은 극단적인 불평등화와 개인주의의 극단성을 매우 우려한다. 교육은 모든 시민들의 보편적 복지권이며, 모든 사람이 혜택을 누리는 보통교육이고 무상교육이어야 하는 것이다. 그래서 교육은 사회적 통합을 목적으로 하는 공공재를 재배분하는 주요한 수단이어야 한다는 '사회민주주의social democracy' 이념이 제창되었다(Peters & Marshall, 1996 : 3).

이렇게 경제적 효율성을 중시하는 시장주의자와 참여적 정치를 중시하는 민주주의론자들은 도무지 친화성을 보이지 않는다. 민주주의론자들은 시장의 가치를 옹립하는 오늘날의 교육개혁이 교육을 상품을 사고 소비하는 것과 똑같이 보는 것은 교육을 심각하게 황폐화한다며 민주주의를 위한 정치적 투쟁을 해야 한다고 할 만큼 깊은 우려를 표명한다. 이와 달리 시장주의자는 시장의 가치 옹호가 교육의 민주주의를 주장하는 관점과 양립할 수 있고 또한 민주주의 원리를 구현하는 자율성의 개념에 비추어볼 때 그렇게 대립할 일도 아니라며, 교육의 민주적 통제보다 시장의 작동 원리가 더 효과적이라는 역설적 논리를 편다. 신자유주의자들은 개체적 자율성을 선호하지만, 참여적 민주주의자들은 공동체적 참여의 자율성을 옹호하면서 민주주의 수호를 위해 기업문화를 교육문화에 직접적으로 적용하는 것에 강하게 저항한다. 교육의 시장주의자는 개체주의적 자율성이 협소한 개념이기는 하지만 현실적으로 옹호하지 않을 수 없고, 제한된 민주주의 개념을 사용하지 않을 수 없으며, 자본주의 지향적 교육 또한 현실로 받아들이지 않으면 안 된다고 본다.

민주주의론자가 볼 때, 이렇게 되면 신자유주의적 결정은 개인의 선택에 한정되고 공동체나 국가의 선택은 차단된다. 교육의 민주주의론자는 학습사회와 공공의 영역에서 좋은 교육을 향유하기 위한 집단적 숙고를 할 수 있도록, 개인으로 하여금 공동체적으로 맥락화하는 자율성을 옹호하는 입장을 취한다. 반면 시장 중심적 신자유주의는 잠재적으로 아이들의 흥미와 관심을 신장시킬 수 있고 아이들을 다양한 개성을 지닌 자율적 개인으로 키울 수 있다고 믿는다. 하지만 그것을 비판하는 사람들은 신자유주의적 교육정책이 국가의 공적 간여를 축소시키고 전통적 권위와 교육의 공통가치의 전수를 어렵게 한다는 회의론을 편다.

우리 사회에서도 시장주의적 신자유주의 교육개혁론자와 공교육의 기회균등 이념과 복지를 중시하는 민주주의론자가 대립하여 좀처럼 대화가 이루어지지 않고 있다. 교육의 공공성과 평등 및 복지의 이념을 주장하는 '공교육 강화론자'와 학부모와 학생에게 무한한 선택 기회를 주어야 한다는 시장주의적 경향을 보이는 '탈학교론자'가 대결하고 있다. 신자유주의의 유연한 수용을 주장하는 사람이 있는 한편 절대적으로 우리의 교육현실에서는 수용할 수 없다는 강한 반대도 있다.

영국의 보수당 정부는 강력한 시장의 원리를 통해 교육개혁을 추진한 반면 노동당은 전통적으로 시장의 원리에 대해 비판적 입장을 취해왔지만, 최근 시장의 원리를 비판적으로 수용하면서 민주주의 원리를 보존하고자 하는 제3의 길을 모색하고 있다.

신자유주의 정책을 처음 시도한 보수당(대처) 정부와 그것을 넘어서려는 신노동당 정부는 그동안 공립학교의 학력 쇠퇴를 극복하기 위해 아카데미academy 학교를 대폭적으로 신설하면서 국가경쟁력을 확보하고자 하였고, 또 다른 한편으로 열악한 지역의 가난한 계층의 자녀들을 위한 교육복지사업으로서 교육투자 우선사업EAZ과 도시 내의 수월성 추구EIC를 위한 사업을 의욕적으로 실시하였다. 최근에는 웰빙을 위한 교육으로의 정책 전환을 시도하는 학교의 확장 정책을 통해 가정 생계를 꾸려야 하는 열악한 어머니들을 위해 아동의 양육(돌봄)과 교육(학업성취)을 동시에 구현하는 정책을 실시하였다. 즉, 아동의 교육 수준 상승과 아동의 웰빙을 동시에 구현하고자 하는 양면 전략을 구사하였다. 그러나 이 정책은 학교를 경쟁체제로 달리게 하면서 그것의 과속으로 인해 발생한 상처(잔병들)를 복지체제로 시술하고자 하는 것이기에 근본적 해결은 되지 못한 미봉책에 지나지 않았다. 교육경쟁 체제의 하나로 도입한 민간운영 방식 학교인 아카데미 학교의 증대는 모든 아동을 과잉경쟁으로 몰아넣어 필연적으로 학교의 양극화를 초래하여 아동 폭력화를 증대시켰다. 그렇기에 그 상처를 부분적으로 치료하고자 하는 것은 근본적 해결방법이 되지 못한다. 신노동당 정부가 집권하면서 1965년 1,180개였던 문법학교를 161개로 묶어놓음으로써 엘리트 코스로서 선별적 학교였던 문법학교grammar school의 힘을 약화시키며 단일한 통합형 학교인 중등종합학교인 현대학교modern school를 확대함으로써 평등주의적 포용주의 교육정책이 어느 정도 성공을 거두었다. 그러나 민간위탁 운영체제인 아카데미 학교의 확대 등 준시장화 정책으로 기울어 영국의 종합학교 제도는 거의 공멸할 처지에 놓이게 되었다. 다양성과 선택에 기반한 준시장화 정책은 종합학교의 근간을 허물어뜨려 교육의 양극화를 초래하였다. 이로 인해 블레어 정부에서는 우파인 보수당과 좌파인 노동당을 구별 짓기가 어렵게 되었다. 이렇게 교육을 양육강식의 경쟁적 전쟁터로 몰아넣고 학교 간의 전국 비교 성적표를 공개하여 교육제도의 목적을 상실하고 창조적인 민주적 제도의 존립을 어렵게 하였다. 개방적 교실과 발견학습, 혼합반 제도, 학생 주도의 학습방법 등 진보주의 교육 방식을 철폐하고, 능력별 반편성 제도를 도입하여 일부 사회경제적 계층에 유리한 교사 위주의 전통적 교수법인 '기본으로 돌아가기' 교육정책을 시도한 것은 신보수주의 우파적 이념으로 돌아간 것이나 다름없다. 이는 신자유주의와 신보수주의가 결합한 것이라고 할 수 있다. 기본을 중시하더라도 아동의 흥미와 관심을 중시하는 인간 중심의 '진보주의 교육'을 포기해서는 안 될 사안이었다.

많은 영국 교사들은 지금 전국적 학력평가에 시달리고 있다. 시험기술의 암기식 학습태도를 양산하고 있는 것이다. 이로 인해 교사의 의욕소진, 무기력, 탈진 현상까지 나타나고 있다. 또 비판적 성찰 능력을 약화시키고, 본질적 가르침을 어렵게 함으로써 교사의 탈전문화를 급속하게 진행시켰다. 나아가 미래의 민주적 시민의 실종을 초래하게 하였다. 결과적으로 학생들의 '탈인격화(비인간화)'를 초래하고 있다. 교육이 갖는 독특한 성격을 고려하지 않고 일반상품처럼 소비자 권리를 채택함으로써 공적 성격을 갖는 시민권을 외면한 결과이다. 앙상한 개인주의와 개인의 이윤 동기가 잘못 투입되어 각종 교육문제 및 사회문제를 낳은 것이다. 그러기에 공공의 서비스를 시장에 양도하는 것은 민주주의를 포기하는 것이나 다름없다. 사회정의라는 허울 좋은 정치적 수사는 실제 공동선의 구현을 약화시키며, 모든 시민을 돌보는 국가의 복지사업을 시장에 팔아치우는 조치는 사회정의와 공동선을 쇠퇴시킬 것이다.

불리한 계층을 위한 교육복지 사업으로서 EAZ가 '이념'보다는 '조직'에, '목적'보다는 '기법'에 몰두함으로써 사회정의에 커다란 기여를 하지 못했다. 사회정의의 이념이 시장의 힘에 비굴하게 굴종함으로써 공공선이 축소되어 가는 국면을 보여주었다. 교육의 목적보다는 경제적 이익을 우선하는 시장의 힘을 도입하고, 경제적 기능을 과도화하여 교육목적에 대한 협소한 경제관을 도입함으로써 하층계급의 사회적 상승(접근기회)을 차단하였다. 사회적 선을 위한 잠재적 경쟁자를 배제하고 소수자의 특권을 확대함으로써 공동선보다 분열과 불평등을 조장하였다. 그리하여 노동계급의 사회적 배제가 초래되고, 사회적으로 불리한 집단을 자격증 취득을 위한 싸움으로 몰아넣고 있다. 그래서 영국사회는 지금 사회적 약자를 배제하는 살벌한 적자생존 분위기가 팽배해 약자를 위한 복지와 사회적 포용의 허용 범위는 점점 줄어들고 있다.

그런데 신자유주의적·경제적 경쟁과 효율성 그리고 민주주의적 평등과 참여를 조화시키고자 하는 중도적 제3의 길을 제창한 기든스와 영국의 블레어 총리가 실제로는 신자유주의 노선에 경도되고 있다는 비판을 받았다. 블레어 정부가 1990년대 중반 제3의 길을 선거전략으로 제시하기는 했지만, 시장경제와 민주주의를 효과적으로 결합하지 못한 누더기식 교육개혁으로 인해 영국의 교육현실을 황폐화시켰다는 평가가 나오고 있다.

아직 '제3의 길'이 실험 단계에 있기에 결론적 판단을 내리기에는 이르다. 하지만 오늘날 보통학교의 사회민주주의적 접근이 그동안 새로운 상황에 부합하는 공교육 개념을 거의 발전시키지 못했다는 비판이 제기되고 있다. 또한 사회민주주의적 모델에 지나치게 집착함으로써 교육에 있어 사회계급적 불평등의 재생산에 대해 효과적으로 도전할 수 있는 대중적 에너지를 치명적으로 탈정치화시켰다는 뼈아픈 자성도 일고 있다. 이런 대립적 관점에 대해 양 입장이 서로 오개념을 사용하여 싸움을 벌일 필요가 없다는 제3의 대안적 논리로서, 교육의 기회 선택을 적극적으로 제공함으로써 '민주주의 수호자'가 될 수도 있고, 평등을 위한 '교육재정의 수호자'도 될 수 있다는 주장도 나타나고 있다(Tooley, 1997 : 74, 85).

신자유주의의 반공동체적 본질과 공교육을 공동체적 위기로 몰아간 원인을 철저하게 인식해야 한다. 그리고 교육개혁에 막강한 영향력을 행사하고 있는 영미의 교육개혁 담론에서 배울 것과 배우지 말아야 할 내용이 무엇인지 면밀히 검토해야 한다. 우리는 아직 민주주의가 미완성된 현실에서 교육현장 속에 민주주의를 뿌리내려야 하며, 서구식 교육개혁의 수입품을 어설프게 모방해서도 안 된다.

# 2장

# 신자유주의 극복을 위한
# 공동체주의 교육사상

## 1. 기로에 선 학교교육

전통적으로 우리 사회는 공동체로서의 학급을 사회생활을 익히게 하는 주요한 단위로서 중요시하였다. 또한 학급담임은 학급 구성원을 공동체의 일원으로서 생활 지도하는 주요한 교육자로 인식되었다. 학급담임을 맡지 않는 교사는 진정 교사가 아니라 학원강사와 같다는 인식이 각인될 정도로 학급의 공동체적 기능은 매우 중시되었다. 그런데 지금의 한국교육은 학생 간의 치열한 경쟁으로 서로를 잠재적 적으로 삼아 학교는 '공동체'라기보다 '공장'이나 '군대막사'처럼 변질되고 있다. 게다가 세계화의 물결로 나타난 서구의 신자유주의 조류는 학교의 공동체적 기능을 더욱 약화시켜, 그 파고가 한국의 전체 학교교육을 휩쓸고 있다.

신자유주의에 기반한 교육시장화 정책은 학생들의 심성을 더욱 난폭하게 만들고 비인간화하는 경향을 보이고 있다. 신자유주의 정책은 서로의 관계성을 돈독하게 해주는 학교의 공동체성을 약화시켜 학생과 학생, 교사와 학생, 교사와 학부모 관계를 삭막하고 소원하게 하는 인간소외 현상을 조장한다. 새로운 사회를 예고하는 인터넷 문명의 등장과 함께 출현한 신세대 문화는 학생들 사이에 '나' 중심주의 사고와 사적 생활 제일주의를 팽배하게 하였다. 교사들 또한 동료들과 친밀한 관계성을 크게 상실하여 학교의 공동체적 리더십을 발휘하지 못하게 한다. 학교와 학습의 일원으로서 공동체의 친밀한 구성원이어야 할 학생들뿐 아니라 교사들도 모래알 조직처럼 원자화·개별화된 객체로 존재한다. 게다가 학생들은 치열한 입시경쟁으로 더욱 반공동체 경향을 보인다. 아이들은 같은 학급에 있으면서도 서로를 멀리하고 질시하는 현상을 보이고 있다.

이러한 현실은 공동체로서의 학교 및 학급의 필요성을 더욱 자각하게 한다. 몇 년 전 우리 학교도 거의 붕괴되고 있다는 우려가 나타나면서 공동체에 대한 관심이 증폭되었다. 학교교육 상황에서 맺어지는 인간관계의 총체적인 파괴(교사와 학생 – 학부모의 의사소통 단절을 넘어서 상호 불신과 적대적인 관계 형성), 학교교육의 무력화(수업과 생활지도의 완전 실패) 등 학교교육의 존재조차 부정되는 심각한 우려가 증폭되어 나타났다. 이러한 현상이 '교실 붕괴', '교실 파괴', '무너지는 교실' 등의 용어로 표현되면서 커다란 사회문제로 대두되었다. 이러한 위기 사태는 주입식 교육, 공교육의 획일화, 권위주의적 학교체제, 교사의 권위주의적 태도, 학생의 지나친 주장 등이 복합적으로 맞물려 나타난 결과일 것이다. 그것은 근원적으로 한국의 근대 공교육이 안고 있는 국가주의 교육의 한계가 노정되면서 불가피하게 나타나는 보편적 현상으로 보인다. 사회 전반적으로는 교육의 경쟁지상주의와 삶의 개인주의가 합작하여 빚어낸 결과일 것이다.

이러한 총체적 위기 속에서 탄생한 것이 공동체주의이다. 물론 현대는 개인이 주체적 결단을 통해 살아가는 개인주의 사회인데 전근대적인 공동체 사상이 무슨 필요가 있는지 의문이 제기되기도 한다. 그러나 공동체가 없으면 인간은 존재할 수가 없다. 우리는 어쩌면 공동체의 덕을 보고 있음에도 불구하고 그것을 망각하고 있는지도 모른다. 그렇다면 공동체의 필요성을 교육을 통해서 전달해야 하며, 학교체제를 공동체적 관점에서 다시 구현해야 한다. 이러한 문제의식에서 공동체주의와 이를 교육적으로 복원하고자 하는 공동체주의 교육사상의 등장과 변천, 그리고 공동체 교육사상의 현대적 의의를 논의하고자 한다.

## 2. 공동체주의 교육사상의 등장과 변천

신자유주의의 태동으로 학교 공동체가 위기에 봉착하자 그 대안으로 '공동체주의'가 등장하고 있다. 1960년대의 지배적 이데올로기가 '집단주의collectivism'였다면, 1980년대는 '개인주의individualism'가 지배하였다. 그러다가 1990년대 초에 '공동체주의communitarianism'가 세기말적 위기를 구출하려는 대안적 이념으로 등장하였다(Wilcox, 2000 : vii). 공동체주의는 자본주의와 사회주의를 넘어선 제3의 이념으로 제창되고 있다. 공동선과 미덕을 추구하는 공동체주의자들은 개인주의적 자유주의, 원자주의가 초래한 도덕적 공백을 극복하는 대안으로서 공동체의 현대적 복원을 시도한다.[1] 특히 국가 교육정책에 있어 시장화와 민영화를 추진하는 신자유주의의 시도가 학생들을 더욱 비공동체적으로 살아가게 한다고 비판한다. 오늘날 대부분의 학교 분위기는 공동체성이나 협동보다는 개인주의와 경쟁을 부추기는 경향을 보이고 있다.

그러기에 주요한 사회적 의제로서 공동체를 요청한 학교교육의 개혁 흐름을 분명하게 추적할 필요가 있다. 공동체 개념이 오늘날 왜 재출현하고 있는가? 듀이가 제창한 공동체 개념[2]이 100여 년 이상 잠들어 있다가 이제 다시 학교에서 왜 공동체 개념이 부활되고 있는가? 이 해답을 찾기 위해서는 지난 100여 년의 교육사―특히 미국과 영국을 중심으로―를 거슬러 올라갈 필요가 있다.

미국의 공교육 초기에는 학교에서의 공동체 감각은 농촌마을이건

---

1) 공동체주의는 전통적으로 아리스토텔레스, 헤겔에서 시작하여 현대적으로는 맥킨타이어, 샌들, 테일러 등에 의해 제창되고 있다. 공동체주의는 경제적 불평등에 대해 심각한 도전을 하지 않고, 사회적 불평등에 대해 어떤 새로운 해답을 내놓지 않으면서 자본주의를 묵시적으로 인정하는 사회주의와 자본주의의 중간쯤에 있다고 볼 수 있다. 공동체를 경제적 환경의 산물이 아니라 공유된 도덕의 산물이라고 보는 면에서, 확고한 도덕성에 입각한 도덕교육적 수사어를 사용하기 때문에 실제 공동체들 간의 갈등하는 주장들과 관계들을 무시하는 경향이 있다는 비판을 받고 있다. 또한 공동체주의가 극단적 보수주의 교육운동이라고 믿는 자유주의자들도 있다.
2) 공동체(community)는 어원적으로 '함께 공유함(communal, sharing together)'이라는 의미를 갖고 있다. 공동체는 '나누고(distributed)' '함께하며(shared)' '구성적(constructive)'이기에 교육행정의 지도력에 있어 배타적이어서는 안되고 참여적이어야 한다. 공동체는 학생들과 교사를 자신들보다 의미 있는 것, 즉 공유된 가치와 이상에 특정한 방식으로 묶는 끈이고 울타리이다. 공동체는 자발적 의지에 의해 결속되고 공유된 아이디어와 이상의 묶음에 결속되는 개인의 집합이다. 이같은 결속과 연대는 '나'의 집합을 집합적 '우리'로 변혁시킬 만큼 견고하다. 공동체는 교사와 학생들을 '나'의 집합에서 집합적 '우리'로 변화되도록 도움을 줄 것이다. 학교에서의 공동체 건설은 새로운 종류의 관계를 발전시키고, 새로운 끈끈함을 창조하고, 그리고 새로운 헌신을 만들기 위해 여러 일들을 달리 다루기 위한 공유된 탐구를 하는 것이다.

도시 지역이건 상대적으로 동질적인 정치적 '감시'를 받고 있는 학교와 이곳을 둘러싼 지역사회 간에 존재하는 폐쇄적 유대의 산물로서 '주어진' 것이었기에 이슈가 되지 못하였다. 학교는 상대적으로 동질적 지역사회의 문화와 가치를 반영하였고, 나아가 지역사회의 '센터'로서 기능하였다. 학교의 공동체적 본질은 당연한 것으로 여겨졌다. 학교와 지역사회는 사람들이 면대면으로 만나고 서로의 일을 알고 지낸 끈끈하게 얽힌 조밀 집단 속에서 유기적으로 연관된 것으로 여겼다.

그러나 19세기 후반~20세기 초반부터 유기적 관계가 서서히 변하였다. 도시로 몰려든 대량 이민, 기술적 발전, 산업의 팽창, 자본주의의 성공과 결합된 국가적 정체성의 증대 등 몇 가지 요소에 대응하여 진보적 학교 개혁자론들은 이민자의 미국화를 통하여 사회적 불안을 통제하고 팽창하는 산업사회의 요구에 기여하는 '공통의' 학교체제를 창조하려고 시도하였다. 학교의 지도자들은 도시산업사회의 새로운 경제적 · 사회적 조건에 맞게 학교를 '재형성'하려고 시도하였다.

중앙집중화, 표준화, 학생을 분류하고 평가하는 과학적 관리, 정치로부터의 학생 분리는 학교를 재형성하는 선택의 도구였다. 공립학교의 목적은 아동들에게 지역사회의 생활을 준비시키는 것이 아니라, 산업화된 거대 미국사회의 '생산적' 시민을 교육하는 것으로 이동하였다. 학교의 지배구조는 전문인과 다수 엘리트로 구성된 학교위원회에 맡겨졌고, 산업조직에서 사용되었던 효율적인 위계구조와 과학적 관리를 모방하기 시작했다. 효율적인 '걸러내기' 장치는 표준화된 검사에 의해 학생들을 '등급화'하고, 학력의 성공은 그것에 의해 결정되는 경쟁 시스템이었다. 말하자면 학교는 점점 관료화되고, 비인간화되고, 지역적 가치와 문화와는 더욱 단절되며, 학생들의 학습은 더욱 경쟁적으로 되어갔다. 평가 중심 국가 교육정책은 교육의 반공동체화를 초래하였던 것이다.

이러한 과학적 관리와 산업조직의 뚜렷한 성공에 직면하여 위기의식을 갖게 된 듀이Dewey는, 1900년 초 공동체의 요청을 거의 무시하면서 오직 일터를 준비하는 교육의 부정적 영향에 대해 통찰력 있는 혜안을 제시하였다. 사회의 아노미 현상과 개인주의의 극단을 극복하기 위해 듀이는 통합적인 공동체주의와 발달론적 개인주의, 아동의 흥미와 관심(아동중심주의) 및 사회적 요구(사회적 재건주의)를 조화시키는 진보주의 교육을 제창하였다(Sadovnik & Semel, 1998).

학교는 '조직organization'에서 '공동체community'로 더욱 변화하였다. 20세기를 통해 공립학교의 '이익사회Gesellschaft'로의 이동이 계속되었고, 세기 중반까지 관료적 조직의 특징은 개인주의와 경쟁의 가치와 함께 미국 공립학교에서 확고하게 구축되어갔다. 1990년대 종종 '지방분권화'와 같은 개혁적 노력이 시도되었지만, 중앙집권화와 표준화를 위한 힘은 여전히 국가표준, 국가규정의 학습목표로서 중시되었다. 20세기 말이 되면 미국 공립학교 체제의 학교교육과 학습에 대한 가정이 이전처럼 확고하게 합리적·기술적 도구 기제에 바탕을 두게 되었고, 이들 기제는 거의 도전을 받지 않는 학교의 공적인 문서로 전달되었다. 이러한 과정은 다음과 같은 가정에 바탕을 두고 있다.

- 학교의 목적이 학생을 일터에 준비시켜 국가의 경제적 이익에 기여하는 것이기에 '도구적'이다.
- 이러한 도구적 목적을 달성하는 학교의 성공은 측정할 수 있는 학업 성취에 의해 합리적으로 결정될 수 있다.

- 학교 학습의 개인적 동기가 학업 성취의 개별적 척도에 성공적으로 도달하고 다른 학생과 경쟁하며 미래의 경제적 번영을 확보하기 위한 도구이다.
- 가르침은 기술적 문제이고, 학교와 교사는 측정할 수 있는 학생들의 학업 성취를 위해 책임져야 한다(Furman, 2003 : 6-7).

많은 학교교육 비판자들은 청소년들의 사회적 소외, 의미와 목적을 결여한 피상적 교육을 하는 공교육의 지배적 모델이 오늘의 '불행한 결과'를 초래하고 있다고 지적한다. 그래서 20세기 후반 '관료주의'에 대해 광범위하게 일어나고 있는 문제의식은 학교에게 더욱 '공동체적' 모델을 요청하고 있다. 그것은 20세기 후반 이익사회화로 인해 사회적 응집력이 붕괴되고 있기 때문이다. 지역사회, 이웃, 교회, 심지어 가정조차 이전의 경우처럼 중요한 사회적 역할을 하지 못하는 심각한 사태가 발생하였다. 엄청나게 확장된 사회적 유동성으로 인해 우리는 이웃과 별다른 연계를 맺지 못하고 있다. 또한 변화된 가족구조는 이전보다 안정적이지 못하고 지원구조가 크지 않으며, 삶에 있어 동질감과 공동체의식을 약화시켰다. 그래서 학교는 우리 삶에 있어 공동체 감각을 재창출하기 위한 영역으로 간주되었다. 교사의 불만과 학생의 학교 실패는 함께 채워야 할 공동체적 공간으로서 장소와 사람의 강한 정서적 유대가 결여되고 있음을 보여준다.

이렇게 1980년 후반에는 학교에 공동체 개념의 재출현이 요청되었다. 이는 지나치게 관료주의적이고 비인간적 특성을 보이는 '조직'을 교정하려는 것일 뿐 아니라 해체된 가족과 이웃의 사회적 연대를 벗어나 다시 소속감을 갖게 하는 새로운 장소로 재창조하려는 것이다. 학교를 공동체로 보기 시작한 것은 학교가 '형식적 조직formal organization'이 되고 있다는 비판에서 시작된다. 조직으로서의 학교인 게젤샤프트(이익사회)를 게마인샤프트(공동체사회)로 만드는 것이다. 실제 공동체가 존재하지 않고, 연대의식이 없는 이익사회와 달리 공동체사회는 특정한 장소(마을, 이웃, 학교 등)에서 상호작용하고 의존하면서 정서적 유대를 맺는 것이고, 공유된 가치와 신념과 연결되는 것이다(Raywid, 1993). 학교의 공동체 이념 설정은 특수한 사회구조보다 정서적 경험이나 심리적 상태에서 자발적 의지와 신뢰에 기반한 사회적 경험을 한다는 것이다. 이러한 사회적 경험은 소속감, 안정감 등을 창조하려는 것이다. 공동체로서의 학교는 공유된 가치, 공동의 작업 목표, 의사소통과 협동의 수준이 중요한 척도가 된다. 이러한 요소는 공동체의 조건과 징후를 촉진한다. 학교의 교사와 학생이 공동체의 심리적·정서적 감각을 경험하지 않는다면 실제 공동체는 존재하지 않는다. 학교의 공동체적 약속은 학교에서 이러한 의식을 갖게 될 가능성을 만들어내려는 시도이다.

한국의 경우, 공동체로서의 학급은 개화기(1894년)에 근대 교육에 대한 요구 속에서 탄생되었고 일제강점기와 해방 이후의 교육개혁을 통해 현재와 같은 학급 형태를 띠게 되었다. 한국의 학급은 미국과 영국의 초기 학급의 성격이 그러하듯 최소 학습단위, 즉 학교교육의 목표를 달성하기 위한 학교의 하위 조직임과 동시에 아이들 상호 간의 인간관계를 기반으로 한 생활집단이었다. 사회생활을 익히도록 하는 생활지도의 주요한 단위로서 학급이 중요시되었고, 학급담임은 주요한 교육자로 인식되었다. 학급담임을 맡지 않는 교사는 진정 교사가 아니라 학원강사와 같다는 인식도 학급의 교육적 의미를 강조하는 말이다. 특히 우리는 오랜 권위주의로 인해 학교의 민주주의화가 절실하다. 동시에 지나친 경쟁과 개인주의 팽배로 공동체로서의 학교와 학급이 붕괴되는 조짐을 보이고 있기에 민주주의와 공동체를 동시에 건설해야 하는 민주적 공동체로서의 학교 모델이 요청되고 있다. 공동체로서의 학교 요청은 지나치게 관료주의적이고 비인간적인 특성을 보이는 '조직'을 교정하려는 것일 뿐 아니라, 해체된 가족과 이웃과의 사회적 연대를 벗어나 다시 소속감을 갖게 하는 새로운 장소로 재창조하려는 시도이다.

클린턴 정부의 정책에 싱크 탱크 역할을 한 미국의 사회학자 에치오니(Etzioni, 1993)는 공동체의 도덕적 하부구조를 회복하기 위해 학교가 실패하고 있는 가정, 이웃, 종교기관을 대신해야 한다고 주장한다. 아이들이 학교에 가서 공동체적 이상을 가지고 기본적 품성을 형성하고 핵심적 가치를 충분하게 내면화할 수 있는 교육을 받아야 한다고 주장한다. 그렇지만 오늘날 미국의 아이들은 공동체 정신을 함양하지 못하고 있다고 비판한다. 에치오니가 강조하는 공동체 가치의 핵심에는 충동을 제어하고 만족을 지연시키는 심리적 압력 기제인 '인격'과 세대 간에 걸쳐 오랫동안 전해 내려온 도덕적 전통의 실체인 '핵심적 가치'가 자리하고 있다(Etzioni, 1993 : 90-91).

그런데 오늘날 미국의 학부모들은 여타 교육과정이 너무 많고 또한 논란을 불러올 수 있는 쟁점이 많아 학교에서 인격 교육의 핵심인 자기도야와 가르침의 핵심적 요소인 도덕 교육을 받는 것을 주저하였다. 미국 청소년들의 패스트푸드화와 맥도날드화, 소비주의 몰입 등도 이런 경향을 부추겼다. 그러나 에치오니는 이런 여러 가지 장애에도 불구하고 도덕적 가치가 공유된 틀을 가르침으로써 '공동체적 시민'을 형성하는 데 지도적 역할을 해야 한다고 주장한다.

신우파의 교육 전략에 의한 여러 가지 부작용이 심대해지자 그것은 경쟁보다는 협동, 권리보다는 의무, 개인의 욕구보다는 공동체의 선, 이기성보다는 이타성을 강조하는 학교 공동체운동을 등장시키는 계기가 되었다(Jeffs, 1992). 교육을 기업적 이윤 동기로 보는 신우익의 시장주의 이데올로기에 대한 반명제로서 고객은 교육의 가치와 질을 판단할 준비가 제대로 되어 있지 않다고 생각하는 공동체주의가 등장하였다(Wringe, 1994 : 105-116). 교육을 사적 재화로 보려는 '소비자 주권론'이 아니라 교육의 공적 책임을 갖고 학교와 학부모가 동반자적 관계를 맺는 '공적 시민'의 권리론으로 교육을 위치 지워야 한다는 것이다(Whitty, 2002 : 79-93). 개인의 자유로운 학교선택권을 강조하는 사람들은 공적 시민으로서 학부모의 학교 참여를 차단함으로써 정의로운 사회질서의 건설을 가로막고 있다. 학교를 투기성 기업으로 보는 관점은 개인의 이윤과 타인의 착취를 더욱 강조하는 은유법을 동원하면서 학생들을 상호 간의 협동보다는 경쟁하는 인적 자원으로 보는 효율적 학교 모델을 더욱 요구하는 것으로 나타났다. 이렇게 경쟁을 지나치게 강조함으로써 교육을 수단화ㆍ도구화하면서 비인간화시켰고, 공동체적 가치보다 효율성이라는 기업적 가치를 강조함으로써 경제적 가치만을 선호하게 되어 공동체적 가치 형성을 저해하였다.

이러한 문제의식에서 등장한 신좌파 경향의 영국 블레어 신노동당 정부는 1995년 기존의 대처 보수당 정부의 정책인 경제적 증대를 넘어 '공동체 철학'으로의 정책 전환을 시도하였다(Arthur, 2000 : 20). 신노동당 정부는 개인이 개발하고 발전시켜야 할 주요한 가치로 공동체와 사회적 연대를 중시하였다. 블레어는 다음과 같이 강조한다.

"국민 각자는 공동체와 함께 권리와 의무를 동시에 가져야 한다. 권리는 충분하지 않다. 여러분은 의무과 책임에 기반하지 않은 사회를 건설해서는 안 된다."

이 슬로건은 '통제된 자본주의'의 맥락에서 가정·학교·이웃에 공동체 이념을 재건설하는 데 목표를 두고 있다. 학부모와 교사는 적이 아니라 '동반자'라는 슬로건은 영국의 전통적인 복지국가 모델과 미국의 개인복지 모델을 융합한 중간쯤의 '제3의 길'에 속한다.[3]

블레어 정부가 들어서기 전인 1991년 노동당 회의에서 그는 이렇게 선언하였다.

"사람은 고립무원의 지대에 서 있는 개인이 아니고, 서로 책임을 진 공동체의 한 부분으로서 인간이다."

그의 선언은 노동당 대표였던 존 스미스의 기독교 사회주의에 바탕을 둔 공동체주의에서 차용한 것이다. 즉, 자유는 사회 속에 존재할 때 의미가 있고 성취 가능하다는 것이다.

"자유는 봉사로 귀결되어야 한다. 봉사는 가족, 지역사회, 국가로 옮겨져야 한다. 가족과 지역사회는 상호 존중과 의무의 개념에 기반하여야 한다. 강한 공동체를 위해서는 세금을 내거나 법을 지키는 의무가 아니라 아이들을 유능하고 책임있는 시민으로 기르는 시민됨의 권리와 의무를 지게 하는 국가의 책임이 중요하다(Arthur, 2000 : 22)."[4]
신노동당은 국가가 후원하는 모든 형태의 학교교육을 더 이상 배타적

---

3) '제3의 길'이 이념적으로 사회주의와 사회민주주의에서 '자유주의적 보수주의'로 이동한 것으로 평가를 받기도 하고(Arthur, 2000 : 22), 블레어 총리가 집권 후 현실정치에 있어서는 대처의 보수주의와 실제 흡사한 정책을 보여 선거공약과는 거리가 먼 교육정책을 펴고 있다는 비판을 받기도 하였다(Whitty, 2003 ; 126-140).
4) 영국의 경우 대처정부 시절 1988년 교육법을 통과시켜 소비자로서의 '학부모의 선택권',

으로 통제하지 않았다. 또한 정부는 가정과 학교를 보다 밀접하게 연결시키고자 하였다

블레어 정부의 싱크 탱크인 DEMOS의 핵심 멤버인 존 그레이(John Gray)는 학교는 시장의 교환 법칙에 의해 움직이는 것이 아니기에 교육의 시장화 정책을 끝내야 한다면서, 신뢰에 기반한 학교와 다양한 문화의 인정을 제창하고 사회적 강압 없이 사회적 상승이 가능한 업적주의적 선발제도를 지지하였다(Arthur, 2000 : 49). 즉, 학습 불능 및 장애아 등 특수교육의 요구를 고려함과 동시에 사회의 가장 불리한 위치에 있는 사람에 대한 기술 증진을 요청하는 공공선을 위한 정책을 강조하였다. 동시에 국가의 강압이 아니라 공동체의 도덕적 압력을 요청하는 실용적이고 보다 유연한 공동체주의 전략을 구사하였다. 이런 공동체주의 노선은 다양성과 일치, 비판적 사고와 공유된 전통, 자율성과 공동체 사이의 균형을 회복함으로써 자유주의적 합리주의가 갖는 한계를 넘어서려 한 것이다.[5]

---

'학부모의 파워'가 교육개혁의 정책으로 채택되면서 아동 중심의 진보적 교육이념과 전문성의 과대로 인해 빚어진 교사의 실패를 공격하는 '학부모 정치' 전술을 구사하였다(Beresford, 1992). 이러한 학부모 정치를 '학부모 통치주의(parentocracy)'라고 지칭하기도 한다(Brown, 1994).

학부모 정치는 소비자의 선택 기회를 통해 공급자의 경쟁을 유발하여 국가의 독점을 약화시켜 고객을 위한 서비스를 제공하자는 '시장'의 철학에 기반하고 있다. 대처는 "이제 사회는 없고 오직 개인과 가족만이 있을 뿐이다."라고 외쳤다. 공적 영역이었던 교육이 사적 영역으로 넘어가면서 학교는 시장의 일반 상품처럼 '사고 파는' 물건으로 전락하였고, 앙상한 개인주의와 개인의 이윤 동기가 범람하면서 각종 교육문제 및 사회문제를 초래하였다.

5) 에치오니의 공동체적 이상은 새로운 삶의 방식으로서 새로운 정체성이나 개체성을 말살할 우려가 있다며, 팔은 '창조적 개체성'에 기반한 다양하고 관용적인 '우정사회(friendly society)'를 제안하였다(Pahl, 1995). 그는 앤소니 기든스(Anthony Giddens)의 *The Transformation of Intimacy*(1993)를 언급하면서 보상을 바라지 않는, 즉각 계산되지 않는 순수한 관계인 '우정'의 형성을 강조한다. 이런 우정사회론을 '낭만적 공동체주의'로 분류하기도 한다.

이런 시각은 미국의 공동체주의 철학자 에치오니에게서 빌려온 것으로, 블레어는 이를 가정과 학교로 이입시킨 것이다. 에치오니는 개인의 자율성과 공동체의 가치가 공존 또는 균형을 유지하는 것이 새로운 시민공동체의 모습이라고 본다(Etzioni, 1996a, 1996b). 즉 구성원들의 이해에 '반응하는responsive' 공동체가 필요하다는 것이다. 에치오니는 여기에서 "당신이 당신의 자율성을 존중하는 사회를 바라는 만큼 사회의 도덕적 질서를 존중하시오."라는 새로운 황금율을 제시한다.

영국이나 미국 모두 학교는 본질적으로 강요 없이 시민적 덕을 가르치는 공동체 교육을 해야 한다는 사조를 보이고 있다. 이들은 선함과 옳음의 개념이 없는 자유주의적 개인주의(피아제, 콜버그 등)에 기반한 도덕적 추리 교육이나 가치상대주의를 낳는 가치명료화 도덕교육은 모두 도덕적 백치를 양산할 위험이 있다고 본다. 그래서 '민주적 숙고'를 통해 과거의 교의를 지배하는 편견을 벗겨내는 '비판적 능력'을 기르는 동시에 가치 있는 '전통적 가치'를 존중하도록 가르쳐야 한다는 '중도적 공동체 교육'의 입장이 등장하였다. 교육과정의 내용에 있어 보수적 정치와 반지성주의와 연동된 내재적으로 권위주의적이고, 지나치게 과거 지향적이며, 전근대적 가치를 교화적으로 가르치는 인격교육의 방식에는 문제가 있다. 그렇지만 미덕(절제, 정의, 자선, 용기와 결단, 사려 등)은 사회가 외부 위협이나 내부 붕괴에 처했을 때, 사회를 보존하는 기능을 하기 때문에 한 사회 내에서 '공동의 도덕적 실재'를 가능하게 하는 관점과 해석은 공유되지 않으면 안 될 것이다.

동시에 학교와 이웃의 조직을 포함하여 시민사회 제도에 의해 어린 아동들에게 도덕적 행동을 형성하는 존중, 존엄성, 연민, 책임, 도야, 공정성, 진실성, 공감력을 길러줄 수 있는 배려 역할 모델이 학교에서

| 코드 | 전통적 교육 고전적 휴머니즘 | 진보적 교육 아동 중심 모델 | 재구성 교육 사회재건 모델 | 기술공학적교육 GNP 모델 | 공동체적 교육 종합적 모델 |
|---|---|---|---|---|---|
| 기본적 구성 | 문화 | 인간 | 사회 | 시장 | 공동체 |
| 과제 | 문화의 유지 개인의 사회화 | 인격적 성장 개인의 완성 | 더 나은 것을 위한 사회의 변화 | 부의 창조 | 학습공동체의 창조 |
| 참여자 | 전체 사회 | 개인 | 이익집단 압력집단 | 경제적 단위 (생산자, 소비자) | 학습동반자로서의 사회체제 |
| 교육과정의 내용 | 전통적 고전적 | 미적 감각적 | 사회적 정치적 | 과학적 기술적 | 인문과학 공동의 기술 |
| 신념 (권위의 축) | 전통 | 인격적 체험 | 정치적·종교적·세속적 이데올로기 | 과학적 방법 경제이론 | 정치적·종교적 세속적 이데올로기 |
| 가치 | 순종, 의무, 충성, 존중, 남자다움 | 자율성, 자발성, 열정, 창조성 | 비전, 비판의식, 헌신 | 자기충족, 기업 효율성, 능력 | 삶, 자유, 사랑, 포용, 개방, 협동, 배려, 정의, 공공선, 공동체 |
| 감정 | 연대(국가적 문화적) | 의미(인격적) | 연대(계급, 인종, 성, 정당) | 의미, 안정 (개별) | 연대, 의미, 안정(사회체제) |
| 문화에 대한 태도 | 승인 | 분리 | 비판적 | 수용 | 개방, 포용 |
| 변화의 본질 | 성숙(동화) | 개발 | 혁명 | 생산 | 혁신 |
| 교수 모델 | 강의 | 양육 | 교육(의식화) | 훈련(주형) 숙달 | 교육(협동 학습) |
| 국가의 역할 | 전통의 수호자 | 스스로 살게 함 | 사회정의의 보호 | 권리와 재산의 보호자 | 보조를 위한 일 |

Clark,1996 : 94-95 참조.

중시되어야 한다는 주장이 대두되었다(Arthur, 2000 : 56). 또한 공동체적 배려는 시민의 권리를 소홀히 하지 않아야 하기에 개인주의와 시장의 대안적 개념으로 공동체와 시민권을 강조한 민주적 시민권을 함양하는 시민 교육이 중시되지 않으면 안 된다는 것이다(Demaine,

1996 : 20-22). 비판성을 통해 사회가 움직이는 작동원리와 과정에 문제의식을 갖고 비판하고 토의하는 과정을 통해 개인의 힘을 민주화하고 권능화하는 민주적 시민 교육이 필요하다. 한마디로 공동체, 정의, 민주주의, 법치, 의사소통, 문제 해결 능력, 사회성, 타인 존중, 배려, 협동, 봉사 등을 핵심요소로 하는 공동체 교육이 요청되고 있다.

## 3. 공동체 교육사상의 현대적 의의

학교는 다른 사회조직과 달리 정서적 경험이나 심리적 상태에서 자발적 의지와 신뢰에 기반한 사회적 경험을 갖도록 하는 특별한 공동체적 기관이다. 이러한 사회적 경험은 소속감·안정감 등을 창조하려는 것이다. 공동체로서의 학교는 소속감·동질성·응집력을 기본 요소로 하며 공동체로서의 교실이 존재하는 핵심적 열쇠는 보살피는 관계의 증진, 인간적 가치의 가르침, 내적인 동기의 중시, 이해를 위한 학습에 있다. 교실의 학습공동체는 배려하는 관계를 증진하고, 인간적 가치를 가르치고, 내적 동기를 고무하며, 이해를 위한 학습을 중심에 두어야 한다. 공동체로서의 학교는 공유된 가치, 공동의 작업 목표, 의사소통과 협동의 수준이 중요한 척도가 된다. 이러한 요소는 공동체의 조건과 징후를 촉진한다. 학교의 교사와 학생이 공동체의 심리적·정서적 감각을 경험하지 않는다면 실제 공동체는 존재하지 않는다. 학교의 공동체화는 학교에서 이러한 의식을 갖게 될 가능성을 만들어내려는 시도이다.

그런데 우리의 초·중등 학교는 지금 중대한 기로에 서 있다. 세계화의 진전과 함께 등장한 개인주의의 극단적 선택과 경쟁을 중시하는 시장주의적 이데올로기, 즉 신자유주의의 등장으로 그동안 아름다운 전통으로 자리 잡아온 공동체로서의 '학급'과 '학급담임'의 존립조차 어려워지고 있다. 이러한 조건에서 우리는 공동체로서의 학급 및 학교 모델을 다시 건설해야 한다. 공동체주의적 접근을 할 때 교육의 여러 문제가 해결될 수 있을 것이다.

왕따 문제도 남과 다른 성격, 학력 부족 등에서 비롯되기는 하지만, 학생 간의 인간관계를 형성하는 학교 및 학급이 공동체로서의 제 기능을 못하고 있기 때문에 발생한 것으로 보고 공동체적 접근을 시도할 수 있다. 소외와 배제로 인해 왕따 문제가 발생했다고 본다면 보다 근본적으로 공존공생의 공동체적 원리를 통해 해결할 수 있다. 공동체적 생활원리에 익숙한 학생은 타인과 다름을 인정함으로써 갈등을 줄일 수 있다. 갈등을 폭력적으로 해결하지 않고 합리적인 의사소통과 기본적인 인간존엄에 근거해 행동하도록 하는 공동체로서의 학급이 작동하면, 왕따 등 각종 폭력문제가 자연스럽게 해소될 수 있다.

학업문제, 이성문제, 가정문제, 성격문제, 학생폭력, 자살문제, 경쟁문제, 여러 가지 돌발적인 사건 등은 대개 그 원인이 반공동체적 학교생활과 관련이 있다. 이런 문제의 해결은 근원적으로 학급의 공동체 건설을 통해 가능할 것이다. 공동체로서의 소속감과 배려를 체험하게 함으로써 청소년들이 겪는 소외를 극복할 수 있을 것이다. 지식 교육 또한 지식 자체보다 지식의 가치를 중시하고, 자신의 삶과 결합된 참다운 지식 교육을 할 때 지식의 공공성과 공동체성은 회복될 것이다. 경쟁보다 협동의 가치를 주요 교육원리로 채택하는 공동체주의 교육사상은 학생 시절에 배우는 지식을 자신의 인생과 세계를 그려가는 큰 그림 속에서 인식하게 할 것이다. 이러한 건강한 학습관은 건강한 자아 형성을 가능하게 하여 폭력과 자살 같은 일탈 행위를 예방하는 기능을 한다. 학급을 공동체로 보고 '공동체로서의 학급'을 재건설하는 일은 학교 안팎에서 발생하는 각종 문제를 미연에 방지할 수 있는 종합적 잠재력을 갖게 한다. 학급의 공동체화는 바로 이런 교육적 기능을 하는 데 매우 귀중한 아이디어와 실천력을 제공한다. 학교의 공동체화는 학교가 육성해야 할 공동체의 본질적인 요소를 상실한 현재 세계의 변화를 시도한다고 볼 수 있다. 학교에서 많은 시간을 보내는 아이들의 공동체적 생활을 회복하는 것이 보다 근본적인 해결책이 될 것이다.

# 3장

# 공동체적 학교(학급)의
# 민주주의적 가치 요청

## 1. 현대 학교에서 공동체가 가능한가?

현대 학교에서 공동체가 가능한가? 한국 초 · 중등 학교에 적용할 경우 과연 학교 공동체의 건설은 가능한가? 어떻게 한국 초 · 중등 학교에서 '공동체적 사회' 또는 '우정이 깃든 사회'의 건설이 가능하겠는가? 많은 사람은 이에 대해 회의적인 답변을 할지도 모른다. 개체성과 창조성, 그리고 다양성이 중시되는 탈근대 사회에 전근대 사회에나 있을 법한 중세적 공동체의 건설을 시도하는 것은 실현이 불가능한 위험한 이상주의적 발상이라고 말할지도 모른다. 하지만 우리는 공동체로부터 덕을 보고 있음에도 불구하고 그것을 인식하지 못하고 있을 따름이다.

인간이 타인과 더불어 살고 있는 사회적 동물인 한 공동체로부터 고립될 수는 없는 것이다. 그렇다면 공동체의 어두운 면을 걸러내고 밝은 면을 부각시키면서 다른 보완적 가치로 채워나가면 된다. 공동체가 '만병통치약'은 아니더라도 공동체 없이는 사회가 존립할 수 없다. 그렇다면 분명 공동체는 여러 사회문제에 대한 중요한 치유책으로서 효력을 발휘할 수 있을 것이다. 문제는 공동체의 위상을 어느 정도로 설정하고 그것을 어떻게 현실로 가능하게 하느냐이다. 특히 학교집단은 공동체를 전제하지 않을 수 없다. 그런데 공동체로서의 학교(학급)는 진보적 측면과 복고적 측면을 모두 지니고 있다. 학교의 재공동체화를 시도할 경우 잘못하면 봉건적 공동체로 돌아갈 위험도 있기 때문에 민주주의적 가치를 끌어들어야 한다.

## 2. 공동체적 학교(학급)의 민주주의적 가치 요청

● 공동체로서 학교와 학급은 '동질성'을 지향하지만, '다양성'을 포용해야 한다.

학교와 학급이 강한 일치성을 보이는 공동체로서 존립하려면 기본적으로 동질적이어야 한다. 동질적이라는 말은 같은 문화와 이야기를 공유해야 한다는 말이다. 이런 동질성을 갖고 있어야 함께 생각을 공유하고, 이야기를 나눌 수 있다. 학교와 학급은 동질성이 보장되지 않으면 공동체라고 할 수도 없다. 그런데 학교와 학급의 동질성이 지나치면 이질성을 밀어내거나 배제하는 한편 학생을 평균적이고 균질적 인간으로 획일화하기 쉽다. 그러면 경직되고 의사소통이 잘 이루어지지 않는다. 학교(학급) 집단이 연대성이 너무 강력하면 다양성의 여유가 없다. 그렇다면 동질성에 근거를 두고 연대를 추구하되, 조건과 맥락에 따라 부분적으로 다양성을 허용하는 약한 동질성을 지향할 필요가 있다. 즉, '약한 연대' 전략을 구사하여야 한다.

● 공동체로서 학교와 학급은 '소속감'을 지향하면서도 '익명성'의 여지를 열어두어야 한다.

학교와 학급에 소속감이 없고, 친한 감정의 교류가 없으며, 구성원간에 서먹서먹하다면 친밀하다고 할 수 없다. 그러나 지나치게 학급이나 학교에서 '강한 소속감'을 요구할 때 개인의 자기표현은 억제당하고 자유롭지 못하다. 그렇다면 학교와 학급은 친밀성을 기본으로 하면서도 익명성의 여지를 열어주어야 한다. 우리 의식을 기본으로 하면서도 나 의식을 갖도록 해야 한다. 친밀성을 지나치게 요구하면 개인의 익명성을 보장받을 수 없어 부자유를 느끼게 된다. 면대면 관계를 요구하는 전통적 공동체와 달리 현대사회는 의사소통이 매우 자유롭다. 인터넷 사회, 즉 가상공동체의 시대를 맞이하여 더욱 그렇다. 그런데 아동청소년기에는 면대면 관계를 통해 인간으로 성장할 수 있는 친밀한 경험이 중요하다. 그렇다면 익명성을 부차적으로 허용하면서 서로 접촉의 기회를 많이 갖도록 해야 한다.

● 공동체로서 학교와 학급은 학생들이 '집단적 가치'와 '개체적 가치'를 동시에 경험하도록 해야 한다.

학교가 '공동성commonality'을 지향하는 공교육을 지향하더라도 다양한 가치를 인정하지 않으면 학생들의 자유와 창의성은 억압되고 만다. 나를 중심으로 하는 자기탐닉은 우리 의식을 극히 위태롭게 하고, 관계와 연대를 파괴한다. '나' 중심의 극단적 개인주의(이기주의)의 원자주의는 공동체의 울타리를 허물 위험이 있다. 그러므로 강압적인 공동체주의와 극단적 개인주의는 절묘한 결합을 찾아야 한다. 그렇다면 공동체를 지향하는 학교는 안정감, 의미감, 연대감, 친밀감, 문화와 역사의 공유 등 집단적 가치와 개인으로서의 자율성과 자기주장과 표현 및 인권을 중시하는 개체적 가치를 동시에 경험하도록 해야 한다. 개체주의의 밝은 면과 어두운 면, 집단주의의 밝은 면과 어두운 면을 동시에 극복해야 한다. 교사는 학생들 앞에서 '억압적 우리'로 군림하지 말아야 하며 그들의 '작은 나'를 인정해야 한다. 즉 '나'를 희생하지 않으면서 '우리'를 보호해야 한다.

● 공동체로서 학교는 '다름'의 가치를 소중하게 여겨야 한다.

학교 전체의 교풍이 동질성을 갖더라도 그 안에 다양한 문화가 자유롭게 공존하도록 하는 개방성 역시 있어야 한다. 공동체 개념을 학교에 적용할 때 학교 구성원들의 다양성을 수용하지 않으면 안 된다. 공통성 위의 다양성을 인정하고 다양성의 공존 속에서 공통성을 추구해야 한다. 학교가 공동체의 이념을 설정하는 것은 심리적 경험을 위한 토대로서 동질성이나 공동의 토대를 재창조하려는 것이지만, 학교는 이질적인 가치도 포용해야 한다. 서로를 소중히 여기는 태도를 가져야 하며 다름을 수용해야 한다. 공동체 개념을 학교교육에 적용할 때는 배제의 정치를 넘어 포함의 정치를 해야 한다. 아이들이 학교 울타리를 넘어 다양한 시민공동체 속에 살아가도록 하기 위해서는 관용의 가치와 문화를 받아들여야 한다. 만약 차이가 좁혀지지 않으면 대화를 통해 평화롭게 극복해야 한다. 남교사의 문화와 여교사의 문화가 다르고 남학생과 여학생의 가치관이 다르다면, 그 차이를 수용하고 인정하는 관용의 태도가 필요하다. 다른different 것을 틀린wrong 것으로 규정해서는 안 된다. 다름을 인정하지 않으면 획일성을 띠게 되고 전체주의화되기 쉽다. 타인을 자신과 다르다고 배제하거나 억압해서는 안 된다.

● 공동체적 학교(학급)는 공동선의 정치를 기본으로 추구하면서도 '차이의 정치'를 허용해야 한다.

공동체는 친밀성, 의사소통, 끈끈한 연대와 결속, 이야기와 기억의 공유 등을 함께하는 '공동선의 정치politics of common good'를 요구한다. 공동체 이념을 지향하는 공교육은 공동선 형성에 본래적 목적을 두어야 한다. 그렇다면 존경하고 숭배한다는, 공유된 새로운 신념체제의 복원이 필요하다. 즉 전통적 가치와 전통적 인격 교육이 복원되어야 한다. 다만 이럴 경우 민주주의적 가치 융합을 이루어야 한다. 우리 교육은 전체주의적 유재를 청산해야 하는 과제를 안고 있기에 특히 그렇다. 공동선의 정치를 잘못 구사하면 개인의 인권을 약화시킬 수 있으며 폭력화될 위험도 있다. 그러기에 공유된 가치에 구속되어 있으면서도 자신의 삶과 도덕을 내면적 지도력에 의해 규제할 수 있는 자율성을 지녀야 한다.

가치가 다원화되고 개인의 개체성이 존중되는 시대에 거대담론(민족, 국가, 전체 등의 이데올로기)에서 소외되고 배제되었던 작은 이야기를 포섭하는 '차이의 정치politics of difference'가 필요하다. 개체화(자기결정에 의해 스스로 만드는 가치)가 원자화, 고립화, 외로움, 관계의 상실로 이어져서는 안 된다. 아동이 공동선을 어느 정도 인지할 때까지는 공동체의 특정한 덕목을 가르쳐야 하며, 동시에 성장과 함께 스스로 도덕적 삶을 선택하고 결정하는 기회를 갖도록 하는 자율성의 여지를 넓혀주어야 한다. 공통의 교육기회와 문화적 공통성을 기본으로 하면서도 지역적 차이를 고려하고, 약자와 소수자의 권리를 보호하는 차이 difference와 다름otherness의 문화를 공존시켜야 한다(Kingdom, 1996 : 32-33 ; Furman, 2002 : 51-75).[1]

● 학교공동체는 '입문의 사회화 기능'을 기본으로 하면서, 동시에 '대화의 공동체'를 지향해야 한다.

학교공동체는 교사가 학생들에게 모르는 것을 일깨워 익숙하게 하고 숙달시키는 '입문의 사회화 기능'을 기본으로 하면서, 동시에 자유롭고 개방적인 의사소통을 가능하게 하는 '대화의 공동체'를 지향해야 한다. 공동체로서 학교(학급)는 자아들의 총합으로서 애착, 우애, 연대, 책임, 전통 등의 가치를 학생들이 존중하도록 하고, 공동으로 공동체에 참여하도록 한다. 미성년자를 대상으로 학습이 이루어지는 교육의 특성은 일차적으로 교사의 권위에 의해 이루어지는 '수직적인 관계'를 기본으로 한다. 그렇기 때문에 기본적으로 공동체의 전통에 입

---

1) 공동체의 정치가 전체를 지나치게 중시함으로써 포스트모더니즘과 페미니즘 진영에서는 공동체가 '억압'으로 인식되기도 한다.

문시켜야 하는 의무와 강제적 온정성을 띨 수밖에 없다.

　그러나 현대사회는 개개인의 자유롭고 평등한 대화를 통해 문제를 해결하는 시민사회를 지향하는 '수평적 공동체'이기에 규칙과 규범의 '구성주의적 접근'이 필요하다. 수평적 공동체가 민주적이기는 하지만 역사와 이야기가 결여될 수 있기에 전통을 현대적으로 복원할 수 있는 '구성적 참여구조'를 만들어야 한다. 자신의 의사를 자유롭고 분명하게 이야기하고, 타인의 말을 주의 깊게 경청하며, 갈등하는 문제에 대해 타협과 협상을 통해 해결할 수 있어야 하고, 성원들 간의 밀접한 대화와 소통을 통해 상호의존성을 높여가도록 해야 한다. 오랫동안 유지되어온 학교 밖의 기존 규범과 학교와 교실 속에서 형성된 새로운 규칙(머리길이 등)의 요구 사이에 존재하는 마찰과 갈등을 토론을 통해 해결할 수 있어야 한다.

　그렇지 않고 공동체의 기존규범을 무조건 주입할 경우 학생들은 반발하며 저항할 가능성이 있다. 이런 관행이 누적될 경우 전체주의화의 경향을 보이기 쉽기에 학급회나 학교 규율위원회를 통해 대화로 문제를 해결하고 협상을 통해 새로운 규칙을 만들어야 한다. 동시에 학교 내에 다양한 모임의 자치적 결사가 허용되야 한다. 학교에서 경험하는 다양한 자치활동 속에서 자율적 마음이 집결되고 그것이 타인의 가치를 포용하는 열린 공동체로 발전할 수 있다. 이런 참여과정을 통해 학생들은 자율성을 학습하게 되어 성숙한 시민으로 성숙할 수 있다.

● 공동체적 학교(학급)는 '정의'와 '배려'의 요소를 균형 있게 융합시켜야 한다.

배려는 더불어 사는 봉사와 헌신의 따뜻한 보살핌으로서 학교를 인간화할 수 있는 장점이 있지만,[2] 정의는 비차별과 비억압, 그리고 부조리가 없는 사회를 지향한다.[3] 배려를 지나치게 강조하면 인정주의에 빠지기 쉽기에 배려를 중시하면서도 동시에 사회정의를 지향해야 한다. 학교가 구성원들을 배제하면 사회정의의 문제가 발생한다. '정의 없는 배려'는 온정주의의 위험이 있고, '배려 없는 정의'는 인정이 없는 삭막한 공동체가 되기 쉽다. 또한 정의롭지 않은 배려는 온정과 인정으로 잘못을 묵인하는 것이 될 수도 있다. 그러기에 '정의로운 배려just caring'와 '배려적 정의caring justice'가 모두 동시에 존중되어야 한다. 공동체적 학교(학급)는 억압이 없고, 공정하고, 자율성이 높고, 개인과 공동체가 공존하며, 보다 정의롭고 배려가 깊다. 학교가 공동체성만으로 이루어질 때 정의가 소홀히 될 수 있고, 동시에 학교의 정의가 실현되지 않으면 공동체로서의 학교 건설은 더욱 어려워진다.

---

2) 공동체로서 학교는 배려(caring)를 체험하는 장소여야 한다. 배려는 존중과 신뢰를 포함하는 것이나 그것을 넘어선다. 소속감을 느끼는 가장 중요한 요소는 배려이다. 학생들이 소속되어 있다는 느낌을 갖기 위해서는 알려지고 존중받고 있다는 느낌, 교사가 자신의 말을 듣고 있다는 느낌이 중요하다. 학교는 학생들이 보살핌을 받고 있다고 느끼고 서로 보살피도록 고무하는 장소이다. 아이들은 서로에게 그리고 교사에게 소중한 존재이다. 배려는 서로 연계되어 있음을 느끼게 한다. 학생들은 서로 보살피는 시간을 가져봄으로써 실제 학업에 대한 열망에 영향을 준다. 학습은 배려의 환경 속에서 존재한다. 학생들이 서로 친절하도록 학습시키고, 서로 학습자로서 그리고 인간으로서 성장하도록 돕는다. 배려는 개개인의 특유함을 인정하고 타인에게 반응하는 것 이상으로 적극적으로 상호작용을 하도록 입문시키는 아주 특수하고 전형적인 가치이다. 공동체는 서로 잘 알고 지내며, 계속적으로 의사소통을 해야 하기에 교사는 공동체 건설의 중요한 기술로서 공감의 훈련을 받아야 한다.
3) 학교의 민주적 운영을 위해 '사회정의(social justice)'의 요소는 매우 중요하다. 공동체로서의 학교는 차이가 종종 부정의를 정당화하거나 이행하는 데 이용될 수 있기에 사회정의라는 민주적 이상과 양립해서는 안 된다. 소속감을 형성하게 하는 공동체로서 학교가 소외 극복과 학업 성취 등 학교 발전의 중요한 효과를 가져다 주지만, 다른 한편으로 학교가 '비판의 기능'을 소홀히 해서는 안 된다. 민주주의를 실천하는 공동체 학교는 학생이 '학교의 시민'이며 '교실의 시민'으로 활동하도록 민주주의를 학교생활 속에서 일상화한다.

● 공동체로서 학교는 '억압'과 '차별'이 없어야 한다.

억압이 없음은 서로 다른 삶에 대해 합리적으로 숙고할 자유를 확보하는 것이며 차별이 없음은 부당한 대우를 받지 않아야 한다는 것이다 (Gutman, 1987 : 45). 교사의 권위를 아무리 존중하더라도 부당한 체벌을 용인해서는 안 된다. 교사의 억압적 훈육방식은 학생들의 자율성을 침해하여 민주시민으로서의 성장가능성을 차단하게 된다.

● 공동체적 학교는 학생을 교육의 주체로 여기고 학생의 목소리를 경험하는 것에서 시작되어야 한다.

학생의 목소리 경청은 민주적 공동체의 입구로 안내하는 첫 출발이다. 그것의 좋은 예가 소통과 협동의 행동적 차원이다. 대부분의 학교는 학생들의 상호작용과 의사소통을 위한 기회와 포럼이 없다. 의사소통의 기회는 적극적인 계획에 의해 학생생활로 작동되어야 한다. 집단토론을 위한 대화적 · 민주적 모델은 전형적인 침묵하는 목소리를 듣게 하는 다양한 설정에 아주 적절하다. 그동안 학교정책에서 무시되었던 학생 자신의 정체성, 문화, 교육적 포부, 학교정책에 대한 학생들의 상식과 판단을 중시해야 한다.

공동체 학교를 건설하는 핵심적 요소는 학생이 편안함을 느끼고, 존중을 받고, 또래친구의 배경 · 문화 · 관심에 대해 잘 아는 것이다. 학생 지도에 있어 교사의 태도는 중요한 요소이다. 교사가 매일 학생들과 접촉하기에 교사의 태도와 행동, 교실의 실천은 학생들의 공동체의식을 함양하는 중요한 요소이다. 교육과정과 인간관계에 있어 학업

성취나 배경의 차이를 인정하고 차이나는 간격을 보충해주는 신속한 조치를 강구해야 한다. 또한 학생들이 학교생활에서 포함의 경험을 갖도록 하는 영향력 있는 기제를 만들어야 한다. 그것을 위해 민주적 결정의 원리에 따라 교사와 연구자에 의해 지도되는 또래집단의 토론을 활성화해야 한다. 회의에서 능력이 부진한 학생은 학급이나 학교 차원에서 포함과 배제의 경험에 대해 자신의 경험, 신념, 감정을 자유롭게 표현하도록 한다. 시간이 지나면 참여하는 학생은 능력부진 학생을 지원하고 돕는 감각을 갖게 되고 스스로 더 큰 소속의식을 느끼게 된다.

## 3. '민주적 공동체' 학교의 제창

지금까지 공동체적 학교(학급)가 잘못 운영될 경우 권위주의로 돌아갈 위험에 대한 유의 사항을 여러 차원에서 논의하였다. 이때 도입한 여러 가지 가치는 모두 민주주의적 가치이다. 이렇게 민주주의적 가치를 끌어들인 것은 오늘날 우리 학교에는 오랜 권위주의로 인해 민주주의가 덜 발달되어 있기 때문이다. 또한 신자유주의 학교의 대안으로 대두되고 있는 새롭게 제창되는 '공동체적communitarian' 학교가 민주주의를 소홀히 할 위험이 있기 때문이다. 학교가 공동체성만으로 이루어질 때 정의를 소홀히 할 수 있고, 동시에 학교의 민주주의를 실현하지 않으면 공동체로서의 학교 건설은 어려워진다. 그래서 '강한 민주주의'를 요청할 필요가 있으며, 나아가 '민주적 공동체' 학교를 제창하는 것이다. '민주적'이라는 형용사를 붙인 이유는 공동체가 지닌 봉건성과 전통성이라는 부정적 모습을 극복하고자 한 것이다. '민주적'이라는 말은 절차적·참여적이라는 의미를 함축한다. 자칫 공동체적 학교가 전통적 공동체로 회귀할 위험성이 있기에 참여민주적 요소와 결합한 '민주적 공동체' 학교의 모델을 요청한다.

민주주의와 결합되지 않는 학교의 공동체화는 권위주의화하고 보수화될 가능성이 있고, 나아가 봉건적 공동체로 회귀할 위험이 있다. 그래서 한국의 초·중등 학교는 민주적 공동체 개념을 강하게 요청하는 것이다. 개인의 창조적 개체성에 근거를 둔 다양하고, 관용이 있으며, 우애가 깃든 사회의 발전을 기도한다는 측면에서는 '약한 공동체주의'를 요청하고, 오랜 권위주의로 인해 약화된 민주주의를 강화하는 측면에서는 '강한 민주주의'를 요청한다. 즉 '강한 민주주의'와 '약한 공동체주의'를 동시에 요청하는 것이다. 공동체의 역사가 오래되어 수직적 의사소통 체제가 견고하여 공동체가 경직되고 폐쇄적이고 개인의 창조적 개체성을 죽이기에 '약한 공동체주의'를, 그리고 공동체와 민주주의를 보다 밀접하게 연관시키는 '참여적 민주주의'를 필요로 한다.

공동체가 구성원들의 요구에 진정으로 반응하지 않을 때 공동체는 성원들에게 강압적으로 다가갈 수 있다. 이때 공동체는 강요된 '강압적 공동체'가 된다. 성원의 자율성과 권리를 억누르는 공동체주의는 공동체주의의 전체주의적 형태일 뿐이다. 따라서 강압적 공동체성이 아니라 성원의 능동적 참여, 구성원의 호혜성을 중시해야 한다. 학생의 자율성과 자발적 참여가 미약한 우리의 학교 현실에서 특히 학교의 공동체성 강조는 강요된 강압적 공동체를 온존시킬 가능성이 있기에 민주주의와 결합된 공동체주의적 학교정책이 요구된다. 학교에서 민주주의를 건설하는 일은 곧 공동체를 건설하는 일이고, 공교육의 사명은 민주주의를 구현하는 일이며, 동시에 민주주의를 가르치는 일은 곧 공동체를 건설하는 것이나 다름없다(Barber, 1992). 민주주의와 공동체가 융합된 '민주적 공동체'로서의 학교를 건설하는 것만이 오늘의 학교위기를 극복할 수 있는 적절한 대안이다.

민주주의는 공유된 문제를 집단적으로 숙고하는 삶의 과정이다. '숙고적(심의적, deliberative)' 민주주의를 위해 과거의 권위주의적 지배구조를 민주적·수평적 참여구조로 전환해야 한다.[4] 민주적 공동체 학교는 '들어야 할 자유'와 지식·권력을 공유해야 하고, 담론 공동체에 참여하는 '숙고의 과정'이 더욱 필요하다(Apple & Beane, 1995). 공동체의 실천은 학교구조와 실천이 모든 학생들을 위해 공간을 제공하고, 함께 작업하고 이야기하는 다양한 집단을 허용하는 것이며, 열린 대화를 촉진하고 다름을 수용하는 것을 필요로 한다. 학교 구성원들의 아래로부터의 상향식 참여를 통한 학교 변화의 동의와 합의를 바탕으로 학교에서 이루어지는 각종 교육행정을 처리하는 방안은 '합의' 민주주의를 통해 시민사회의 근간을 튼튼하게 하는 중요한 토대를 형성한다.

민주적 공동체의 교육적 실천은 민주사회에서 사는 민주적 참여 능력과 방법을 학생들이 배우게 한다. 학교는 다양한 맥락 속에서 참여의 경험을 가져야 한다. 참여를 통해 의사소통, 대화, 협동할 수 있는 민주적 지도력을 학습하게 된다. 참여와 자치의 학교운영은 더불어 사는 공동체 정신과 참여민주주의 정신을 학교에 구현하는 것이다.

개인주의와 다원주의가 발달한 현대사회에서는 공동체주의가 민주주의와 밀접하게 연계되어 작동하지 않으면 안 된다. 민주주의가 없는

---

4) 고대 그리스의 직접민주주의의 대안으로 등장한 간접민주주의, 즉 의회민주주의의 등장과 진전은 국민 의사의 대표성에 기여하였지만, 또 다른 한편으로 주민과의 소통과 참여를 더욱 어렵게 하였다. 그렇기에 민주적 공동체 개념은 가장 강력한 통합적 개념으로서 학교라는 제도 그 자체 속에서 공동체를 건설하는 구체적 의제로서 표현될 수 있다.

공동체의 덕목은 수직적 질서와 강압적 교화만을 조장할 가능성이 있다. 소속감, 친밀성, 사회적 통합, 관용이라는 숭고한 가치에 밀려 사회정의와 비판의식이라는 가치가 작은 가치로 밀려나거나 소홀히 되면 학교는 비민주적 친밀공동체가 되기가 쉽다. 현실적으로 삼강오륜과 충효의 수직적 예를 강조하는 학교사회가 여전히 존재하기에 수평적 억압적 공동체를 수평적·자율적 공동체로 변화시키는 것이 쉬운 일은 아닐 것이다. 게다가 지나친 경쟁과 개인주의가 팽배한 학교 문화로 인하여 학교와 학급이 붕괴되고 있다면, 공동체로서 학교 및 학급 건설은 더더욱 어려울 것이다. 게다가 공동체라는 개념이 때로는 지나치게 동질적이고 거기에는 개성과 다양성을 거부하는 봉건적 이미지가 상존되어 있기에, 학생들에게는 너무 이상적이거나 답답한 것으로 이해되어 그것을 현실화하기가 어려울지도 모른다.

학교교육에 공동체주의를 적용할 때 소속감, 공동성, 협동, 배려, 사회적 통합 등 심리적·정서적 요소와 함께 사회정의, 비판, 평등, 공정성, 공공성, 연대 등 민주주의적 요소를 결합시키면 문제는 없을 것이다. 공동체로서 학교 모델을 설정한다고 해서 잘못된 제도의 개선을 위해 가치를 명료화하는 태도나 사태를 공정하게 바라보는 비판적 태도를 포기하는 것은 아니다.

민주적 공동체 학교는 한마디로 억압이 없고, 공정하고, 자율성이 크고, 개인과 공동체가 공존하며, 보다 정의롭고 배려가 깊은 학교 모형이다. 의사소통이 잘 되고, 연대감이 강하며, 지·덕·체가 조화된 전인을 양성하는 학교이다. 민주적 공동체 학교는 안정감, 의미감, 연대감, 친밀감, 문화와 역사의 공유 등 '공동체적' 요소와 개인의 자율성과 자기주장과 표현 및 인권을 중시하는 '개인주의적' 요소, 그리고 상호 간의 의사소통과 대화, 협동적 학습, 절차적 민주주의, 연대와 책임, 공공성 등의 '민주주의적' 요소가 균형을 이루면서 운영되는 학교라고 할 수 있다. 또 민주적 공동체 학교에는 지역공동체와 분리되지 않고, 공동체와 민주주의를 보다 밀접하게 연관시키는 '참여적 민주주의'가 필요하다. 공동체를 건설하는 데는 운영과정의 긴장과 갈등이 수반되지만 구조적·절차적·위계적 장애물을 벗겨내야 한다. 참여와 자치에 기반한 학교 운영을 위해 교장의 민주적 지도력이 무엇보다 중요하다. 민주적 공동체 학교의 운영자로서 학교장의 위상을 분명하게 인식해야 한다. 민주적 공동체 학교에는 교장과 교사의 민주적 리더십이 특히 요청되며, 학생의 민주적 자치활동 활성화와 학부모의 활발한 학교 참여가 필요하다.

공교육의 재구축은 공동체의 의미와 개인의 위치를 근본적으로 성찰하는 데서 출발한다. 자율성과 자발적 참여가 취약한 우리 학교의 조건에서 학교의 공동체성 회복의 지나친 강조는 강압적 공동체를 온존시킬 가능성이 있기에 민주주의와 결합된 공동체주의적 학교 철학을 요구한다. 이런 학교 철학을 지향하는 '민주적 공동체주의'는 사회적 질서와 개인의 자율성이 균형을 이루게 한다. 민주적 공동체주의는 개인주의와 자유주의를 공동체 속에서 적절하게 자리매김하고, 학교가 민주적 공동체로 존립하기 위한 합리적 타협을 이루도록 해야 한다. 학교가 전통적 공동체로 회귀되는 것이 아니라, 새로운 시대의 민주적 공동체로 재탄생되기 위해 동질성을 공통집합으로 하면서도 이질성을 부분집합으로 수용하는 포용성을 지녀야 한다. 이런 입장에 선다면 '민주적 공동체주의' 학교는 '공동체적 개인주의'나 '자유적 공동체주의'를 모두 포괄하는 이념으로서 공동체의 '보수성'과 '진보성'을 모두 포용한다고 할 수 있다.

# 4장

# 민주적 공동체 학교의
# 철학과 가치

## 1. 공동체로서의 학교의 민주적 위기

한국 공교육의 공동체 상실은 시장주의 교육전략을 과도하게 도입하여 나타난 현상이기에 근본적으로 신자유주의 교육정책을 억제하고 교육의 민주성과 공공성을 실현하는 것으로 한국 학교교육의 반공동체화를 극복할 수 있다는 진보적 교육운동이 일어나고 있다.

우리의 경우 공교육의 위기로 공동체에 대한 관심을 더욱 갖게 되었으며, 현대사회에서 점차 약화되고 있는 공동체 개념이 오늘날 교육에 있어 효과를 보이고 있다는 연구가 나오고 있다. 공동체의 소속감과 배려의 체험은 많은 청소년들이 경험하는 소외를 극복할 수 있게 할 것이다. 그런데 공동체라는 개념이 때로는 지나치게 동질적이고 개성과 다양성을 거부하는 봉건적 이미지가 거기에 상존되어 있기에 학생들에게는 너무 이상적이거나 답답한 것으로 이해될 가능성도 있다. 따라서 공동체는 민주주의와 밀접하게 연계되어 작동하지 않으면 안 된다. 민주주의와 의사소통이 없는 공동체의 덕목은 수직적 질서와 강압적 교화만을 조장할 가능성이 있다. 연구자는 이러한 문제의식 아래 민주주의와 공동체가 결합된 '민주적 공동체'로서의 학교철학과 가치를 구상하고자 한다.

## 2. 공동체적 학교의 구성요소

지금까지 관료주의와 개인주의(개별화 의식)의 팽배, 그리고 교육의 시장화 정책으로 인해 학교가 '형식적 조직'이 되고 이익사회화되면서 공동체성을 상실하고 있다는 것을 살펴보았다. 상실된 공동체로서의 학교를 오늘날 다시 복원시켜야 한다. 공동체 모델로서의 학교 요건을 갖추려면 다음과 네 가지 구성요소를 함께 공유하고 있어야 한다(Sergivanni, 1999 참조).

첫째, 학교가 '관계relationship'의 공동체가 되려면 모든 참여자들의 의도, 상호작용 그리고 실천의 산물로서 '공동적'이어야 한다. 공동체 community의 어원이 '공동적common'임에서도 알 수 있듯이, 그것은 '함께 공유함communal, sharing together'이라는 의미를 갖고 있다. 공동체로서의 학교는 '나누고' '함께하며' '구성적' '소통적'이기에 배타적이어서는 안 되고 참여적이어야 한다. 공동체의 결속과 연대는 '나'의 집합을 집합적 '우리'로 변혁시킬 만큼 견고하다. 공동체는 교사와 학생들이 '나'의 집합에서 집합적 '우리'로 변화되도록 도움을 준다. 즉

'나'를 희생하지 않으면서 '우리'를 보호한다.

둘째, 학교가 '장소place'의 공동체가 되려면 공통된 위치에서 발생하는 공간의 감각이 사람들 사이의 연계에서 핵심을 차지해야 한다. 다른 사람과 지속적으로 같은 장소를 공유함은 '공동의 정체성'을 만들고 '공동의 소속감'을 갖게 한다. 학교와 교실이라는 동일 공간 속에서 머물며 서로 배려하면서 공동체감을 갖게 된다.

셋째, 학교가 '마음mind'의 공동체가 되려면 같은 생각과 목표, 가치를 가지고 존재하고 행위하는 동일한 의미의 네트워크를 구축해야 한다. 그렇게 하여 소속감과 강한 공동의 정체성(동질감)을 획득하는 것이다. 마음의 공동체 연루가 돌 조각하듯이 되는 것은 아니지만 지속적 성질을 갖는 것은 분명하다. 새로운 구성원들에게 관습과 의례 속에서 삶을 지도하는 기준으로서 공동체적 가치가 학습되고 숭배된다. 세월이 흘러도 구성원들에게 살아남아 지속적으로 기억이 복원되는 마음의 원천이 있다. 공동체의 지속적 이해는 학교와 학습 그리고 삶의 지속적 이미지를 형성한다. 학교에서 이루어지는 기억의 실체는 종종 공동체의 전통과 권리 그리고 의례나 학교의 상징적 생활 속에 내장되어간다. 공동체는 학생들과 교사를 자신들보다 의미 있는 것, 즉 공유된 가치와 이상에 특정한 방식으로 묶는 끈이고 울타리이다. 공동체는 자발적 의지에 의해 결속되고 공유된 아이디어와 이상의 묶음에 결속되는 개인의 집합이다.

넷째, 학교가 '실천practice'의 공동체가 되려면 학교에서 실행과 행동이 이루어지지 않으면 안 된다. 학교에서 교사들은 우선 개별적으로 실천을 한다. 만약 30명의 교사가 학교에 근무하고 있다면 30명의 실천이 이루어진다. 학습공동체 속에서 개별 교사의 실천은 공통의 실천을 구성하는 방향으로 발전해야 한다. 교장과 교사가 비슷한 실천을 할 때 통일된 교육이 이루어진다.[2] 교사는 동일한 목표의 실천을 분명하게 하고, 구성원들이 함께 실행을 하면서 서로 돕는 도덕적 책임을 진다. 공유된 실천을 한다는 공통된 감각을 개발할 때 협동의식은 평상시보다 더 높게 기능을 한다. 친화성이 협동성으로, 다시 협동성은 가르침의 공유된 실천으로 이어져 실천의 공동체로 변화가 된다.


## 3. '민주적 공동체 학교'의 철학과 가치

학교가 이익사회화하고 소외와 비인간화되면서 더불어 사는 공동체 의식의 형성이 어려워지고 있다. 공동체주의는 학교에 대해 특별한 의미, 즉 공동체의 개념을 더욱 강하게 부여한다. 공동체 전략은 책임, 복지, 민주주의 등의 집단적·사회적 이념을 중시한다.[3] 공동체란 공동의 기억과 규범의 존재, 다양한 관심의 공유, 협동적 교섭과 활성화된 의사소통, 다수의 참여, 깊은 우애와 공감 등이 결합된 복합적 집합체이다. 민주적 공동체로서의 학교철학을 설정하는 것은 공동체의 심리적 경험을 위한 토대로서 동질성이나 공동의 토대를 재창조하는 전통적 공동체 개념을 넘어 새로운 근대를 창조하는 성찰적 근대성을 지향하는 민주적 공동체를 상정하고 있음을 의미한다. 동질성과 동일성

---

2) 많은 학교의 경우 대체로 교장의 실천은 교사들의 실천과는 분리되기에 교장이 민주적 리더십을 함양해야 한다.
3) 공동체는 인간의 정체성을 구성하는 데 핵심적 요소로서 장소, 사회정치적 연결, 사회제도 및 역할, 인간의 감정과 문화 등에 깊이 뿌리박고 있다. 공동체주의 정치는 통제의 지방 이양과 결정, 더 많은 직접적 참여와 더 좋은 대표성을 통한 지역사회의 민주화, 지역사회에서 봉사의 조정과 통합을 중심과제로 삼는다.

은 전근대 및 근대적 공동체로서 존립하기 위한 기본적 개념이지만, 탈근대의 다원주의 시대를 맞이하여 서로 다른 정체성을 공존시키는 학교공동체의 건설이 요구된다.

학교의 공동체적 요소와 민주적 요소를 포괄하는 이상적(대안적) 학교 모델을 '민주적 공동체 학교'로 명명할 수 있을 것이다. 민주적 공동체 학교는 학생을 민주주의와 시민사회와 결합된 민주적 시민으로 양성하는 교육을 지향한다. 공동체community는 모든 참여자들의 의도, 상호작용 그리고 실천의 산물로서 '공동적communal'이다. '민주적 공동체' 학교는 구호로 외쳐지는 민주주의가 아니라, 학급운영, 수업활동, 특별활동, 그리고 생활지도 속에서 일상화된 민주주의 교육활동을 구체적으로 실천한다. 동시에 민주주의를 실천하는 공동체 학교는 학생을 '학교의 시민'이며 '교실의 시민'으로 활동하도록 민주주의를 학교생활 속에서 일상화한다. 민주적 공동체 학교는 학생들을 도덕적 자율성을 지닌 시민으로 양성하기 위한 '민주적 학교체제'로 전환해야 한다.

민주적 공동체로서의 학교는 다음과 같은 민주주의 원리를 설정해야 한다.

첫째, '참여민주주의'를 중요한 학교의 운영 원리로 설정해야 한다. 민주적 공동체 학교는 공동체와 민주주의를 더욱 밀접하게 연관시키는 '참여적 민주주의'를 필요로 한다. 참여와 자치의 학교운영은 더불어 사는 공동체 정신과 참여민주주의 정신을 학교에 구현하는 것이다.

둘째, 민주적 공동체 학교는 심의민주주의deliberative democracy를 학교의 운영원리로 삼아야 한다. 이는 하향적 명령에 의해 일사불란하게 신속 처리하는 것이 아니라 공유된 문제를 집단적으로 숙고하는 민주적 삶의 과정을 필요로 한다. 이를 위해 과거의 권위주의적 지배구조를 민주적·수평적 협의구조로 전환해야 한다. 학교 구성원들의 상향식 참여를 통한 학교 변화에 대한 동의와 합의를 바탕으로 학교에서 이루어지는 각종 교육행정을 처리하는 방안은 '심의'와 '합의'를 통해 시민사회의 근간을 튼튼하게 하는 중요한 토대 형성이 될 것이다.

민주적 공동체 학교의 교육목표는 다음과 같다.

① 학생은 서로 존중한다.
② 다른 사람과의 대인 기술을 개발하기 위해 다른 사람의 말을 경청하고, 분노를 통제하고 조절하며 차분해져야 한다.
③ 학급 규칙을 수용하고 이해하면서 학급과 학교의 생활에 헌신한다.
④ 좋은 습관을 갖기 위해 자기존중감과 책임감을 기른다.
⑤ 핵심적 이슈에 대한 토의하고 논의하고, 공동체 문제와 이슈에 대해 비판적으로 함께 사고한다.
⑥ 바른 선택과 잘못된 선택을 인지하고, 공동의 문제에 대해 공동체의 환경 속에서 함께 해결을 모색하며, 그 해결책을 함께 수행하는 활동을 중시한다.
⑦ 다른 생명체의 요구에 대해 책임지기 위해 환경을 돌본다.
⑧ 가족과 지역사회에 소속감을 갖는다.
⑨ 갈등을 평화적으로 해결한다.
⑩ 친구들과 사이좋게 지내며, 돌봄, 참여, 자치, 친밀성, 소속감, 의사소통, 민주적 의사결정, 정의실현 등 공동체의 구현에 목표를 둔다.

공동체 교육의 모델로서 아더가 제시한 '공동체 교육의 10가지 의제'는 다음과 같다(Arthur, 2000 : 139-140).

① 가정은 아동의 일차적인 도덕 교육자이어야 한다. 교육에서 가정의 역할은 공동체주의 전망의 핵심에 위치하고 있다. 부모들은 가정에서 자녀들의 결혼보다도 더욱 중요한 역할을 하고 있다. 부모들은 자녀들을 양육하는 일과 함께 착하게 길러야 하는 도덕교육의 책임을 지고 있다. 부모들은 자녀들을 공동체 속에 입문시키는 사회화의 역할을 함과 더불어 공동체의 생활에 참여하여 공동체에 기여하도록 해야 한다.

② 학교는 아동이 덕목을 함양하는 인격 교육을 체계적으로 해야 한다. 학교는 가정 다음으로 제2의 도덕성을 이론적으로 가르치는 장소이다. 또한 학교와 교사는 부모가 놓치기 쉬운 도덕교육을 책임져야 한다. 흔히 가치갈등 모형이나 가치명료화 방법론의 개인주의화와 자유주의화는 지나친 상대주의화의 위험이 있기에, 사회적 파편화의 위험을 방지하기 위해 오랫동안 통용되어 온 가치의 공통된 요소나 행동의 도덕적 기준들을 적절하게 가르쳐야 한다. 전통에 기반한 덕목주의 교육의 통합성 기반 위에 개인에 기반을 둔 가치명료화라는 다양성의 집을 짓도록 허용한다. 학교와 학급이 공동체로 존립하기 위해 구성원들의 상호의존과 공유된 책임의식을 가지고 협동한다.

③ 공동체의 습속은 학교생활에 있어 교육적 기능을 지녀야 한다. 공동체적 사고의 가장 핵심적 주제는 학교의 습속을 형성하는 책임과 헌신을 지닌 인간적 가치가 녹아있는 공동체를 존중하는 것이다. 공동

체주의 관점에서 나온 진정한 공동체는 개인의 단순한 결합체 이상의 것이다. 공동체는 단순히 사적 이익의 집합체가 아니라 공동의 목표와 가치를 지닌 공동의 목적을 가지고 있는 집합체이다. 공동체 속에서 개인은 선하고 정의로운 사회를 지향해야 하며, 공동체의 생활 속에서 활동과 참여를 통해 학습되어야 한다.

④ 학교는 시민성 속에서 권리와 책임을 촉진시켜야 한다. 공동체적 사고는 시민으로서 구성원이 누려야 하는 '권리'와 함께 공동체가 맡아야 하는 '의무'를 동시에 강조한다. 동일한 공동체 속에서 권리 주장은 개개인을 공동체에 통합시키는 상호 의무를 진다. 공동체주의는 시민으로서 사회적 · 도덕적 책임을 지도록 하는, '공동체'에 기반을 둔 시민성 교육을 해야 한다. '시민성'은 두 가지 의미를 지니고 있다(Arthur, 2000 : 138). 첫째, 시민성은 그 자체로서 존재하는 단순히 주어지는 권리라기보다는 '획득되는 권리'의 어떤 자격이다. 둘째, 학교환경에서 교사는 어려운 참여와 헌신을 요구한다. 변화무쌍한 사회에서 학교가 간과하기 쉬운 시민성을 갖추기 위해 지식과 기술을 습득하도록 하는 공동체 시민 교육 프로그램을 개발하여 참여하도록 한다.

학생들에게 나타나는 많은 규범적 갈등도 시대 변화에 따른 갈등 지점들이 많기에 합리적 조정과 협상 능력을 가져야 한다.

⑤ 학교 교육과정의 주요한 목적은 사회적 · 정치적 삶의 기술을 가르치는 것이다. 공동체주의는 시민적 참여를 통해 비판적이고 성찰적인 사고와 사회적 실천을 하도록 한다. 성찰을 실천화하고, 실천한 것은 다시 성찰해야 하며, 성찰 없는 실천이 갖는 무모함이나 맹목성, 그리고 실천 없는 성찰이 갖는 공허함과 관념화를 극복한다. 사회적 결정 능력은 궁극적으로 아동 스스로 개발하는 것이지만, 그런 능력이 생

기기 전까지는 학교 교육과정의 내용을 통해 아동이 개발되도록 한다. 따라서 학교 교육과정은 사회적·정치적 문해 능력에 필요한 기술들을 지니도록 한다. 그래야 학생들은 타인의 입장을 고려하며 합리적 판단을 하고, 공동체 이익을 위해 행동하며, 개방적 태도를 가지고 타인과 대화를 할 수 있는 타협 능력을 가질 수 있다.

⑥ 학교는 개인의 자아실현과 공동선을 적극적으로 구현하도록 해야 한다. 교육에서 공동선 이념은 개개인의 권리와 좀 더 넓은 사회의 선이 균형을 이루어야 한다. 학교와 학급은 공동체의 맥락 속에서 개인의 성장과 발달에 대한 책임을 져야 하고, 재능에 따른 개별적 기능을 인정하는 자아실현의 공동체여야 한다. 학습공동체로서 학교와 학급은 앎의 학습에 머물지 않는 '실천적' 공동체여야 하며, 앎의 오류가능성을 인정하고 성찰과 갈등 해결에 초점을 둔 해방적·변혁적 공동체를 지향한다. 공동체 속에서 촉진되는 집단적인 공적 이익이 있고, 누구라도 사회발전의 이익으로부터 손해를 보아서는 안 된다. 교육의 가치는 그러한 공적 이익 중의 하나이다. 학교 내에서 공동체주의자들은 공동선을 창출하는 경험에 참여하도록 하는 과정을 격려한다. 공동선을 이해하는 교육은 협동과 우정, 개방성과 참여적 학습을 권장한다.

⑦ 지역사회는 학교가 담보해야 할 교육의 중요한 부문이어야 한다. 공동체주의는 젊은이들로 하여금 학교 교육과정의 하나로 지역사회 봉사를 의무적으로 하도록 한다. 공동체적 사고를 이해할 수 있는 핵심은 학교를 넘어선 '체험학습'을 경험하도록 하는 데 있다. 학교는 상호부조의 원리를 가르치고 생활화하기 위해 학생 스스로 팀을 만들어 봉사활동을 하도록 한다. 교실과 지역사회의 갈등을 해결하기 위해 교사와 학생, 학생과 학생 사이의 상호작용을 밀접하게 한다. 소통과

상호작용을 촉진하는 연대적 경험은 공동체 교육에 필수불가결하다. 이런 연대감을 경험하게 할 때 우정이 싹트고 공동체 의식이 형성된다.

⑧ 지역사회에 기반을 둔 교육적 실천은 공동체적 특질을 반영해야 한다. 공동체주의는 학교가 좋은 공동체가 되도록 하는 데 관심을 둔다. 교사와 학생, 학부모로 구성된 학교공동체는 학교의 벽을 넘어 학부모를 통해 지역사회와 밀접하게 연계되어야 한다. 학교의 공동체적 기능은 지역사회를 넘어 전체 사회에 충실하게 참여하도록 학생들을 준비시키는 데 있다. 그렇게 함으로써 학교는 필연적으로 공동체의 '공동선'을 구현하여 학생들로 하여금 개인주의 문화에 물들지 않도록 한다.

⑨ 학교는 갈등하는 문제를 둘러싸고 민주적 조정과 협상을 할 수 있는 대안을 마련해야 한다. 공동체주의자들은 대체로 자본주의 사회구조의 변화에 대해서는 별다른 관심을 보이지 않지만, 교육 분야에 있어서는 학교구조가 시민적 참여와 민주적 원리를 고무하는 데 관심을 많이 둔다. 학교의 구조는 비위계적이어야 하며, 교사와 학생들이 공동 결정을 할 수 있는 참여적·협동적 접근을 해야 한다. 학교 권력은 공유되어야 하고, 학급의 구성원이 소외되어서는 안 되며, 권위적 학교구조는 민주적 구조로 전환시켜야 한다. 학교 구성원들이 학교 행정구조에 정책 참여를 할 수 있고, 의견을 개진할 수 있는 '소통적' 구조를 갖고 있어야 한다.

⑩ 종교계 학교는 사회 속에서 적용 가능한 공동체의 의미를 갖는 신앙을 강조한다. 종교계 학교는 대표적인 공동체적 학교이다. 종교계 학교는 종교의 이야기와 교육에 대한 '덕목주의' 접근을 하는 '강한 공동체'라고 할 수 있다. 신앙을 가지고 있는 많은 종교계 학교는 장소와

기억의 공동체들이며, 교육에 대한 공동체주의적 전망을 가진다. 종교계 학교는 공동의 습속을 가지고 있으며, 학생 개개인의 정체성을 개별적 선택이 아니라, 종교 공동체를 통해 형성하도록 한다. 종교 공동체에 내재한 가치와 전통은 일반사회의 모든 사람에 의해 공유될 필요는 없기에 많은 부분에서 세속적 용어로 전환해야 한다. 많은 공동체주의자들은 도덕적 절대주의 신념을 가르치는 종교계 학교의 강한 공동체 개념이 채택되는 것을 바라지 않고, '윤리적 영역에 한정된 신앙'을 받아들이도록 하는 현실적인 공동체 교육을 바라고 있다.

이러한 공동체 교육에 바탕을 둔 학교 철학은 다음과 같은 가치에 중심을 두어야 한다.

● 조직으로서 이익사회가 아닌 '친밀 공동체'의 공간인 학교와 학급을 상정하고 소속감, 동질성, 응집력을 기본 요소로 한다.

공동체로서 교실이 존재하는 핵심적 열쇠는 보살피는 관계의 증진, 인간적 가치의 가르침, 내적인 동기의 중시, 이해를 위한 학습을 중시한다. 민주적 공동체로서의 학교 철학은 가정과 같이 소속감이라는 인간의 기본적 욕구를 충족시키고 궁극적으로 관계와 소통의 본질에 근거하여 적극적 경험을 하도록 해야 한다.

● 민주적 공동체로서 학교는 '공동선'을 지향하는 '공공재'로서의 교육 목적을 분명하게 해야 한다.

교육과 같은 공공재public good는 단순히 시장의 상품 이상이며 개개인의 이익을 단지 모아놓은 것을 넘어서야 한다. 소비자를 위한 경쟁과 기업의 가치에 의해 추동되는 '보이지 않는 손'이 지배한다는 시장주의 전략은 소유적 개인주의를 조장함으로써 공동체의 존립을 위태롭게 하기에(Martin, 1992 : 30-31) 공공선과 복지의 원리에 입각한 교육정책을 펴야 한다. 왜곡된 차별정책에 의해, 자유로운 선택을 누릴 수 있는 사람만을 위한 가진 자의 학교 선택권을 통해 계층 간의 사회적 갈등과 위화감을 조장하는 학교정책을 펴서는 안 된다. 공동체로서의 학교는 차별이 없어야 하고, 차별이 없음은 교육을 받아야 할 모든 아이들이 반드시 교육을 받는 교육의 기회 균등을 누려야 한다는 것이다(Gutman, 1987 : 45).[4] 가난하다고 하여 인간답게 살 수 있는 교육의 기회를 누리지 못하는 것은 불평등하다.

● 민주적 공동체로서 학교는 '존중'과 '신뢰'를 체험하는 장소여야 한다.

교사와 학생이 서로 존중과 진정한 진실을 가지고 대해야 한다. 그러한 존중은 진정한 공동체 구성원이 자신을 드러내는 방향으로 서로를 신뢰하는 데서 발현된다. 존중과 신뢰는 서로의 관계 형성에 도움이 되고, 교사와 학생으로서 자신의 일을 발전시켜준다. 특히 교사는

---

4) 자유경쟁의 원리에 기초한 신자유주의적 접근은 시장의 경쟁원리를 도입해서 수요자의 선택권을 보장하고, 공급자인 학교간, 교사간의 경쟁을 통해서 교육의 질을 향상시킬 수 있다고 보기에(Chubb & Moe, 1997 ; 박세일, 1995), 공동체로서 학교의 존립을 어렵게 한다. 학교교육에 경쟁원리를 도입한다는 것은 교육적 원리에의 배치, 교육적 공공성의 약화, 효율성의 교육 지배를 의미하기에(김용일, 1999) 학교의 반공동체화를 더욱 조장할 가능성이 있다.

학생의 문화적 배경이 교사의 것과 다를 때 학생의 삶을 있는 그대로 인정하고 존중하는 태도를 취하고, 또래들과 서로 잘 알고 친숙해지도록 지도하며, 또래 모두가 높은 학업 성취를 하도록 친구의 학습에 도움을 주게끔 유도해야 한다.

● 민주적 공동체로서 학교는 성찰, 탐구, 대화, 의사소통을 중시해야 한다.

학교는 학생들이 학습자로서 자신의 강점과 약점을 통찰하고 그 정보를 이용하여 학습자로서 학습을 위한 다양한 전략을 요청한다. 이를 위한 교사의 '성찰'을 동시에 요청한다. 학습자가 철학적이고 실천적인 질문을 제기하고, 구성하고, 탐구하는 것을 교사가 고무하고, 연구의 조정과 탐구과정에 학생을 참여시키고, 학습 경험으로서 위험의 도전을 격려하고 실수를 용인하고, 학습자 안에서 기이함을 발견한다. 지식의 학습이란 공동체 구성원들 사이에 의미 · 해석 · 학습의 공유를 통해 항상 부분적이고 가소성이 있는 것을 수용하는 것이고, 풍부한 지식을 지지하는 '비판적 탐구 공동체'에 존재하지 않으면 안 된다.

그리고 학교는 학생 간, 교사 간 그리고 교사와 학생 간의 가치나 생각의 교환이나 자유로운 '대화'를 통해 적극적인 담론을 만들어야 한다. 또래들 간의 의미 있는 대화를 발전시키고, 목적과 청중 그리고 맥락의 영역을 위해 서로 다른 의사소통의 유형을 사용하고, 사고와 아이디어 그리고 정보를 표현하기 위한 여러 가지 매체와 다양한 방법을 사용한다. 교사는 일상생활 속에서 발생하는 문제를 둘러싸고 학생들과 '민주적 의사소통'을 잘할 수 있는 기술을 가져야 한다. 의사소통적 수업은 학생의 생활세계를 연계시키는 데 중요하다. 공동체는 의사소통, 협동, 대화가 활발해야 한다. 사람들 사이의 연계가 밀접해야 하고 비형식적이어야 한다. 궁극적으로 관계와 소통의 본질에 근거하여 적극적 경험을 하게 될 때 학교는 가정처럼 소속감이라는 인간의 기본적 욕구를 갖게 된다.

● 민주적 공동체의 교육적 실천은 민주사회에서 사는 민주적 참여 능력과 방법을 학생들에게 배우게 한다.

민주주의와 시민사회와 결합된 민주적 시민으로 양성하는 공동체교육, 즉 '민주적 공동체 교육'이 되어야 한다. 구호로 외쳐지는 민주주의가 아니라, 학급운영·수업활동·특별활동 그리고 생활지도 속에서 일상화된 민주주의 교육활동을 구체적으로 실천해야 한다. 공동체로서의 학교(학급)는 지역사회의 문화적 다양성을 존중하고, 개인의 흥미와 발달적 욕구를 존중하고, 가정의 다양한 문화와 가치를 인정하고, 학생에게 지식의 구성자적 역할을 하고, 교사로서 비판적 탐구자의 위치를 설정하고, 의사결정 과정에서 다양한 주체를 참여시키고 민주화를 시켜야 한다. 즉 개인주의 및 민주주의와 공동체주의의 갈등과 화해를 통해 학교 구성원들 사이에 벌어지는 각종의 교육문제(교칙, 규칙, 가치 갈등)를 민주적이고 공동체적인 차원에서 해결하는 방안을 도출해야 한다. 이러한 양자의 가치 갈등을 폭력이 아니라 대화와 타협을 통해 평화적으로 해결해야 한다.

● 민주적 공동체로서 학교는 여러 가지 '협력 학습'을 통해 공부를

보살피는 데까지 확장되어야 한다.

협동 학습은 교실을 공동체로 변화시키는 중요한 방법이다. 학습자를 동반자, 소집단 그리고 대집단과 함께 활동하게 하고, 공유된 가치의 묶음에 의해 떠받쳐지게 한다. 학생들에게 적극적으로 경청하고 정확하게 확인하며 서로의 갈등을 조절하고 협상하는 협력적 기술을 가르친다. 학생들에게 관점을 스스로 채택하도록 하고, 타인의 관점과 아이디어 그리고 견해에 대해 개방적으로 접근하게 하며, 팀워크를 강하게 구사한다. 타인으로부터도 배우고, 공유된 목표를 향해 공동으로 활동하는 의지를 개발하도록 책임을 강조하고, 학생들이 타인과 책임을 함께 지도록 학습하도록 한다.

● 민주적 공동체로서 학교는 교사가 개별적 연구와 가르침에 머무는 것이 아니라 '협동적 전문성'을 발휘하도록 하는 협력적 지도력을 발휘해야 한다.

교사의 학교 내의 작은 '전문 공동체'를 만들어 공동의 목적을 위해 긴밀한 의사소통을 해야 한다. 물론 교사의 전문적 공동체는 민주적 공동체로 발전해야 한다(Reitzug & O'Hair, 2003). 학교 관리자는 교사의 '동료'로서 학교의 목표 달성을 위해 학생의 학습과 관련된 숙고를 하고, 모든 학생에게 공평하게 맞추어 협약하며 권한을 함께 나누어야 한다. 학교 전체가 공동체 형성의 거대한 토양이 되어야 하지만, 그렇지 못하더라도 거대한 학교 단위의 공동체로 환원될 수 없는 독특한 소공동체 활동이 필요하다. 학교를 전문적 공동체로 만들기 위해서는 교사의 협동적 노력이 필수불가결하고, 협동을 위해서는 열린 토론, 민주주의에 대한 논변을 할 수 있는 공론의 장을 열어야 한다. 교사집단은 학교 전체의 공동체 형성과는 또 다른 차원에서 스스로 자발적으로 소공동체를 만드는 활동을 시도해야 한다.

이상의 철학에 바탕을 둔 민주적 공동체로서 학교는 다음과 같은 핵심적 가치에 중심을 두어야 한다.

- 학교 안팎에서 공동체적 관여를 하고(공동체주의), 동시에 아동의 개인적 흥미와 발달적 흥미(개인주의)를 존중한다.
- 교육은 관계가 개별적일 때 가장 잘 이루어지며(개인주의), 그것이 지역공동체의 문화적 다양성을 소중히 여기는 방향으로 발전해야 한다(공동체주의).
- 학교는 아이들의 가정 문화를 존중하며(개인주의), 교실에서의 실천은 이들의 다양한 문화적 가치와 관점을 포용한다(공동체주의).
- 교사는 가르침과 배움에 대한 지식의 중요한 원천으로서 존경받는 전문인이다. 학생은 지식의 적극적 구성자이고, 직접적 경험과 일차적 자료를 통해 배운다(개인주의).
- 학교에서의 의사결정 과정에서 교사, 아동, 부모, 교직원들의 목소리를 존중하는 소통과 대화와 민주적 결정을 중시한다(민주주의).
- 학교는 인종주의, 계급주의, 성차별주의 등 불평등의 이슈에 대결하는 민주주의적 과제(민주주의)와 인간주의적 관계를 중시한다(공동체주의).
- 학교는 지구적 문제의 복잡성에 대한 비판적 탐구를 적극적으로 지원

하며 그리고 이런 문제를 둘러싸고 교과를 뛰어넘는 통합교육을 하고, 비판적 교육 프로그램을 운영한다(민주주의).

- 아이들로 하여금 세계시민의 강력한 책임을 지게 한다. 공동체적 학교는 아동과 청소년을 '시민'으로 성장할 수 있도록 하여 공동체적 존재로서 살아갈 수 있도록 한다(공동체주의).
- 학교가 공동체로 간주될 수 있는 척도는 동질성이지만 점점 다양한 문화와 가치 속에 살아가야 하는 지구촌 시대를 맞이하여 다원주의를 공존시켜야 한다. 다양성 속에서 공동체의 실천은, 공동체의 심리적 경험(소속감과 안정감 등)이 갖는 이점을 위해, 학교에서 작업하고 학습하는 모든 사람들에게 이용될 수 있도록 민주적이어야 한다.


## 4. 새로운 학교로서의 민주공동체 학교의 방향

민주적 공동체적 학교는 학교와 학급문화의 건설에 있어 통일성과 다양성, 전통과 비판, 경쟁과 협동, 개발과 평등, 개체성과 공동체성, 순응과 창조, 정의와 배려 등이 균형을 이루도록 해야 한다. 또한 상호 간의 의사소통, 협동적 학습, 절차적 민주주의, 연대와 책임, 공공성 등의 민주주의적 요소들이 균형을 이루어야 한다. 공교육 안에 다양한 시민의 활동(정의, 인권, 민주주의, 참여 등)을 많이 함유해야 한다. 민주 사회는 개인의 신성함과 존엄성을 존중해야 하기에 개인의 발전이 방해를 받아서는 안 되며 서로를 소중히 여기는 자기존중과 관용의 태도를 가져야 한다.

특히 동질성과 같음이 전근대 및 근대적 공동체로서 존립하기 위한 기본적 개념이지만, 탈근대의 다원주의 시대에서는 서로 다른 정체성을 공존시키는 다름의 인정을 통해 다양성을 허용해야 한다. 모든 참여자가 학교를 통해 완전하게 작용하도록 확실하게 계속 시도하여 아웃사이더가 없게 하는 것이다. 공동체로서 학교에서 교사와 학생이 물리적으로 분리되어 있지만 고립적으로 존재하게 않게 한다. 힘없는 아동을 존중하는 관용과 인정의 정치가 필요하며, 동시에 남자 아이들에 대한 편애로 소외된 소녀들의 인권을 소중히 여겨야 한다.

최근 공동체적 가치를 지향하는 '대안학교' 운동이 새로 나타났다. 학교교육의 위기가 발생되면서 1990년대 이후 공교육의 문제를 해결하는 대안으로서 제도교육 바깥에서 공동체 교육을 구현하려는 '대안학교운동'이 등장하였다. 그것은 제도교육의 획일성과 경직성을 극복하는 새로운 교육의 가능성으로서 '작은 학교'를 만들어 구체적으로 대안적인 교육 실험을 하고자 하였다. 공동체적 생활을 실천하는 대안학교 운동은 일반화하기는 어렵지만, 공동체 안에서 전인적인 개인을 발달시키기 위해서 교육 내용이나 교수방법을 일관성 있게 조직하고자 한다. 또한 교과 수업이나 학생의 일상적 생활, 기숙사 생활까지도 교육의 장으로 인식하여 민주적이고 공동체적으로 운영하고 있다(이병환, 2001).

최근에는 이런 대안학교 운동이 제도교육에도 영향을 주어 대안교육에서 제시하고 있는 이념적 가치와 방법론을 현실 공교육체제에 접목하여 '공교육의 대안교육화'를 시도하는 조짐들도 나타나고 있다(주철안, 1999).

각종 대안학교 모델을 공동체적 관점에서 재조명함으로써 암초에 걸린 초·중등학교의 개혁에 새로운 희망을 제시할 수 있을 것이다.

기존 학교(제도교육)의 철학 및 운영방식과 다른 이 모든 실험성을 띤 새로운 학교 모델을 '대안학교alternative school'라고 부를 수 있다. 그것이 기존 학교 내에 있든, 기존 학교 곁에 있든, 아니면 판을 다시 짠 학교 밖의 학교이든 간에, 새로운 교육철학에 입각하여 교육 실천을 하는 '진보주의적 학교progressive school'는 민주적 공동체 학교라고 부를 수 있다. 예컨대, 교실 활동 속에서 교사 개개인이 실천할 수 있는 공동체적 학급 모델을 구상하여 공동체 교사로서 새로운 교육적 삶을 살아가는 데 도움을 주며, 나아가 공동체의 작은 맹아를 싹트게 할 수 있을 것이다. 대안학교 활동이란 적극적인 인간관계 맺기, 통합적 교육(지적 · 정서적 · 미적 교육의 통합), 학교운영의 민주적 참여, 학부모와의 동반자 관계 형성, 지역사회와의 연계, 지속가능한 생태학적 환경 조성 등이다.

이러한 대안교육 이념이라면 기본학교로부터의 탈학교de-schooling가 아니라 '학교 다시 만들기re-schooling' 전략이 필요하다. 즉, 학교의 다양한 공동체적 성질을 구현하기 위해 '대안학교'의 이념을 설정할 필요가 있다(Raywid, 1993). 공동체로서 대안학교는 '민주적 공동체 학교democratic communitarian school'에서 찾을 수 있을 것이다. 민주적 공동체 학교는 성찰하는 공동체 학교, 생각하는 공동체 학교, 탐구공동체 학교, 대화적 공동체 학교, 배려적 공동체 학교, 협동적 공동체 학교, 학습공동체 학교 등을 포함한 포괄적 학교 모델로서 가능할 수 있을 것이다.

이 모델은 흔히 '대안학교'의 모형으로 설명될 수도 있다. 문화의 세계화 시대를 맞이하여 보다 많은 '차이'를 허용하고 인정하는 '다원주의 학교' 모형이나 개발주의 가치를 넘어선 지속가능한 가치를 중시하는 친자연적 '생태 학교' 모형을 상정할 수 있다. 대안학교 모델은 제도교육을 넘어선 새로운 학교의 모델로서도 가능하지만 제도교육 안의 새로운 교육 실험으로서도 가능할 것이다. 대안학교는 제도교육에서 실현하기가 불가능한 아주 특별한 학교가 아니라 적극적 인간관계, 민주적 학교운영, 통전적 교육, 지속가능한 생태 교육, 지역사회의 참여, 학부모와의 동반적 관계가 핵심적 원리로 자리하고 있다(Carnie, 2003).

지금 우리는 '민주적 공동체 원리'에 입각한 교사 개인의 공동체 교육의 실천, 새로운 교육과정과 학교 전체의 '공동체적 시스템'을 구축해야 한다. 지금 민주화의 문턱에 들어서고 있는 시민사회의 초입 단계에서 한국의 초·중등 학교를 변화시킬 수 있는 새로운 민주적 공동체 학교 모형을 조속하게 구현해야 한다. 민주적 공동체 학교로의 재구조화 작업은 사막 위에 모래성을 쌓는 작업이 아니다. 따라서 학교와 교실을 민주적 공동체로 변화시킬 확고한 실천의지를 정부, 학교, 시민 모두가 가져야 한다.

우리는 민주적 공동체 교육이 단순히 어떻게 가르칠 것인가의 내용의 문제만이 아니라 그것을 만들어가는 과정임을 인식해야 한다. 민주적 공동체 학교의 건설은 무엇을 달성하기 위한 조건이 아니라 계속적으로 추구해야 할 교육적 이상으로서, 함께 만들어가야 한다. 민주적 공동체 학교의 건설을 위해 교장, 교사, 학생, 학부모 등이 함께 단위학교를 중심으로 교육개혁의 기초진지를 튼튼히 다져가는 실천력을 보여주어야 한다. 학교의 진정한 민주주의 실현은 공동체적 학교의 재구조화 작업과 동일하다고 할 수 있다.

너무나 거대한 학교에서는 공동체적 실험이 불가능하기에 학급학생 수를 35명 이하로 줄이는 것도 중요하지만 거대 학년을 절반으로 줄여 학교를 '미니 학교화'해야 한다. 같은 학교에서도 '작은 학교'의 실험이 가능한 교육 프로그램을 개발해야 하고, 제도 학교 내에서도 '대안교육적 실험'이 가능해야 한다. 새롭게 도출되는 '민주적 공동체 학교' 모형은 시장지향적 신자유주의 경향을 보이는 특수목적 고등학교나 자립형 사립학교 모형과는 달라야 한다.

　그런데 신자유주의적 학교 모델은 학교의 효율성에 압도된 나머지 전인교육의 이념을 멀리하고 있다. 민주적 공동체 학교는 근대의 미완성 상태에 있는 기술적 합리성을 완성해야 하는 효율 학교의 이념을 도외시해서도 안 되지만,[6] 전인교육의 이념을 지향하는 '덕목 학교the virtuous school'의 이념을 중심에 두어야 한다(Sergiovanni, 1992 : 99-

---

6) 신자유주의적 이념을 담고 있는 차터 학교나 효율 학교, 마그네트 학교, 자립형 사립학교 등은 민주적 공동체 학교의 이상과는 거리가 멀다. 지식경제의 교육적 반영은 미국의 '마그네트 학교'나 영국의 '도시기술전문학교'나 '아카데미 학교'와 같은 모형으로 등장하고 있다. 우리나라의 경우 '특성화 목적학교'로 나타나고 있다. 이들 학교는 모두 부가가치가 높은 '효율 학교effective school'이다. 효율 학교는 내재적(본질적 가치 중시) 시장보다 외재적(도구적 교환적 가치 중시) 시장을 중시하는 교육제도이다(Cowen, 1997 : 67).
　이들 학교는 전문가의 권리보다 소비자의 권리를 중시한다. 효율 학교는 학생과 학부모의 선택과 반응, 그리고 그들의 권리, 교육과정의 유연성, 표준화 검사와 평가, 효능감 등을 중시한다. 효율 학교는 학부모의 권리를 매우 중시한다. 효율성을 높이기 위한 교육을 하는 데 있어, 학부모의 요구를 통해 교사의 효능성과 수행 능력을 고양시키겠다는 전략이 숨어 있다. 효능성을 증진시키기 위한 새로운 기제를 '교육의 맥도날드화'라고 부른다. 맥도날드 현상은 극히 엄격한 구조를 만드는 고도로 합리적인 근대적 현상으로서 모던한 현상과 포스트모던한 현상을 동시에 보여준다(Ritzer, 김종덕 역 : 272-283).
　교육의 맥도날드화는 후기산업사회에서 시장에서의 사회적 삶의 모든 측면을 점점 기술적으로 '합리화'하려는 시도를 한다(Hyland, 2000 : 164 ; Ritzer, 김종덕 역, 2000 : 37-50). 포스트모던한 효율 학교는 더욱 시장적이고, 경쟁적인 접근을 하고자 하는 '자유시장 지향적' 원리를 교육에 채택한다(Bottery, 1992 : 4). 효율 학교는 효율성, 예측가능성, 계산가능성, 무인기술을 통한 합리적 통제를 중시하기에 필연적으로 '불합리한 결과'를 초래한다. 효율 학교는 결코 중립적일 수 없다. 교육과 훈련에 있어 자율적이고 독립적 학습의 전략은 학습 계약, 욕구분석, 실천계획, 봉합된 모듈 등을 통한 맥도날드화는 '가식적 우애fake fraternization'로 대체되어 비인간화와 소외를 유발하였다(Hartley, 1995). 그것은 진실한 친교를 크게 제한하고 아예 제거하기에 인간관계가 존재하지 않거나 가식적인 친근감만이 존재한다(Ritzer, 김종덕 : 240).
　소비 지향적 상업문화가 투입된 포스트포디즘적 유연성에 기반한 교육체제는 인간의

118). 민주적 공동체 학교는 경제발전주의의 이념을 추구하면서도 문화적 전승주의, 아동중심주의, 사회적 재건주의 교육철학의 장점을 취사선택하여 학교의 가치를 동시에 구현해야 한다(Bottery, 1990 : 7-16). 학생들의 학습을 돕는 데 있어 그 잠재력을 충분히 활용하기 위해 그 자체가 본질적인 학습공동체가 되도록 하고, 모든 학생이 학습할 수 있다고 믿으며, 전인적 교육에 목표를 두어야 한다. 경쟁과 협동을 원만하게 조화시켜야 하고, 지식 교육과 인격 교육을 융합해야 한다.

교사 개인의 공동체 교육 실천이 필요할 뿐만 아니라 학교 전체의 공동체적 시스템을 구축해야 한다. 학교를 재공동체화하기 위해 학생들을 공동체적이고 민주적인 시민으로 양성하기 위한 민주적 학교 체제로 전환해야 한다. 우리는 민주적 공동체 교육이 단순히 어떻게 가르칠 것인가 하는 내용의 문제만이 아니라 바람직한 민주적 학교 공동체 구조를 만들어가는 과정임을 인식해야 한다.

새로운 학교의 건설을 위해 교장, 교사, 학생, 학부모 등이 함께 단위학교를 토대로 교육개혁의 진지를 만들어가는 실천력을 보여주어야 한다. 지금 한국 초 · 중등 학교의 교실 위기 현상의 심화를 막고 극복하기 위해서는 적극적 대응과 변화가 필요하다.

---

진지한 감정과 애정의 유대가 없어지고, 파편화를 초래하여 막막하고 비인간적인 정서만을 남게 하며, 따라서 아노미 혹은 소외 상태에 빠지게 한다. 또 사회적 실천과 미덕이라는 공유된 가치를 배제시키며(MacIntyre, 1984), 역사적 과거를 잃어버리고 역사의식을 결여하게 하며(Ritzer, 김종덕 역 ; 280-281), 나아가 학생과 학부모를 상품화하는 경향이 있다(Whitty, Power & Halpin, 1998 : 105). 더욱이 부가가치와 가치중립성을 지향하는 포스트모더니티는 도덕적 황폐화를 더욱 부추길 가능성이 있다(Hyland, 2000 : 164). 다양성을 강조하는 신자유주의는 모더니티의 대량생산 체제를 극복하는 포스트모더니티(이질성, 차이 등을 강조) 또는 포스트포디즘(다양한 상품과 소량생산의 유연한 구조)과 결합하고, '유연한 전문화'를 강조하는 포스트포디즘적 양식은 학교의 경영 방식, 교육과정, 교수법과 평가에 영향을 준다(Whitty, Power & Halpin, 1998 : 40-41).

우리의 대응 방향은 이전의 억압적 체제로 회귀하는 것이 되어서도 교실 위기 현상을 조장·증폭시키는 지금의 교육정책을 지속하는 것이 되어서도 안 된다. 따라서 우리는 '민주적 공동체적 원리'에 입각한 새로운 교육과정과 체제를 마련해야 한다. 민주적·공동체 학교는 무엇을 달성하기 위한 조건이 아니고, 계속적으로 추구해야 할 이상을 향해 나아가는 것이다. 그러기에 민주적 공동체로서의 학교 건설은 목적지가 아니고 여행이다. 우리는 지금 그 여정의 여행자가 되고 있다.

# 5장

# 학교, 학부모 그리고
# 공동체의 상호관계 정립[1]

## 1. 문제 제기

학교는 외부적 영향과 세력과 요청으로부터 고립된 진공 속에서 활동하지도 않고, 활동할 수도 없다. 학교가 그렇게 하기란 실제 불가능할 뿐더러, 그런 시도를 하는 것도 역시 잘못된 것이다. 학교가 직면한 외부적 요소는 영향과 세력뿐만 아니라 요구와도 관련되어 있다. 이러한 요구들 중에는 예를 들어 정보, 자문, 공유된 의사결정이나 통제에 대한 권리 주장도 있다. 그러므로 실제적인 이유뿐만 아니라 원리상의 이유에서도 학교는 외부의 현실과 요구에 부응할 필요가 있다.

---

1) 이 글은 최근 작고한 McLaughlin, T. H.(2003), 'School, Parents and the Community', Beck, J. & Earl, M.(eds.), *Key Issues in Secondary Education*, London & New York : Continuum의 글을 저자의 의도에 따라 재구성하였다.

학교를 둘러싼 그러한 외부적 현실과 요구는 다양하고 광범위하며 사회적·윤리적·정치적 그리고 경제적인 복잡다단한 문제들을 야기하고 있다. 본 강의에서는 학교와 관련된 외부적 요구들 중 지배적인 두 원천인 학부모와 지역사회에 관해 초점을 맞추어볼 것이다. 본 강의에서는 학교와 학부모 그리고 지역사회(공동체) 사이의 관계에서 발생하는 '실제적 측면'도 관심을 가지지만, '원리적 측면'과 관련된 중요한 문제들에 더 관심을 집중할 것이다. 이와 관련하여 학교와 학부모 그리고 지역사회(공동체) 사이의 관계에 관한 모델과 관련된 논의를 집중적으로 할 것이다.

## 2. 학교와 학부모 그리고 공동체의 관계에 대한 모델

여기서 제시된 모델들은 이슈들을 구도화할 수 있는 '이상적 유형'을 강조하고 있다. 과거이든 현재이든 이 모델들은 현존하는 관계의 복잡한 현실을 어떠한 명확한 방법으로 그려낼 수 있음을 보여주지 못하고, 다만 전체적 구도만을 개괄적으로 보여줄 뿐이다.

### 1) 격리와 분리 모델Distance and Separation

격리와 분리 모델은 학교가 가능하면 학부모와 지역사회로부터 현저하게 고립적으로 일을 수행하고 처리하려는 시도와 관련이 있다. 이러한 종류의 한 모델은 19세기부터 비교적 최근까지 영국의 모든 종류의 학교와 관련해서 파악할 수 있다. 이 모델의 현저한 특성은 자기 학생들을 학부모와 지역사회의 잠재된 부정적인 영향으로부터 보호하려는, 심지어 '구원하려는' 시도에서 나온 것이다. 빅토리아 시대의 초등학교들은 종종 무지, 빈곤, 추잡함의 한가운데 있는 '문명의 요체'이며, 학교는 학교 건물의 건축양식에 반영되어 있는 자기지각으로 간주되었다. 문법학교grammar school는 종종 학부모들과 지역사회의 반교육적인 영향을 의심하였으며, 특히 어린이 노동자 학생들의 집안 환경과는 가능한 제약을 가하거나 제한을 두어 학생들이 그 영향으로부터 멀리 벗어나 있기를 고대하였다. 엘리트들을 위한 사립학교public school, 특히 기숙학교는 아이들에게 마음, 인격 그리고 리더십의 적절한 미덕을 전달하는 데 실패한 게으르고 퇴폐적인 가정으로부터 자녀들을 보호하는데 심혈을 기울여왔다.

그런데 격리와 분리 모델에 기반한 학교는 학부모와 지역사회로부터 완전히 고립되거나 고립될 수도 없다. 그러나 삼자 간의 연계 관계는 종종 제한적이고 한정되어 있다. 학생발달 보고서는 형식적이었으며, 학교와 학부모의 연계는 스포츠 행사나 연극공연 같은 것에 초대받는 것 정도로 매우 제한적이었다. 학교와 학부모와 지역사회 간의 관계에 대한 격리와 분리 모델이 바탕을 두고 있는 철학적 주장은 다음과 같다.

① 교육이란 주변환경, 관심사, 그리고 아동들의 삶과는 무관하게 구상되고 추구되는 하나의 최적 활동이다. 어떤 측면에서 교육은 '학문적인' 것으로 간주되어야만 한다.

② 교육자, 특히 교사들은 학생들이 어떤 것에 교육적으로 흥미를 느끼고 있고, 어떤 부분에 흥미 없는지를 결정할 수 있는 최적의 위치에 있다.

③ 학부모와 지역사회의 교육적 영향에 대해 의심해보는 것은 타당하다.

　이런 세 주장은 특기할 만한 논란을 야기하고 있고, 최근 들어 광범위하게 반박을 받고 있다.

　첫째, 교육이 아이들의 주변환경, 관심사, 그리고 삶과 관계 없는 '학문적인' 것이라는 틀에 갇힌 관점은, 학생의 개인적·사회적 교육, 그리고 개인의 중요한 역할을 떠맡는다는 관점에서 볼 때, 교육이 학생들의 가정과 그들이 살고 있는 사회와 반드시 필수적으로 관계 맺을 수밖에 없다는 주장에 의해 도전을 받았다. 더 일반적으로 보면 폭넓은 전인교육에는 단순히 학문적인 것을 넘어서는 요소가 필요하다고 주장되어왔다. 구체적으로 말하면 동기부여에 기반을 둔 교육은 현재의 흥미와 경험, 학생의 관심과 연관되어야 하고, 그리고 어떤 의미에서 '적절성'을 가져야 한다는 주장이 있어왔다.

　둘째, 교육자 특히 교사들이 학생들이 어떤 것에 교육적 흥미를 느끼고 있고, 어떤 것에 흥미 없는지를 결정하는 최적의 위치에 있다는 관점은, 교사들이 어떤 전문가적 지식이나 기술, 특히 교수 방법과 관련된 것을 가지고 있다고 해서, 그 전문성이 가르칠 것의 목표와 내용을 결정하는 모든 것을 포함하고 있지는 않다는 주장에 의해 반박을 받았다.

　"무엇이 가장 가치 있는 지식인가?"

　"우리는 어떤 방법으로 다음 세대를 만들어야만 하는가?"

　이러한 질문들은 "어떤 삶이 가치 있는 삶인가?"처럼 전문가가 손쉽게 만든 하나의 답으로 단정 지어 대답할 수 있는 문제가 아니다. 왜냐하면 어떤 측면에서 이 질문들은 매우 복잡하며, 또 다른 측면에서 보면 논란의 여지가 있는 많은 가치판단과 관련되어 있기 때문이다. 민주주의 사회에서 이런 질문은 교사와 지역사회 전체를 포함하는 광범위한 논란에 부딪히게 된다. 그러므로 학부모와 지역사회는 교육의 의사결정에 참여할 권리가 있으며, 교사만이 교육의 모든 문제를 결정할 권리를 가진다고 할 수 없는 것이다.

셋째, 학부모와 지역사회의 교육적 영향에 대해 의심해보는 것이 적절하다는 주장은 이들로부터의 영향이 갖는 잠재적인 교육적 이점이 있다는 주장이 시인되면서 반박되어왔다. 어떤 측면에서 이것은 학교에 의해 수행되는 가르침의 다양한 측면에 있어 교사와 지역사회의 잘 구축된 연계성 속에 존재한다. 대표적인 예로서 지역사회에서 학부모가 개발한 프로그램이 학생들의 읽기 능력을 향상시킨 사례를 찾아볼 수 있다. 여기서 일반적인 관점은 학교가 소홀히 하기 쉬운 다양한 자원들을 학부모와 지역사회가 학교에 제공해준다는 장점이 있다고 할 수 있다는 것이다.

## 2) 상호 간여 모델Mutual involvement

상호 간여 모델은 현재 동시대의 교육적 경험과 교육법령에 의해 일반학교, 학부모, 그리고 지역사회 간의 좀 더 가까운 관계를 명확히 표현하고 있다. 이 모델에는 광범위한 철학적 주장이 담겨 있다.

① 학부모와 지역사회는 학교 업무의 다양한 측면에 관한 적절한 '정보'를 획득할 권리를 가지고 있다고 간주된다. 여기에 연계된 정보의 종류를 보면 연구에 나타난 과정, 개인의 성취도와 발달상황, 학교 정책과 다

양한 종류의 절차, 학교 장학 보고서와 시험 결과 등을 포함한다.

② 학부모와 지역사회는 예를 들어 성교육과 같이 민감하고 현저한 논쟁을 야기할 수 있는 사안들에 대한 접근과 같은 학교의 정책과 원리들을 학교에 '자문'할 수 있는 권리를 가진 것으로 간주되고 있다.

③ 학교와 지역사회는 앞서 말한 읽기 향상에 부모가 도움을 주는 아동의 학습 프로그램, 학교 교육과정의 다양한 측면에 지역의 사용주들이 참여하는 교육 프로그램, 그리고 학교와 지역사회 간에 운동장과 수영장과 같은 시설물을 공유하거나 다양한 종류의 모금과 같은 실제적인 지원을 준비하는 문제와 관련하여 학교와의 '협력'을 공동으로 간여할 수 있다.

④ 학부모와 지역사회는 정책과 실행의 다양한 문제에 있어, 예를 들어 학교운영위원회와 지역 교육청의 위원회를 통해 학교와 함께 '공유된 의사결정'에 간여할 수 있는 것으로 간주되고 있다.

⑤ 학교는 단순히 학문적인 것을 넘어 '좀 더 폭넓은 교육적 관심사'를 가진 것으로 간주된다. 그러므로 예컨대 개인적 및 사회적 교육 그리고 건강 교육, 학생들에게 적절한 형태의 조언을 할 준비를 갖추는 것이 학교의 교육적 사업의 한 부분으로 간주되며, 학부모와 지역사회는 중요한 교육적 자원으로 간주되고 있다.

학교, 학부모 그리고 지역사회의 관계에 관한 이런 모델은 실제적 관점과 원리적 관점의 논쟁에 의해 지지되고 있다. '실제적인 관점'은 학교, 학부모 그리고 지역사회의 상호연계 형태가 더욱 큰 교육적 효과와 효능을 발휘한다는 입장이다. 학생들의 학습을 증진시키는 것과 관련된 학교와 학부모 간의 동반자 관계에 유익한 영향을 제공한다.

학교나 지역사회를 위해 공유하는 수영장과 같은 설비와 관련하여 실제적으로 주는 재정은 주목할 만하다. 그런데 이 모델을 지지하고 있는 또 다른 관점은 학부모와 지역사회가 다양한 형태로 연계되어야 정당한 권리를 갖는다는 '원리적 입장'도 있다.

상호 간여 모델과 연계된 각각의 광범위한 철학적 주장은 비교적 결함이 없고 의심의 여지도 없고, 별 난관에 봉착하지 않을 것 같다. 그런데 학부모에게 학생의 정보를 제공할 권리를 주장하는 것에 관해, 예컨대 특정한 종류의 정보가 제공되어야 한다는 입장에서 볼 때 가장 적절한 방법이 무엇인가에 대해서는 의문이 생긴다. 실제로 시험 결과에 따른 학교 성적 일람표를 발표하도록 하는 것은 학교에서 참다운 교육을 완성하고 있다는 것과는 거리가 멀다는 오해를 불러일으키고 있다. 왜냐하면 학생들의 능력에 의한 상대적인 성적 차이로써 학교가 학생들의 학업성취를 증대시키고 있다는 정도로는 학교가 기여할 수 있는 직접적인 '부가가치'가 별로 없어 보이고, 실제 잘 나타나지도 않을 것이기 때문이다. 학교는 이런 점과 관련된 어려움과 정보를 어떻게 완벽하고 공정한 방법으로 이익단체에 표출할 수 있는지에 대한 여러 가지 도전을 시도하고 있다. 그러한 정보의 준비와 관련되어 구체적으로 제기되고 있는 논란을 일으키는 몇몇 정보들과 관련된 또 다른 안건이 있다. 예를 들어 누가 학생 개개인의 학교 기록을 열람할 수 있으며, 학교가 가진 모든 정보를 모두 열람할 수 있는가의 문제가 생긴다.

자문에 참여할 권리에 대한 주장과 관련하여 단순히 협의하는 것과 공유된 의사결정을 하는 것을 둘러싸고 어떤 방식으로, 어디서, 그리고 어디에 중심을 둘 것인지의 문제가 생긴다. 실제 이런 문제에 대해 학부모와 지역사회가 학교와 함께 공동 협력에 참가하도록 초대받는 것은 상당히 제한되어 있다. 의사결정권을 공유하는 것과 관련하여 제기된 사안들에 대해 어떤 기구가 최종적 발언권을 가질 것인지, 그리고 최종 발언권의 할당 근거가 현안의 문제 종류에 따라 결정되어야 한다는 것에 관해서도 의문이 제기되고 있다. 학교가 단지 학문적인 교육보다는 더 넓은 시각을 가져야 한다는 점을 적절하게 강조해야 하고, 교육적 과제의 다양한 측면에 대해 우선권을 주어야 한다는 주장이 제시되고 있다. 이러한 문제들은 우리에게 익숙한 장기간 계속되고 있는 교육적 논란에서 항상 드러난다. 즉, 이 논란은 학교의 교육적인 역할이 '전통적이냐 진보적이냐' 또는 '학문적이냐 낭만적이냐'라는 개념을 둘러싸고 일어나는 문제들이다.

### 3) 학부모 지배 모델Dominance of Parents

학부모 지배 모델은 아이들의 교육에 있어서 '결정자로서의 학부모'라는 개념을 구체적으로 나타낸다. 이 개념에서 교육에 있어서 학부모의 권리는 근본적이고, 최우선적이며, 중요한 것으로 보인다. 교육적 문제에 대한 전문적 판단 또는 정치적 판단의 우선순위에 대한 문제가 제기되고, 또한 이런 상태에 의해 제공되는 교육적 단서의 일반적 형태에 대한 의심도 든다. 아이들의 교육적 경험은 학부모와 가족들에 의해 가장 많은 부분이 결정되는 것처럼 보인다. 학부모 지배 모델은 폭넓게 알려진 철학적 주장이다.

● 학부모는 자신의 아이들에 대한 교육적 관심을 독점적으로 결정하기 위한 자격과 능력을 갖고 있다.

그러나 이런 주장은 많은 중요한 비판들을 받고 있다. 한 가지 두드러진 비판은, 열린 미래를 위한 아동의 권리, 즉 가능한 한 많은 선택, 가능성, 이점을 지닌 성숙에 도달하기 위해 아동의 권리를 사용해야 한다는 것이 학부모의 가장 근본적인 권리라는 점이다. 이것은 부모가 추구해야 할 의무를 가진 학부모의 권리에 대해, 아동에 대한 기본적인 교육적 관심이 중요한 제한을 가한다는 것이다. 예를 들어 아이들을 위해 너무 이른 단계에 삶의 진로를 결정하는, 즉 어떤 중대하거나 돌이킬 수 없는 결정을 하는 선택을 피하는 것이 더욱 근본적인 학부모의 권리라는 점이 여기에 포함된다. 그리고 인간이 세계와 역사 속에서 수없이 준비해야 할 아주 다기한 사실과 다양한 이유와 평가를 획득할 수 있는 자율성 발달에 목적을 둔 광의의 교육을 제공받는 아동이 필요하다는 점이 포함된다.

학부모의 교육권에 대한 '결정자로서의 학부모' 모델의 또 다른 한계를 갖는 원천은 다른 사회 및 학부모의 권리와 요구이다. 이런 한계로 인해 교육적 가치의 배분에 있어 공정과 정의의 명령을 고려할 필요와, 시민권을 위한 교육을 포함하기 위해 모든 학생들의 교육적 자격을 확장할 필요가 있다.

물론 이러한 종류의 논쟁이 교육에 있어 학부모의 모든 권리를 약화시키는 결과를 가져오는 것은 아니다. 아동의 교육권에 대한 '피신탁인'으로서 학부모에 대한 아주 소박한 개념은 어렵지 않게 변호될 수 있다. 이러한 관점에서 학부모는 분리 교육의 특정한 형태를 포함하는 아동의 주요한 문화를 결정할 권리, 교육 경험과 아동의 발달을 조정하고 재검토할 권리가 있다. 그러나 이러한 교육권은 학부모가 소유한 근본적인 '도덕적 권리'가 아니라 아이들의 자율성과 시민권을 지키기 위한 '학부모의 의무'에서 나온 것으로 보인다. 아동이 단지 스스로 교육권을 행사할 수 있을 때까지 '위탁' 된 것이다. 그러므로 민주적 시민으로서의 구성권과 자율성을 구가하려는 아이들의 권리에 대해 침해를 가하는 근본적인 도덕적 권리가 학부모에게 있다고 여겨지지는 않는다. 그리고 다른 사회와 다른 학부모의 권리와 요구를 침해할 권리가 학부모에게 있는 것도 아닐 것이다.

이러한 관점에서 학부모는 중요한 교육권을 가지고 논의된 상호 간여 모델의 다양한 측면에서 중요한 중재자이다. 그러나 학부모는 학교와 지역사회 간의 관계에서 중심적 위치에 서 있지는 않다. 그리고 그들은 아동의 교육과 관련하여 배타적이거나 광범위하게 관여하는 '결정자'의 역할을 누리지 못한다. 그러나 '피신탁인으로서 학부모'의 일반적 개념을 수용함으로써 그것에서 학부모의 어떤 명확한 권리를 도출할 수 있는지에 대해서는 더욱 세밀한 논의를 할 필요가 있다.

### 4) 교육시장 지배 모델Dominance of the Educational Marketplace

교육시장 지배 모델은 종종 학부모 지배 모델과 상당히 연관되어 있다. 이 모델의 본질적 특징은 많은 다양한 형태를 취하고 있는, 서로 다른 종류의 학교시장을 통해 최상의 교육을 제공하고, 각 학교들은 교육의 소망에 따라 학교를 결정하기 위해 정보와 자원(예를 들면 바우처)을 갖고 있는 '고객', 즉 학부모를 위해 경쟁을 한다는 것이다. 학교 입장에서는 학부모들을 위해 자기만족과 비효율을 중화해야 할 필요와 교육에 있어 과도한 국가권력의 독점을 해결하는 방법을 학부모에게 제공할 필요가 있다며 제창된 것이다. 앞서 세 번째 학부모 지배 모델에서 논의된 '결정자로서의 학부모'라는 학부모 권리 개념의 정당함에 대한 주장과는 달리, 교육시장 지배 모델은 적어도 다음과 같은 더욱 널리 알려진 철학적 주장을 포함하고 있다.

- 교육시장은 모두를 위해 적절한 교육을 가장 확실하게 담보할 수 있다.

그런데 '적절한 교육'의 개념을 어떻게 이해해야 하는가에 대한 의문이 제기된다. 종종 이 모델의 지지자들은 '적절한'이 무엇을 의미하는지 명확히 말하지 않는다. 그리고 이 의문에 대해 교육시장 안에서 행해지는 선택에 의해 결정되어야 한다고 이 모델 지지자들은 말한다. 그러나 우리가 학부모 지배 모델에서 살펴본 학부모 권리에 대한 주장에서 보듯, 모든 학생들을 위해 지켜져야만 하는 개인의 자율성과 민주적 시민권의 발전과 관련된 교육권이 있다고 당연히 생각하는 보편적인 근거들이 있다. 그것은 개인의 자율성과 민주적 시민권의 발전에 대한 요구가 학부모의 권리에 장애로 작용한다는 것과 같은 방식으로 널리 생각된다. 그래서 그것들은 교육시장의 도덕적 한계를 보인다. 교육시장의 지지자와 비판자들 사이에 중심적으로 제기되는 문제는 다음과 같이 정리될 수 있다.

정의가 시장에 의해 결정되는 명확하지 않은 '적절한' 교육이라는 규정이 아니라, 어떤 시스템이 학부모 권리 규정을 가장 잘 보증할 수 있는가이다. 개인의 존엄성의 기본적인 문제들과 민주적 정부기관, 그것을 모든 아이들에게 확대시킬 의무에 관한 권리의 관계는 명확해진다. 그런 다음 의문은 더욱 명확한 형태를 취한다.

모든 아동을 위해 어떠한 시스템이 이 권리의 규정을 가장 잘 보증할 수 있는가?

교육시장이 모두를 위한 교육권을 잘 보증할 수 있다는 주장이 또하나 당면한 난점은 학부모들의 교육권을 진지하게 평가하기 위해 모든 학부모가 선택의 목적에 맞게 제자리에 설 수 있는가에 대한 의문과 관련이 있다. 학부모들은 중요하고 자유로운 교육시장 상황에서 자신들의 자식을 대신하여 현명하지 못한, 한계를 가진 교육 선택을 할 위험이 있다는 것이다. 이 점에 비추어 볼 때 만약 교육규정의 다른 측면이 아니라면, 시장권력으로부터 교육권을 방면해주면서 민주적 조건의 통제와 규제 형태를 통해 모든 학생을 위해 그 성취를 보증하는 유력한 경우가 있을 것 같다.

### 5) 공동체 지배 모델Dominance of the community

이 모델은 공동체 개념이 어떻게 이해되는가에 따라 적어도 세 가지 형태를 취한다. 공동체 개념은 다른 관념에 따라 많은 해석이 있을 수 있다. 세 가지 관념은 각각 이 모델의 변화와 관련 된다.

#### ① 지역공동체 지배 모델

지역공동체local community 지배 모델은 1930년대 캠브리지셔에서 헨리 모리스Henry Morris에 의해 개발된 '마을 대학Village College'과 1960년대와 1970년대에 코베트리의 '시드니 스트링거 종합학교Sidney Stringer Comprehensive School'와 밀턴 케인스의 '스탠턴베리 캠퍼스Stantonbury Campus', 맨체스터의 '아브라함 모스 센터Abraham Moss

Centre'와 같은 광범위한 학교들에서 발전된 도시의 다양한 변화에서 두드러진다. 이들 모델의 공통점은 교육을 지역공동체와 밀접하게 연결시키고, 급진적 방법으로 지역사회와 학교 사이의 장애물을 걷어낼 필요가 있다는 견해이다. 이 모델과 연관된 하나의 널리 알려진 철학적 주장은 다음과 같다.

● 지역공동체는 학교에서 배운 것에 초점을 제공해야 하고, 특히 교육에 있어 의사결정을 확실하게 해야 한다.

그런데 지역공동체의 주장은 협소함과 제한점을 보여준다. 즉, 모두를 위한 교육의 권리라는 측면에서 어떤 것이 더 일찍 파악되어야 하는지, 특히 교육의 문제에 왜 관심을 집중해야 하는지, 특히 지역적 수준에서 왜 교육의 문제를 결정해야 하는지에 대한 의문이 제기된다. 또 교육권은 지역의 수준을 넘어 국가적·국제적, 심지어 세계적 시각에서 논의에 부쳐야 할 것 같다. 그리고 모두를 위해 지켜지는 권리의 필요는 지역 간의 잠재적 가변성을 넘어 지속성을 요구하는 것 같다. 이 문제들과 관련된 답은 '현재적인 것'과 '특수적인 것'을 넘어 학생들을 포괄적으로 이끌어야 한다는 좀 더 적절한 해방적인 교육의 관점을 요구한다. 지역적 고려가 중심이어야 한다는 더욱 일반화된 주장과 달리, 이러한 주장을 한다고 하여 교육제도에서 지역적 고려를 위한 역할이 있다는 요청이 약화되지는 않을 것이다.

### ② 문화공동체 지배 모델

문화공동체cultural community 지배 모델은 예를 들어 영국 내의 아프

리카 카리브인과 이슬람 공동체와 같은 인종 또는 종교적 차이를 나타내는 공동체를 포함한다. 문화공동체 모델의 지배는 다음의 널리 알려진 철학적 주장을 포함한다. 그것은 종종 특정한 종류의 분리된 교육적 조건에 대한 주장과 연관되어 표현된다(예를 들어 이슬람 학교들).

● 문화공동체는 아동과 청소년들에게 제공할 적절한 교육적 경험과 관련하여 결정적인 교육의 의사결정권을 가져야 한다.

그런데 문화공동체가 주장하는 견해에 많은 의문이 제기된다. 문화공동체의 구성원으로서 개인의 요구 및 권리와 더 넓은 공동체에 대한 요구 간에는 잠재적 갈등이 있을 수 있다. 문화공동체가 아동이 길러질 수 있는 가장 중요한 문화를 건설하면서 개인의 자율성과 민주적 시민권의 발전을 완전히 막아서는 안 된다. 또한 전체적으로 사회가 요구하는 일반적 관심과 애국심의 발전도 해쳐서는 안 된다.

따라서 문화공동체가 교육의 의사결정, 예를 들어 문화적 다양성 측면에서 공정한 대우를 해야 한다는 요구를 일깨우는 일을 수행하는 데 중요한 역할을 한다는 점을 전제한다면, 문화공동체 모델은 지배적 역할을 해서는 안 된다. 오히려 교육권에 대한 요구들, 그리고 개인의 자율성과 민주적 시민권의 발전에 밀접하게 연관되어 있다는 점을 확실하게 해야 한다. 이 요구들을 위해 특정 분리 학교의 정당성을 배제하지 않으면서도, 교육적 정책과 실행에 관한 전체적 판단을 고려할 필요가 있다.

### ③ 일반 공동체 지배 모델

일반 공동체general community 지배 모델은 개인들과 시민들이 사는 전체 공동체로 여겨질 수 있다. 일반 공동체 지배 모델의 민주주의적 변화는 다음과 같은 널리 알려진 철학적 주장을 포함한다.

● 민주주의 사회는 모든 어린 아이들을 위해 개인의 자율성과 민주적 시민권을 획득하는 데 필요한 교육적 자격을 확보하는 권리와 의무를 갖도록 해야 한다.

민주주의 사회는 예를 들어 국가 교육과정을 통해, 즉 교육에 대한 국가의 통제와 규제를 포함한 다양한 전략들을 통해 개인의 자율성과 민주적 시민권을 갖는 교육권을 지켜야 한다. 더욱이 일반 공동체 지배 모델의 변종이 어떠한 종류든 교육에 대한 국가 통제의 정당성을 추구하지 않고 있음을 주의할 필요가 있다. 우리가 구상할 것은 앞서 언급했던 교육적 자격의 가치와 요구에 의해 제한된 통제이고, 민주적 토론과 권한을 필요로 한다.

일반 공동체 지배 모델에 의해 구상된 교육은 어떤 반대의 입장이 제기되더라도 전체주의나 국가주의가 도래될 가능성이 보이지 않는다. 이 모델은 보다 광범위한 목적과 구조와 달리 교육 체제를 통해 국가의 조작과 교화에 대한 두려움을 완화시켜 줄지도 모른다. 이 모델은 구상된 국가 통제에 의해 교육과정의 모든 세부사항으로 확대될 것으로는 보이지 않는다. 이 모델은 교육의 의사결정에 기여하기 위해 교사, 학부모, 지역공동체 그리고 문화적으로 특수한 공동체들을 위해 적절한 역할을 제공할 수 있을 것이다. 이 모델의 지지자들에 의해 주장되는 국가의 역할이란 단지 교육은 국가의 근본적 목적을 만족시키는 데 있음을 보증하는 것이다.

원리적으로 일반 공동체 지배 모델에 대한 타당성 평가는 일반 공동체 모델이 구체화하고 있는 원리와 반드시 일치한다고 볼 수 없는, 1988년 이후 영국에 있어 교육의 국가 통제가 증대되고 있는 것과 관련된 독특한 특징들과는 분리하여 생각할 필요가 있다. 일반 공동체 모델에 의해 만들어진 철학적 주장은 많은 비판을 열어놓고 있다. 가장 두드러진 비판은 국가통제의 본질과 한계가 어떻게 세부적으로 구체화될 수 있는지, 어떻게 국가 통제가 정당의 정치적 논의와 과정에서 가능한 불안정한 간여 효과로부터 격리될 수 있는가 하는 점일 것이다.


## 3. 결론[2]

학교와 학부모 그리고 공동체 간의 관계는 기본 원리에 대한 서로 다른 복잡한 많은 문제를 야기하고 있다. 그러므로 각 모델의 원리에 대한 문제를 아주 간명하게 정리하여 다양하고 복잡한 문제들을 똑같이 해결할 수는 없을 것 같다. 각 모델의 문제에 대한 명료화는 충분하지 않을지 모르지만, 이들 중요한 실제적 문제에 대해 적절한 접근을 할 필요는 있을 것이다. 지금까지 논의된 많은 영역에서 중심을 잡는다면, 학교와 학부모와 공동체 사이의 원칙적 관계를 정당화하는 설명

---

2) 결론의 내용만은 필자의 생각을 개진한 것이다.

을 명확하게 표출한 것에서 각 모델의 중심적 역할을 하는 것은 개인의 자율성과 민주적 시민권의 발전과 연관된 교육적 자격 개념을 정교화하고 변론하는 데 있다고 할 수 있다.

우리 나라 상황에 적용해보면 격리와 분리 모델은 엘리트적이고, 전문가적이며, 특수목적 고등학교나 자립형 사립학교를 선호할 것이다. 학부모 지배 모델은 대중영합주의의 위험이 있고, 치맛바람에 휩싸일 위험이 있으며, 홈스쿨링을 선호할 것이다. 교육시장 지배 모델은 교육(아동)을 물건화(상품화)할 위험이 있으며, 학교의 학원화를 선호할 것이다. 공동체 지배 모델은 개인의 원자화·개인주의화를 방지할 수는 있으나 탈근대사회에 대한 적합성이 의문시될 수 있다. 상호 간여 모델은 가장 균형을 이루는 모델이기는 하나 다소 절충적이라는 비판을 받을 수 있다. 필자는 교육의 본질이라고 할 수 있는 학문과 전문성에 바탕을 두고 있는 격리와 분리 모델을 중심부에 두고, 그 외연(주변부)의 영향을 미치는 세력으로 학부모 지배 모델, 교육시장 모델, 공동체 지배 모델, 상호 간여 모델에 둘러싸여 있는 모형을 취하고자 한다.

2부

민주적 실천과 시민권(성)을 위한
민주시민 교육

# 6장

# 시민권의 역사적 변천과
## 시민권 교육[1]

## 1. 시민권의 새로운 정체성은 무엇인가?

민주화 이후의 민주화는 위기를 맞이하고 있다. 정치 민주화의 과잉에 비해 삶의 민주화가 지체되고, 대화방식도 서툴고, 이익 갈등의 조정 또한 미흡한 현실이다. 시민성과 시민 교육에 대한 늘어난 관심은 아마도 다른 상황에서 발생한 여러 요소들에 기인할 것이다. 참여 수준의 쇠퇴와 정치적 무관심 확대, 다문화 집단(가정)의 증대, 민족주의의 재등장으로 새로운 긴장감 조성, 지역의 정치·경제적 재편, 민주적 공고화의 필요 등은 시민성과 시민 교육의 개념을 재검토하도록 하

---

1) 이 글은 Enslin & White(2003)의 'Democratic Citizenship', Blake, N. et al(eds.), *The Blackwell Guide to philosophy of Education*, Malden, USA & Oxford, UK : Blackwell Publishing을 중심으로 개작한 것이다.

고 있다.

특히 젊은 사람들 사이에서 정치에 대한 관심이 점점 약화되고 있어 그들의 정치적 해방과 냉소주의를 해소할 수 있는 시민권(성)을 도입해야 할 필요가 있다. 그렇게 함으로써 젊은이들이 정치에 대한 싫증에서 벗어나고, 그들의 정서에 따라 기성의 권위에 과감하게 도전하게 하면서, 일탈과 범죄로부터 그들을 보호하고, 감소시킬 수 있을 것이다. 젊은이의 삶을 향상시키는 목표와 국가의 정치 문화를 향상시키는 목표 사이에는 불일치와 갈등이 잠재되어 있지만, 민주적 생활을 일상화하고, 민주적 시민 교육을 확실하게 함으로써 젊은이의 삶과 학교 경험을 향상시키며, 나아가 국가의 정치 문화를 공고하게 할 수 있을 것이다.


## 2. 시민권의 위상

최대이든 최소이든, 능동적이든 수동적이든 시민권은 나라에서 주는 법적 지위이다. 전체주의 시대에서 살던 사람들은 실제로 같은 사람이면서도 또 다른 사람이라고 할 수 있다. 부여된 권리, 요구되는 의무, 고양된 시민으로의 열망, 좋은 시민의 인식은 모든 것을 변화시켰다. 시민권이 주어진 이후로 정치공동체는 그것을 가진 사람과 그렇지 못한 사람들을 구분하였다. 역사적으로 보더라도 현대 또한 배제의 정치를 목격하는 것은 흔히 있는 일이다. 사실상의 민주주의를 실시하는 있는 국가에서 여성이 시민의 신분으로 인정받은 것은 지난 세기에서야 겨우 이루어졌고, 현재 많은 국가에서 외국인 노동자가 아직 시민으로 인정을 받지 못하고 있으며, 더욱이 많은 나라의 어린이들은 시민권 영역 밖으로 밀려나 있는 실정이다.

이렇게 배제되고 있는 근거가 무엇 때문인가? 이들 중 어떤 것이 민주사회에서 옹호될 수 있을 것인가? 배제되는 근거를 검증함으로써 시민권을 위한 적절한 준거의 마련에 어떤 빛을 제공할 수 있을 것인가?

전통적으로 여성들은 공공의 삶에서 그 역할이 인정되지 않았고, 국가적 업무에 참여하는 데 필요한 적절한 지식이 부족했기 때문에 늘 배제되어 왔다. 그들은 아이들과 같이 가족의 남성에 의해 보호받는 위치에 있었다. 외국인 노동자는 시민권에 대한 욕구가 부족하고 사회에서 품위 없거나 위험한 일을 도맡아 하는 일시적인 경제적 지원자에 지나지 않았다. 그들은 마치 관광객처럼 사회적 권리를 갖지 못했다. 이들의 노동이 다른 사람들에게 오랜 기간동안 위탁되어왔기 때문이다. 여성은 역사상 그렇게 해왔기 때문에 그러하였고, 어린이들의 경우 성숙한 판단과 지식이 부족하여 그러하였다.

그런데 과연 이러한 근거가 민주적 공동체를 위해 시민권을 허가하거나 보류하는 적절한 준거가 될 수 있는가? 자격의 결정적 조건이 될 수 있는 것이 지식과 헌신인가? 만약 그렇다면 이 말은 교육을 위한 함의를 말하는 것인가? 민주주의에는 적절한 지식과 민주적 정치체제에 헌신하는 시민적 덕목의 육성을 촉진시키는 시민 교육이 필요할까? 시민권을 부여하기에 앞서 이런 지식과 헌신을 위한 검토가 필요할까? 그렇지 않으면 시민권이 우리를 달갑지 않은 방향으로 안내하면서 적절한 자격을 요구한다는 가정을 따르고 있는 것인가?

대안적 관점은 시민권을 얻어지는 것으로 보기보다 민주국가에서 모두가 공유하는 지위의 부여로 보며, 정치적 평등을 민주적 이상으로 구체화하는 것이라고 여긴다.

민주적 시민권이 정치체제에 속해 있는 모두에 의해 공유된 지위라는 견해로부터 따라나올 수 있는 것이 무엇인가? 어린이들의 경우 아이가 선을 그을 수 있는 능력이 생기자마자 아이가 투표할 수 있다는 주장은 말이 안 된다. 그렇지만 아이들은 학대받지 않을 권리 같이 다른 많은 성인들이 누리는 시민의 권리를 공유할 수 있다. 이것은 외국인 노동자의 경우에도 비슷하다. 자국에서와 같이 그들이 일하는 나라에서 이중의 시민권 같은 것을 사실 가지고 있기에 그들에게 다른 시민들과 같이 권리를 향유하지 못하는 어떤 이유가 있는 것일까? 그러나 이러한 주장이 지지된다면 그들은 시민권을 위해 교육과 헌신을 요구하지 않는다는 직관에 반하는 결론을 이끌어낼 것인가? 전혀 그렇지 않다. 그들이 강조하는 것은 시민권의 '이중적 본질'이다. 한편으로 이것은 '공유되는 지위'이고, 다른 한편 이것은 '규범적인 이상'이다. 시민들은 좋은 시민이 되기를 열망할 수도 있고, 좋은 시민은 다양한 형태로 자리할 수 있다. 때때로 좋은 시민은 최소·최대, 수동적·능동적 구별에 따라 구분될 수도 있다.

시민권은 교육과 책임을 위한 기회를 고무한다. 이것은 미국에서 흑인에게 투표권을 주는 것을 정당화하는 데 쓰였던 논거로서, 민주주의의 교육적 기능을 주장하였던 사람들의 노력과도 비슷할 것이다. 우리는 이 문제를 둘러싸고 시민권의 역사적 변천을 통해 좀 더 자세하게 논의할 것이다.

# 3. 시민권의 다양한 개념과 역사적 변천

## 1) 사회권에 도전하는 신자유주의 시민권

마셜의 생각은 제2차 세계대전 이후에 10년 내에 영국에서 상당히 공명을 불러일으켰다. 복지국가의 확산은 대부분의 서부 유럽 경제연합이 완전고용 창출이라는 30년간의 번영 성장을 누리는 기간에 동시에 일어났다. 이것은 여론정치의 성장과 관련되어 있으며, 주요 정당은 모두 교육, 부, 사회적 안전장치 등을 마련하도록 국가의 역할을 팽창시키려는 노력을 하고 있다. 영국에서는 1970년 중반에 이런 정책이 상당 부분 해결되었다. 이후 국가의 경제 빈곤은 세계 석유분쟁으로 더욱 심화되었다. 이러한 위기와 긴장은 인플레이션의 조정뿐만 아니라, 제한된 수준의 공공 소비 문제들에 대해 정치적 재평가와 정치화의 과정을 증진시키는 것을 도왔으며, 왼쪽으로 이동한 노동당으로 하여금 어떤 부분의 권리 변화를 생각하게 하였다. 이러한 우파주의의 승리를 강화하고 상징화했던 1979년 마거릿 대처의 선거 승리는 지방정부의 반격을 지향하는 정치를 하게 하였고, 노동조합과 전문직의 힘을 축소시켰고, 그리고 교육과 건강을 포함한 공공 서비스의 제공에 있어서 시장을 통한 민영화의 힘을 강화하였다.

이런 변화하는 조건 속에서 우파적 신자유주의 개념이 강력하게 촉구되기 시작하였다. 1980년대와 1990년대를 통하여 특히 미국과 영국의 신우파는 복지주의에 대한 가장 영향력 있는 비판을 정교화하였다. 구체적으로 말하면 복지권의 개념이 개인으로 하여금 일을 안 하게 하고, 자신과 자신의 부양가족을 지원하도록 하는 유인책을 가지고 가는 종속 문화를 발생시키며, 그리고 복지주의는 자기존중감과 도덕적 성질을 허약하게 하고, 가족의 가치를 허물고, 사회의 생산적 구성원이 비생산적 계층을 위해 불공정하게 세금을 내도록 한다고 주장했다. 실업자들은 일자리를 위해 자신의 값이 매겨지고, 작업장을 열심히 찾도록 강요되었다. 요약하면 시민권으로서 사회적 권리의 이념은 잘못 안내된 것이고, 해로운 것이라는 주장이다. 대신 필요로 하는 것은 법을 준수하고, 다른 시민의 자유와 재산을 존중하고 자조하는 시민의 의무라고 강조되었다.

## 2) 방어적 시민성에 대한 자유주의 시민권

이런 이론에 관한 지지자들은 그 자체로 주목할 만한 변경임에도 불구하고, 확장된 가치 다원화 국면에서 자유민주 정치의 안정성을 설명하는 롤스의 생각을 지지한다. 그의 생각은 공동의 가치에서 '중첩된 합의'를 함께 만들자고 주장하는 모든 시민의 심각한 노력으로 지탱되는 것 같다.

시민들은 그들이 소속된 좋은 삶에 대한 다양하고 포괄적 이론들 사이에서 공통의 바탕을 찾도록 요구된다. 이것은 모든 합리적 시민이 이 중복 영역을 지지할 의무를 가지고 있는 것처럼 보이는 공적 가치의 영역이다. 문제의 그 가치는 일종의 안정적 자유정치제도의 복원을 위해 최소한의 기본으로 구성된다. 그들은 자유 · 정의와 동등한 시민권, 상호존중, 그리고 권리와 의무에 관한 생각을 핵심에 둔다. 중복된 일치는 지지를 이끌어내고, 그래서 시민의 정당한 자유뿐만 아니라 자유민주적 정치 그 자체를 보호한다. 롤스의 추종자들은 많은 문제들에 관해 서로 의견이 불일치하고 있다. 아마도 불일치의 가장 중요한 부분은 자유민주적 정부가 어느 정도의 범위와 이유로 개개의 시민들의 자유를 제한하는 것이 정당화될 수 있는가에 대한 것이다.

### 3) 자유적 가치와 시민권

정치적이고 법적인 영역은 언제나 자유주의 논쟁의 가장 핵심부에 있다. 민주주의는 전제정치에 대한 가장 합리적 보호책으로서의 자유주의, 그리고 무엇이 그들의 가장 큰 이익인가를 결정하는 시민의 평등한 권리를 보장하는 최선의 방법으로서 자유주의에 의해 나타난다. 국가에서 다원론은 다양성에 대한 가장 합리적인 반응처럼 보인다. 국가는 그 자체로 끝이 아니라, 사람들의 개인적 판단을 위해 그들 간의 경쟁을 규제하기 위해 존재한다(Strike, 1982 : 5). 이는 공익을 보호하고 사회정의를 보장하는 것을 의미한다. 자유주의는 개인과 자산을 보호함으로써 위기를 막고 사회에서 질서를 유지하기 위해 존재하는 법을 지지한다. 법에 나와 있는 중요한 자유주의의 근거는 인간의 권리들(여성, 아동, 소수의 권리 포함), 자유 발언, 검열제도 반대, 인종 평등, 그리고 형법에 의거한 개인의 도덕적 가치의 강요에 대한 반대가 있다(Hart, 1963).

권리는 자유주의의 핵심이다. 그들 없이는 세 가지 핵심적 자유주의 가치들이 성취될 수 없다는 점에서 몇몇 권리들(삶 그 자체로서의 권리, 노예가 되지 않을 권리 같은)은 필수적이다. 다른 권리들은 가장 적절한 의미로서, 갈등의 공정한 해결책과 보통의 인간의 삶을 보장하는 합리적 논쟁에 의해 성립된다. 이러한 권리들은 자유주의 사이에서조차도 교섭(협상)의 문이 열려 있다.

그리고 그것들이 자유주의 윤리에 근거한 주장을 포함하고 있을지라도 논쟁이 일어날 것이다. 그것들은 종종 법에 나와 있고 법에 의해 정의된다. 예를 들어 교육할 권리, 저가 주택 권리, 무료 의료 보호 권리, 최소 임금의 원리가 있다. 종종 이러한 권리들은 역할과 관계의 정의, 그리고 힘의 분배(예를 들어 여성의 권리, 부모의 권리)와 관련 있다. 때때로 권리들(예를 들어 학생의 권리, 동물의 권리)은 욕망과 필요 또는 특별한 사회 목표에 대한 선호의 수사적 표현이다. 만약 권리가 사회나 제도상의 구조에 있지 않고, 욕망과 필요를 충족시키는 장치가 없다면, 권리라는 것은 단지 주장이나 요구이다. 즉, 불의를 바로잡지 않으면 그것은 실현되지 않을 것이다.

대체로, 좋은 삶에 대한 어떠한 개념도 자유주의에 있어서 뒷받침되지 못하고 있다. 광범위한 라이프스타일, 책임, 우선순위, 직업 역할, 삶의 계획은 자유주의 사회 안에서 경쟁의 장을 형성한다. 자유주의는 개인과 공공 영역 사이에서 중요한 차이를 만들어낸다. 예를 들어, 종교는 한 개인에게 있어 사적이고 자발적인 문제로 보인다(종교의 실천이 개인적 자유주의의 핵심적인 자유주의 가치에 바탕을 둔 도덕적 권리일지라도). 그러므로 자유주의 국가는 종교문제에 대해 개인의 양심의 자유를 존중함과 동시에 공식적인 중립의 태도를 보여주리라 기대된다. 몇몇 사람들은 개인의 양심적 자유를 '자유의 침묵'이라고 말한다(Costa, 2004 : 8). 그렇게 하지 않는 것은 국가를 특정한 형이상학적이고 종교적인 주장, 특정한 극단의 확신, 정부당국의 날인을 찍어줌으로써 시장에 치우치게 하는 의무에 열린 채로 둔다(Fishkin, 1984 : 154). 그러나 공공 영역에서, 자유주의 국가는 위에 제시된 정치적 가치들을 장려할 책임감을 가진다.

자유주의의 정치적 이론에서 몇 가지 주요한 논쟁은 민주주의가 (이익의 보호를 충족시켜줄) 설명을 수반해야 하는 범위까지 또는 인간 발달에 기여할 분배까지 포함한다. 정치적 자유주의는 포괄적 자유주의 세계관의 부분적 일치에 반대함으로써(Rawls, 1993), 자유주의 가치와 함께 국가주의를 공존시키고 있다(Miller, 2000b). 그것은 자유주의와 국가 권력이 균형을 이루는 방법, 우익의 안정 강조 사이의 긴장, 무간섭·자유기업과 좌익의 평등주의와 사회적 부정의와의 싸움을 포함한다. 다시 말해, 일과 공적에 따라 보상받아야 한다고 주장하는 사람과 그들의 필요에 의해 보상받아야 한다고 주장하는 사람들 사이의 긴장을 말한다.

자유주의 경제이론은 개인 자산의 소유를 합법적으로 인정한다. 그리고 필요할 경우 국가가 경제를 조정하기 위해, 자유롭고 공정한 경쟁을 보장하기 위해, 그리고 부와 복지의 전체적 불평등으로 인해 사람들이 피해를 입지 않도록 자유시장경제의 개념을 지지한다. 그러나 자유주의는 다음에 제시되는 것과 관련해서는 특정한 태도를 요구하지 않는다. 자유방임주의라는 낡은 자유주의 이론을 계속해서 지지한 하이에크(Hayek, 1960)와 더 강력한 정부 규제(예를 들어, 재정 정책이나 복지 분배에서의 규제)의 필요성을 강조한 근대 자유주의자들 간의 논쟁, 자본가의 자유기업을 지지한 사람들과 부와 소득의 상당한 재분배(예를 들어, 최소 임금을 주거나 누진과세를 통해)를 기대했던 사람들 간의 논쟁, 자유기업과 효율성의 필요를 강조하는 사람들과 산업민주주의에서 이익을 주장한 사람들 간의 논쟁 등을 말한다.

### 4) 공동체적 시민권

대부분의 공동체주의 이론가들은 개인과 그 개인의 가상적 권리에 대한 자유를 지나치게 강조하는 것을 불신한다. 찰스 테일러Charles

Taylor가 그 상황을 요약하였듯이 한쪽 끝에는 자유에 최고 우선권을 두고, 다른 한쪽 끝에는 사회생활과 집단의 선에 더 높은 우선권을 주는 연속체가 있다. 정치적으로 공동체주의자들은 좌파나 우파의 어느 한편에 기울 수 있다. 그러나 그들 모두는 자유주의 이론들이 집단의 생활을 불안정하게 하고, 그들이 속해 있는 사회와의 결속을 약하게 할 수 있는 과잉된 개인주의를 촉구시킨다고 생각하는 경향이 있다. 공동체주의자들은 주어진 사회의 공유된 문화와 역사, 강력한 구체적 주체성에 따라 사회의 독자성을 강조한다. 이러한 이유로 대부분의 공동체주의자들은 롤스의 중첩된 합의가 충성과 헌신을 하는 데 너무 '얇고', 인위적이라고 여기거나 사회적 연대, 심지어 통합을 이루는 토대로 기능하기가 어렵다고 여기는 경향을 보인다.

결국 대부분의 공동체주의자들은 데이비드 호간David Hogan의 말대로, 개인 이익의 보호에 초점을 맞추지 않는 사회 통합과 공동선을 위한 적절한 시민성 교육의 형태를 지지한다(Hogan, 1997 : 50). 그러나 공동체주의자들의 입장에 관한 비판들은 공동체주의에 문화적으로 동일한 사회인 전근대 세계로 돌아가고자 하는 경향이 있다면, 그럴 경우 어떤 한 사회 내에서 정당한 문화적 다양성에 적절하게 반응할 수 없으며, 그들의 더 강력한 '공동체'를 위해 교육하고자 하는 제안들은 교화가 될 위험이 있다고 본다.

### 5) 포스트모더니즘과 시민권

포스트모더니즘은 자유주의나 공동체주의보다 더 간결하게 특징짓는 것이 정말 어렵다. 아마도 포스트모더니즘의 가장 중요한 신조는 '해체이론'이라고 불리는 전복적 생각일 것이다. 이것은 보다 나은 미래의 진보를 알리는 '거대 서사(마셜의 시민성 발달의 중요성처럼)'를 근본적으로 불신한다. 급진적 해체이론의 또 다른 신조는 '통합된 자아'이다. 즉, 우리의 '자아는 질서정연한 일치와 안정성을 가지고 있고 우리 행동의 주체는 바로 우리 자신이 되어야 한다'는 생각이다. 포스트모더니즘은 아마도 단일한 일치된 목적을 가진 전체를 허무는 모순, 단절, 이율배반을 강조한다.

포스트모더니즘의 다원주의에 대한 반응들은 여러 가지다. 하나는 문화적 가치 다양성을 옹호하고 다문화주의를 환영하는 경향이다. 또 다른 반응은 급진적 문화상대주의이다. 그것은 여러 종류의 부당한 압력에 의해 침묵된 이전의 억압된 문화적 목소리들, 즉 소외된 사람, 여성, 토착민 등의 목소리를 가진 많은 다양성을 인정하는 것이다. 포스트모더니스트들은 민족국가에 관해 논하는 대부분의 시민성을 시대착오적이라고 보고, 그래서 특히 젊은 사람들은 점점 비현실적인 것으로 본다. 대신에 포스트모더니스트들은 더 많은 호소와 타당성을 가지는 행동의 새로운 영역을 구성함으로써 '다른' 종류의 정치가 활성화되는 것에 주의를 기울인다. 이러한 것은 인권에 대한 다국적 관심, 세계적 권력에 관한 문제, 다국적 기업의 약탈행위, 환경 문제 등의 쟁점을 둘러싼 '신사회운동'을 포함한다.

그러나 포스트모더니즘 비판자들은 그들이 자신을 불일치시켜 현상을 본다는 점을 부각시킨다. 예를 들어 그들은 환경보존 운동에 대한 열정과 동시에 소비자 중심주의와 문화적 세계화를 옹호한다. 훨씬 깊은 불일치의 근원은 '진리'의 준거에 관한 일부 포스트모더니스트의 명백한 무관심에 있다. 만약 모든 '목소리'들이 진실한 경험으로부터 말한다고 해서, 그들의 유효성을 검증하는 어떤 객관적인 근거들이 있을까? 포스트모더니즘은 우리의 생활을 발전적으로 바꾸는 동시대의 많은 발전의 실상을 잘 파악하고 있을지 모른다. 그러나 포스트모더니즘이 진짜 만족스러운 대답을 제공하기에는 지적 틀이 너무 느슨하고 불일치가 심하다.

### 6) 자원봉사적 노력, 시민사회, 사회적 자본과 적극적 시민

시민권(성)에 대한 또 다른 접근은 '시민사회', 즉 비공식적 비정부 기구 안에서 정부에 의해 수행된 과제로 대체되거나, 때론 그것들로 보충되는 '자원봉사활동'에 초점을 맞추는 것이다. 이러한 종류의 생각들은 영국의 보수당과 신노동당에 의해 촉진되어왔다. 이러한 접근의 한 옹호자는 전직 보수당 외무 보좌관인 더글러스 허드Douglas Hurd 였다. 그와 다른 많은 신보수주의자들은 대처 수상의 재임 기간 동안에 새로운 부에 대한 이기주의와 탐욕의 문화를 보고 놀라 자조, 검소, 노동의 가치인 구보수당의 전통으로 회귀를 강조했으나, 공동체에 대한 자발적 봉사를 포함하는 개인들의 의무감으로 충만한 가치로 보완이 되었다.

보수당은 개개인의 시민과 기업, 자발적 기업들이 사회를 돕기 위하여 자신의 여가나 자원을 사용할 수 있는 재정의를 향한 부의 창조에 동기를 가진 정당화된 관심을 향해 나아가고 있다. 물론 자발적 봉사를 위한 영국의 전통은 새로운 것이 아니다. 무엇이 새로운 것인가 하면 페비안주의에 의해 그려진 조잡한 계획들보다 더욱 유동적이고 효과적인 이러한 전통에 근거한 구조의 재발견이다. 책임감 있고, 적극적인 시민성의 개념에 근거한 사회정책은 자유시장 경제정책과는 양립할 수 없다(Hurd, 1988).

비록 종종 미국의 로버트 퍼트넘(Robert Putnam, 1993)에 의해 대중화되어 유행된 '사회적 자본'이라는 개념의 용어를 가지고 문제를 진단하였지만, 최근에 영향력 있는 노동당의 목소리는 유사한 생각들을 지지하고 있다. 퍼트넘은 사회적 자본을 참가자 모두가 함께 공유된 목표들을 더욱 효과적으로 실행할 수 있도록 하는 사회생활의 세 가지 특징(관계, 규범, 신용)으로 정의하였다(Putnam, 1996 : 56). 신노동당은 미국이나 영국과 같은 사회에서 시민의 사회 참여 감소와 범죄 증가, 가족 해체, 사회적 배제 문제가 아주 밀접하게 연결되었다는 퍼트넘의 주장을 옹호하였다. 그러므로 한 가지 구제책은 사회의 갱생을 위한 열쇠로서 능동적 시민성과 자발적 참여를 촉구하는 것이다. 1977년에 토니 블레어Tony Blair는 이렇게 설명했다.

개개인들은 시민들의 강력하고 능동적인 사회 안에서 번영한다. 그러나 영국은 사회가 멀리 뿔뿔이 떨어져 나가면 강력한 사회도 하나의 국가도 아니다. 사회적 배제는 물질적 빈곤보다 자기존중감에 더욱 해를 끼치고, 전체로서의 사회는 이에 더욱 좀먹어서, 더욱이 세대를 거쳐가며 붕괴하기 쉽다(Blair, 1997 : 3).

보다 광범위한 비전은 이후의 연설에서 자세히 설명하였다.

우리는 시민사회를 강화하는 지성적 정부에 의해 지지되는 가족과 공공기관을 구성하는 시민사회에서 자신을 개체로 자각하도록 할 뿐이다. 그리고 우리는 가족과 공동체로 하여금 자신이 하는 일을 돕도록 할 수 있다. 이것이 제3의 길이다. 이 길은 인간적이고 사회적인 자본 위에서 번창하는 변화하는 세계의 현대화를 위한 사회적 민주주의이다(Blair, 1998).

그러나 능동적 시민에 대한 신보수당의 비판과 신노동당의 비전은 현실적으로 시민권으로서 복지를 누릴 자격을 축소시키는 위험한 길을 달려갔다. 사회의 가난한 계층으로 하여금 점점 자신의 상황을 발전시키기 위해 행동하고, 황폐한 공동체를 재창출하는 책임을 지도록 압력을 가했다. 반면 부유한 계층은 모든 시민이 권리로서 이용할 수 있는 공공 봉사에 기금을 더 내는 데 필요한 세금 인상에 저항하면서, 어느 정도 사회에 무엇을 돌려주는 명목적 노력에 참여하여 자신의 양심을 달랬다.

## 7) 권리의 담지자로서 시민

모든 시민에게 주어진 이 지위는 무엇인가? 어떤 권리가 시민에게 확장되었는가? 어떤 것도 시민성의 본질을 분명하게 설명하지는 않는다. 마셜Marshall은 서구 민주주의가 18세기에서 20세기로, 시민적 권리에서 정치적·사회적 권리로 발전해갔다고 말했다. '시민으로서의 권리'에는 개인의 자유로서 법 앞의 평등, 사유재산에 관한 자유, 양심과 종교의 자유 등이 있다. '정치적 권리'는 투표나 다른 방법으로 정치 권력에 참여할 권리를 의미하다. 표현(언론)의 자유와 조합 결성의 자유, 정당과 무역조합과 언론 등에 소속할 권리, 선거권의 확장(남, 여 성인 모두), 국가와 지역의 투표에 참여할 권리, 시민사회내에서 소집단에 참여할 수 있는 적법한 시민의 권리 등이다. '사회적 권리'는 질병, 빈곤, 교육 등과 같은 복지에 대한 권리와 사회적 유산, 경제구조, 문명사회 안에서 공유할 권리를 의미한다. 사회적 권리의 보장이 없으면 개인이 유능한 시민으로서 기능하는 것이 어려워질 것이다.

자본주의자들은 경제에 초점을 맞추는 시장 원리와는 떼려야 뗄 수 없는 어떤 위험으로부터 개인을 보호하는 장치를 포함하는 시민권의 확장을 원했다. 실업과 건강관리, 노령화 등의 결과로서 빈곤으로 떨어지는 것이 핵심적 위험이다. 자본주의 경제, 즉 어떤 사람들에게 자격을 주는 시장의 힘에 의한 자유경쟁으로 인해 자신의 노동에 의한 부양을 불가능하게 하는 것과 관련된 위험이다. 달리 표현하면 사회적 권리는 실제 '비자유재적' 성질을 갖고 있다. 그러기에 시민권의 권리는 경제적 부와 안전을 위한 작은 권리에 기본적 자격을 주는 것을 포함하여 확장되어야 한다. 정치적 · 사회적 권리는 19세기에 주로 성취되었으나, 20세기까지 여성들은 이 권리의 많은 부분을 부여받지 못했다. 가장 중요한 것은 민주적 권리가 법에 의해 지배될 때 최소한 모든 성인에게 영향을 미치도록 하는 것이다.

권리의 담지자로서 시민의 개념 내에서 최소/최대의 구분은 자유권에 기초한 시민권의 최소 개념과 복지권에 기초한 최대 개념을 구별하면서 더욱 많이 적용된다. 그러나 다른 관점에서 보면 복지권을 포함하는 시민권의 최대 개념은 만약 성별에 대한 민감도가 약하다면 최소 개념으로 보일 수 있다.

### 8) 시민적 덕목

시민권에 대한 이해는 인종적 · 세계적 · 성적 · 기술적 그리고 다른 권리들과 정체성들에 의해 바뀌어왔다. 다른 이들은 장애 · 성별 · 청년 문화 · 환경, 특히 페미니즘의 관점에서 시민성의 개념을 탐구해왔다. 그러나 이 새로운 접근이 제공하는 것은 시민권의 적극적인 재개념화가 아니라 오히려 권리 · 정의 · 평등 · 상호의존 · 참여 · 귀속과 같은 그것의 핵심적 가치에 대한 다른 관점이라고 할 수 있다. 충성심 · 견해 · 취향이 아주 다름에도 불구하고 시민권은 다른 믿음과 배경을 가진 사람들을 함께 살도록 통합하는 힘을 제공한다. 만약 시민권이 목표를 이루는 것이라면 다음 세대가 시민으로서의 책임을 이해하고 발전시킬 수 있도록 하는 어떤 체계적 노력이 분명히 있어야 한다. 시민적 · 정치적 · 사회적 권리에 대응하여 모든 시민에게 지워지는 '의무'가 있다. 따라서 시민으로서의 권리는 법을 지키는 책임, 더 일반적으로 한 사람의 삶에서 시민으로서의 미덕이라 할 수 있는 정직함, 예의범절, 자존감과 같은 책임과 함께한다고 할 수 있다.

정치적 권리는 한 사람이 자신의 나라에 대해 갖는 의무와 함께한다. 미셸 왈처Michael Walzer는 한 국가가 시민에게 합법적으로 기대할 수 있는 것들의 목록에 다음을 포함시킨다. 헌신과 충성, 전쟁중의 방어, 법 존중과 준수, 인내, 적극적 정치 참여, 자원봉사활동, 지역사회 봉사와 다른 '적극적 시민성'의 형태로 사회의 다른 사람들을 돕는 의무와 함께한다. 그러나 시민의 의무는 항의할 수 있는 권리나 예를 들어, 만약 전쟁이 개인의 가장 기본적인 믿음을 침해한다면 양심적 병역 거부를 할 수 있는 권리 등에 의해 상쇄될 수 있다.

시민권의 최소 개념을 구성하는 것처럼 권리의 담지자로서 시민의 개념을 살펴보는 것은 너무 단순화되어 있다. 우리가 보아온 것처럼 문제는 더욱 복잡하다. 권리의 담지자로서 시민의 개념은 그 자체로 더 넓거나 좁게 해석될 수 있다. 그러나 아마도 최소/최대 구별의 주된 사용처 중 하나는 수동적 권리의 담지자로서 시민의 개념과 공공 영역에서 적극적으로 덕목을 행하는 시민을 구분짓는 것일 것이다. 하지만 이러한 구별은 다양하게 이해될 수 있다. 가장 뚜렷한 차이는 권리의 담지자로서 시민과 확고한 공화주의 덕목을 가진 시민 사이에 있다. 후자의 경우 정치적인 일에 참여하는 것은 본질적 가치를 가지고 있고, 활발한 정치 활동은 가족의 사적 즐거움이나 개인적인 관계, 그리고 일에 우선시된다. 시민적 공화주의자는 지금의 약해진 정치적 삶과, 고대 그리스로 특징 지워진 적극적인 시민권을 비교한다. 스키너 (Skinner, 1995 : 11-12)는 시민적 덕목의 공화주의 시각이 실제로는 개인의 자유로 가는 가장 최고의 길이라고 생각한다. 그는 만약 우리가 우리의 개별적 자유를 극대화하기를 원한다면 우리는 우리의 책임을 왕에게 두어서는 안 되며, 정치적 경쟁의 장을 스스로 떠맡아야 한다고 말했다.

공화주의적 덕목이 충만한 시민과는 다르게, 개인들은 그들에게 필요한 민주적 각성이 민주적 기구에 의해 보장되기 때문에 시민적 특성이 거의 필요 없다. 그렇기 때문에 전체주의적 강압이라는 잠재적 성질을 가진 충성스런 시민과 그 시민들의 '성격 표준화'를 만들 필요가 없다(Holmes, 1995 : 75). 왜냐하면 정교화된 민주주의 장치가 시민적 덕목을 대신하기 때문이다.

그러나 이 말은 좀 성급한 것 같다. 확고한 정치적 충성심이 다행히도 필요 없게 된 자질일지도 모르지만, 민주주의가 '덕으로부터 자유로운' 집단에 의해 세워질 수 있다는 것은 분명하지 않다. 민주적 장치를 지지하고 관리해야 하는 시민들에게는 만약 그 장치가 오용되게 하지 않으려면 어떤 전략이 필요하다. 예를 들면 자유로운 연설은 시민들이 인기 없는 견해를 듣는 것을 원하지 않는 사회에서는 제기능과 활약을 하지 못한다. 법적 금지뿐 아니라 자기검열과 공공의 무관심도 자유로운 연설을 막을 수 있다. 그러므로 선진적 정치제도를 가진 사회에서도 시민들은 신뢰와 불신, 분별과 공명정대와 같은 기본적인 정치적 덕목을 필요로 할 것이다(White, 1996 : 52-65).

그 이상의 문제는 어떻게 시민의 덕목을 필요한 것과 바람직한 것으로 나눌 수 있는가와 어떻게 정확하게 구별지을 수 있는가이다. 예를 들어 체면이나 예의는 어떤가? 만약 그런 구별이 가능하다면 교육을 위한 함의에서 최대 · 최소 구별의 또 다른 적용을 가능하게 할 것이다.

### 9) 능동적 시민성, 시민성 교육, 그리고 정치적 불편부당성

이러한 비판의 관점에서 우리는 여기서 '능동적 시민성'에 대한 두 가지 다른 해석을 살펴볼 필요가 있다. 하나는 위에서 언급했듯이, '사회적 양심을 가진 후기 자본주의'를 지지하는 것으로 특정한 정치적 태도를 가진다. 다른 하나는 '공민적 공화주의civic republicanism'의 전통과 관련된 것이다. 이것은 정치적 과정에 일반시민들이 더욱 적극적으로 참여하도록 촉진한다. 이 경우는 특정한 정치적 이데올로기적인 지침이 없다. 이 경우의 목표는 정치적 생활과 민주적 정치 과정에서 적극적인 참여를 하도록 촉구하는 것이다. 왜냐하면 이러한 일들은 그 자체뿐만 아니라, 집단공동체의 번영에도 값진 일이기 때문이다. 서로 완전히 반대의 정치신념을 가진 두 사람은 첫 번째 해석에서는 적극적인 시민이 아니지만, 두 번째 해석에서는 적극적 시민에 해당한다고 볼 수 있다.

명백한 것은, 이 두 가지 종류의 적극적 시민성 모두 개인의 참여와 개입을 강조한다. 그러나 그것은 단지 몇몇 사람들이 그것들을 시민성 교육의 문제점으로 보는 데 부분적으로 일치했기 때문이다. 두 가지 종류의 적극적 시민성은 학교에서 무심결에 특정한 정치적 태도를 조장하여 혼란을 일으킬 위험이 있다. 〈크릭 보고서Crick report〉 그 자체는 이러한 근거들에 의해서 비판받아왔다. 예를 들어 상대적으로는 논쟁의 여지가 없다.

우리는 자원봉사와 사회참여가 시민사회와 민주주의의 필수적 조건이라고 확고하게 믿는다. 이것을 위한 최소한의 준비는 명백히 교육의 한 부분이 되어야만 한다(Crick Report).

그러나 현 정부의 정책에 대해 직접적으로 지지하면서 다음 말로 이어진다.

이것은 정부가 한편으로는 주정부의 복지 대책과 책임, 또 다른 한편으로는 사회와 개인의 책임 사이에서 강조점의 전환을 시도할 때 특히 중요하다(Advisory Group on Citizenship, 1998 : 10).

사회학자 가마니코프Gamarnikow와 그린Green은 그러한 진술의 영향이 다음과 같을 수 있다고 강력히 주장한다.

복지권을 위한 영역으로서 마셜의 사회적 시민권은 사라지고, 이제 그 자리는 자원봉사 의무와 지역 발전에 기여하기 위한 의무로 채워졌다. 〈크릭 보고서〉는 개인의 공민적 책임이 봉사보다는 기회를 제공하는 제3의 국가를 가능하게 만드는 제3의 길을 가는 시민을 구상한다(Gamarnikow & Green, 2000 : 106).

비록 이 판단이 어느 정도 크릭 자신과 보고서 전체로서 불공정할지는 모르나, 그것은 진실로 정치적으로 불편부당한 형태의 시민성 교육 발달을 증명하는 것이 얼마나 어려운지를 매우 명백하게 설명하고 있다. 흔히 사회참여와 지역 봉사활동은 정치적으로 무결한 것으로 쉽게 생각된다. 그리고 아주 가끔 그렇기도 하다. 그러나 기본적으로 시민성 교육에서 정치에 무관심한 접근, 또는 단지 구식의 '공민' 형태로 정보를 강조하는 접근은 어쩌면 이데올로기를 초월하여 좌파와 우파를 넘어서자는 주장의 정치적 행동 지침 같은 것을 맹목적으로 지지할 위험을 감수해야 할 수 있다(Fukuyama, 1992 ; Giddens, 1994). 게다가 정치적으로 논란의 여지가 있는 쟁점들은 단지 시민성 교육에 영향을 미치는 논쟁의 영역만은 아니다.

## 10) 민족과 시민권

만약 시민권이 정치적 공동체의 자격을 필요로 한다면, 이것 또한 동료 공동체의 공유된 관념을 위한 기초로서 민족적 정체성을 요구하는 것일까? 민족적 정체성은 최근 시민권을 토대로 하는 사회의 조화를 위한 기초로서 지지가 회복되고 있다. 이러한 성장은 역사적 기원과 사건의 불합리한 신화 만들기뿐 아니라 외국인혐오증, 군국주의, 극단적 인종우월주의와 관련된 민족주의를 재고하도록 하고 있다. 민족적 정체성의 지지자들은 시민권의 근본적 개념을 동등하게 생각해서는 안 된다고 주장하는데, 이는 민족에 근거를 두고 있기에 국가의 일원이 아닌 사람들에게 공격적일 수 있다. 밀러는 시민권과 민족성은 서로 보완적이라고 말했다(Miller, 1992). 시민들은 그들을 하나로 묶어주고, 그들에게 공동체의 개념을 제공하는 공유된 민족적 정체성이 필요하다. 이러한 공동의 정체성은 적극적인 시민으로서 그들이 그들의 세상을 만들기 위해 함께 노력하도록 만든다. 민족성 개념은 합리적으로 여겨질 수 있고, 민족주의를 부정적으로 여길 수 있는 공격적인 형태로부터 분리될 수 있다. 이와 비슷하게, 타미르는 민족주의 이론이 자민족중심주의가 아니라, 정치적 공동체내에서 다양한 민족의 가능성을 인정하는 '다중심주의'라고 옹호한다(Tamir, 1993).

밀러와 같이 타미르도 민족주의에 대한 유기체적 해석을 거부한다. 타미르는 맥락과 뿌리의 가치, 인간 번영을 위한 소속의 가치를 강조하면서 민족주의에 대한 옹호를 보편적인 인권뿐 아니라, 특정의 문화에 대한 편견 없는 인정에 두었다. 교육에서 국가적 의견의 촉진을 지지하면서 존 화이트는 민족주의가 반드시 국수적일 필요도 없고, 개방적인 민주적 가치와 양립될 필요도 없다고 주장한다(John White, 1996). 다른 사람과 일체감을 가지기 위해 공동체 일원이 필요한 것처럼, 민족적 정서는 개별적 문화적 정체성을 위한 근거로서 타당성을 가질 수 있다. 개인은 개인으로서 존재하기 위한 틀이 필요하다. 밀러의 견해를 따르는 화이트는 민족적 정서가 또한 시민들 사이의 자원 재분배를 위한 동기를 제공할 수 있다는 관찰을 하였다.

그러나 민족주의, 민족정체성, 민족정서를 옹호하는 사람들은 비구성원들에 대한 유기체적·자민족적·공격적인 면을 띠는 표현들과 분리되기를 바란다. 그렇지만 사실상 민족주의 징후는 여전히 강하게 남아 있다. 민주적 시민권으로 가는 과도기에 극심한 인종 청소나 인종 학살이 없다고 해도 민주적 전통이 약하거나 없는 곳에서나 다민족 집단을 가진 여러 나라에서는 민족적 정체성이 자율과 존중의 민주적 가치를 손상시킬 염려가 크다. 조작된 기원의 신화를 가진 나라에서는 민족이 비판적으로 이해되는 합리적 신념의 대상이 되는 양상이 덜할 것이다.

우리는 시민성의 구상으로서 적극적인 시민권의 승인과 더불어 민족적 정체성에 대한 최소한의 인식을 선택해야 한다. 그러나 세계화가 가속화되고 정치적·문화적·경제적 활동의 중심으로서 민족적 공동체가 약해지면서 세계화의 속도와 초국적 시민권의 발전은 민족적 공동체에 묶인 적극적인 시민성을 넘어설 것이다. 시민권을 위한 이러한 발전의 의미는 다음에서 다룰 숙고민주주의에서 명료하게 처리될 것이다.

### 11) 심의(숙고)로서의 시민권

최근 민주주의 이론에서 크게 대두되고 있는 심의(숙고)민주주의는 시민권의 실행과 그것이 갖는 내포의 잠재성에서, 그리고 새로운 시민의 정체성뿐 아니라 민주적 시민을 위한 새로운 영역을 창조하는 데 있어 시민권을 이해하기 위한 광범위한 함의를 갖는다. 심의민주주의 모델은 고대 그리스의 자유롭고 평등한 시민 사이의 심의를 출발점으로 삼는다(Benhabib, 1996). 심의민주주의는 만약 개인들이 결정에 복종한다면, 그들이 그것을 받아들이기 위해 합리적으로 기대할 수 있는 모든 것이 정당화되어야 한다는 전제를 기초로 한다.

심의민주주의는 시민성을 더욱 포괄적으로 만드는 방법을 제공한다. 영에 따르면 대부분의 심의 이론에서 가장 훌륭한 논의에 기초를 둔 근거를 제시하고(Young, 1996, 1997, 2000), 기꺼이 수용하는 것의 중요성에 대해 지나치게 강조하는 것은 논의에 숙달된 사람을 옹호하고, 여성이나 소수 민족 그리고 비서양권 문화의 구성원같이 비판적인 논의를 하는 기술에 숙달이 덜 되고 확신이 없는 사람을 배제한다. 심의의 의사소통 모형에서 논의는 공적인 심의로부터 이미 배제된 감정적이고 구체화된 이야기를 가지고 보충이 된다. '차이'는 이야기를 말하는 것과 같이 시민들 사이에 이루어지는 다른 형태의 상호작용을 포함하는 민주적 토론을 통한 이해에 도달하기 위한 방법이다.

고대 그리스처럼 모든 시민이 참여하는 심의의 집회는 현대의 상황에서는 존립할 수 없다. 그 대신에 심의 이론가들은 심의가 실천되어야 할 광범위한 여러 정황들을 구상한다. 이런 '연합 형식의 다수성'은 정당, 압력단체, 사회운동, 자발적 단체, 노동조합, 교육기구 같은 시민사회의 다양한 기구와 연합조직을 포함한다(Young, 1996). 그러나 심의는 또한 공식적 정치기구와 그들과 연관된 시민과의 관계에서 이루어지는 행동을 특징짓는다.

심의의 자원은 다른 민주주의의 개념이 행사하는 것보다 대의제의 도전에 대응할 수 있는 더 많은 정당한 방법을 제공한다. 심의민주주의에서 대표자들은 그들의 활동과 정책을 위한 도덕적 정당화를 제공하고, 또한 영향을 미친 사람들에 의해 수용될 수 있는 것을 정당화할 수 있는 사유를 제공할 것을 요구한다. 여기서 대의정부는 시민이 반응하고, 대표들이 응답하여 제안을 내어놓는 반복적 심의를 필요로 한다. 대표자들은 시민들에게 심의할 기회를 제공함으로써 민주주의를 강화할 수 있다. 대의제 자체는 또한 더욱 심의적인 방법으로 구성됨으로써 강화될 수 있다. 공무원들은 그들을 뽑은 사람들에게만 아니라, 그들의 공적 대리인들에 의해 만들어진 결정에 의해 영향을 받을 수 있는 '도덕적 유권자'에게도 책임을 지도록 의무가 주어진다 (Thompson, 1999 : 120). 정치적 결정은 항상 광범위한 대중의 참여가 이루어진 결과여야 한다는 것을 요구하기는커녕, 대부분의 현대 민주주의는 전문가의 주장을 세밀히 조사하기 위해 시민들의 판단을 보류하면서 '사려 깊은 대중'에 의지하여 권위에 도전할 가능성이 있음을 의미한다(Warren, 1996). 이러한 역할은 비정부 기구들, 미디어, 압력단체에 의해 실행될 것이다.

## 12) 지구적 시민권

심의민주의를 강조하는 시민들 사이의 심의적 교류는 민족국가를 분리하기 위해 한정되는 것이 아니라, 결정에 의해 잠재적으로 영향을 받는 모든 사람들에게 열려 있다. 민주적 시민권이 일반적으로 독립된 영토를 가진 국가의 경계 내에서 지켜질 것으로 여겨지는 반면, 세계화의 상황에서 심의는 오래된 경계를 없애고 있다. 개별국가 내에서 채택된 결정이 그들의 경계 밖에 위치한 것들에 영향을 끼치는 것처럼 통신의 발달이 더욱 쉽게 그들의 경계를 넘어 심의를 만들어내면서 시민권을 위한 새로운 틀이 생기고 실행된다. 민주주의의 새로운 형태를 육성하기 위한 세계화의 상황 아래에서 심의의 잠재력과 이런 모호한 국가 경계의 제도적 관계에 대한 성찰은 서로 다른 여러 방향성들을 가진다. 시민이 아닌 사람이 개별국가에 의해 만들어진 어떤 결정들, 예를 들면 이민, 무역, 환경정책에 의해 영향을 받는 것처럼, 어떤 사람들은 개별국가 내에서 공무원의 도덕적 구성요소를 영토의 경계를 넘어서는 것으로 본다.

지구적 심의가 민주적 시민을 위해 새로운 기회를 창조하고 있는 다른 방향도 있다. 그것은 바로 저작권 침해 반대나 고래잡이 같은 환경 운동에서 가장 분명하게 나타나는 초국적 시민사회의 성장이다. 최근에 형성된 국제적 시민사회에서 지구적 대중은 민주주의를 확장시키기 위한 인권 캠페인을 하는 것처럼, 국제적으로 인권을 강화하고, 초국적으로 시민권을 강화하면서, 기관들 사이에 발달된 통신망을 통해 널리 알리며 연대하고 있다. 이것은 현행 정치기구의 형태·조직·활동에 영향을 미칠 수 있는 잠재성을 지닌다. 그러나 이러한 지구적 네트워크의 영향을 받은 모든 사람에게 만족스러운 공공의 동의를 얻고자 그들에게 접근 가능한 사람을 심의하기 시작하고 있지만, 보편적으로 세계정부의 출현을 구상하고 있는 사람은 아직 많지 않다. 시민사회의 조직에 의해 추구되는 국지적 목표를 위해서라기보다도, 공공선을 위한 결정을 촉구하는 데 있어, 정말 중앙 정부와 지방 정부의 역할을 무시할 정도로 더 이상 국제적 시민사회의 영향이 과대평가되어서는 안 된다. 1990년대 들어 국제적 인권 문화의 출현을 보았지만, 인권의 존중과 인정을 위한 운동을 하는 데 있어 국제사회가 관심을 두고 있는 정부는 여전히 문제이다.

## 13) 여성적 시민권

페미니스트 이론의 고려는 또한 최대의 시민권과 최소의 시민권에 대한 생각을 다시 불러일으킨다. 페미니스트 이론은 최대의 시민권과 최소의 시민권 간의 차이에서 참여적, 능동적, 최대의 시민권 개념을 지지할 것처럼 보인다. 초기의 여성 참정권 배제, 관공서 선거에 입후보하는 피후보 자격 배제, 남자와 같은 기간 동안 일하는 직장의 지원 배제, 그리고 몇몇 나라에서 대중 앞에 동반자 없이 나서는 여성의 자유 제한 등을 보았을 때, 참여적 시민권은 여성 자신을 위해서나 의사 결정을 함께 하는 분담자로서 여성에게 약속한 이익의 향상을 위해서 가치 있다는 것을 명백하게 보여준다.

많은 페미니스트들은 시민권 개념의 유용성에 관한 단서들을 표현해왔다. 예를 들어 페이트만은 시민권을 "남성들의 이미지에서 만들어진" 것이라고 고발하고 있다(Pateman, 1989 : 14). 존스는 여성과 그들의 경험에 친화적인 재정의된 정치조직으로 역할을 할 수 있도록 시민권의 개념을 재구성할 수 있는지 질문한다(Jones, 1990 : 811). 시민권이 사적이고 가정적인 영역에 대한 관심을 넘은 것에 가치를 두는 공공의 참여로 해석되어야 한다는 공화주의 가설에 주목해보았을 때, 오킨(Okin, 1992)은 여성들이 정말로 시민권의 권리와 참여적 이상을 주장하지만, 고전적 이상은 여성을 제외하기보다는 포함하도록 다른 정치 개념들과 함께 전복되고 상당히 변형되어야 한다고 주장한다. 그녀는 시민권의 변형된 이상은 또한 남성들에게 더 나은 이상을 제시해야 할 것이라고 주장한다. 가정의 범위에서 민주적 시민권은 결정적으로 사회적 변화에 의해 강화될 것이다.

페미니즘은 남성 중심의 정치와 정치이론에 실질적으로 비판을 하면서 또한 사적 영역의 중요성에 초점을 맞춰왔다. 많은 시민권 이론가들과 페미니스트, 기타 사람들이 참여적 시민권의 전망을 제공하는 지원을 해줌에도 불구하고, 많은 여성들은 당면한 삶의 현실이 아동·노인·병자를 보살피고 가사노동을 위해 부적절한 책임을 져야 함으로써 공공 참여의 기회가 감소되는 사적 영역으로 그들의 활동 범위가 제한될 수밖에 없다.

전통적 시민권 개념이 보여주는 결정적 결함 가운데 하나는 시민의 공적 영역의 활동에 대해 배타적인 관심을 두고 있다는 것이다. 이런 관심을 두는 것의 위험은 가정의 역할에 머뭄으로써 시민으로서의 활동과 의무를 다하지 못하게 한다는 점이다. 아이를 낳고 부양가족을 돌보는 방식으로 우리가 하는 사적 영역의 가사노동에서 사력을 다할 정도로 능동적일 수는 있지만, 공적 영역의 참여 방식에서 보았을 때는 능동적이라고 볼 수 없다. 적어도 여성이 가정에 머물러 있을 때는 최소의 시민권을 넘어서는 시민의 자격을 가졌다고 볼 수 없을 것 같다.

그렇지만 시민권 이론에 대한 페미니스트적 비판은 최소의 사적인 시민권보다 최대의 공적 시민권과 적절하게 융합된 형태로 재구성되어야 한다고 주장한다. 사적 활동에 초점을 맞추는 것은 필시 공적 업무에 관심을 보이는 것을 거부하는 것이기에 최소 형태의 시민권을 누린다고 할 수 없다. 많은 여성들을 특히 미혼이거나 가난한 상태로 가정에 가두어놓는 것은 복지적 권리를 인정하고 충족시키는 입장에서 볼 때 국가로 하여금 최대의 의무를 유보하도록 한다는 반론이 제기될 수 있다.

주간 탁아를 할 수 있는 재정적 지원을 하거나, 공적 영역의 일자리를 두고 남자들과 동일한 기간에 경쟁할 수 있도록 자녀에 대한 지원을 제공하거나, 공적으로 어머니가 생계비를 벌 수 있도록 하여 그들의 권리를 충족시키는 것은 공공 영역에 참여할 수단을 제공하는 것이다. 그러한 권리의 요구를 최소의 능동적 시민의 개념에 의해 수동성의 표시로 해석하는 것은 그 성취가 자신들의 권역을 넘어서는 시민권의 개념을 여성들에게 부과하는 것일 수 있다. 왜냐하면 빈곤 상태에 있는 편부모 가정을 꾸리는 여성들에게는 능동적 시민권을 누릴 가능성의 전제조건이 능동적인 시민권을 위한 기회보다도 더욱 중요한 것이다. 가사의 책임을 여성에게 떠맡기는 것이 자연스럽다는 생각에서 여성의 사회화를 말하고, 그래서 공적 영역과 정치가 남성들에게 더 적절하다고 가정하는 것은 참여적 관여를 위협적 전망으로 보도록 한다.

이러한 제한을 인식하고 여성들이 필요로 하는 시민권의 이념을 재구성함으로써 페미니스트 연구자들은 여성을 위해 평등한 민주적 시민의 지위를 갖도록 하는 두 가지의 주요한 제안을 하기에 이르렀다. 이 제안은 첫째, 가정 내 관계를 재정립하는 것이며, 둘째로 민주주의의 대의적, 참여적 영역의 상대적 가치를 재고할 것을 요청하고 있다.

오킨(Okin, 1992)과 필립(Philips, 1991)은 가정 내의 관계를 재정립하는 것이 평등한 시민권을 위한 전제조건이라고 주장한다. 오킨은 "페미니스트들은 생명을 잉태하고 양육해온 사람과 사회를 질서 지우고 그 의미를 결정하였던 사람들 간의 노동 분업이 정치와 정치이론을 크게 방해하였음을 꽤 설득력 있게 주장했다."면서, 평등한 시민권은 공적 영역과 개인 및 가정 영역 사이의 관계를 변화시켜야 한다고 주장한다. 그러므로 시민권의 변화는 가정이 미래의 시민들이 서로를 평등하게 대하는 것을 배울 수 있는 곳이 될 수 있도록 불평등한 가정들이 변화되어야 함을 요구한다.

여성들이 평등한 시민권을 획득할 수 있다는 것은, 다시 말하면 노인과 아이들을 돌보는 가정살림의 책임이 '자연스럽게' 여성들의 것이라는 옛날 식의 전제는, 남성과 여성이 동등하게 분담하도록 고무하는 전제와 정책을 결국 허용함을 의미한다(Okin, 1992 : 70). 이 경우 능동적 시민권 개념과 결합하여 최대의 개념은 민주적 시민권에 대한 페미니스트 관점의 몇 가지 문제들을 보여준다. 최대의 시민권과 최소의 시민권을 구별하는 페미니스트 견해는, 평등한 민주적 시민권과 관련하여 능동적 · 수동적/공적 · 사적 영역 간의 연속선을 변경시켜 민주적 시민권을 위한 교육의 함의를 갖고 최대의 시민권에 대한 능동적 해석을 지지하는 사람들에 의해 재고되어야 함을 암시하고 있다.

### 14) 다원 사회의 시민성과 가치의 다양성

현대사회에서 가치의 다양성 문제와 그 다양성이 사회적 응집력에 미치는 문제는 최근 시민성에 관심을 기울이는 학자와 정치인 사이에서 주요 논쟁이 되어왔다.

- 식민주의의 유산과 집단 이주의 영향은 민족의 다양성과 그에 따른 많은 문화적 다양성을 증가시켰다. 이것은 종종 단일사회 내에서 몇 개의 서로 다른 종교적 신앙 집단이 공존하는 것을 말한다.
- 유럽의 식민지가 되고, 그 후 독립된 국가의 일부 사회에서는 토착민의 공동체가 존재한다.
- 세계화는 경제적, 문화적으로 지방토착민의 전통적 삶의 방식에 깊게 침투하였다. 전 세계인은 달리 조치할 수 있는 대안이 없다. 그러나 그들은 대안적 삶의 방식과 가치 그리고 신념을 인식하게 되었다(Beck, 1998 ; Giddens 1990).

모든 발전은 때때로 아주 다른 조망과 가치를 가지고 있는 개인뿐만 아니라 그러한 공동체도 단일 정치체제와 사회의 틀과 공존하는 상황을 창조한다. 이러한 발전은 가치다양성의 근원을 소모시키지는 않는다. 때때로 '서양적'이라고 잘못 유도하는 합리적·과학적 이해와 지식이 지배하는 현대사회에서 지속적 진보가 덜 중요한 것은 아니다. 현대 민주주의 사회가 표방하는 '개방'의 핵심적 근원들 중 하나가 이런 종류의 지식이다. 아마 개방사회는 다른 어떤 것보다 우선적으로 다양한 신념의 소유를 허용하는 것일 것이다. 그러나 권위 있는 신념들의 근원은 합리적이고 광범위해야 한다. 의심을 품은 비판적인 설명은 데카르트가 관습과 전범이라고 부른 것을 매우 해로운 것으로 보게 한다. 그것은 종교와 다른 교리의 확립된 확실성을 위태롭게 하고, 과학자와 철학자뿐 아니라 일반인에게도 '왜'냐고 묻는 것을 권장한다. 에른스트 겔너Ernest Gellner는 다음과 같이 말한다.

특권계급의 인식 주체는 없다. 어떤 조직도 인식적 독점의 요청을 허용할 수는 없다. 특권적 일도 특권적 대상도 없다. 논리적 타당성과 증거만이 최고의 제왕이 될 수 있다(Gellner, 1992 : 146).

자유주의 정치이론의 최근 논쟁은 현대적 삶의 특징인 의식의 다양성 증대뿐만 아니라, 어떻게 그러한 다양성 국면에서 사회적 통합과 안정을 유지할 수 있는지에 대한 의문에 초점을 맞추고 있다. 여기서 역설적으로 자유주의 정치는 그 자체가 문제를 야기하는 한 부분이 되고 있다. 시민성의 서양적 전통은 권리에 근거하여 구성된다. 대부분의 의미 있는 권리는 보다 영향력 있는 이웃의 시민이든, 주도적 사회집단이든, 또는 국가이든 간에 타인에 의한 부당한 간섭으로부터 개인과 집단의 자유를 보호하는 것이다. 역사적으로 종교적 신앙으로부터의 자유는 어떻게 자신의 권리 보호를 위해 끝까지 싸울 것인지가 핵심적 쟁점이었다. 이러한 싸움의 핵심은 개인의 양심에 따라 소중히 여길 권리뿐만 아니라 양심의 자유를 보호하는 것을 분명하게 확립하자는 것이다. 예를 들어 종교개혁에서 싸우는 주체는 이미 가톨릭 교회가 지지하여 널리 퍼져 있던 개념의 '반대자'이거나 '저항자'였다. 이러한 측면에서 비록 이런 반대자들은 종종 구성원들 사이에서 어떤 일탈도 용납하지 않았으나, 반대자들의 최종 승리는 다원성을 보호하는 초기의 핵심적 단계였다.

그러므로 자유주의 정치와 시민성의 자유주의적 개념에서 근본적 문제는 이렇다. 말하자면 신념과 가치가 서로 다른 개인과 집단의 자유를 침해하는 자유민주적 국가는 어느 범위까지, 무슨 방법으로 '정당화'하는가이다. 아마 여기에서 주의할 첫 번째 논점은 민주주의 그 자체는 하나의 완전한 답변을 제공하지 않는다는 점이다. 피상적으로 정부라는 하나의 민주적 체제가 확립된다면, 다수의 정치적 대표에 의한 결정은 사실상 정당화될 수 있다는 것이 사안의 목적이다. 그러나 이런 단순한 관점은 근본적 문제를 안고 있다. 이것은 정말 받아들일 수 없는 '다수주의'의 형태, 즉 다수의 소수에 대한 폭력으로 귀결될 수 있다.

물론 이것은 비극적 사례로 언급되는 북아일랜드와 이전의 유고와 같은 지역에서 벌어진 다수자와 소수자 간의 만성적 사회 분열을 일으킨 유력한 원인일 수 있다. 그들의 행동이 입증할 수 있을 정도로 타인에게 해를 끼치는 것이 아닌 한, 그러한 다수주의는 분명 자기결정을 할 수 있는 개인의 권리를 인정하는 방어적 시민권의 어떤 근본적 원리와 양립할 수 없다. 그러므로 민주주의에 대한 진정한 자유주의적 해석은 자율성, 소수자의 정당한 자율성, 관심, 방식을 보호하는 원칙과 기제를 만들어왔다.

그러나 이것을 인정함으로써 시민의 자유를 제한하고 간섭하는 자유민주 정부를 정당화하는 관점과 측면에 대한 추리적 토의를 할 수 있는 상당한 여지가 남게 된다. 정부가 다른 사람이나 사회 전체에 분명하게 해로운 일이 벌어지는 대부분의 상황에서 치안 활동을 하고, 그것을 금지할 자격이 있다는 것은 당연하다. 살인, 강간, 어린이와 여성에 대한 가정폭력, 음주운전, 강도 등에 대한 금지는 모두 명백한 사례들이다. 그러나 자유주의적 다원주의의 한 특징은 개인과 집단이 좋은 삶이라는 의미 있는 서로 다른 개념에 애착을 갖고 있다는 점이다. 그리고 철학자 롤스가 일컫기를 '선함의 포괄적 이론'에 대한 그들의 애착은 신념의 깊은 차이를 초래할 수 있다. 말하자면 동성애나 낙태의 수용 여부가 복지 차원에서 정당하다고 인정되거나 어떤 공동체에서 여성 자신이 그것을 수용한다면 그런 식으로 여성의 자유를 제한하는 것이 정당한 것이라고 그들은 생각한다.

일단 그러한 차이가 인식되면 자유민주주의 사회가 어떻게 미래의 시민을 교육할 것인가에 대한 물음과 관련된 더 심화된 일련의 문제들이 발생한다. 예를 들어 부모는 반드시 자녀가 자신들의 신념과 가치에 순응하는 양육으로부터 자유롭고, 경쟁적 관점으로부터 가능한 격리되도록 자유를 주어야 하는가? 아니면 대안적으로 모든 젊은이를 위한 교육에 대한 사회 전체적인 논쟁적 문제를 경쟁적으로 논의하고 증거를 광범위하게 검토할 수 있는 국가의 개입은 정당한가? 여기서 근본적인 의문은 자유민주사회가 어느 범위까지 젊은 사람들에게 정치적 자율성뿐만 아니라 도덕적 자율성을 고무시킬 의무를 가지는가이다. 결국 민주적·자유적 제도는 결국 정치적 자율성의 이상을 전제로 한다. 복잡하고 논쟁적 쟁점들에 대한 공적 추론과 숙고는 민주주의에서 정치적 논변과 의사결정의 핵심이다. 또한 이러한 문제들은 비공적 가치와 대조되는 공적 가치의 분야와도 관련된다.

## 4. 시민권 교육의 목적은 무엇이 되어야 하는가?

앞서 논의한 다양한 시민권 문제에 대한 관심 증대는 민주주의의 목표와 과정들에 대한 대체적 합의를 이끌어내지 못했다. 이것은 부분적으로 이 영역에 대해 정치철학자들이 처음 연구를 시작할 때 시민권의 본질에 대한 세부사항에 집중하기보다는 기본적 교육에 대한 필요와 같은 넓은 의미의 쟁점들, 그리고 그것이 어떻게 사회적으로 올바른 방법으로 제공될 것인지에 관심을 두는 경향이 있었기 때문이다. 그러나 시민권의 본질에 의해 제기된 쟁점에 관한 앞서 논의된 검토에서 왜 합의가 쉽게 이루어지지 않았는지에 대한 더 발전된 이유가 제기된다.

충분히 희망적으로 논의를 출발할 수 있다. 민주주의 사회에서 젊은 이들의 지위를 어느 정도 이해하고, 그리고 그들이 나이가 들어가면서 그 지위가 어떻게 변화해가는지 제시해주는 것은 시민권 교육의 목표 중 하나로서 논란의 여지가 없는 것같다. 이것은 시민권을 위한 준거와 시민들이 누리는 권리들을 포함할 것이다. 이것을 논란의 여지가 없다고 호칭하는 점에서 우리는 사실상 한 사람의 지위와 권리들을 이해하는 것을 염두에 두는 것이다. 우리가 보아왔듯이 논쟁을 불러일으키는 점은 시민권에 포함되고 제외되는 준거와 시민권에 의해 누리는 권리의 본질과 범위에 있으며, 그리고 이것들은 당연히 시민권 교육을 하는 동안에 충분히 논의될 문제일 것이다. 따라서 지금까지 충분히 말했듯이 이들 개념을 비판적으로 검토하면서 어떤 주어진 사회에서 시민권을 구성하는 것에 대한 이해를 하는 데 목표를 두어야 한다. 그러나 우리는 보완할 사항이 있겠지만 여전히 합당하게 논쟁의 여지가 없는 영역에 서 있을 것이다.

능동적 시민권을 고무하는 것이 하나의 목적이 되어야 하느냐 하는 문제는 더욱 복잡한 논의를 필요로 한다. 이런 논의와 밀접한 관계가 있는 두 가지의 대조, 구체적으로 말하면 ① 예를 들어 투표, 신문 투고, 시위 참가 등의 권리들에 때때로 요구되는 책임에 민감한 시민들과는 뚜렷이 구별되는 단지 '권리의 수동적인 수용자로서의 시민들', ② 사적 관심보다 더 높은 활동에 가치를 둔 공적 영역에서 긍정적 덕을 가진 시민들과는 구별되는 '권리의 담지자로서 관련된 책임들을 자각하고 헌신을 하는 시민들'을 볼 수 있다.

①에서와 같이 민주정부가 안정하게 보호되면서 존속되어야 한다면 감시자로서 능동적 시민권은 필수불가결한 것처럼 보인다. 이런 종류의 민주적 감시의 조장은 단순히 하나의 선택일 수 없다. 그러나 ②에서 같이 그들 삶의 모든 단계에서 항상 개인적 관심보다 시민권의 책임들을 더욱더 높게 평가하고 시민권의 책임에 가장 높은 우선권을 부여해야 한다는 것이 시민권 교육의 자체 목표가 될 수 있는지는 논란거리이다. 그것은 적어도 두 가지 근거에서 논란이 발생한다.

첫째, 모든 사람이 정치적 문제의 참여에 우선을 두어야 한다는 강력한 이유가 없기에 자유민주주의의 존재 이유로서 가치다원주의에 역행하는 것처럼 보인다. 둘째, 공적 영역의 범위를 정당하게 넘어서는 의미에서 '사적인 것'에 해당한다고 간주되는 모든 양상이 정말 사적인 것인지 여부, 예를 들면 자녀양육과 같이 그 일부가 사실 시민권의 부분으로서 이해될 수 있는지 여부는 '공적인 것/사적인 것'의 구분 방식에 관한 포괄적 질문을 제기한다. 그와 관련하여, 만약 모든 사람이 공적 영역 참여를 가장 우선으로 둘 때 요구되는 가정생활의 재정립 문제가 발생한다.

이런 문제에 대한 해결책을 모색하는 것에 시민권을 위한 교육이 당면한 의미심장한 뜻이 있다. 공화주의적 전통에서 공적 영역의 활동을 강조하면서, 시민권 교육을 참여적 시민권을 고무하는 것으로 구상하는 접근에서는 부정확함이 드러나기 시작한다. 만약 시민권 교육이 여자들을 위한 동등한 시민권을 촉구하는 것이라면, 소년뿐만 아니라 소녀도 공적인 것뿐만 아니라 사적인 것에서 자신들의 역할을 이해하는 방식의 변화를 고무하는 데 적어도 관심을 어느 정도 기울여야 한다. 사적인 것을 교육적 관여의 합법적 범위를 넘어서는 것으로 계속 처리하는 것은 평등한 시민권 획득이 직면한 주요 장애를 무시하는 것이다. 이것은 적어도 부분적으로 소년들에게는 공적 영역으로부터 그리고 결사체와 조직 및 정치 자체에 대한 참여의 중요성으로부터 사적인 시민권으로 관심을 돌리는 것을 의미한다.

극단적으로 민주적 참여를 진지하게 해석한 결과를 보면, 대의성의 중요성을 재고하는 페미니스트들의 요청은 종종 무시되었다. 또한 그것은 시민권(성) 교육을 위한 재고된 접근이라는 함의를 갖는다. 오킨은 대표자들과 그들이 대표하려고 하는 것 사이의 괴리를 지속시키지 않고, 여성의 대의성을 향상시키기 위한 필요성을 지적한다(Okin, 1992 : 71). 필립스는 우리가 성과 성의 불공평을 명백하게 인정하는 대의 기제를 발전시킬 필요가 있음을 제안한다. 그리고 그것은 정치적 결정들이 이루어지는 영역에서 성별 간의 새로운 균형을 확보할 수 있을 것이다(Philips, 1991 : 7).

캄리카와 노먼이 주장하듯, "참여를 강조한다는 것은 자기본위의, 편파적인 방식보다는 시민들이 책임있게 참여하는, 즉 공공의식을 가진 방식을 여전히 보장하지 않는 것"임을 말해준다(Kymlicka & Norman, 1994 : 361). 참여민주주의에 의해 힘이 강화된 그런 시민들은 필요성이 더 크지만 힘이 없는 집단을 희생하여 자신들의 더 큰 이익을 얻기 위해 무책임한 방식으로 힘을 사용할 수 있다. 패리와 모이저(Parry & Moyser, 1994)는 이 관점에 찬성하면서 더욱 유리한 사람들이 자발적 경청을 더 효과적으로 이용하듯, 단지 시민들의 참여가 증가하는 수준에서는 불평등이 심화될 수 있다고 지적한다. 마찬가지로 다른 사회적 변화를 가져오지 않으면서 효과적인 참여를 위한 지식, 기술, 태도를 가르치는 것은 소년들로 하여금 남성의 우위를 유지하면서 능동적인 시민권을 더욱 효과적으로 행사하게 할 수 있을 것 같다.

민주주의를 대의제로서 제고하고, 동시에 민주주의의 참여적 변형이 갖는 한계를 자각한다는 것은 시민권 교육을 재고하는 방식에 어떤 함의를 갖는가? 어쩌면 교육적 과정을 위한 가장 두드러진 대조점의 하나는 시민권(성)에 필수불가결한 것으로 보이는 비판적인 이해와 질문의 정도에 관심을 갖는 것이다. 시민의 편에서 본 최대의 개념에는 관대하게 이해되는 민주적 시민권의 참여를 위해 필요한 성향과 능력과 함께 민주적 원칙, 가치, 절차에 대한 상당한 정도의 명백한 이해가 필요하다(McLaughlin, 1992a : 237). 시민들이 민주주의에 참여적·대의적 형태를 가진 교육적 방법으로 참가하기 위해 시민들이 획득할 필요가 있는 능력들 사이의 실제적인 중복이 있다. 또한 다른 시민들이 이용할 수 있는 능동적으로 참여할 기회와, 특히 능동적인 시민이 되기를 단순히 원하지 않는 사람들이 있을 것이라는 것을 모두 인식하면서, 시민권 교육은 대의적 과정을 통해 참여와 관여를 촉구하는 것으로 그 과제에 접근해야 한다. 일부의 능동적 참여가 드물기는 하지만 보다 나은 대의성을 조장하는 것은 민주주의를 증진하는 것으로 볼 수 있다.

만약 정치적 참여를 통해 다른 가치있는 활동들을 이기기 위해 사람들의 선호를 만들려고 노력하는 것이 정당화될 수 없다면, 욕망과 선호의 형성을 포함한 어떠한 목적이 일고의 가치도 없다는 것을 의미하는가? 시민의 덕은 어떠한가? 학생들이 그것들에 매력을 느꼈다고 하여 학생들로 하여금 그것을 단순히 실천하도록 하여야 하는가? 여기서 다시 우리가 보아왔듯이 문제는 간단하지 않다. 예의와 같은 덕목을 그다지 중요하지 않게 생각하더라도 공정과 관용과 같은 덕목들은 민주적 삶에 필수적인 것이다. 대다수의 사람들이 필수적인 덕목을 지니고 있다면, 자유민주주의 사회는 주변적 덕이 부재한다고 하더라도 심각한 붕괴 위험에 직면하지는 않을 것이다. 그러나 공정이나 관용 같은 핵심적 덕목 없이 인정될 수 있는 자유민주주의 사회는 없을 것이다(Callan, 1997 ; Kymlicka, 1999).

시민권 교육의 목적은 지금까지 민주적 권리, 원칙, 그리고 태도에 대해 모두 관심을 가질 만한 문제를 고려하였다. 그리고 몇몇은 이것들이 시민권 교육을 구성할 민주적 목표로서 가능한 영역을 구성할 것이라고 판단할 것이다. 하지만 그러한 공유된 정치적 원칙과 권리로는 사회적 조화에 충분하지 않다. 사회적 조화는 공유된 원칙들뿐만 아니라 동일한 공동체에서 공유하는 성원의식을 요구한다. 그러기에 정체성의 공유가 있어야 한다.

일부 국가에서는 공유되는 종교적 믿음 혹은 민족적 원류에 의해 채워질 수 있다. 하지만 다원적 민주주의에서는 이것들을 공유할 수 없다. 그래서 공유된 정체성을 무엇으로 채울 것인가, 그리고 그것이 필요한가 하는 문제가 생긴다. 공통의 정체성을 설정하고 지지하는 것이 시민권 교육의 목적이어야 할 필요가 있는가? 그리고 만약 그렇다면 종교적 혹은 민족적 토대가 없다면 국가가 이런 역할을 어떻게 채울 것인가? 또한 그것이 회원 국가가 소속된 시민들을 위한 유럽 공동체의 구성원과 같은 다른 민주적 집단과 어떻게 결합할 수 있을 것인가? 그리고 그것은 세계주의 시민권의 개념과 어떻게 연관될 수 있는가?

시민권에 대한 당대의 논의 상황이 심도 깊게 주어진다면, 시민권 교육의 목적은 그들이 현재 합리적으로 요구할 수 있는 다양한 것들로 바뀌어야 할 것이다. 민주적 감시를 유지하는 관점에서 그들에게 능동적인 시민이기를 촉진하고, 공정과 관용의 태도 같은 핵심적 덕목을 권장하면서 민주국가의 시민으로서 그들의 지위를 이해하기에 적절한 상황이 만들어질 수 있다. 이런 목적에 덧붙여 목표를 성급하게 강요하기보다는 더욱 능동적인 시민 참여의 마련과 더욱 포괄적인 시민적 덕목을 함양할 수 있는 열망을 가져야 한다. 그리고 이 문제는 사회적 조화와 같은 해결되지 못한 쟁점과 관련된 목적이 있다.

# 7장

# 학교의 민주적 위기와
# 민주 교육의 실천화 방안

## 1. 교실과 학교의 민주주의적 위기

일제강점기에서 해방되던 1948년 8월 대한민국 정부가 수립되면서 자유민주주의가 도입되어 서구식 민주제도가 이식되었으나 강력한 반공국가권력이 등장하고 독재세력에 의해 그 국가권력이 자의적으로 행사되었던 한국적 정치현실 속에서 이식된 민주주의는 제대로 운용될 수 없었다. 이런 정치현실에서 교육민주화라는 말도 반체제적·전복적 의미로 사용되었음은 당연하였다. 독재권력의 자의적인 권력 행사로 인해 형식으로만 주어졌던 자유민주주의는 형해화되지 않을 수 없었고, 아울러 이 시대의 교육민주화는 독재권력에 대항하는 지하의 교육민주화운동의 성격을 띠었고, 이 운동은 1980년대 중반까지 계속되었다.

지하의 교육민주화운동이 지상으로 등장하여 정당화되기 시작한 것은 1987년 6월 민주화항쟁을 계기로 대통령직선제가 이루어짐으로써 가능해졌다. 이때부터 교육민주화운동은 체제내의 합법적 언어로 자리잡기 시작한다. 그것이 김영삼 문민정부와 김대중 국민정부와 노무현 정부로 이어지면서 교육민주화는 더욱 제도권 언어로 사용되기 시작하였다.

그런데 우리는 권위주의 교육체제를 벗어났다고 하지만 아직 민주주의 교육체제로의 초보적 진행 문턱에 들어섰다고 할 수 있다. 여전히 지역적 풀뿌리 민주주의는 미완인 셈이고, 학교의 참여민주주의 또한 초보적 수준에 머물고 있다. 폭압적 억압으로부터 탈출을 위한 절차적 자유와 민주화는 어느 정도 확보되었으나, 억압이 사라진 빈자리에 구체적으로 실질적 내용을 채우지 못하며 이리저리 표류하는 민주주의 교육이 전개되고 있다. 현재 학교에서 민주 교육 논의는 초보적 수준이고 민주 교육적 실천은 정체되거나 퇴보하고 있는 듯한 모습을 보이고 있다.

교육민주화운동을 통해 외적 강제로부터 학교의 해방이라는 소극적 자유는 어느 정도 해소되고 있으나, 일부 교사를 제외하고는 자신의 삶을 스스로 결정하는 무엇을 향한 적극적 자유를 위한 자율성이나 주체적 민주주의를 범학교 차원에서 구체화시키지 못한 채여서, 민주 교육의 문화는 미숙하기 짝이 없다. 더욱이 신자유주의적인 교육의 시장화 논리가 공교육의 대체 담론으로 등장하면서 교육의 민주적 과제를 더욱 후퇴시키고 있는 마당이다. 최근 공교육 내실화 차원에서 교사의 체벌을 허용하는 등 민주 교육을 저해하는 조치들이 발표됨으로써 민주 교육의 실천화에 더욱 어려운 국면이 전개되고 있다.

게다가 작금 개인주의, 물질주의, 경쟁주의 풍조로 인해 교육민주화라는 담론은 자신과 무관한 거창한 정치적 언어로 받아들이는 무관심 현상이 벌어지고 있어 교육민주화의 향방은 더욱 암담하게만 보인다. 종종 민주주의와 민주 교육이 비효율적이고 지나치게 이상적이며 노력을 너무 많이 요구한다는 비판과 함께 심하게는 혼란과 무질서까지 초래한다는 부정적 기능이 과도하게 부각되는 등 민주 교육이 중대 위기에 봉착하고 있다.

이러한 교실과 학교의 민주주의적 위기 속에서 민주주의가 무엇을 위한 것이고 민주 교육이란 무엇인지에 대한 내용을 분명하게 할 필요가 있다. 필자는 이러한 문제의식 아래 민주주의가 갖는 교육적 함의와 나아가 민주 교육의 실천화 방안을 모색하고자 한다.


## 2. 민주주의의 의미와 교육적 함의

민주주의란 무엇인가? 일반적으로 강제가 없고, 자율성을 갖고, 선택의 자유를 누리며, 투표할 권리 등을 가질 때 민주주의라는 말을 연상한다. 어원적으로는 민주주의(demos=people+cratia=rule)는 인민 스스로가 지배하고 그 지배를 자발적으로 받는 '자치self-government'를 뜻하며, 기본적으로 인민이 정치적 혹은 집합적인 의사결정의 과정에 참여하는 것을 의미한다(유팔무, 2000 : 54).

원래 고대 그리스의 도시국가인 아테네에서 고안된 민주주의는 자유롭고 평등한 시민들이 광장에 모여 토론을 통해 자신들의 문제를 스스로 결정하는 시민주권자들의 자치였다. 이런 직접적이고 참여적인 민주주의는 서로간에 토론과 심의가 가능한 면대면 사회이자 소규모의 동질적인 시민들로 구성된 도시국가였기에 가능했다(임혁백, 2000). 비록 노예와 여성 그리고 외국인 등이 제외되기는 했지만, 아테네의 모든 성인 남성들은 공동체의 의사결정에 직접 참여했고 그 결정에 따랐던 것이다.

그러나 방대한 영토와 엄청난 규모의 인구를 가진 근대 영토국가에서 지리적으로 직접적인 의사소통이 불가능한 익명사회에 살고 있었던 시민들에게 이러한 아테네의 민주주의는 실현 가능하지 않았다. 그래서 고안된 제도적 혁신이 근대민주주의로 등장한 대의민주주의이다. 대의제 민주주의는 시민들이 선거를 통해 대표를 선출, 자신들의 집단적 의사를 확인하고 실현하려는 제도이다. 대의민주주의는 공동체의 의사결정에 참여할 개인의 권리, 즉 참정권의 확대를 중심으로 발전했다. 그리하여 근대 초기 부르주아만의 자유와 정치참여를 의미했던 '자유주의'는 점차 노동자 등 다수 인민들의 참정권이 확대되면서 인민이 주체가 되어 통제하는 '민주주의'와 결합하게 되었다. 즉 자유주의는 계급의 타협을 통해 참정권을 넓힘으로써 민주주의와 결합하여 '자유민주주의'가 되었던 것이다. 물론 이 자유민주주의의 발전은 아테네의 직접민주주의 형태가 아니라 간접민주주의인 대표권을 통한 '대의민주주의' 형태로 나타났다.

그렇지만 자본주의 사회에 바탕하여 발전할 수 밖에 없었던 근대사회의 자유민주주의와 대의민주주의는 평등한 인민, 특히 '경제적으로 평등한 인민'이라는 전제를 충족시키지는 못했다. 따라서 민주주의는 다른 한편으로 자본주의 사회의 계급적 분열을 철폐하여 무계급사회를 이루거나, 또는 사회정책을 통해 자본주의 사회의 경제적 불평등을 완화시키는 민주주의로 발전하였다. 민주주의는 다수 인민들의 자유와 정치참여의 통로를 보장해주는 '자유민주주의', 또는 복지적 사회정책을 통한 불평등의 완화로 대두된 '사회민주주의' 등 근대 자본주의 사회의 대표적인 민주주의 모형으로 등장하였다. 반면 사회주의 국가에서는 정치참여의 측면보다는 경제적으로 평등한 인민의 지배라는 '사회주의적 민주주의'로 발전되었다.

최근 자본주의 국가에서는 대의민주주의가 제도적 피로현상을 보이면서 '대표권의 실패'로 인해 제 기능을 못하자 그 대안으로 아테네의 '직접민주주의론'이 새롭게 제창되고 있다. 그 이유는 민주적으로 선출된 대표가 주권자인 시민의 완벽한 대리인으로 행동하지 않고 자신의 사익을 추구하는 데 급급하기 때문이다. 대의민주주의가 강력하게 조직된 이익집단의 이익을 추구하려는 경향을 보이는데도, 주권자인 시민들이 약속을 위반한 대표들을 처벌하여 민주적 책임성을 확보할 수 있는 제도적 장치는 미흡하였다.

또한 주인인 시민과 대리인인 대표 간의 거리가 좁혀지기보다는 오히려 넓혀지고 있다. 대의민주주의는 정치인(대표)과 시민 간의 정치적 분업을 전제로 한다. 주권자로서의 시민의 역할은 대표를 선출하는 데서 그치고 정책의 선택은 대표에게 일임하는 것이다. 그런데 이러한 정치적 분업이 심화하면서 시민들은 정치를 정치인, 선거운동 전문가, 로비스트, 여론조사 기관, 언론인들의 영역으로 간주하면서 점차 정치를 멀리하거나 냉소하고 있다. 그 결과 정치 전문가들이 주권자인 시민을 대체하는 기술관료적 민주주의가 강화되고 있다.

이러한 어려움에 처하자 대의제 민주주의가 노정하고 있는 결함을 시정하고자 보다 강한 민주주의를 요구하게 되었다. 주변적 지위에 머물고 있고, 최소한도에 그치고 있는 방어적 차원의 '약한 민주주의'를 넘어 좀 더 적극적으로 일상적으로 참여하는 '강한 민주주의'를 요청하고 있다(Parker, 1996 : 182-210). 약한 민주주의는 자유에 대해 개별적이고 자기충족적이고 독립적이고 자율적인 태도 등 개인주의적 접근을 시도하지만, 강한 민주주의는 사회복지, 공동의 개입, 지구적 이슈에 대한 관심 등 공동체적 접근을 시도한다. 개별적 자유가 공동체적 가치와 사회적 권리 속에서 발생하기 때문에 개별적 자유와 집단의 참여 양자를 서로 배척하지 않지만, 사회성원으로서 주체는 사회정의와 평등, 권능화를 위해 경제적 자유를 넘어서려는 '참여민주주의' 접근을 시도한다(Sorensen, 1996 : 97-98). 참여적 민주주의는 대의민주주의에 대한 대안적 개념으로서 강한 민주주의를 지향한다. 즉 현상유지보다는 변화를, 착취보다는 평등을, 침묵보다는 참여를, 억압보다는 해방을 지향한다.

고대 아테네의 고전적인 직접 민주주의의 이상을 재현하려는 대안으로서 등장한 '심의민주주의deliberative democracy'는 강한 민주주의적 대안으로서 중요한 참여민주주의의 형식이라고 할 수 있다(Cohen, 1996 : 95-108). 심의민주주의는 주체들 간의 절차나 과정상의 토의나 심의를 중시한다. 서로 상충되는 사안에 대해 고정된 이익집단들이 투표를 통해 승자를 결정하는 일회성의 단순한 과정이 아니라, 관련 당사자들이 대화와 토론 · 합리적 주장을 통해 자신들의 선호를 수정하고, 타인들의 가치와 시각 그리고 이익을 고려하고 이해하려고 노력하며, 차이에 의거한 각 주체들이 심의와 숙고를 통해 자신의 의견을 주장하고자 할 때 가장 주요하게 사용하는 방법으로 합의를 이룰 때까지 깊은 토의 또는 토론을 계속한다. 공동의 이익과 서로 수용할 수 있는 해결책에 도달하려는 과정을 중시하는 것이다. 이런 깊은 숙고와 심의의 과정은 토론 없이 단순히 투표로 표출하는 다수결의 결론을 민주적 집단의사라고 보지 않고, 관련 시민들이 이성적이고 사려 깊은 심의를 통해 도달한 합의를 최고의 민주적 집단의사로 보며, 이렇게 해야 공동체의 공공선을 지향한다고 생각한다. 또한 관련된 시민들이 직접 참여해서 결정이 이뤄지기 때문에 그 결정의 효율성과 민주적 정당성이 높아진다고 본다.

심의민주주의는 가치갈등과 이익갈등이 심각하고 의회민주주의가 제 기능을 발휘하지 못할 때 논박과 담론을 무성하게 하여 합의에 이르게 하는 민주적 정당성을 확보하는 효능이 있다(Benhabib, 1996). 이런 심의적(숙고적) 민주주의와 함께 참여민주주의의 활성화를 위해 시민사회의 뿌리를 튼튼하게 내리게 하는 주체의 형성을 위해 다양한 '결사체적 민주주의associative democracy'가 대두한다(Cohen, 1996 : 108-113). 일선 현장의 민주주의 발전을 위한 주체 형성을 위해 각종의 모임을 형성하여 숙고와 논의를 할 수 있는 일선 단위현장의 결합체가 필요하다는 것이다. 의사결정 과정의 참여성을 높이고 상시적으로 민주적 의사결집을 할 수 있는 결사체는 대의민주주의와 상층부의 관료주의를 제어하는 데 도움을 줄 것이다.

오늘날 급속하게 진행되고 있는 디지털 혁명은 심의민주주의의 정착을 앞당기는 훌륭한 수단이 되고 있다. 거대 영토국가의 시공간적 제약을 해제시킨 디지털 혁명에 의해 등장한 전자민주주의는 단순히 대의제 민주주의를 개선 보완하는 수준에서 머물지 않고, 심의민주주의와 결사체적 민주주의와 결합하면서 대의제 민주주의를 대체할 수 있는 새로운 민주주의의 대안을 만들어낼 수 있는 가능성을 보이고 있다(임혁백, 2000).

고대 아테네의 직접적 참여적 민주주의를 탈산업화된 지식정보화 시대에 재현한다는 '전자 아테네Electronic Athena'의 구상은 빛의 속도로 움직이는 디지털화된 정보가 전 세계를 폭발적으로 변화시키고 있다는 사실을 감안할 때 이제 미래학적인 꿈이 아니라 곧 다가올 현실이 되고 있다. 인터넷과 사이버 공간이 제공하는 토론장에서 시민과 대표가 공적 토론에 참여할 수 있게 되었으며 이를 통해 직접적인 의사소통도 가능하게 되었다. 몇 년 만에 이루어지는 선거에 의해 뽑힌 대표의 대표권 행사에 대한 국민적 불신이 증대되어 민주주의 자체에 대한 실망으로까지 증폭되는 한국의 민주주의 현실에서 인터넷을 통한 열띤 논쟁과 갑론을박은 민주주의의 새로운 가능성으로 등장하고 있다. 디지털 혁명은 교사와 학생 간의 의사소통 방식의 대혁명을 일으킬 수 있는 중요한 매체가 되고 있다.

물론 가상공간의 '익명적 대화'를 통한 민주주의는 현실공동체의 '면대면 대화'를 통한 민주주의를 대체하는 것이 아니라, 보완하는 관계에 놓여야 한다. 익명성을 중심으로 하는 사이버 사회는 친밀감을 중심으로 하는 면대면의 공동체 활동을 함께 하지 않으면 또 다른 소외를 낳을 수 있다는 점을 유념해야 한다. 전자매체의 급속한 발전으로 인해 학생들의 정서적 인성이 고갈되기 쉽기에 공동체 의식을 함양하는 학교의 기능은 더욱 중요하게 부각되고 있다.

이렇게 근현대 민주주의 발전 양상은 사회 및 국가권력의 성격에 따라 다양한 모습을 보이고 있지만 대체로 다음의 두 가지 차원으로 논의를 압축할 수 있다. 민주주의에 접근하는 두 차원은 '절차적 민주주의'와 '실질적 민주주의'이다(최장집, 1989 : 255-170). '절차적 민주주의

(또는 형식적 민주주의)'는 '정치적 민주주의'로서 억압받지 않은 상태에서 마음대로 의견을 개진하고 원하는 행동을 행할 수 있는 '자유'의 측면과 공동체의 공적인 결정에 참여하면서 동시에 이에 자신의 이해를 반영시킬 수 있는 '참여'의 측면으로 나뉠 수 있다(정해구, 2000 : 47).

심의민주주의와 결사체적 민주주의는 참여자들의 토론을 통해 의사결정에 이르는 과정을 더욱 중시하는 절차적 민주주의와 참여민주주의의 발전된 모습으로 볼 수 있다. 자유와 참여의 민주주의는 사회내의 제 집단과 세력들에 합당한 대표체제가 형성되고, 이를 통해 사회체제가 운영되는 제도를 마련하여 사회의 어느 집단도 소외됨이 없이 정치참여가 보장되는 제도적 틀을 확립하려고 한다. 이것은 또한 정치권력이 주권자인 국민에 의해 직접 · 간접으로 통제되고 국민에게 책임을 지는 민주제도를 통해 각 개인의 시민권과 정치적 권리를 보장하려고 하고, 사회를 구성하고 있는 성원들에 의해 통제되는 발언권을 행사하려고 한다. 법에 의한 인신보호, 개인의 기본인권을 침해하는 공권력의 사용 금지, 국가의 공직을 담당할 권리, 국가의 공적 행위와 국가정책에 대해 비판할 권리, 국가의 언론 · 사상 · 출판 · 집회 · 결사의 자유 보장, 사회단체의 자유로운 결성권, 교원노조의 결성권 등이 명백하게 보장된다.

1980년대 이래 교육민주화운동 속에서 주로 상명하달적인 관료적 교육행정, 엄격하게 통제된 교육과정, 독점적 권한을 행사하는 교장에게 이의를 제기하며 시정을 촉구하는 평교사들의 시민권 보장 활동은 모두 기본적인 절차적 권리의 보장을 요구한 것이다. 교육 영역에서 절차적 민주주의는 학교조직 자체를 민주적으로 운영하고, 학교의 운영에 학교 구성원 전체의 의견을 최대한 반영하고, 그들의 권리를 개진하려고 한다. 학교를 움직여 가는 다양한 세력들(교사, 학생, 학부모 등)은 자신의 의사를 억압받지 않고 자유롭게 개진할 수 있고 학교의 운영 과정이나 정책결정 과정에 참여하여 자신의 의견과 권리를 표현하는 참여를 하게 된다.

이런 절차적 민주주의가 보장되어야 다음 수준의 실질적 민주주의를 도출할 수 있다. '실질적 민주주의'는 '경제적 민주주의'로서 인민들 사이에 일정 수준의 경제적 평등이 보장되는 것을 의미한다(정해구, 2000 : 47). 실질적 민주주의는 절차적 민주주의 토대 위에서 사회의 성장과정에서 소외된 사람들의 사회경제적 권리를 더욱 보장하는 이념이다. 요컨대 정치적으로 자유와 참여가 보장되고 경제적으로 일정 수준의 평등이 보장됨으로써 인민의 지배가 가능한 통치 기제라고 할 수 있다. 경제성장 과정에서 소외된 도시노동자, 도시빈민, 하급중산층, 농민에게 재화와 서비스, 즉 소득, 주택, 교육, 건강, 문화 등 물질적·사회적 삶의 조건이 보장될 수 있는 것이 실질적 민주주의이다(김상무, 1991 : 19-20). 타고난 신분에 관계없이 개개인에게 교육의 접근 기회가 개방되고, 공정하게 분배되어야 하는 것이다.

모든 학생이 학습에 필요한 자원·정보·자료 등에 접근할 수 있는 평등한 기회를 가짐으로써 가진 자와 못 가진 자의 차별로 인한 학습 불능을 초래하지 않도록 하며, 동시에 학생 개개인이 자신의 개인적 목표와 가치 등을 결정하고 평가할 수 있는 평등한 기회를 가짐으로써 자신이 누구인지를 성찰할 수 있는 기회를 갖도록 하여야 한다(Cunat, 1996 : 133). 무상 의무교육의 이념은 이런 접근 기회를 누릴 수 있는 학습의 평등권을 보장하기 위해 제창된 것이다.

결국 절차적 민주주의와 실질적 민주주의를 위한 교육은 강요가 없는 '비억압non-repression'의 절차적 원리와 불평등이 없는 '비차별non-discrimination'의 실질적 원리를 구현하는 것이라고 할 수 있다(Gutman, 민준기 역, 1991 : 70-72). 교육에 있어 개인으로 하여금 합리적 숙고를 하도록 하여 국가나 집단이 방해하는 것을 방지하는 자유의 성격을 띠는 '비억압의 원리'와 사람은 누구나 차별 없이 교육을 받을 기회를 누려야 하며, 교육을 통해 의식 있는 사회적 생산에 참여할 수 있는 접근의 기회를 갖도록 하는 평등의 성격을 띠는 '비차별의 원리'는 대립되는 노선으로 발전할 수도 있지만 조화될 수 있는 노선으로 발전할 수도 있다. 극단화될 경우 사회에 따라 학교 선택의 비억압적 자유를 크게 누려야 한다는 신우익의 신자유주의 노선을 지향하는 국가와 가장 불이익에 처한 계층의 비차별적 교육 평등을 우선적으로 고려해야 한다는 신좌파의 사회주의 노선을 지향하는 나라로 나타날 수 있다(Lukes, 안승국 역, 1995 : 85-117 ; Held, 1995 : 271-295 참조).

후자가 대안이 결여되어 있다는 비판이 제기되면서 '민주적 자율성'의 개념을 보완해야 한다는 주장이 나오고, 전자는 가진 자의 무정부적 자유로 발전될 가능성이 있기에 '공동선'의 개념을 보충해야 한다는 주장이 나오고 있다.


## 3. 민주주의를 착근하는 민주 교육의 실천화 방안

교육의 민주주의, 교실의 민주주의, 학교의 민주주의란 무엇인가? 교육의 장에서 일어나는 모든 활동을 민주주의의 관점에서 인식하고 실행하는 것이 '교육적 민주주의'이다. 민주적 관점에서 교육을 바라볼 수도 있고 교육적 관점에서 민주주의를 바라볼 수 있는 양자의 관점을 통합적으로 이해해야 한다. 민주주의는 추상적으로나 이념적으로 교육 전체의 민주주의이면서 구체적으로는 학교와 교실이라는 공간에서 민주주의를 실천하는 것이다. 민주주의는 단순히 정치의 형태만이 아니라, 보다 근본적으로 교육의 장에서 민주적 가치를 공유하고, 공유된 가치를 삶의 현장에 적극적으로 개입하고 참여시키는 집단적 활동이다. 민주주의는 모든 사람을 위한 자유와 정의, 그리고 국민 모두의 참여와 평등이 이루어지도록 하는 활동이다.

교육의 민주주의란 거시적으로는 교육의 자원을 공정하고 평등하게 배분하는 것이고, 미시적으로는 학생 개개인의 존엄성과 자율성을 존중하고 신장하는 것이다. 전자가 신분과 계층의 차별이 없이 모든 학생들에게 교육의 기회를 제공하는 것이라면 후자는 작은 교실이라는 공간에서 구체적으로 민주주의의 운영방식을 실천하는 것이다.

후자의 민주주의는 교실이라는 작은 공간에서 의사소통이 잘되지 않고 대화가 없으며 무의미한 존재로 살아가는 교실의 환경을 학교의 민주주의를 통해 활성화하는 것이다. 교실과 학교의 민주화는 사회를 민주적으로 변화시키는 힘을 준비시키고 내면화시키는 장기적인 초석이라고 할 수 있다. 민주적 지식과 경험을 갖게 하고 이를 적극적으로 실천할 수 있는 힘을 축적하여 사회의 영향력을 미치도록 하는 것이다. 단순히 반장을 뽑고 운영위원을 선출하는 일회성 행사에 만족하는 것이 아니라, 주체들(교사, 학생, 학부모 등)의 적극적 참여를 학교에 요구하는 '강한 민주주의'가 필요하다. 사회 구성원들 사이에 다양한 관심을 공유하는데서 자유로운 균등한 상호교섭이 일어나고, 모든 성원이 다수의 가치를 서로 주고받는 기회를 균등하게 가지는 과정이 민주주의이다(Dewey, 이홍우 역, 1993 : 132-135). 민주주의는 사적 이익보다는 공동선을 위해 민주적으로 숙고하고 결정하는 공동의 삶의 양식으로서 공동선을 향해 함께 활동하도록 하면서 대안적 삶의 양식을 추구하는 적극적 시민의 양성을 격려한다(Jaddaoui, 1996 : 74-77). 민주교육에는 공동의 목적과 목표를 집단적으로 형성하고 참여할 수 있는 연대감의 형성 등 강한 민주주의 교육이 필요하다. 이런 연대감을 경험하게 할 때 서로간의 우정이 싹트고 공동체 의식이 형성된다. 바버는 이런 소통적 연대 경험을 가능하게 하는 '강한 민주주의' 학교의 건설을 제안한다(Barber, 1992).

교사와 교사, 교사와 학생, 교사와 학부모가 고립되고 침묵하는 존재가 아니라, 서로 대화하고 소통하며 협력하는 존재로서 네트워킹하고 공동체의 성원으로서 살아가도록 하는 '주체들의 목소리'를 내도록 하는 것이다. 자신의 생각과 사회적 제약 사이의 긴장을 해결하고, 서로 다른 이념을 가진 사람들과 여러 쟁점에 대해 논의하여 민주적으로 결정하고, 결정 권한을 민주적으로 공유한다. 이러한 민주주의 교육이 '공동체적 민주주의'이다. 교실과 학교의 민주주의를 건설하는 일은 곧 공동체를 건설하는 일이며, 공교육의 사명은 민주주의를 구현하는 일이며, 민주주의를 가르치는 일은 곧 공동체를 건설하는 것이나 다름없다.

민주 교육을 실천하고 있는 교사는 '제도'로서 민주 교육을 제창하는 것도 의미 있는 일이지만, '실천'으로서 민주 교육을 더 강조해야 한다. 민주주의 교육은 말로만이 아니라 구체적 실천을 요구하는 이념이다. 민주 교육은 완성된 것이 아니라, 공동체 구성원들이 주체적으로 참여하여 계속 만들어가야 하는 집단적으로 구성하는 공동체적 과정이다. 실천으로서의 민주 교육에는 민주주의를 실천하는 학교의 생활이 요구된다. 민주주의에 대해 무엇을 배우느냐도 중요하지만, 어떤 민주적 실천을 하고 있느냐 하는 '생활로서의 민주주의'가 더욱 중요하다. 민주 교육이 살아 움직이려면 '실천하는 민주주의'가 필요하다 (Becker & Couto, 1996 : 1-3).

그리고 민주 교육은 민주주의를 '왜' 가르쳐야 하며, 민주주의의 '무엇을' 내용으로 하여 가르칠 것인가와 그것을 '어떻게' 가르칠 것인가에 관심을 둔다(Becker & Couto, 1996 : 1-3). 민주주의는 앎과 삶, 성찰과 행동의 결합, 즉 프락시스(성찰적 실천)이다. 성찰은 행동에서 나오고, 행동은 반성에서 나오기에 서로 얽혀 민주적 프락시스가 이루어져야 한다. 종종 혼란과 무질서로 이어지는 민주주의나 구호로 외쳐지는 민주주의는 민주주의의 진짜 모습이 아니다.

민주주의를 실천하는 학교는 학생을 '학교의 시민'이며 '교실의 시민'으로 활동하도록 민주주의를 학교생활 속에서 일상화해야 한다. 이를 실천하는 민주주의 학교는 개인과 공동체가 공존하고, 보다 정의롭고 배려가 깊고 공동체적인 학교이어야 한다. 민주 교육은 한 마디로 공동체에 기반한 시민 교육을 건설하는 활동으로서 공동의 기억과 규범의 존재, 다양한 관심의 공유, 협동적 교섭과 활성화된 의사소통, 다수의 참여, 깊은 우애와 공감 등이 결합된 복합적 집합체로 구성된 학교를 건설하고자 한다. 학급운영, 수업활동, 특별활동, 그리고 생활지도 속에서 구체적으로 실천되는 일상화된 민주주의 교육활동이 있어야 한다.

민주 교육은 비판과 정의, 그리고 배려가 함께 융합되어 연구되고 실천되는 학교에서 가능하다. 이런 민주적 공동체는 폐쇄적인 패거리 의식이나 배타성, 그리고 충성심만으로 구성될 수 없다. 민주적 공동체에 기반한 민주 교육이란 개체적 자율성을 중시하면서 개인이 아니라 집단을 이루어 함께 활동하고 공동으로 참여하고 학습하기에 항상 성찰적이면서 동시에 협동적인 역동적 과정을 요구한다. 갈등이나 문제를 폭력적이 아니라 평화적으로 대화를 통해 비판적으로 성찰하여 공동으로 해결하는 개인적 능력과 집단적 능력을 동시에 길러야 한다. 이를 위한 학교와 교실의 강한 민주주의 교육을 건설하기 위해 다음과 같은 실천적 방안이 요청된다.

### 1) 참여민주적 교육목표의 설정

교육목표에 민주국가로서 손색이 없는 교육이념을 반영하고 교수목표의 설정에 있어 강한 민주주의를 위한 이념을 제시한다. 이전의 권위주의적 교육내용을 개편하여 자유와 평등 등의 민주주의적 교육이념이 교육과정에 분명하게 나타나도록 한다. 근대화의 담론에 기반한 공장 모형에 걸맞는 효율성, 생산성, 강화 등의 기능주의적 언어를 자아실현, 비판적 인식, 공동체성, 통합적 인성, 공동선 등에 기반한 전인교육의 철학으로 전환한다. 이러한 교육목표를 설정할 때 구상단계에서부터 주체들을 함께 참여시키는 민주적 참여 제도를 구축해야 한다.

### 2) 민주적 교육과정과 지식의 구성

민주국가의 교육과정과 교과서는 지식 구성에 있어 민주주의의 내용을 잘 반영하고, 교과의 모든 영역에 걸쳐 민주주의 친화적인 교육과정을 반영한다. 민주주의적 지식이 실제의 생활에서도 응용되도록 한다. 민주적 지식의 습득은 실천과 참여를 위한 지식으로 변환되어야 한다. 민주적 지식이 실천적 지식으로 경험화되지 않으면 탁상공론적 언어수업에 지나지 않는다. 민주 교육은 대화식 학습, 구성주의 학습 관과 수행평가 등 민주적 교수 학습관과 평가관을 수반한다.

### 3) 민주적 가치의 함양

교실에서의 민주 교육은 민주적 가치에 대해 추리하고 지지해야 한다. 민주적 지식이 가르쳐지고, 토론되며, 연구되고, 평가되고, 실천되는 등의 활동을 통해 민주적 숙고 과정을 고양한다. 참여민주주의와 결합된 사회정의, 타인의 복리와 공동선, 도덕적·정치적 가치와 정책, 개인 및 소수자의 존엄성과 권리 등을 적극적으로 탐구하고 분석한다. 자신의 삶의 상황과 민주적 가치와의 접목을 시도한다.

민주적 가치를 교육과정에 반영하여 민주적 참여를 한다는 의미는 첫째, 요구가 충족되지 않고 제약을 가하거나 또는 포용하거나 배제하는 정책을 펼 경우 학생들로 하여금 말하고 경청하고 평가하는 토의를 통해 민주적 가치를 파고들며 씨름해야 한다는 점이다.

둘째, 민주적 가치를 가지고 추리한다는 의미는 자유와 시민, 차이와 공동체 등과 같은 공적인 쟁점이 되는 문제를 학생들이 스스로 탐구하고 공부해야 한다는 것을 의미하기에 대안적 가치를 찾아야 한다.

### 4) 다양한 관점의 공존

갈등하는 쟁점에 대한 여러 관점이 제시되어 학습으로 통합되어야 한다. 개인 간의 문제뿐 아니라, 세계의 중심국이나 주변국 등 각 나라가 놓여져 있는 상황과 맥락에 따른 이해가 충분하게 파악되고 그에 따라 관점의 균형이 요구된다. 아프리카의 인종차별 문제나 재일동포 문제, 탈북자 문제, 팔레스타인 문제를 어떤 입장에서, 어느 나라 입장에서 보느냐에 따라 전혀 다른 해답이 나올 수 있다. 이런 문제에 대한 입장을 정리하기 위해서는 각 나라의 역사와 문화에 대한 깊은 이해가 뒤따라야 한다. 특권층의 문화를 옹호하면서 다른 특정의 문화를 억압하면 저항은 불가피하게 불러온다. 민주 교육의 교육과정을 구성하는 주요한 원리가 되는 '다중의 관점' 채택은 권력, 갈등, 인종, 성별 등의 비판적 개념을 허용해야 한다.

### 5) 민주적 교실과 수업 만들기

민주주의가 실행되는 교실은 다음과 같은 특징을 지닌다.

① 각 학생은 존엄성과 잠재력을 지니고 있다.

② 각 학생은 학습할 수 있는 권리와 동등한 기회를 가지고 있다.

③ 학급의 문제는 이성과 규율적인 절차를 통해 해결되어야 한다.

④ 개인의 행복은 극대화되어야 한다.

⑤ 개인의 성취에 따른 보상과 벌칙 체계는 쉽게 이해될 수 있어야 한다.

⑥ 개인은 타인의 행복에 미치는 자신의 영향에 대해 책임을 져야 한다.

⑦ 민주시민 교육의 본질적인 구성요소인 지식, 기술, 그리고 태도는 개인의 행복, 학급의 행복, 그리고 나아가서는 사회에서의 개인의 행복을 증진시키기 위한 것으로 가르쳐진다(추병완, 2007 : 243).

구체적 교실 속에서 이루어지는 민주적 수업은 ① 학생 상호 간 존중하고, ② 서로 경청하고, ③ 공동체 문제와 이슈에 대해 비판적으로 함께 사고하고 성찰하며, ④ 제기된 공동의 문제를 주어진 지역사회의 조건과 환경 속에서 함께 해결하고, ⑤ 그 해결을 공동으로 수행하는 협동 활동을 중시한다. 토론학습, 협동 학습, 협동 연구, 동료 조언, 스스로 저자가 되는 창조적 글쓰기, 구성주의 학습, 시민활동의 견학, 민주적 성지의 방문, 전자투표 등을 시행한다.

### 6) 면대면 토의의 생활화

두 사람 사이에 이루어지는 대화는 논리적 · 심리적 차원에서 이루어지는 생각과 마음의 교환 속에서 진행이 된다. 문제가 발생하면 진지하게 논의하고 숙고하며, 열띠게 갑론을박하며 결론을 도출하고자 하는 동아리 활동 등에서 심의민주주의를 실천한다. 쟁점이 되는 사회의 모든 문제에 대해 비판적으로 사고하고 충분한 토론과 숙고가 이루어지게 하여 타협을 유도한다. 토론의 과정을 통해 교육정책이 마련되고 입안된다면 소통과 협의와 숙고를 통한 민주주의가 이루어진다고 할 수 있다. 공동선의 과제가 제기된다면, 교사 · 학생 · 학부모 등의 광범위한 토론과 집단적 참여를 통해 해결한다.

토론을 한다는 것은 진실을 말하고, 인간을 존중하고, 공정한 이익을 고려하는 것이다. 교사는 학생들 자신의 다양한 목소리를 경청하고, 토의가 활성화되도록 한다. 학생들 사이의 토론을 누가 주도하고, 토론 모임을 누가 만들고 있고, 서로 다른 차이를 인정하고 있는지, 참여자들의 문화적 배경을 잘 반영하고 있는지, 토론의 쟁점이 어느 집단에게 유리하고 불리한지, 합의되지 않는 사항이 무엇인지 등을 교사는 세심하게 고려해야 한다. 도출된 문제를 제기하고 해결하며 처리하는 데 있어 모든 학생들이 평등한 기회를 갖도록 한다는 점도 유념한다. 토의는 교수 방법인 동시에 교과 주제이며 나아가 민주적 행동양식이기도 하며, 토의를 할 때 지켜야 할 기본적 덕목으로서 관용, 성실, 진실, 공정, 우애, 비판적 이성 등이 요구된다.

교수자는 말하는 자이고, 학습자는 듣는 자라는 이분법적 · 수직적 관계가 아니라, 서로 말하고 듣는 대화 관계에서 의사소통이 이루어지는 쌍방형 관계를 유지하도록 한다. 강압과 강요로 점철된 학교교육의 침묵 문화로부터 벗어나기 위해 숙고와 대화, 그리고 토론의 과정을 통해 문제를 해결하는 협의 · 심의 · 숙의 민주주의는 '문제 제기식 교육'에 적절하게 이용될 수 있다. 문제 제기식 교육은 참여자들이 집단적으로 공통의 문제를 토의하고 공동의 해결책을 숙의하면서 현실을 변화시킬 수 있는 힘을 만들어낸다. 이러한 현실변화의 비판적 의식 고양 과정에는 '사회학적 상상력'이 요구된다.

## 7) 성찰적 시민행동과 봉사활동

민주적 가르침은 교실을 성찰적 실천의 장으로 만드는 것이다. 민주적 가르침은 행동에 대한 비판적 성찰과 함께 시민적 행동을 적극적으로 지지한다. 토의를 통해 대안적 삶의 양식이 상상되고 실생활과 접목되며 논박이 일어난다. 생각의 차이는 면대면 대화를 통해 드러날 것이며 공통의 근거가 표출될 것이다. 인종 · 계층 · 성차에 대한 사회적 삶에서 드러나고 언급되지 않은 권력관계에 대해 토의과정을 통해 타협이 이루어져야 할 것이다. 이를 통해 문제에 대해 공유된 이해가 형성될 것이고, 합의된 정책이 고안될 것이며, 민주적 행동을 위한 보다 분명한 형태가 개발되어야 한다. 민주적 추리를 적극 지지할 뿐만 아니라, 공공문제의 형성 과정에 대해 영향력을 행사해야 한다. 그리고 지역사회에 참여하는 시민행동과 봉사활동으로 확대되어야 한다.

이러 활동은 교실과 학교의 벽을 넘어서는 활동이다. 지역사회는 학생들에게 영향을 미치는 주요한 환경으로서 이들 환경을 변화시키는 것이 중요하다. 진정한 사회 변화는 풀뿌리 운동에서부터 시작된다.

### 8) 다양한 모임의 구성과 실천

민주주의의 연구와 실천과 같은 형식적 교육과정과 그리고 학교지배구조와 분위기와 같은 비형식적 교육과정은 다양한 학생 모임(동아리)을 통해 민주적 삶의 방식을 상상하고 실천하며 민주적 삶의 긴장이 우선적으로 다루어지는 크고 작은 결사체를 통해 실현하도록 해야 한다. 결사체 활동을 통해 다양한 관점과 공존하며 공동체적 경험을 공유할 수 있다. 결사체적 삶은 학년별, 인족별, 계층별, 성별 등에 제한받지 않고 다양하게 구성될 수 있다. 각각의 집단을 동일시하지 않고 차이를 허용한다. 이들의 다양한 중첩은 좀 더 큰 공론의 공간을 만들어내는 요소가 될 것이다.

민주적 가르침을 실천하는 민주적 교사는 첫째, 학생들의 삶을 이해하려면 먼저 자신부터 삶의 의미와 목적에 대해 진지한 탐구를 해야 한다. 교사 자신에게 의미 있는 일이 무엇이며, 내가 무슨 일을 추구해야 하는지에 대한 진지하고 보다 포괄적인 가치관을 우선적으로 내면화하고 있어야 한다.

둘째, 민주 교육을 실천하는 교사는 학생들의 자기 존중감과 자율성을 매우 중시해야 한다. 자기 존중감과 자율성의 확대를 통해 타인 존중과 인권의 신장이 이루어질 것이다.

셋째, 민주적 수업을 하는 교사는 비판적 사고 능력과 의사소통의 기술을 가져야 하고 서로 다른 견해가 있을 경우 서로 타협하는 소양이 있어야 한다. 갈등을 해결하는 비판적 사고능력과 의사소통의 기술은 교사와 학생, 학생과 학생 사이의 상호작용을 긴밀하게 한다.

넷째, 민주적 수업을 실천하는 교사는 협동능력과 공동체 의식을 가져야 한다. 협동과 연대의 체험은 우정을 공동체 의식으로 발전시킨다.

다섯째, 민주 교육을 하는 실천적 교사는 학생과 학부모의 목소리를 내게 할 수 있는 힘, 즉 '권능화empowerment' 능력을 가져야 한다. 먼저 교사의 전문적 의견과 자율적 권리의 확보는 교사의 권능화에 도움을 줄 것이며 이를 통해 학생과 학부모의 입장을 반영하도록 한다.

여섯째, 민주적 교사는 단순히 가르치는 자로서의 외적 권위가 아니라, 전문적 권위와 도덕적 권위를 가지고 있어야 한다.

일곱째, 민주 교육을 하는 교사는 유연해야 한다. 수업 중 예기치 않은 사태가 발생할 것이라는 것을 각오해야 하며, 항상 개방적 태도를 갖고 있어야 한다.


## 4. 민주 교육의 장애를 제거하기 위해

1980년대 이래 태동하기 시작한 교육민주화운동은 이전에는 거대한 정치적 운동이었지만 지금은 누구나 손쉽게 접근할 수 있는 '민주 교육' 또는 '민주시민 교육'으로 자리 잡아가고 있다. 특히 1987년 6월 항쟁 이후 맹목적 복종과 불평등을 정당화하는 권위주의 정치 체제로부터 벗어나 민주주의 체제로 이행함으로서 민주주의의 보편화에 동참하고 있다.

민주주의로의 이행과 관련하여 교육민주화 과정은 다음과 같이 발전하고 있다.

**권위주의 교육권력의 해체**(강압과 독재로 얼룩진 교육권력 구조가 무너지기 시작함) → **민주적 교육권력으로 태동과 이행**(신생민주정권이 신헌법을 선포하고, 자유롭고 공정한 선거를 통해 선출된 정치지도자가 정치권력을 획득하고 교육민주화 정책을 펴기 시작함) → **교육민주화의 정착과 공고화**(민주주의와 양립할 수 없는 권위주의적 잔재를 청산하고, 민주적 게임의 규칙을 보강하는 교육제도를 창안하고 유지하며 그리고 교육민주화에 대한 국민적 합의가 확고히 형성됨으로써 절차적 민주주의가 확립되고 공고화됨) → **교육민주화의 내포적 심화**(제도적으로 확립된 절차적 민주주의가 실질적 차원에서 민주화되는 것, 즉 노동자 · 여성 · 소수집단 · 장애자 · 노인, 아동 등 주변화되고 소외된 모든 계층의 정치적 평등은 물론 실질적인 사회경제적 · 교육적 평등이 확보되고, 나아가 교육민주화가 단순히 공식적인 제도 영역에만 한정되지 않고, 생활과 문화 등 일상적인 삶의 영역으로 확산되고 심화됨).[1]

민주주의의 내포적 심화는 정치적 평등의 전제조건인 사회경제적 평등을 상당한 수준에서 확보하고, 참여민주주의를 확산시킴으로써 현행 자유에 평등과 참여의 요소가 강화되는 것을 그 핵심으로 한다. 우리 사회의 경우 교원노조가 합법화되고, 학교운영위원회가 설치되는 등 참여의 정치가 확대됨으로써 국가의 전횡으로 여겨졌던 영역에 자유가 확대되는 등 국가로부터의 억압은 상대적으로 사라지고 있으

---

1) 강정인(1997 : 169-170)의 민주주의 발전과정을 교육민주화의 발전과정으로 전이하여 나름대로 재조직하였다.

며, 중학교의 무상 의무교육이 시작되는 등 교육의 차별과 불평등도 점차 해소되면서, 지금 민주주의로의 이행의 문턱에 들어서고 있다.

또 다른 한편으로 우리는 제도적·절차적 민주화나 실질적 민주화가 모두 지연 또는 지체되어 이전의 권위주의체제로 돌아서는 조짐이 보이는 등 민주주의의 내포적 심화에 장애를 겪고 있다. 민주주의의 외연적 확산이라는 차원에서 보면 민주주의의 세계화는 긍정적인 성과를 거두고 있지만, 민주주의의 내포적 심화라는 차원에서 보면 민주화는 지체 또는 역전의 조짐을 보이고 있다. 절차적 민주주의는 '시장과 양립가능한 민주주의'이지만, 실질적 민주주의에 해당하는 사회민주주의나 참여민주주의는 다분히 '시장에 대항하는 민주주의'의 속성을 강력하게 가진 '역설적인 양면성'을 드러내며 긴장 관계에 놓여 있다(강정인, 1997 : 171-172).

따라서 절차적·실질적 민주화, 즉 '이중의 민주화'가 동시에 요구된다. 국가와 시민사회의 재형성을 위한 국가의 민주화와 함께 시민사회의 민주화가 동시에 요구되는 '양면적 민주화', 즉 국가와 시민사회(시민단체)의 상호 동시적인 개혁이 필요하다(Held, 이정식 역, 1993 : 316-322). 우리는 경제적 근대화를 '돌진적으로' 달성한 것처럼 양면적 민주화도 더욱 '돌진적으로' 달성해야 과제를 안고 있다(조희연, 2000). 우리는 이런 이중의 과제를 실현하기 위해 민주 교육의 장애물을 몇 가지 차원에서 제거하여야 한다.

첫째. 학교운영체제의 의사결정구조를 더욱 민주화해야 한다. 현재 초·중등 학교의 주임회의나 부장회의가 대의적 민주주의 성격을 띠지만 교장의 자문 역할에 머물고 있고 전체교사의 중의를 모으는 데는 취약한 구조이다. 학년별·교과별 회의에서 제기된 문제를 교무회의를 통해 결정하는 교무회의의 의결기구화가 필요하다. 또 자문기구 수준에 머물고 있는 학교운영위원회를 의결기구로 변화시켜 지역사회와 학교의 유기적 결합을 더욱 확고하게 해야 한다. 교육권력구조의 민주화를 위해 교실의 민주주의를 위한 노력에 더욱 박차를 가해야 한다. 학급학부모회가 활성화되지 않는 조건 속에서 구성된 학교운영위원회 활동은 학부모의 주체화를 어렵게 하고 있다.

둘째, 교실 공간에서 교사와 학생의 의사소통을 활성화해야 한다. 의사소통의 활성화를 통해 교사와 학생의 친밀한 만남이 이루어지도록 해야 한다. 이러한 만남의 과정 속에서 학생들의 민주적 인격은 성숙될 것이다. 민주적 생활은 하루아침에 순식간에 이루어지는 것이 아니라, 점차적으로 오랜 세월에 걸쳐 이루어지는 축적된 결과이기에 교사와 학생, 학생과 학생 사이 의사소통의 민주화가 시급하다. 교실의 구체적 민주화의 진지가 확고하지 못하면 파시즘의 망령이 부활할 가능성이 있다. 이를 차단하기 위해 교사와 학생이 함께 민주주의를 공고하게 하는 민주 교육활동의 일상화가 필요하다.

셋째, 학생의 목소리를 자연스럽게 내도록 해야 한다. 교실에서의 수업활동을 통해서 자주적으로 지식을 구성할 수 있는 민주적 소양을 기르도록 해야 한다. 또 학생의 목소리를 키울 수 있는 학생회 활동을 활성화해야 한다. 학생 문화의 형성 없이 민주주의의 생활화에 입문시키는 민주 교육은 탁상공론이며 학생의 민주시민으로 성장 가능성을 원초적으로 가로막는 것이다. 오늘날 기성 정치인들이 보여주는 반민주적 행태는, 학창시절 생활에서 학습된 실천적 지식이 아니라, 대학 입시를 위해 암기 위주의 명제적 지식으로 학습되었기에 발생한 내재된 한계에서 비롯된 자승자박의 결과라고 아니할 수 없다.

다섯째, 교육 시민 단체는 자발적이고 자율적인 시민 권력으로서 위상을 튼튼히 하여 국가권력의 교육정책을 민주화하는 데 있어 독자적인 교육철학과 청사진을 가지고 대응해야 한다. 권위주의 시대의 안티테제가 아니라, 민주사회를 앞당기는 청사진을 제시하여 국가에 대한 대안적 헤게모니를 확보해야 한다.

# 8장

# 민주사회 건설을 위한
# 민주적 시민 교육 프로젝트

## 1. 소극적 자유의 공동화

민주화 과정을 통하여 억압으로부터 탈출하는 소극적 자유(권리의식, 개인의 자율성 등)는 어느 정도 획득하였지만 그 얻어진 자유의 공간에 적극적으로 자유를 실천하는 보다 진전된 민주주의를 구현하지 못하고 있다. 소극적·방어적 자유 획득을 위한 절차적 민주주의 확보를 위한 법적·제도적 장치가 미비한 것은 사실이다. 그러나 그 제한된 법과 제도의 한계 속에서 진정한 삶을 향유할 수 있는 적극적 자세도 미약하다.

민주화 이후 권위의 실종, 개인주의의 범람, 도구적 합리성과 함께 찾아온 해방된 자유가 방종이나 무책임 그리고 과도한 경쟁으로 흘러가고, 같이 놀기보다 혼자 노는 소아적 삶의 경향이 늘어나고, 무한정의 불간섭주의가 팽배하고 있어 학교의 아노미화 현상이 도래하고 있는 것 같다. 학교 경찰의 투입과 CCTV의 설치 등 학교의 민주주의나 도덕적 지도력은 더욱 축소되고 왜소화되어 학교의 폭력화를 방조하는 경향성도 보이고 있으며, 전체주의의 도래를 방치하고 있다.

이런 아노미 현상과 자치 부재 현상을 보이고 있는 과도기적 이행 국면에서는 학교의 민주주의를 더욱 활성화하는 시민으로서의 실천적 활동과 교육이 절실하게 요청된다. 억압시대의 강제나 간섭을 통한 공중도덕이 점점 줄어든 그 빈자리를, 스스로 자유를 구현하는 자치능력과 자율적 도덕율에 의한 삶의 태도로 채워주지 않으면 다시 파시즘이 부흥할 위험이 있기에 민주적 시민 교육은 더욱 절실한 것이다. 지금처럼 우리의 학교가 민주화의 지체 상태에 있다면 학생들이 성장하여 성인이 되었을 때 민주주의의 주체인 시민으로서 삶의 실천양식을 구현할 수 없을 것이다. 그렇게 되면 오늘의 기성세대가 보여주는 정치행태와 거의 동일한 반복을 보일 것이며, 그렇게 되면 궁극적으로 파시즘 체제로 회귀하고 말 것이다.

이런 문제의식에서 이 연구는 시작한다. 전체주의적 정권을 마감하고 민주정권이 들어섰음에도 학교의 민주주의를 실천하는 시민 양성 교육은 한 치의 진전도 없고 답보 상태에 있기에 이를 극복하고자 하는 문제의식에서 '민주적 시민 교육 프로젝트'를 구상하게 된 것이다. 이제 우리에게는 민주적 시민 교육을 통해 민주사회의 기본 가치에 충실하고, 민주주의의 과정과 절차를 존중하는 민주적 시민을 양성하는 것이 매우 시급하다. 민주사회의 시민 탄생을 위해 새로운 시민권을 확보하는 민주적 시민 교육으로서 '시민 교육 프로젝트'를 구상하여 실천에 옮겨야 하는 것이다. 이런 문제의식의 구현을 위해 시민의 형

성 배경과 학교의 변화, 시민권의 개념과 통합적 성격, 그리고 민주적
시민 교육의 설정, 민주적 시민 교육 프로젝트의 목표와 내용, 그리고
실천들을 찾아보고, 마지막으로 한국 시민 교육의 과제를 제안하고자
한다.

## 2. 시민의 형성과 학교의 변화

역사적으로 공교육은 국가건설의 과정에서 젊은이로 하여금 정체
성, 국가적 자존, 사회의 기본가치 등 시민의 권리와 의무를 가르치려
고 하였다. 근대적 국가 개념은 민족-국가nation-state의 의미를 갖고 있
으며, 근대적 국가의 출현이후 초기 자본주의 사회가 근대화의 과정을
거치면서 '공공 윤리' 혹은 '국민으로서의 의무'가 강조되었다. 한 국
가의 구성원으로서 사회적 관계를 맺고 있는 개인은 국가사회의 공동
의 토대(국가공동체) 형성이나 '공동선'에 참여하지 않으면 안 된다. 국
가는 이러한 공동선에 참여하는 개인에 한하여 그들의 권리를 인정하
는 정치이념 체제를 가지고 있다. 개인은 국가의 공적 이해로부터 끊
임없이 자신의 권리를 인정받기 위해 애써왔으며, 이것은 한 개인의
'시민으로서의 정체성' 획득 과정으로 나타난다. 그러나 국가의 등장
으로 초기 시민사회에서 시민들은 직접적으로 국가의 통제를 받았다.

그러다가 20세기가 전환되는 시점에서 의무교육의 지지자들은 시민
형성과 국가의 권위를 유지하기 위해 교육을 이용했던 독일제국의 모
델을 차용하였다. 민족국가 건설을 위한 독일식 모델은 바로 헤겔의
국가관을 반영하는 것으로 이념의 통일을 위한 국가의 이상을 상정한

다. 헤겔은 시민들이 공적 덕성을 가진 시민들이 되기보다는 자기 이익만을 추구하는 부르주아지가 될 가능성이 높다는 것을 간파하였고, 시민사회가 '시민적civil'이 되기 위해서는 항상 최고의 공적 권위를 가진 국가에 의해서 감독을 받을 것을 요청하였다. 흩어진 지방권력을 하나의 통일체로 묶어세우는 이상으로서 국가의 형성은 필연적이다. 언어와 문화, 영토 등에 의해 형성되는 국가의 정체성은 외침을 받아 국권을 박탈당했을 때 그 존재 의의를 가장 분명하게 보여준다.

국가의 이상을 구현하는 데 있어 의무교육은 가장 중요한 수단이 되었다. 의무교육은 시민을 만들고 정당화하는 기제가 되었다. 학교는 공통의 언어로 공동의 역사와 이데올로기를 가르침으로써 모든 종류의 사람을 시민으로 변화시키려고 하였다. 충성심이 약화될 때, 이주민이 최고조에 달했을 때, 전복적 사상이 확산될 때, 학교에서의 정치적 사회화는 더욱 강화되었다. 의무교육의 출석률은 바로 이러한 요청을 중시하는 것과 밀접하게 연관되어 있다. 특히 초등학교는 젊은이를 충성스런 시민으로 만드는 데 기여하기를 바랬다.

학교교육은 공동체 구성원으로서 어느 사회이든 기존의 정치적 질서에 충성하도록 교화시키고(애국심 강조), 이러한 정치적 질서에 참여할 시민을 양성하고, 다양한 문화적 집단을 공통의 정치적 질서에 동화하는데 도움을 주려고 하며, 사회의 기본적 법률을 지키도록 가르치려고 한다.

우리나라의 경우도 국가의 공권력에 의해 관리되는 의무교육은 교육의 기회 균등을 위한 제도로서 발전되는 동시에 국가의 존립 근거로서 충성심을 함양하기 위한 교육으로 이용된다. "나라의 발전이 나의 발전의 근본임을 깨달아……"로 시작되는 박정희 정권 시대의 국민 교육헌장은 교육이 국가발전을 위한 도구가 됨으로써 개인이 국가와 거의 동일시되는 인성을 양성하게 되어 자율적이고 민주적인 인간의 양성을 어렵게 하였다. 공민과나 도덕과는 이런 필요를 특히 반영하는 이데올로기 교과의 주요한 기능을 한다.

그동안 우리나라의 학교교육은 보수적이라는 비판과 함께 자유민주주의 이념을 선호한다는 비판을 받아왔다. 즉 개인을 정치적 영역과 사회적 영역과 연계시킬 경우 보수적 입장의 경향을 보여왔다. 또한 대립되고 쟁점이 되는 입장을 피하고 합의, 조화, 순응을 강조하는 제도의 구조적, 절차적, 법적 측면을 주로 반영하였다. 이러한 입장은 국민이나 공민의 형성에 주안점을 두었기 때문이다. 정직, 성실, 충성, 애국심 등이 순응적 덕목으로 기여하였다. 그동안의 우리의 학교교육에서 이루어지는 시민 교육이 수동적이고 순응적인 시민을 양성하는 경향을 보였다. 권위주의적 정권의 학교교육은 특정사회의 권력층의 이해를 대변하였고, 교육이라고 말하기가 어려운 이념적 헤게모니를 확립하려는 교화적 성격을 띠는 경우가 강하였다.

국가에 대한 의무를 강조하는 이념은 종종 민주사회가 요구하는 '개인의 권리'나 '인권'에 대한 오래된 민주적 이상과 갈등하게 마련이다. 개인에 대한 충忠이 아닌 국가에 대한 충으로 악용되는 경우가 그렇다. 그러기에 국가에 의해 관리되는 공교육은 자발적 참여와 개인의 권리 개념을 형성할 수가 없다. 왜냐하면 공교육은 이데올로기 재생산 도구로서 체제 유지를 위한 수단으로 이용되기 때문이다.

그러나 민주화 이후는 시민사회가 발달함에 따라 국가와 동일시되는 시민이 아니라, 국가와 시장으로부터 독립된 자율적 시민권을 갖는 공공영역이 활성화되기 마련이다. 시민사회는 국가와 시장의 감시자로서 편중되지 않는 지위와 자격을 갖는 시민이 필요하다.

우리나라도 군사정권의 억압적 전체주의를 극복하고자 민주화 운동이 이루어졌고, 국가권력의 대항주체로서 시민이 등장하였다. 시민은 국가의 신민이 아니라 주권자이며 비판자로서 등장하였다. 시민은 1987년 6월 민주화 항쟁을 통해 더욱 공개적으로 표출되고, 시민운동의 활성화를 통해 국가 권력과 시장 권력을 감시하는 중요한 영역을 확보하게 되었다.

특히 문민정부가 들어서면서 교육개혁의 의제로 선정된 1995년 5·31 교육개혁안은 과거의 체제순응적 공민 교육과 달리 일정 정도 참여하는 시민 교육에 대한 관심을 약간 보였다. 이어 국민의 정부에 들어 학교의 '새 교육공동체' 형성을 표방하며 학교 문화의 혁신을 유도하였고, 참여정부에서는 참여와 자치에 기반한 학교공동체를 건설하려는 교육개혁의 목표를 구상하였으나, 학생을 시민으로 변화시키는 학교민주주의 실천을 위한 프로젝트는 한 치의 발전을 보지 못하였다. 이명박 정부가 들어서서는 그 가능성이 더욱 희박해지고 있다.

역사적으로 길게 보면 높은 교육열과 고등교육의 팽창에도 불구하고, 일제 식민지 지배, 오랜 냉전적 억압과 군사독재를 거친 한국사회에서 시민의 사회 참여, 정치 참여의 기회가 극도로 억제되어왔고, 시민들은 신민적 태도를 내면화해왔기에 시민의 소극적, 자기중심적, 비참여적 태도가 누적되었다. 입시위주의 교육은 근본적으로 비판적 시민을 양성하기보다는 기존 질서에 순응하는 수동적 공민을 양성하는 훈육에 머물게 하였다. 시민 교육의 내용은 권리나 인권 신장보다는 국민의식의 함양에 주안점을 두었다. 그래서 학교운영의 민주적 참여로 이어지는 민주시민 교육의 구현은 원칙적으로 불가능하였다. 이런 현실적 조건에서 학교를 미래의 시민으로 양성하는 학교로 어떻게 변화시킬 것인가? 이 문제를 해결하기 위해 '시민권' 개념에 새롭게 접근할 필요가 있다.

## 3. 시민권의 의미 확장과 '민주적' 시민 교육의 설정

### 1) 시민권의 의미 확장과 통합을 위한 전제적 담론[1]

인권의 개념이 좀 더 '자연인'과 관련된 천부의 권리 개념인 데 반해, 시민권 개념은 인위적인 조직이나 체계와 더 관련되어 있다. 근대 시민권 개념의 시발점이 된 1789년 프랑스의 '인간 및 시민의 권리선언'에서는 '인간'과 '시민' 개념을 각기 구분하고 있다. 이 권리선언에서 '인간'은 사회 범주 밖의, 사회에 앞서 있는 존재로서 가정되며, '시민'은 국가의 권위에 복종하는 존재를 전제한다. 나아가 '인간의 권리'는 타인에게 양도할 수 없는 자연적 권리인 반면, '시민의 권리'는 실정적인 권리, 곧 실정법에 의해 인정된 권리를 의미하고 있다. 인권은 국가에 앞선다는 점에서 기본적인 권리인 반면, 시민의 권리는 국가와 관련된 권리라는 것이다.

마르크스도 〈유대인 문제에 대하여〉에서 두 개념을 서로 다른 것으로 보았다. 국가와의 관계에 있어서 추상적 주체인 인간은 추상적 자

---

1) 최근 정치학자나 철학자를 포함하여 시민성을 위한 교육의 시도가 많이 일어나고 있다. 페미니스트, 다문화주의자 등은 시민성의 장점과 약점, 그리고 왜곡된 이미지를 동시에 검토하고 있다. 시민성을 더욱 풍부하게 하고 심화시키는 것은 민주제도를 강화하고 재형성하는 길이기도 하다. 시민성을 둘러싼 강한 민주주의, 참여민주주의, 급진적 민주주의, 결사체적 민주주의, 담론적 민주주의, 대화민주주의 등은 시민 교육의 영역과 내용의 논의에 활력을 불어넣고 있다.

연권의 성격을 지닌 인권을 지니고 있는 반면, 시민은 정치적 사회의 구성원으로의 권리를 갖고 있다고 보았다. 즉 시민권은 생득의 권리가 아니라, 가치를 한정당한 권리이며, 절대적이거나 무조건적이지도 않은 권리로서 어느 곳, 아무 때나 주어지는 인권과는 다른 개념이라는 것이다. 그러므로 인권과 시민권 개념은 단일국가 내에서 구성원들의 권리 개념을 표현할 때 혼용할 수는 있지만, 자연인으로서의 인권과 가공된 사회 속의 권리를 의미하는 시민권은 근본적인 의미에 있어 차이가 있다.

그러나 최근 시민권 개념을 국민국가 내로 한정하는 것에 대해 의문이 제기되고 있다. 전지구화 현상과 더불어 '세계시민'이라는 신조어가 탄생되는 세계화 시대에 시민권을 국민국가 내로 한정하는 것은 너무 근시안적 시각이라는 것이다. 이런 새로운 시각이 받아들여진다면 앞으로 시민권 개념을 '단일국가 내 개념'으로 국한하는 현재의 개념 정의 방식을 달리해야 한다.

근대 초기 자유주의자들은 시민의 개념을 주로 권리 개념에 초점을 맞추어서 정의하고 사용해왔다. 역사적 흐름에 따라 점차 가치나 시민적 원리들이 추가되면서 그 의미가 확장된다. 초기 자유주의 시민권은 국가공동체 구성원이 평등하게 누려야 할 법적·형식적 권리에 국한되어 재산 소유자의 권리를 중시하였다. 그러나 이러한 법적 권리에 기초한 시민권 개념은 나아가 평등권의 실현이나 공동체의 삶에 참여할 기회, 시민적 도덕이나 가치 등을 포함하는 시민권 개념으로 발전한다. 시민권은 노예나 신민이 아니라 주권을 가진 주체로서 자율적 권리를 행사하는 것이다. 시민권은 타인의 침해로부터 개인의 자유와 안전을 수호하는 '방어적 권리', 사회에서 문제된 사안의 결정에 참여할 '정치적 권리', 공동체의 성원으로서 재화와 서비스를 제공할 '복지적 권리'를 포함한다. 시민권은 본질적으로 사회의 희소한 자원들에 접근하고 자원의 향유와 분배에 참여하는 권리이다. 나아가 시민권은 가난한 사람, 여성, 소수자의 권리를 포함한다. 시민권은 사회적 성원권의 정의를 확대하거나 혹은 방어하려는 사회 운동의 산물이며, 그러한 사회 운동의 장기적 결과를 통해 더욱 정교화되고 보편화된 권리이다.

미셜은 평등의 의미를 강조함으로써 시민권의 경제적 의미를 부각시켰고, 노동계급의 개념을 강조했다. 다렌도르프Dahrendorf는 국가 구성원으로서의 권리, 평등권의 실현, 공동체의 삶에 참여할 기회를 시민권의 개념에 포함시켰다. 테일러Taylor는 시민권을 단순한 권리 문제만으로 볼 수 없고, 시민권은 욕구를 충족시키기에 필요한 자원의 획득 및 배분과 관련된 문제이기 때문에 보편적이고 추상적인 권리 개념에서 좀 더 역동적이고 총체적인 개념을 도출해야 한다고 주장한다.[2] 헬드Held, 바버Barber, 달Dahl, 터너Turner 등은 시민권의 성취는 국가와 사회의 제도에 대한 직접적인 참여를 통한 민주주의 실현을 통해 얻어지는 것이라고 주장한다. 이들은 대의제 민주주의를 비롯한 형식적 민주주의 제도가 일반 시민의 공공선을 제대로 대표하지 못한 채 관료제나 가진 자들의 이익을 대변하는 제도로 변형되었고, 제2차 세계대전 이후의 대안이던 복지제도 등도 한계를 보이므로 새로운 형태

---

2) 시민권은 다양한 사회집단의 구성원으로서 정치 영역에서 직종, 성, 주거, 사회계급 등의 측면에서 자신의 이해를 성공적으로 발전시킬 수 있도록 해주며, 이익을 많이 가진 집단을 대변하는 이해에 기반하고 있지만, 다른 한편으로 정치적 능력이 없는 무권력자들에게 계급투쟁의 무기로서 작용한다는 면에서 이해의 관점에서 볼 때 이중적 관계를 지니고 있다.

의 '민주적 시민권'이 필요하다고 본다.

모든 시민은 공적 업무에 참여하는 권리에 기초하여 민주적 시민권을 구현해야 한다. 공적 생활의 모든 측면에 참여하는 것은 법적인 의무가 아니라, 민주적 자율성의 틀 내에서 시민의 자유를 구현하는 것이다. 특히 자율성, 참여, 영향력의 의미를 중심에 두고(Wexler, 1993 : 165), 인권, 관용 등 민주주의적 가치를 중시하는 민주적 시민권은 시민사회의 제반 권리와 함께 시민권의 민주적 요소를 중시한다.

이러한 입장을 지지하는 '강한 민주주의'는 개인의 권리 옹호보다는 공공선에 기여할 수 있는 민주적 과정을 중시하고, 공동체의 공적 사업의 실제 경험에 대한 지식을 제공하고, 적극적 참여를 유도하는 '참여적 시민participatory citizenship'의 양성을 목표로 한다.[4] 그렇지만 개인의 자율성이나 개인생활의 권리를 무한대로 보장할 수 없기에 시민들이 누릴 수 있는 자유의 범위는 어떠한 정치체제에서 명백하게 제한되어야 한다. 이것이 바로 민주적 자율성이다. 시민성은 '자기이익'의 관점으로 볼 때 '약한 민주주의weak democracy'로 해석되고, '공공선'의 관점으로 볼 때는 '강한 민주주의strong democracy'로 해석된다(Lisman, 1998). 약한 민주주의는 민주주의의 역할을 정부와 독립되어 개인에게 자기충족을 발견할 수 있는 최대의 기회를 보장하는 것으로 본다.[5] 지나친 국가개입은 사회의 제 기능을 붕괴시키고, 공동선이나 사회적 응집력을 높이기 위한 이상을 강화하기 위해 중앙집권적 독재체제를 낳았다고 본다(Quicke, 1994).[6]

---

4) 일반적으로 공공선을 강조하는 복지론자나 공동체주의자, 참여민주주의자, 공화주의자들의 입장이라고 할 수 있다.
5) 약한 민주주의는 개인의 선호를 최대한도로 집합한다는 면에서 공리주의를 지지하며 자율적 개인을 사회의 기본적 단위로 본다는 면에서 존재론적으로 개인주의를 지향한다.

이런 강한 민주주의를 극복하려는 자유주의자들은 일상의 무수한 개인의 선택과 요구들을 반영하는 '약한 민주주의'의 구현을 위한 자율적 시민권을 주창한다.[7] 또 한편으로 바버와 그린 같은 강한 민주주의자들은 정책의 결정과 집행에 시민이 직접 참여하는 참여과정을 중시하는, 즉 '참여적 시민권'을 중시한다. 참여과정은 공적인 대화 및 행동과정에 대한 신념과 확신을 정책의 정당성과 연계시키며, 고립적인 개인을 공동체와 연계시킴으로써 개인을 공동체에 봉사하는 시민으로 변화시킨다. 이러한 시민들의 참여 속에 대화와 의사소통의 윤리를 통한 사회적 합의를 이루고자 한다. 아렌트Arendt는 대의정치제도에 의해 시민적 자유가 사적이고 비정치적인 관심으로 축소되었다면

---

6) 강건한 국가의 형성을 목표로 한 위로부터의 강제적 통합(정치, 경제, 문화, 그리고 일상의 윤리와 가치 등을 물리력을 동원해서라도 일치시키려는 강제적 행위)을 진행시킨 데 비해, 시민 세력(스스로 이성적으로 행동하고, 자율적으로 정치사회적인 집단적 의사결정을 행하는 시민사회의 세력)은 더디게 성장해왔다. 이 결과 사회체제가 비대해지고 그것에 의해 일상생활은 위축되고 있다. 하버마스는 이를 두고 '식민화'로 표현하고 시민사회를 국가권력과 시장경제 양자의 위협을 모두 견제하는 '민주적 공공 영역democratic public sphere'의 출현을 기대하였다. 동시에 시민사회(시민단체)는 국가와 시장을 매개하는 '편중되지 않은 감시자impartial spectator' 역할을 해야 한다는 것이다(Mitter, 2001 : 145).

7) 이러한 입장은 신우익의 전략이기도 하다. 이러한 입장을 취하는 약한 민주주의는 흔히 신보주주의자, 도구주의자, 전통주의자, 신자유주의자 등과 같은 입장을 취한다고 할 수 있다. 시장논리에 충실하고 '작은' 복지를 내세우는 이들의 개인주의 논리는 좋은 사회와 좋은 개인의 불평등을 정당화할 가능성이 높다. 개인의 자유와 공공선의 관계에서 전자가 덜 제약받는 쪽에 치우쳐 각자가 자신의 삶에만 책임을 질 뿐 타인에 대한 책임감을 느끼지 않게 되며, 정부는 시장이 제공하지 못하는 질서유지, 방위 기능과 복지 기능 등을 더욱 맡아야 한다(Quicke, 1994). 이 입장은 공동선을 강조하는 공동체주의자와 복지론자, 참여민주주의자, 공화주의자들의 관점이라고 할 수 있다.

맥킨타이어MacIntyre 같은 공화주의자와 그동안 자유합리주의자였다가 공동체주의자로 변신한 허스트 Hirst는 사람들이 함께 모여 도덕적으로 가치있는 목적을 추구하는 행위를 하는 '사회적 실천들social practices'에 대한 입문을 강조하였다. 동일한 이야기(서사) 속에 더불어 살도록 개개인의 도덕 발달을 이끄는 것과 관련하여 '궁극 목적telos'에 대한 의식의 발달을 함양하는 것을 중요하게 생각한다. 왜냐하면 개인의 정체성은 공동체와 전통의 이야기들에 근거하기 때문이다.

서 토론에 의한 정치를 회복하고자 한다. 참여하지 않는 것은 스스로의 발언권을 포기하는 것으로서 소극적 자유에 만족하는 것이므로, 사적 이익보다도 공공문제를 우선시하는 시민의 참여를 통해 공적 토론의 장을 형성하고 평의회 민주주의 제도를 확립해야 한다는 것이다. 그러한 제도야말로 시민 다수를 위해 진정한 정치경험의 가능성, 전체와 연관된 쟁점에 관한 시각의 다양성을 경험하는 것을 보장할 수 있기 때문이다. 하버마스Habermas도 의사소통 윤리를 통해 진정으로 상호 주관적이고 맥락적인 참여민주주의 건설을 꿈꾸고 있으며, 기든스Giddens도 참여를 통한 대화민주주의를 제창한다.

이러한 민주적 시민권 개념으로의 이동은 국가가 시민에게 부여하는 '위로부터의 권리'에서 점차 '아래로부터의 권리' 개념으로 재정의되는 것을 말한다. 터너는 시민권을 수동적 시민권과 적극적 시민권으로 나누고, 시민이 자신을 사회의 진정한 성원, 즉 사회적 권리의 수혜자로서 성공적으로 규정하는 것을 포함시키고, 실질적으로는 시민이 사회적 투쟁의 결과로 사회에 진입하는 것을 중시한다. 시민권의 성장은 현존하는 권력과 권위의 형식에 도전하는 것이며, 그럼으로써 현상태를 유지하면서 그들의 기득권을 지키려는 지배집단들에 저항하는 것이라고 본다. 이처럼 집단들의 투쟁과 갈등 과정에 기초한 아래로부터의 시민권 개념을 채택하는 것은 시민권을 주체와 규범, 행위자들의 상호작용을 모두 포괄하는 동학으로 보는 '시민권의 정치'에 의거한 시민권 개념과 연결된다. 시민권의 정치는 모든 시민권이 단순히 국가가 부여해주는 것이 아니라, 이를 쟁취하기 위한 시민들의 지속적인 투쟁과 협상의 과정이라는 것이다. 시민권의 정치나 참여민주주의 측면에서 볼 때 관계적 윤리나 배려의 윤리를 강조하는 여성주의 윤리는 기존의 참여적 시민권 개념을 더욱 확장시키고 있다. 더 나아가 아동 인권선언에 기초한 아동권의 회복과 학생들의 학교운영참여권까지 그 개념은 확장된다.

### 2) '민주적' 시민 교육의 성격과 이념적 지향

일반적으로 시민 교육은 다양한 사람들을 국가 구성원인 보통시민 으로 양성하는 것이다. 시민 교육은 국가와 시장의 성장에 비해 덜 발달된 시민사회 영역을 발전시키기 위한 교육이라고 정의할 수 있 다. 시민 교육은 미시민의 상태에 있는 학생을 공적 시민이 되게 하 는 교육에 주안점을 둔다. '상업적 시민bourgeoisie'이 아니라, '공공적 덕을 가진 시민citoyen'[8]으로 변화시키는 교육이 '시민 교육civic educa-tion'이다.

시민으로서 능력과 자질을 함양하는 민주적 시민 교육은 시민으로 서 자격을 갖는 시민권과 시민적 자질(덕)을 동시에 융합해야 한다고 본다. 시민으로서 권리와 자격을 갖는 것을 흔히 '시민권'으로 범주화 하고, 그에 수반되는 책임을 지는 태도를 흔히 '시민적 자질', 즉 시민 성으로 범주화할 수 있다.[9] 시민은 권리적 요소와 행위적 요소로 구성 된다. 시민으로서의 권리(시민권 : civil right)를 갖는 것과 시민으로서

---

8) 정치적 도덕성보다 사회적 도덕성을 더 중요시했던 프랑스에서 'civisime'으로 불렸던 시 민적 자질은 특정집단의 이해와는 무관한 '공적 이해'를 가지고 있는데 이런 집단의 이해 와 시민적 자질의 조화가 시민권이라는 것이다. 시민권은 형식적 · 법적 권리 개념이기도 하지만, 윤리적 · 실제적인 개념을 포괄하는 것으로 보는 것이다. 퍼트넘은 특히 고대 공 화정에 근거한 '시민적 미덕' 특히 '신뢰'를 강조하고 있다.
9) 책임 없는 시민의 권리 주장이 가져올 위험에 대한 우려로 시민성이 강조된다. 시민사회 의 도덕을 강조할 경우 시민권(성)의 보수적 기능에 초점을 두는 경향이 있었다. 이것은 특수한 사회적 역할을 하는 집단의 권리와 선량한 시민의 도덕적 자질의 조화로 볼 수 있다.

의 덕(예절과 교양)과 의식(신념)과 행동양식을 습득하는 것을 포함한다. '시민성'은 공동선을 발전시키는 데 헌신하는 집단의 성원으로서 참여하는 좋은 시민으로서 '시민적 덕'을 말한다(Miller, 1992 : 93-99).

시민의 구성요소에는 시민으로서의 권리(시민권)와 시민다움이라는 윤리적 성질(시민성)을 융합한 의미가 있다. 시민 교육이 시민권을 강조할 경우 시민의 권리적 요소를 강조하게 되며, 시민성을 강조할 경우 시민의 윤리적 요소를 강조하게 된다. 권리적 요소에는 자신을 보호하는 것과 타인을 보호하는 두 요소가 포함되고, 윤리적 요소는 예절과 품위 등 도덕적 요소가 더 강하다. 이것은 권리와 책임이라는 상반된 입장으로까지 발전할 수 있다. 전자가 인권을 강조하는 경향이 있고, 후자는 인격을 강조하는 경향이 있기에 인권과 인격은 대치될 수도 있다. 주로 권리의 외적 침해에 관심을 갖는 인권 교육과 그것에 대해 참고 양보하는 수양을 강조하는 인격 교육 간에는 만나지 못할 이념적 첨예함이 가로놓여 있다. 극단적인 예로 공정함이 지나치면 인정이 없고, 양보가 지나치면 정의를 훼손시킬 수 있다.

오늘날 민주적 시민 교육을 위해 여러 가지 시민 교육의 모델이 제시되고 있다. 먼저 해석학적 방식에 근거한 '비판적 탐구' 모델은 전통적 훈화의 방식에 의문을 제기한다. 전통적 공민 교육은 관용이나 민주적 삶을 이해시키는 효과가 별로 없다는 것이다. 전통적 시민 교육에서는 문화 전승을 위한 오래된 전통의 존속을 중시한다.[10] 그래야

---

10) 이 모델은 한 세대가 다음 세대에게 가장 훌륭한 문화를 전승하는 것이다. 이런 지식의 문화적 '법전'은 신성불가침한 것으로 물음을 허용하지 않는다. 학생에게는 이상적인 과거, 현재, 미래의 관점이 어떤 방향으로 제시될 뿐이다. 그런데 그것이 반드시 역사적으로 정확한 것은 아니다. 이 모델은 사회의 결점에 눈을 닫고, '영광스런 집단적 과거'를 변형된 교화의 형식으로 이용한다. 또한 문화적 지식은 학습되어야 하는 의문의 여지가

전통적 시민 교육에서는 국가의 정체성과 자존의식을 형성할 수 있다고 본다.

비판적 시민 교육은 학교의 비민주적 구조를 개혁하고자 하며, 옳고 그름을 따지는 비판적 사고를 중시하기에 모국에 대한 충성이라는 정치적 슬로건을 위한 이념적 공민 교육을 배제한다. 정치적 문해능력을 강조하는 정치교육의 입장을 갖는 비판적 시민 교육은 시민 교육을 좁게 접근하지 않고 급진적(참여민주주의적) 관점에서 접근한다. 이 입장은 일상생활의 정치적 차원을 드러냄으로써 참여의 수준을 고양시키고, 그렇게 사람들의 힘을 강화empowering하여 학생과 시민을 국가권력으로부터 보호하고자 하는 비판적 관점을 취한다. 그래서 여러 가지 사회적 제약으로부터의 해방을 기도하고, 자주적 판단과 반대 의견을 표현하고, 권위에 도전하기 위한 '시민적 용기'를 찬양한다. 사회 속에서 일상적 삶의 구성으로서 서로를 이해하고, 우리를 둘러싼 세계를 어떻게 이해할 수 있는가에 기여한다는 비판적 시민 교육은 학생으로 하여금 시민으로서 민주사회에서 의사결정을 해야 하는 과제를 중요하게 다룬다. 학생은 자신들의 가치를 비판적으로 탐구하고 그들의 경험적 맥락 속에서 문제를 정의하며, 사회문제를 매일매일의 삶과 연결해보도록 고무된다. 이러한 학생 중심의 문제 해결 과정은 비판적 시민을 양성하는 주요한 방식이다.

그런데 비판적 시민 교육의 모델은 기존 사회제도의 본질을 건드리면서 보다 근본적으로는 새로운 대안사회를 위한 '해방적' 시민 교육을 지향한다. 즉 사회의 제한적이고 억압적 요소를 비판하도록 가르치면

---

없는 문화적 '진리'로서 학생에게 전수된다. 이것이 전통적인 공민 교육의 모델이라고 할 수 있다.

서도 동시에 개인의 자유와 복지에 헌신하도록 한다. 더욱 해방적 시민으로 변화하려면 학생은 기존 사회를 더욱 변혁적으로 혁신해야 한다.

해방을 더 주체적으로 실현하려면 '참여'를 확대해야 한다. 학생으로 하여금 공적 사안에 많이 참여하도록 하여 사회의 변화에 영향을 미치는 주체로 양성하여 변혁의 주체로 등장시켜야 한다. 국가에 대해 영향을 미칠 수 있는 능력이 없다면 힘이 없는 시민이 된다. 시민적 능력은 공공의 사태에 영향을 행사하는 능력이다. 시민은 관심 있는 공통의 쟁점을 분명하게 하고, 정부기관에 대해 '중재자'가 되어야 한다. 교원단체와 교육부와의 교섭과 협상, 정부의 각종 위원회에 시민단체를 참여시키는 것은 참여적 접근을 한다고 볼 수 있다. 이렇게 비판적 시민 교육 모델에서는 사회 내에서 자신의 삶에 대해 효과적으로 행동하고, 자신의 정치공동체를 지지하는 시민을 형성하는 목적에 기여한다.

그런데 시민사회의 규범으로서 시민이 지켜야 할 시민적 덕목들 사이에는 갈등이 가로 놓여 있다. 그것은 시민 교육을 '최대로 잡는 사람maximalist'과 '최소로 잡는 사람minimalist' 간의 논쟁이다. 시민성의 핵심을 이루는 공적 덕목과 공공선에 대한 합의를 둘러싼 논쟁이다. 합의해주어야 한다는 최대론자와 그것을 정당화할 수 없다는 최소론자의 입장이 대결하고 있다. 개인의 선택과 자율성을 강하게 주장하는 자유론자와 개인주의자는 최소론자에 위치할 것이고, 공동체의 공동선과 소속감, 연대를 강조하는 입장은 최대론자에 위치할 것이다 (McLaughlin, 1992 ; Beck, 1998 ; 102-108).[11] 최대론자는 공동체주의를

---

11) 시민 교육을 최대로 확대하는 사람들은 사회제도에 정당성을 부여하고 영웅을 더욱 유능하게 하고, 도덕적으로 만들고, 기억과 기록을 중시한다. 부모나 문화공동체로부터 물려받은 신념, 가치, 삶의 방식 등을 중시하는 최대론자는 비판적 성찰을 함양하는 수단으

강조하는 경향이 있는 반면, 최소론자는 자유주의(개인주의)를 강조하는 경향이 있다.[12] 공동체의 특정한 삶의 방식을 전달하는 교육의 목적을 인정하는 최대론자들은 최소론자들의 입장을 반공동체적 태도라고 비판한다. 반면 최소론자는 자신의 도덕적 삶을 외부의 강요가 아니라 스스로의 결정에 의해 판단하여 행동해야 한다는 입장이다.[13] 최소론자들은 사람들로 하여금 공동체의 완전한 성원이 되게 하려는 최대론자의 입장에 대해 비판적 성찰이나 도덕적 추리를 중시할 것을 요청한다. 이런 최소주의적 접근은 최대론자의 주입식 훈육 경향에 대해 비판적이다(Biggs, et al, 2000 : 149).

그런데 공통의 국민 형성을 지나치게 추종하면 시민의 수동화를 낳고, 자율적 시민 형성을 지나치게 확대하면 무정부적 상황을 낳을 수도 있기에 최대론자와 최소론자의 경계선을 융합하는 절충을 모색해야 한다. 아동기에는 초기에 아동들이 속한 사회에서 진리로 여겨지는 것들(지식이나 가치, 규범 등)에 대한 앞선 사람들의 지도나 교화적 입문(사회화)에 의한 '수동적 시민'이 불가피하다. 그러다가 차츰 수준을 높여 이성에 의한 합리적 판단과 명료화를 통해 진리를 취사선택할 수 있는 자율적 능력을 가진 '자율적 시민'을 형성하는 방식이 바람직하다. 교육철학자 피터스가 말한 대로 전통의 마당을 거쳐야 이성의 궁

---

로 보는 최소론적 시민 교육을 위험하게 본다.
12) 자유주의적 시민 교육은 울타리 없는 개인주의를 위한 준거로서 민주적 전통을 제시하기도 한다. 공동선의 이슈는 단순히 자기나라에 대한 충성심 문제로 표현되기도 한다. 공동선은 '우리'보다는 '그들'에 의해 결정된 규칙, 규범, 가치로 정의된다. 학생들은 마치 그들의 이웃의 권리와는 고립되어 존재하는 것처럼 '개별적 선'을 학습한다.
13) 전자의 입장은 주로 아리스토텔레스를 비롯한 덕목론자가 지지하고, 후자의 입장은 칸트와 피아제, 콜버그를 비롯한 인지론자들이 지지한다. 시민성을 둘러싸고서 자유주의적 시민사회론자들이 중시하는 자유주의적 덕목들과 참여민주주의적 시민사회론자들이 중시하는 공동체주의적 덕목들이 대결하고 있다.

전에 들어갈 수 있다. 한 마디로 승당입실(乘堂入室, 마루에 올라가야 방에 들어갈 수 있다는 말)이라고 할 수 있다.

결국 다중적 시민성을 형성하는 '용광로'와 같은 시민 교육은 어느 하나의 이념과 모델이 최상의 것이라고 말할 수 없다. 그것은 국가권력의 성격에 따라 모델의 적용이 달라지며, 또한 아동의 발달단계와 학제의 수준에 따라 적용 모델이 달라질 수가 있다. 그리고 상황과 조건에 따라 시민 교육의 모델 적용의 우선 순위가 달라질 수 있다. 그렇기에 보다 적절하고 유연하게 접근하여 시민 교육의 통합적 이념과 모델을 설정할 필요가 있다.[14]


## 4. 민주적 시민 교육 프로젝트의 목표와 내용

시민권(시민성)의 개념 도입과 의미 확장, 그리고 민주적 시민 교육의 설정, 이념적 위상과 지향을 통해 시민 교육의 목표와 내용을 다음과 같이 정리할 수 있을 것이다.

---

14) 모든 문화의 가치와 이념은 평등하다는 문화적 상대주의와 그리고 사회마다의 문화적 집단의 필요에 따라 다문화 교육을 해야 한다는 자유주의자의 급진주의적 요구에 의해 보편적인 도덕적 가치와 기준을 전수하는 역할 상실 등 '문화적 소양의 쇠퇴'와 '가치 및 문명의 쇠퇴'를 보수주의자들은 문제삼는다. 그들은 개체성과 자유에 대한 요구가 교과의 전통적 기능을 상실하게 하여 종종 혼란과 '권위의 쇠퇴'를 초래하였다며 '기본으로 돌아가기'와 '전통적 교육과정'으로 회귀에서 대안을 모색한다. 반면 자유주의자들은 학교가 훈육과 권위를 지나치게 강조함으로써 학생들이 '개인'으로서 성장할 수 있는 기회를 갖게 하지 못하고 있으며, 전통적 교육과정은 다원주의 사회를 구성하는 집단의 다양한 문화를 죽이고 있다고 비판한다.

## 1) 민주적 시민 교육 프로젝트의 목표

### 실천적 민주주의의 구현

민주적 시민 교육은 민주시민의 양성에 중점을 두면서 민주주의에 대한 이해 습득 및 그 실천을 위한 구체적인 방법과 절차를 주지시켜야 한다. 민주적 시민 교육의 목표는 단순히 '학습'의 문제로만 볼 것이 아니라, '삶'의 문제로 확장되어야 한다(Burkimsher, 1993 : 14-15). 즉 '민주주의를 실천하는being democratic' 실천적 시민을 양성하는 시민 교육을 해야 한다. 그것은 시민성의 학습이 단순히 앎으로서 끝나는 것이 아니고 실천하는 민주적 삶의 양식으로서 행사되어야 한다는 것을 말한다. 민주적 시민 교육은 아동을 단순히 미성숙자인 교화의 대상으로 보지 않는다. 민주적 시민 교육은 아동에게 준성인으로서 시민의 자격과 자질을 갖추는 준비 교육인 학교 운영에 참여할 수 있는 권리의 보장과 그 권리에 동반되는 자질을 동시에 갖추게 하는 것이다.

### 민주적 시민권의 구현

우리나라는 억압적 권위주의 국가를 벗어난 지 얼마되지 않았다. 따라서 시민권을 소홀히하고 시민성을 지나치게 중시할 경우 책임과 봉사만을 강조하는 현실유지적 경향을 보일 가능성이 있다. 그러므로 민주적 시민권을 더욱 강조하는 '민주적' 시민 교육democratic citizenship education은 시민권과 시민성을 균형을 이루는 민주적 시민권 형성을 목표로 삼아야 한다.[15]

---

15) '국민國民'과 '시민市民'은 동일한 개념으로 쓰기도 하나 국민하면 그 나라의 국적을 가진

## 민주적 의사소통의 실현

민주적 시민 교육은 학생으로 하여금 민주사회에서 의사소통의 절차를 배우고, 타인의 입장에서 관용의 의미를 자각하도록 하는 것이다. 이것은 개인의 참여를 적극적으로 실현하는 것이어야 한다. 나아가 공동의 선에 대한 개인의 갈등을 최소화할 수 있도록 민주적 의사소통을 실현해야 한다. 시민이 주어진 교육과정에 수동적으로 참여하는 것이 아니라, 교육의 장은 시민의 만남의 공간이자 동시에 의사소통의 영역, 그리고 참여의 출발점으로서 자리매김이 되어야 한다. 학교의 문화가 문명화된 시민들의 사회질서로 전환되어야 한다. 열린 의사소통은 차이를 인정하고, 그것을 어떻게 조절할 것인가에 대한 새로운 가치 실현의 윤리를 체험하는 것이다.

## 참여적 시민의 형성

참여적인 민주시민은 민주적 식견(소양)을 갖춘 사람, 민주주의적 가치에 헌신하는 사람, 민주사회에서 요구하는 제반 과정과 절차에 숙달된 사람, 사회문제에 적극적으로 참여할 책무를 느끼고 실제로 참여

---

모든 사람을 가리키나 피동적인 어감을 갖는다. '시민' 하면 국가수호와 체제수호를 위하여 적극 참여하고 주도하는 능동적인 어감을 풍긴다. 요즘 '국민 교육' 하면 권위주의 체제하에 '피동적으로' 생활하는 '국민'이라는 인상을 주는 반면에 '시민 교육'하면 민주적인 체제 아래 국정을 '주동적으로' 이끄는 주체를 교육하고 양성하는 행위라는 인상을 준다. 따라서 '민주시민 교육'이라고 하면 권위주의 체제를 배제한 민주 체제를 지키며 운영하는 시민들을 양성하는 교육이라는 의미를 더 분명하게 함축한다. 우리나라는 정치 교육과 국민 교육(국민윤리 교육)이나 공민 교육이라는 말보다는 민주시민 교육democratic civic education이라는 말을 선호하고 있다. 그 이유는 장기간에 걸친 권위주의 정치 권력의 해악으로 인해 '정치 교육'이라는 말이 통치집단의 이념이나 정당성에 대한 순응과 지지에 중점을 두는 것으로 이해되고, '국민 교육'이라는 말은 국가에 순종하는 국민의 충성심과 정치적 안정성을 과도하게 요구하는 충성스런 신민을 양성하는 이념교육의 잔재가 강력하기에 이를 벗어나고자 하기 때문이다. 국민 교육의 기피는 황국신민의 잔재인 '국민학교'라는 말이 없어진 것과도 무관하지 않다.

하는 사람이다. 그는 다스리는 자의 지배를 받지 않고 자신과 관련된 사안에 적극적으로 참여하기 위해 이성적이고 합리적인 판단과 선택을 할 수 있는 능력이 있어야 하고, 참여를 기피하지 않아야 한다. 형식적인 민주주의 제도는 비민주적이고 훈련되지 않은 주민이 존재하는 상황에서는 아무런 의미가 없다. 성숙한 다원주의적 토론 문화를 정착시키고, 시민들로 하여금 문제를 스스로 해결하려는 자치문화를 내면화, 습관화하도록 교육과 훈련을 시켜야 한다. 민주적 시민 교육의 가장 중요한 목표는 시민 참여의 기반 확충, 시민의식화 제도 등을 통해 학생으로 하여금 시민의 역할을 행사하도록 하는 시민 교육을 지향하는 것이다.

### 공동체적 시민의 형성

학생들은 사회와 고립되어 살 수 없는 사회적 존재로서 권리와 책임을 동시에 체득하는 시민으로 양성되어야 한다. 학생들은 학교 정책을 통해 시민성을 위한 다양한 가르침과 배움의 방식을 경험해야 한다. 민주적 시민 교육의 목표는 사적 이해관심을 공적인 차원에서 해석할 수 있는 능력을 배양하는 것이다. 즉 사적 이익에서 공적 이익으로 관심을 전환시켜야 한다. 민주적 시민 교육은 단순히 개인의 변화를 목표로 하지 않고, 개별적 개인에서 공동선을 구현하는 공적인 공동체적 시민으로, 무정형의 개인에서 의식적이고 적극적인 집합체로 변신시키는 것을 목표로 한다. 또한 민주적 시민 교육은 약자의 권리를 보호하고, 동시에 도덕적 배려를 해야 한다.

### 주체의 형성

민주적 시민 교육은 학생으로 하여금 동원의 대상으로서 백성, 혹은 신민적 존재로서가 아니라, 자신의 삶의 주역이자 주인인 '시민적 주체'로서 자신의 정체성을 형성하도록 해야 한다. 학생은 스스로 적극적으로 사회적 주체로 자기변신을 할 수 있는 시민적 주체로서 힘을 강화해야 한다. 시민 교육의 활성화는 시민운동의 주체를 강화할 것이다. 시민운동을 통한 제도의 개혁과 참여 기회의 확대가 수반되지 않는다면 학생의 시민적 주체 체험은 어렵게 된다. 그러기에 학교교육은 시민 형성의 강력한 견인차가 될 기회를 제공해야 한다.

### 2) 민주적 시민 교육의 내용

민주적 시민 교육은 민주사회의 시민으로 살아가기 위해 시민으로서 자격과 자질을 함양하기 위한 비판적 탐구를 하고, 숙지된 결정을 내리고, 권리와 책임을 행사하는 데 필요한 지식, 기술, 태도를 개발하는 학습을 하는 것이다. 민주적 시민 교육은 민주적 삶의 규칙을 이해하고 그것의 근본적 원리, 민주제도의 지식과 역사적 배경, 인간과 그 권리를 존중하는 조건과 수단에 대해 생각하게 하는 것들(관용과 연대, 종족주의의 거부, 민주주의 속에서 함께 사는 욕구 등)을 학습하도록 한다. 시민 교육은 공동의 선이 무엇인가, 개인의 이해와 자기발전은 어떻게 실현될 수 있는가, 개인과 인류의 미래를 위해 어떤 준비와 전망을 가져야 하는가 등을 내용으로 포함해야 한다. 우리는 인류의 미래를 위해 그리고 개인의 미래를 위해 목적지향적이고 자발적인 준비를 하도록 사회성원들을 교육할 필요가 있다. 그러기 위해서 시민사회의 바탕이 되는 윤리를 촘촘하게 되짚어보아야 한다.

## 이해를 위한 지식

### ① 정체성의 체득

시민성citizenship의 첫 번째 요소인 정체성의 감각은 항상 민족적(국가적) 차원에서 형성된다. 민족성은 세상을 구성하는 공동의 정체성을 부여한다. 이때 시민성은 민족(국가)의 정체성을 형성하는 실천적 수단이 된다. 민족적 정체성과 애국심은 항상 시민성의 필수불가결한 요소라고 보여진다. 21세기의 세계화 시대를 맞이하여 민족국가도 고립적으로 존재하지 않기에 민족적 시민성은 상호 중첩되어 나타날 수밖에 없다. 따라서 다차원적 시민성의 개념을 도출해야 한다. 시민성은 지역공동체 성원과 국가적 시민성, 그리고 국제적 시민성을 포함하는 것이어야 한다. 그런데 정체성은 성, 인종, 종교, 계급에 따라 달라진다. 그리고 정치적 · 경제적 · 기술적 · 문화적 변화로 인해 시민성과 시민 교육의 의미가 변화하고 있다.

시민성은 자유민주주의, 국가주의, 민족국가의 개념과 밀접하게 관련되어 있다. 오늘날의 세계는 모순된 사회적 과정에 의해 구조화되고 있다. 한편으로 세계화가 추구되면서 다른 한편으로는 거대 정치 단위의 파편화, 지역적 자율성 강화, 지역주의와 국가주의에 대한 강력한 압력이 가해지고 있다. 예를 들면 구소련의 붕괴, 이슬람 근본주의(알카에다, 팔레스타인해방기구)의 부상 등은 민족주의(국가주의)의 강화를 보여주는 예이고, 다른 한편 통신의 급격한 발달, 자본의 세계화, 국제 이민의 증대 등은 국가 및 국제관계의 성격이 변화하고 있음을 보여준다.[16]

오늘날 서구민주주의는 국가적으로 동일한 특성을 갖는 민족국가의 개념을 구시대 유물로 여기게 하는 문화적 이질성을 목격하고 있다. 그러나 역설적으로 지역주의localism와 세계주의globalism는 민족주의 nationalism(국가주의)에 다시 불을 붙이고 있으며, 민족국가의 개념은 여전히 살아 있다. 포스트모더니즘은 모든 거대서사를 구시대 유물로 보고 있으나 페미니즘, 환경주의, 평화운동은 바람직한 미래의 건설을 위한 새로운 청사진을 보여주고 있다. 한편에서는 서양의 가치(도덕적 상대주의, 물질주의, 특정의 영성 부정 등)에서 진정한 번영을 기대하는 사람들이 있다. 또 다른 한편에서는 이들 가치에서 비롯된 소비주의의 범람, 고차원적 영원한 질서에 대한 믿음의 부재 등을 보이는 서양의 메마른 합리주의와 기술 문명의 표준화 등을 두고 악마의 손길이라며 강력하게 거부한다. 과거의 민주시민 교육은 중앙집중적인 민족국가의 존속을 전제한 것이었다. 이제 21세기의 달라진 상황에 잘 적응할 수 있는 세계시민을 길러내는 일이 민주시민 교육의 새로운 과제이다.

### ② 권리와 자격의 충족

시민성의 두 번째 요소는 어떤 권리나 자격을 갖추어야 한다는 것이다. 시민이 된다는 것은 한 집단의 성원이 되는 것이며, 그리하여 집단 성원이 부여하는 이익을 가질 자격을 갖는 것이다. 이를테면 한 시민이 나라 밖을 여행할 때 국가의 보호를 받을 법적 권리와 자격, 정치적

---

16) 오늘날 세계적으로 냉전 체제가 종식되고, 민주정부의 수가 늘어나고, 자원 경쟁이 급증하고, 환경이 급속하게 파괴되는 한편, 제3세계의 빈곤 극복을 위한 수단, 남과 북의 교육문제에 대한 국제적 역할이 중요하게 부각되고 있다. 그리고 이와 더불어 사생활 침해, 전자 민주주의의 출현 등 새로운 변수들로 인해 과거 민주시민 교육이 상정하고 있던 시민성의 내용과 특성(정체성의 감각, 권리와 자격의 충족, 상응하는 책임과 의무의 구현, 공공문제에 대한 적극적 관심과 참여, 기본이 되는 사회적 가치의 수용)에 대한 새로운 보완과 해석이 요구되고 있다.

자격과 권리(투표할 권리, 공공의 문제에 참여할 권리 등), 경제적·사회적 권리(노동조합을 결성할 권리, 학교를 다닐 권리, 사회적 안정을 보장받을 권리 등) 등을 누릴 자격이 있다. 물론 그러한 권리를 어느 정도 보장하고 확대할 것인지에 대해서는 많은 논란이 있다. 공적 권리와 사적 권리 간의 경계를 어디에 둘 것인지, 개별 시민에게 어느 정도까지 책임을 부여하고 그들을 사회 전체에 얼마만큼 연관시킬 것인지는 많은 논의를 해야 하는 문제이다. 그러므로 시민성은 고정된 것이 아니라, 실천의 과정을 통해 이루어지는 결과이며 정치적 이견의 합의를 통해 형성되어야 하는 성질의 것이다.

### ③ 책임과 의무에 대한 헌신

세 번째의 시민성의 요소는 두 번째의 권리적 요소와 함께 책임과 의무가 따른다는 것이다. 그동안 개별적 권리의 지나친 추구가 시민의 의무와 책임을 덮어버리는 경향이 있었다. 많은 자유주의자들은 개별 권리를 최대화하면서 공적 관심을 두어야 할 것은 최소화시키는 경향을 보여왔다. 이 문제는 자유주의자와 공동체주의자 사이의 갈등이기도 하다. 이 시민성의 요소는 법을 지킬 의무, 세금을 내야 할 의무, 타인의 권리를 존중할 책임, 나라를 위해 싸울 책임, 사회적 책임 등으로 구성된다. 물론 이러한 의무와 책임을 둘러싸고 세계화 시대를 맞이하여 새로운 조정을 해야 하는 과제가 첨가되고 있다.

### ④ 공공 문제에 대한 적극적 관심

시민성의 네 번째 요소에는 공공 문제에 일정 정도 역할을 맡을 책임이 포함된다. 좋은 사람은 좋은 시민이어야 한다. 좋은 사람은 덕이 있고 존경을 받으며 자신의 삶을 살 수 있으나 공공의 문제에는 별다른 관심이 없거나 관여를 하지 않는 사람이다. 반면 좋은 시민은 사적 생활에서도 교양 있게 살 뿐 아니라, 공공의 문제에도 적극적으로 참여하는 사람이다. 시민성의 도덕적 측면은 항상 '좋은 시민'의 개념을 포함하고 있다. 시민보다 국가에 치중했던 근대 민족국가 이념을 지향해온 동양사회는 시민의 개념을 확대하고 국가의 개념을 축소하면서 국민(민족주의)과 시민(세계주의)의 균형을 이루어야 한다.

### ⑤ 다양한 사회적 가치의 수용

시민성의 다섯째 요소는 사회의 근본을 이루는 가치를 수용하는 것이다. 이것은 분명 나라마다 다르다. 이들 가치는 헌법에 직접적으로 명시되어 있거나, 명시되지는 않았으나 항상 묵시적으로 존재하는 사회적 가치들이다. 진리, 협동, 인권의 존중, 비폭력 등의 가치가 그러하다. 이들 가치는 국가의 독특한 정체성을 형성하는 데 기여할 뿐 아니라, 인간이 사회적 삶을 살아가는 데도 도움을 준다. 민주적 시민 교육은 인간의 존엄성, 평등, 연대 등의 시민사회에서 중요시되는 가치를 주로 다루어야 한다. 민주적 시민 교육은 자유와 평등, 타인 존중과 상호차이에 대한 관용, 다양한 세계관과 사조에 대한 이해, 개인의 인권과 인간의 존엄성에 대한 인식, 사회와 국가공동체에 대한 올바른 정치적 태도의 결정, 사회구성원과 인류에 대한 인식 등 민주시민으로서 갖추어야 할 의식을 배양하는 데 주안점을 두는 교육이다.

기본이 되는 가치를 둘러싸고 논란이 일어날 수 있다. 한국문화의 전통적 요소인 유교적인 허례의식, 가족주의, 수직적 인간관계의 전통이 자본주의적 근대화의 산물인 쾌락주의, 황금만능주의, 그리고 사회

정의, 공공윤리의식 등의 민주적 시민의 덕목과 충돌할 수도 있음을
유념해야 한다.

### 능력 수행을 위한 기술의 증진

지적 기술(논리력과 연구 능력, 말이나 글로 근거 있는 논박 능력, 판단하
는 능력, 편견과 차별을 인식하는 능력, 문자와 말을 통한 표현 능력, 정보 기
술 능력, 계산 능력, 자기평가 능력, 증거 수집과 분석 능력, 왜곡·편견·정
형화·차별을 명료화하고 규명하는 능력), 의사소통 기술(대화 능력, 타인
의 관점을 소중히 여기고 배려하는 능력), 타인의 관점을 용인하는 능력,
조정을 하고 설득할 수 있는 능력, 적절한 방식으로 의견 표출, 타인과
공동작업, 사회적 능력, 관계 형성, 비억압적 인간관계의 확립, 비폭력
적 방법의 문제 해결과 갈등 해결 능력, 수량적 사고 능력, 문제 해결
력(문제 해결 개발 능력), 사회적 기술(타인과 효과적으로 작업할 수 있는
능력, 차이를 인정하고 수용하는 능력, 갈등을 비폭력적·평화적으로 해결할
수 있는 능력, 다른 관점을 가진 타인과 교류하며 의사소통, 조직화 능력), 정
보매체 사용 능력과 비판적으로 자료를 수집할 수 있는 능력(신선한 자
료를 찾기에 앞서 비판적으로 증거를 분석할 수 있는 능력), 정치적·사회
적·도덕적 도전과 상황을 명료화하고 대응할 수 있는 능력. 민주사회
에서 비판적 탐구를 하고, 숙지된 결정을 내리는 능력.

### 성향(자질)을 기르는 태도의 함양

책임지는 능력, 양보하는 능력, 결정에 참여하는 능력, 책임 통감,
인간관계 그리고 나아가 사회에서의 관용, 존중, 책임, 연대, 차이의
인정과 수용 등의 태도(자질) 함양, 공동선에 대한 관심, 인간의 존엄

성과 평등에 대한 믿음, 갈등 해결에 대한 관심, 상호존중, 타인과 함께 해결하는 공감적 이해, 관용의 실천, 이타적 마음과 태도를 가지려는 노력, 도덕적 규범에 의한 실천, 관점을 변호할 용기, 공정하게 행동할 자세, 근거와 증거 그리고 논의를 통해 자신의 견해를 수정할 용기, 적극적이고 비억압적인 인간관계를 확립할 수 있는 능력, 예의와 법의 준수, 사회문제와 환경문제에 대한 관심을 보임, 자발적 봉사활동, 정치 현안에 능동적으로 참여, 무임승차 의식 극복, 내 가족 중심적 태도 극복, 공공적 사안에 대한 관심.

### 3) 학교 내의 시민 교육을 위한 실천

#### 민주적 공동체로서의 학교 건설

학교가 모델이라면 사람들은 학교로부터 무엇을 배울 것인가? 학교는 시민성 형성을 위한 학습의 주요한 원천이다. 학교는 그 자체가 공동체의 원천이다. 학교는 학생들에게 좋은 교육을 제공함으로써 공동체에 기여한다. 공동체로서 학교 경험을 통해 민주적 행동을 학습하는 것이고, 나아가 확대된 공동체 속에서 역할을 하는 하나의 제도로서 학교를 경험하는 것이다. 학교 공동체의 구성원은 지식과 이해와 기술을 습득하고, 시민 교육에 기여하는 가치와 태도를 개발할 기회를 갖는다. 권리, 책임과 의무의 행사는 학교 내에서 표현되고 실천된다. 학교는 단순히 교사와 학생만으로 구성되는 것이 아니고, 모든 교직원들이 함께 활동하는 공간이다.

학교는 작은 사회로서 작은 정치가 이루어지는 교육제도로서 민주주의의 원리를 실천하고 그것의 응용을 관찰해볼 수 있는 다양한 기회를 제공해야 한다. 학생, 교사, 행정가, 기타 학교 직원들은 학교라는 작은 사회의 일원들이며, 이들은 낮 시간을 대부분 학교에서 보낸다. 그러기에 학생들의 시민성이나 시민권 형성은 학교의 풍토, 분위기나 문화와 분리될 수 없다. 학교의 풍토나 분위기는 학교가 무엇인가에 대한 경험과 느낌으로 구성된다. 이러한 학교의 분위기는 민주주의 원리와 관련된 학생들의 태도 형성에 기여한다.

흔히 학생들은 수업의 주제를 정하거나 수업의 규칙을 정하는 것에 대해 참여 욕구가 매우 높은데도 불구하고 학생들의 욕구는 교실에서 잘 반영되지 않고 거의 무시되기 일쑤이다. 따라서 교사는 학급회의를 통하여 학급의 규칙을 제정하는 일에 보다 많은 관심을 가질 필요가 있다. 왜냐하면 학급은 학생들이 교실의 갈등에 대해 공정한 규칙이나 해결 책임을 지고, 활동 규범을 결정하는 데 참여하도록 하는 도덕적 공간이기 때문이다. 또한 학급회의는 규칙을 만들고, 좋은 규율을 유지시키는 실용적인 기제로서 교실을 모두에게 흥미있고 즐거운 장소로 만드는 민주주의의 장점을 경험하게 해주기 때문이다.

고립된 개인들이 모여 있는 학교에서의 학생은 지역과 계층을 넘어 공동선과 동질성을 유지하는 공동체의 경험을 갖게 할 필요가 있다. 현실적으로 같은 학급에 살고 있으면서도 공동체 구성원으로서 동질성을 확보한다는 것이 매우 어렵다. 특히 경쟁적 학력사회로 인해 타인을 경쟁 상대로 삼음으로써 자기소외의 과정이 더욱 심대할 수 있다. 이런 조건의 심화는 우정의 형성을 어렵게 하고 학생 간의 이질성만 확대시킴으로써 갈등과 다툼, 나아가 폭력화의 양상을 보이기도 한다. 구성원들 사이의 의사소통의 결여와 친밀성의 결여는 곧 타인에 대한 관심이 줄어든 허약한 시민성을 보이는 것이다. 우리는 낯선 개인이나 다른 시민에게 선한 의지나 공정함을 보이는 태도가 결여되어 있다. 이럴 경우 서로가 서로를 '뒤뜰'로 밀어내는 것이 아니라 소통할 수 있는 다리를 놓아야 한다.

민주적 시민 교육의 근본은 학교에서 활동하는 모든 사람, 즉 학생, 교사, 학부모, 관리자와 기타 사람이 학교생활의 모든 측면에 적극적으로 참여하는 데 있다. 그러므로 학교 내의 풍토와 분위기, 즉 문화를 새롭게 조성할 필요가 있다. 학교가 촉진하고자 하는 것을 실천하기 위해 핵심적 이슈와 가치를 공개적으로 충분하게 토의하고 논의할 필요가 있다(Harrison & Knight, 1993 : 19). 학교에서 시민성에 대해 논의하고 토의하는 광장을 설정한다는 것은 교직원이 자신들의 실천에 대한 의미들을 함께 탐구하고, 학교의 활동이 토대를 두고 있는 원리를 명료화할 기회를 갖는 것이다. 대화가 발전됨에 따라 교사는 학생들에게 제공된 내용의 범위와 깊이를 명료하고 분명하게 하기 위해 그들로부터 도전을 받을 것이다. 나아가 이런 도전은 타인의 각성과 이해의 폭넓은 배경에 대한 재정의를 필요로 할 것이다.

공동체로서의 학습활동은 다원사회에서 공동의 관심 문제를 풀음으로써 모든 시민이 함께 공동의 인간성을 발견하는 기제이기 때문에 시민 교육의 핵심이 될 것이다. 같은 학급에 있으면서도, 나아가 다른 학교로 확대되었을 경우에도 서로 친밀감을 갖지 못한다면 공동체 구성원으로서 시민 형성은 매우 어렵게 된다.

학교는 공식적 교육과정만이 아니라, 비공식적이고 잠재적인 학교 전체의 교실 분위기를 통해서도 학생들의 민주적 시민성에 영향을 준다. 그것은 학교에서 일어나는 모든 것, 즉 경영방식, 학교공동체의 모든 참여자 간에 존재하는 관계, 지역사회와의 상호작용, 교육과정의 본질, 그것이 조직되고 평가되는 방식, 학생의 학습방식, 학습하는 환경 등에 의해 형성된다.

민주적 지도자로서의 통솔력을 가진 학교 문화 속에서는 학생들 스스로 자신의 목표를 성취하는 데 더 효과적이고 성공적일 가능성이 높다. 그들은 집단으로서 강한 응집력을 갖고, 자신들의 행동에 의해 '우리'라는 공동체 의식을 갖게 됨으로써 집단 전체의 공동체적 성취감을 표현한다. 민주적 분위기 속에서 구성원 상호 간에 보다 객관적이고 합리적인 비판이 오고가며, 공평성에 대해 높은 감각을 익히게 된다.

시민 교육은 다른 교육의 목적과 달리 학교의 본질과 밀접하게 연관되어 있다. 학교의 미래적 발전과 풍토는 시민 교육의 발전과 분리될 수 없다. 학교의 비전과 목적은 더 확대된 지역사회의 협력과 동반자 관계를 맺는 적극적 태도와 행동을 필요로 한다.

공동체 구성원으로서 시민이 되는 요소는 소속의식(가치의 공유), 기회 접근 능력과 참여 능력이 핵심이 된다(Burkimsher, 1993 : 7-8). 공동체로서의 학교 형성은 개인과 구성원의 요구를 존중하고, 공정과 정의의 감각을 가짐으로써 이루어진다. 다른 말로 하면 권리와 책임 사이의 관계를 이해하는 데 도움을 줌으로써 공동체가 형성된다. 학생들을 행동규범이나 교실의 계약에 동의하는 데 참여시키는 것은 그것을 학생의 요구와 직접 관계시킴으로써 이런 이해를 촉진시킨다. 여러 가지 이유로 그 규범을 수용하지 않는 학생과 관련된 정책이 학생들로부터 나오도록 세심하게 실행하여 학교의 분위기와 일치시킨다. 학교는 살아있는 구체적 인간이 모여 사는 조직체로서 친밀한 현실공동체이기에 의사소통이 잘 되고 인간관계를 더욱 돈독하게 하는 분위기를 형성해야 한다.

고차원적 사고를 포함한 비판정신과 도야정신을 체득한 교양인을 양성하는 학습공동체로서의 학교를 건설해야 한다. 공동체로서 학교와 학급의 변화는 정의(옳고 그름, 시비지심)와 배려(보살핌, 돌봄, 측은지심)의 공동체로 새롭게 탄생하는 것이다.

### 시민적 자질의 함양

민주적 시민 교육은 학생의 열정, 상상력, 지성을 자극할 필요가 있으며, 그래서 '시민적 용기'를 표출하기 위해 사회적, 정치적, 경제적 힘에 도전하는 운동을 하도록 한다. 시민은 마치 실질적인 민주주의 속에서 살고 있는 것같이, 즉 '실천하는 민주주의'로서 사고하고 행동한다. 이런 용감한 삶의 방식은 호전적 영웅주의가 아니라 시민적 용기에서 나오는 것이다. 지배적 편견에 '아니오'라고 말할 수 있고, 필요하다면 지배적 여론을 거역할 수 있는 지사적 용기의 덕을 실천해야 한다. 시민적 용기의 함양은 민주적 시민 교육의 최고의 근본원리이다. 또 시민적 자질은 사람들 사이의 관계를 원만하게 하는 '관계의 자질'에 관심을 가져야 한다. 인간의 만남과 소통 관계를 회복하고, 정서적 관계와 민주적 관계가 잘 융합해야 한다. 좋은 의사소통은 경청의 태도와 협의(협상) 능력에 달려 있다. 시민적 자질에는 신뢰의 덕이 겸비되어야 한다. 전체주의 시대의 부정적 유산인 불신과 공격성, 내면의 독재를 치유하여 진정한 자유를 획득하기 위한 학습을 할 필요가 있다.

또한 시민적 자질은 '자기존중감'과 연결될 필요가 있다. 교사가 학생의 생각을 존중하고 의사표현을 격려하는 것이 학생들 간의 관용과 아량, 그리고 타인의 의견과 견해에 대한 진지한 관심을 증대시킨다.

그리고 학생들이 교실에서 의사결정 과정에 만족하면 할수록 학생들은 권위체로서의 교사에 대한 신뢰감이 높아지며, 이러한 신뢰감은 학교 밖의 정부권위체들에게도 보편화되어간다. 이렇게 자기존중감은 개인으로 하여금 타인, 나아가 학교와 지역사회와 연계될 수 있는 방식에 영향을 미친다. 신뢰, 개인의 행복 수준, 성공 능력과 삶의 질을 결정하는 데 도움을 줄 것이다. 그러므로 자기존중감은 시민성을 함양하는 분위기를 형성하는 원천이다. 특히 낮은 자기존중감은 기회의 불평등을 낳는다. 자기존중감은 민주 교육의 본질적 특징이고, 시민성을 위한 준거의 하나로 소속감을 획득하는 데 내재되어 있다.[17]

학생들에게는 마찬가지의 원리가 강조되어야 한다. 즉 신뢰 형성, 의심 극복, 책임 부여, 타인의 말을 경청하고 묵언하기, 서로 반성하고 생각을 공유할 기회를 가짐, 장점을 이용하고 단점을 제거하기, 학생들을 학습(계획, 조직, 평가)에 참여시키기, 모든 성취에 가치를 부여하기, 어른스런 방식으로 아이들에게 말하기, 정중하기, 잘 균형 잡힌 사람으로 교육하기, 의미를 열망하도록 하기, 개방적 분위기를 만들기 등을 통해 학생들의 자기존중감을 함양하도록 한다.

개방성은 함께 공유할 의지를 갖는다는 것을 의미한다. 이런 태도는 개인 차원뿐 아니라 학교 내에서 이질적 문화집단 사이에도 적용된다. 학생과 교직원은 서로의 축제를 칭송하고, 함께 슬픔을 나눈다. 서로의 학습조건을 자각하고 서로 도움을 줄 수 있도록 한다. 서로의 잘못

---

17) 자기존중감은 강한 위계적 조직보다는 협동적이고 동료애적 조직을 목표로 하는 학교의 경영과 발전에 참여함으로써 촉진된다. 즉 칭찬과 인정, 관심, 미소, 배회가 아닌 산보를 통한 경영, 지지, 참모와 함께 일함, 적극적 참여, 수행과 직업 만족을 증진하는 평가, 참모가 조정하는 구성적 비판, 현장에서 권고를 하지 않음, 많은 참모가 성공할 수 있는 기획, 계속적 검토, 교실 방문을 통해 무엇인가 도움을 줌, 창안의 격려 등을 통해 자기존중감은 증진된다.

된 실수를 이해하도록 노력한다.

시민적 자질의 함양은 학교의 분위기와 풍토(생각의 상호의존, 원활한 네트워킹, 자기존중감, 감수성, 공감, 타인 존중, 신뢰, 책임감, 비판적 자기평가 능력 등)를 통해 형성된다. 몇 가지 자질은 지식과 기술의 영역에 의해 도움을 받는다. 일반적으로 시민적 자질의 개발은 전 학교 영역에 참여함으로써 가능하다. 그것은 모든 사람의 책임이고 그 정책과 실천은 전 학교 차원에서 공유될 필요가 있다. 민주적 시민 교육은 학생으로 하여금 자신의 요구와 달리 기존 사회를 검토할 뿐 아니라, 다른 사회적 가능성과 삶의 방식으로 생각하고 행동하도록 가르친다.

### 학생 참여를 통한 권한과 책임의 확대

학생들로 하여금 성인생활의 기회와 경험을 갖게 하여 많은 사람이 시민 교육의 본질적 부분을 분명하게 확인하도록 한다. 학생들로 하여금 시민성(시민적 권한과 책임)을 구현하는 데 도움을 주는 책임의 기회가 무엇인가? 학생들이 이에 어떻게 접근하도록 할 것인가? 자신의 학습에 더 많은 책임을 지게 하는 데 어떻게 참여시킬 것인가? 책임의 영역을 확장함으로써 우리는 잠재력을 완수할 기회를 증대하고, 지위 획득을 위한 학업을 넘어서는 교육기회를 제공해야 한다.

학습 그 자체의 과정은 학생들로 하여금 책임을 행사하도록 많은 영역을 제공한다. 학생들이 공동의 목적을 가지고 협동적으로 작업하는 집단활동은 시민이 되어가는 실천의 과정이다. 다양한 집단과 함께 어울려 지냄으로써 학생들은 여러 사람과 함께 작업하는 것을 배우게 된다. 학생들이 서로 학습에 도움을 주는 또래집단의 조언을 함으로써 모두에게 유사한 기회가 제공되는 협동 학습을 해야 한

다.[18]

학생들은 자신이 하는 학습의 본질과 과정을 포함하여 서로에게 관심을 갖는 쟁점과 화제에 대해 자문을 할 수 있다. 이것은 기획을 하고, 목표에 동의하고, 수행을 검토하고, 보고서에 기여하고, 교과와 이수과정을 평가하는 것을 포함할 수 있다. 학생들은 학업이수 목록 작성이나 학교의 공식 과정과 절차에 참여하여 협상 능력을 배양할 기회를 갖게 한다. 그들은 또한 학부모 모임에 참여하여 함께 논의를 할 수 있다. 많은 학교는 학생들로 하여금 기회의 평등, 다문화 교육, 건강 교육, 행동규범, 학교생활의 측면에 대해 지침이나 정책의 윤곽을 그리는 데 참여하도록 할 수 있고, 효과적인 학습환경을 창조하는 데 참여하도록 한다. 학생들은 학교방문 계획에 참여할 수 있고, 활동을 경험하고, 지역사회 활동에 참여할 수 있다. 그들은 학생회를 조직하고, 동아리를 만들고, 자선 활동과 환경 프로젝트를 기획할 수 있다. 학생회는 책임을 질 뿐 아니라, 민주적 과정에 직접 참여하는 경험을 제공한다. 그러나 이것은 학생회로 하여금 무엇인가를 달성하도록 하여 다른 학생의 눈에서 볼 때 신망을 잃지 않도록 하는 것이 더욱 중요하다.

결국 학생들로 하여금 개인적 자율성을 신장하고자 한다면, 의사소통 기술을 점진적으로 개발하고 책임을 질 기회를 제공할 필요가 있다. 각 단계를 넘어설 때 준비된 계획을 제공해야 한다. 그렇지 않으면 책임질 능력에 대한 기대를 갖고 있다가 도중에 퇴보를 하게 되고, 그리하여 초보적 단계에서 그 다음 단계로의 발전을 가로막게 된다. 각

---

18) 학생들로 하여금 성인과 같은 시민적 삶을 향유하도록 준비시키는 과제를 수행하려면 무엇보다도 교육을 '학습자의 관점'에서 볼 필요가 있다.

단계의 수준을 서로 검토해주고, 한 학급에서 다른 학급으로, 한 학교에서 다른 학교로 발전하는 프로젝트로 이어지지 않으면 학생의 자율성은 신장되지 않는다. 그것은 곧 학생들이 시민으로 성장하는 것이 중지됨을 의미한다.

### 교과활동을 통한 시민성 함양

시민성의 주제를 학교의 교육과정에 적용할 수 있는 교과과정을 탐구하고, 그 내용을 개발해야 한다. 교육과정과 교과를 통한 시민성 함양을 위한 교육은 적극적 · 참여적 시민성의 중요성을 확립하고, 함께 참여할 동기를 제공한다. 시민권은 사회과(경제, 지리, 역사), 영어과 등에 이르기까지 정치적 문해력의 영역을 넓히고 있다. 확대된 넓은 정치 교육의 입장은 환경문제, 성평등주의, 다문화주의, 지구적 문제와도 연결을 시도한다. 최근 공민 교육civic education보다 더욱 민주적 시민성의 의미를 강조하는 시민성 교육citizenship education은 도덕 교육과 인격 교육, 덕 교육, 비판적 사고를 위한 교육을 통해 전통적 관점

---

19) 순응적 덕목을 강조하는 공민 교육의 입장은 인권 교육, 환경 교육, 다문화 교육, 지구촌 교육, 평화 교육 등으로부터 비판을 받아 왔다(Ichilov, 1998 : 267-273).

| 토대가 되는 교과 | 경제산업적 이해 | 시민성 |
|---|---|---|
| 영어<br>(문학읽기, 동물농장 등) | 활동의 조직, 전문가 역할, 상호의존, 관리방식, 중앙통제경제 | 자유와 자유의 결핍을 토의, 규칙과 법, 협동과 갈등, 인권 |
| 수학<br>(학교 음식점 프로젝트에서 판매를 위해 제공된 물건의 무게, 측정, 가격 등) | 가격, 구입과 판매, 노동과 고용, 건강과 안정 | 정직, 책임, 신용, 공정 |
| 과학<br>(운동장을 위한 새로운 물질의 디자인과 검사) | 요구, 비용과 이익, 건강과 안정 | 공공서비스, 지역사회봉사, 지방정부, 입법 |
| 공학<br>(하나의 팀으로서 옥스팜을 촉진하기 위해 주목되는 사람을 위한 연결 디자인) | 광고, 희소자원, 선택, 제조 | 협동, 상호의존, 압력집단, 공적 삶 |

과의 접목이 필요하다(Ichilov, 1998 : 270).[19]

학생들로 하여금 의미 있는 시민적 경험을 갖게 하려면 교과전문주의의 협소함에 머물 것이 아니라, 총체적 관점에서 범교과적으로 바라보아야 한다.[20] 우리의 학교가 교육과정의 총체성을 곧바로 채택하지 못하는 이유 중의 하나로 세부적 교과 영역에서 활동하는 교원들 간에 효과적인 대화를 하기가 어렵기 때문이다. 쟁점이 되는 논란 주제들에 직면하게 될 때 의견과 신념의 상충을 대화의 광장으로 끌어내어 공론화하는 과정이 필요하다. 교과를 통한 시민 교육은 단순히 과거의 몇몇 시민적 영역에 속하는 내용을 가지고 시민성에 접근할 것이 아니다. 이론과 실천은 지식과 이해, 기술의 습득을 위해 맥락을 제공하는 활동적 체험학습에 연계될 필요가 있다.

### 지역사회의 참여

민주적 시민 교육은 타인을 위한 자원으로서 봉사를 위해 학교와 지역사회가 동반자가 되기 위해 학생들은 지역사회에 참여하고, 지역사

| 역사<br>(협동사회의 발전에서 개척자의 영향을 연구) | 대량판매, 소량판매, 이익, 부의 분배, 고용 | 사회구조, 공동체와 협동, 노동, 복지, 타인에 대한 책임 |
|---|---|---|
| 지리<br>(활화산으로 소멸된 지역사회의 재위상) | 요구와 소망, 선택, 자원, 상호의존 | 체제와 구조, 규칙과 법률, 사회, 책임 |
| 현대어<br>(유럽에서 한 회사가 감당해야 하는 노동기반 프로젝트) | 산업의 조직, 하나의 회사가 어떻게 움직여지는가, 상호의존, EEC에서의 고용 | 규칙과 규율, 다양한 사회와 문화, 결정, 국제협력, 유럽공동체 시민의 권리와 책임 |
| 음악<br>(배경음악 선정을 불만을 가지면서 지역 슈퍼마켓에 편지 쓰기, 새로운 2시간 프로그램 제안하기) | 요구와 소망, 구입과 판매, 쇼핑 형식, 광고, 고객만족 | 소비자권리, 표준, 가치, 삶의 양식 |

20) 경제산업적 이해와 시민성 개발을 위한 교실 활동의 예(Felce, 1993 : 27).

회는 학교에 개방적이어야 한다. 교사, 학생, 학부모, 운영위원들은 적극적·참여적 시민이 되기 위한 동반자가 되어야 한다. 학교와 지역사회의 소통과정은 적극적 시민권(성)을 위한 역할 모델로 보일 수 있다. 학교운영위원회의 학생 참여를 통해 정치적 과정과 책임의 모델이 표현되는 것이다.

민주적 시민 교육의 목표는 합리적·도덕적 숙고의 과정을 통해 개발되는 의도에 부합하는 공공의 사태에 어떤 영향을 미치도록 학생을 지원하는 것이다. 영향력을 행사하는 학생의 참여와 활동, 학교운영위원회에 후보자를 내는 것과 같은 목표나 바람직한 결과를 분명하게 하는 과정으로 볼 수 있다. 이때 지역사회의 예비시민으로서 조직하고, 교섭하고, 여러 가지 설득의 방법을 학습함으로써 민주사회의 목표를 합리적으로 달성하는 활동을 할 수 있다. 주장의 지지를 위해, 그것에 일치하는 결과를 낳기 위해 목표를 수정할 수도 있다. 민주사회에서 영향력을 행사하는 모든 시도는 정당화되어야 한다.

동시에 학교와 지역사회가 밀착된 내용을 개발하여 열린 학교가 되도록 해야 한다. 이를 위해 학생을 대상으로 한 시민 교육 프로그램과 학부모를 대상으로 한 시민 교육 강좌(교양 강좌)를 마련해야 한다. 방과 후 중·고등 학교의 강당이나 교실을 잘 활용하여야 한다. 공교육이 입시 위주의 단순한 수단이 아니라, 시민의 기본 교육 기능을 다해야 한다. 시민은 공동체적 시민사회 속에서 제대로 형성될 수 있으며, 사회는 건강한 시민을 기르는 데에 헌신하지 않으면 안 된다.

시민의 참여는 교사에 의해 제공된 학습경험의 영역으로 확장될 수 있을 뿐 아니라, 지역사회의 경찰, 산업 인사 등 성인 참여에 의해 확장될 수 있다. 이런 과정을 통해 학생들은 자신의 지식과 외부 세계의 이해를 증대할 수 있다.

사회생활 영역(가정생활, 경제생활, 문화생활, 정치적 상호작용 등)에서 자발적으로 참여와 자율성을 실천하는 시민을 기르는 것이 시민 교육의 중심적 목적이다. 이같은 목적의 구현은 국가와 시장을 견제할 수 있는 시민 세력을 양성해야 가능하다.

민주적 시민 교육은 지역사회 공동체의 실현과 분리되어서는 안 된다. 건강한 시민의 양성은 정해진 시공간에서만 이루어질 수 있는 것이 아니다. 학생의 생활단위가 되는 지역사회가 공동체적인 윤리에 의해 유지될 때 가장 일상적으로 폭넓은 연대성과 공동체적 도덕성을 지닌 시민을 양성할 수 있을 것이다. 이 때 학생들은 삶의 연속적인 과정으로서 시민의식과 실천의지를 갖게 될 것이다.

## 5. 민주시민 교육의 영역과 내용

### 1) 민주시민 교육의 영역

#### ① 교과 내의 민주시민 교육
개별 교사의 민주시민 교육은 교과를 가르치면서 시민권(시민성)과 관련된 주제를 가지고 수업을 할 수 있다.

#### ② 범교과적 통합적 민주시민 교육
관련된 쟁점을 가지고 범교과적 차원에서 공동으로 협동수업이나 세미나를 할 수 있을 것이다. 교과교육 차원에서 민주시민 교육을 독립교과로 설정하거나, 교과목 이외의 초 · 중 · 고등학교 특별활동이나 재량활동 시간을 활용하여 가르치거나, 시민 교육을 기존의 교과에 흡수하여 통합적으로 범교과적으로 가르치는 방안이 가능하다. 시민 교육을 다루기에 좋은 교과목에 대해 말하자면 교사들은 사회, 도덕, 재량활동 순이다. 인권적 차원의 시민 교육은 민주시민 교육보다 훨씬 적용이 어렵다.

**③ 학급활동을 통한 민주시민 교육과 학교운영의 참여로서의 민주시민 교육**

교사는 학급 운영을 통해 민주적 시민 교육과 활동을 전개할 수 있고, 학생들은 학급의 간부활동과 학교 운영의 준주체로서의 참여함으로써 민주적 체험활동을 할 수 있다.

**④ 학교 밖의 민주시민 교육**

시민단체의 활동과 참여를 통해 시민이 되어가는 과정적 체험을 할 수 있다.

## 6. 한국 시민 교육의 방향과 과제

지금 한국의 초 · 중등 학교는 억압으로부터의 탈출을 위한 자유를 획득하기 위한 제1의 교육민주화 시대에서, 주어진 자유(만족한 수준은 아니지만)를 적극적 사용하여 내용을 채우는 제2의 교육민주화를 준비하지 않으면 학교 민주주의는 중대 위기에 봉착하고 말 것이다. 따라서 우리의 초·중등 학교는 민주적 시민권을 구현하는 방향 속에서 다음과 같은 과제를 우선적으로 실천해야 한다.

첫째, 민주주의라는 제도의 완성을 위해서는 그 제도 속에 살고 있는 학교구성원들의 민주적 실천력이 겸비되지 않으면 민주주의 제도는 제 기능을 할 수 없고 타락할 수밖에 없다. 또한 주어진 제도의 한계 속에서 민주적 실천을 하는 주체들의 노력이 없다면 제도의 변화를 기도할 수 없다. 따라서 우리는 제도의 한계 속에서 가능한 범위의 민주적 실천력을 착근시킬 수 있는 프로젝트를 구현하는 실천전략을 마련해야 한다. 제도의 한계 속에서 함께 협력하여 단위 학교를 변화시킬 수 있는 노력을 해야 한다. 과잉 발달된 교육권력집단과 동등한 힘을 발휘하기 위해서는 저발달된 시민사회의 민주적 시민 교육 능력을 배가해야 한다.

둘째, 한국의 시민 교육은 국가주도의 관료적 공권력과 경쟁적 소유 집착적 경제 영역을 넘어 제3의 '민주적인 공공 영역'으로서의 시민 교육으로 거듭나야 한다. 한국의 시민 교육이 진정한 의미의 시민 교육이 아닌 국가 주도의 공민 교육으로 점철되어온 것을 감안할 때, 진정한 시민 교육을 위해 국가가 아닌 시민사회 속에서 이루어지는 민주적 시민 교육이 되어야 한다. 이제 진정한 민주적 시민 교육이 되려면, 국가권력에 의해 주도되던 교육 영역에서 벗어나, 시민사회가 주도하는 시민 교육으로 전환되어야 한다. 이를 위해 시민 교육의 방향과 목표, 내용, 프로그램의 구성을 위한 공동의 노력이 필요하다. 물론 시민 교육의 영역과 주체가 매우 다양하므로 관련 전문가와 운동가의 공동작업을 통한 교재 편찬이 필요하다.

셋째, 학교의 시민사회화를 위한 절차적 · 제도적 권리로서 시민권, 즉 의사결정의 민주화, 학생 자치활동의 활성화, 학부모의 민주적 참여의 확보도 중요하지만, 동시에 교육주체의 시민적 덕목(신뢰하고 협력하고 부조하고 연대하는 시민 윤리 – 학교장 윤리, 학부모 윤리)과 시민문화(놀이와 문화, 삶의 태도의 고양 – 교직 문화와 학생 문화, 학부모 문화)를 스스로 함양하고 형성해야 한다. 그렇지 않으면 자율적 시민 문화의 형성이 어려워져 민주적 시민사회의 건설은 더욱 멀어지고 말 것이다.

넷째, 교사의 협동 문화가 활성화되어야 한다. 최근 우리나라 교사는 자신이 속해 있는 조직 속에서 세포지향적 태도를 보이고, 장기적 협동적 기획에 대해서는 반감을 보이고 있다. 많은 교사들은 개인주의적이고, 현실지향적이고, 보수적인 직업 문화로 인해 시민 교육에 큰 관심을 보이지 않고 있다. 때때로 동료들과 협력할 기회가 제공되었을 때 그것을 기피하는 경향을 보인다. 개체주의적 교직 문화는 그대로 학생 문화로 전가된다. 이런 현실에서 시민적 자질과 책임을 강조하는 시민 교육을 한다는 것은 매우 어렵다.

다섯째, 민주사회를 건설하기 위한 시민 교육을 위해 학생 자치활동의 실천과 강화에 힘을 기울여야 한다. 단위 학교의 민주화를 주창하는 교사들이 학생들의 자치활동에 대한 관심을 소홀히 한다면 그들의 민주주의는 학생 없는 교사의 민주주의만을 위한 것이나 다름없다. 학생 자치활동은 학생들의 존엄성과 인권을 보호하기 위한 것이다. 즉 그들에게 불의와 악이 엄습하지 않도록 민주적 절차를 학습하고 체험하는 진지를 구축하는 사업이다. 동시에 학생들이 자치활동을 통해서 시민으로서의 자질과 태도를 습득하여 교양인으로서 성장하도록 해야 한다. 요즘 새로운 관심을 끌고 있는 소고기 수입을 반대하는 십대들의 촛불집회 운동은 십대가 학교에서 얌전하게 공부만 하는 기계나 국가의 명령에 복종만 하는 소극적 존재가 아니라, 적극적 주체로 데뷔하는 조짐으로 볼 수 있다. 학생들이 그동안 억눌렸던 권리를 찾고자 정부당국으로 하여금 자신을 통제하는 행동규범에 대해 자신의 의사를 주체적으로 표현하는 시민으로 탄생되는 맹아적 단초를 보게 된다.

여섯째, 우리 학교에서 시민의 자격을 갖추기 위해 가장 필요한 것은 '토론'과 '심의'의 능력을 갖추는 것이다. 그런데 우리는 아직 경청의 자세가 허약하고 의사소통과 토론 문화가 정착되고 있지 않다. 여전히 한국에서 토론은 목소리 큰 사람이 이기는 방향으로 진행되고 있으며 공적인 문제에 대한 이성적인 심의는 이루어지고 있지 않다. 교육자들의 경청 능력 부재와 폭력적 문화는 시민사회의 건설을 어렵게 한다. 토론 문화가 정착되기 위해서는 상대방을 존중하고, 모든 문제가 폭력적 수단이 아니라 평화적인 대화와 토론을 통해서 해결되어야 한다는 민주 문화가 형성되어야 한다.

일곱째, 한국 학교의 민주주의를 위해서는 학생, 교사, 교장 모두 시민 교육을 받아야 하고, 시민적 능력을 갖추어야 한다. 문제를 합리적으로 해결하고, 대화와 조정능력을 통해 문제를 평화적으로 해결하는 훈련을 받아야 한다. 그렇게 해야 사회를 민주화할 수 있는 미래사회의 시민을 양성하고 준비하는 학교교육의 역할을 다하는 것이라고 할 수 있다.

여덟째, 우리는 군사정권의 폭력에 의해 내면화된 무의식적 침전물인 독선과 독재의 정신을 청산하고 배려적이고, 경청적이며, 소통적인 민주적 의식으로 거듭나는 치유과정이 필요하다. 남미의 민주화 이후의 내면적 식민화를 치료하는 정신적 치유를 강조한 해방교육학자 프레이리의 충고를 우리는 귀감 삼아야 한다.

아홉째, 자본주의의 구조적 불평등이 일상적인 삶의 세계를 구성하고 있기에 오늘날 전 세계를 석권하고 있는 시장주의 신자유주의 세력의 발호에 대항하여 교육 시민운동과 시민 교육 연대가 활발해야 한다. 전인 교육을 파괴하는 상품 지향적 신자유주의적 교육정책에 대해 시민 교육을 담당하고 있는 교사와 활동가, 시민들은 공동으로 대응해야 한다.

9장

# 봉사와 시민성의
# 결합을 통한
# 민주시민 교육

## 1. 비정치적 봉사활동의 문제

오늘날 전 세계적으로 수많은 사람들이 다양한 형태로 자원봉사에 참여하고 있다. 현재 전 세계에는 대략 2억 5,000만 명 정도의 자원봉사자들이 활동하고 있다. 미국의 경우 전 국민의 50퍼센트에 가까운 인구가 자원봉사활동에 참여하고 있으며, 사회복지 분야만 하더라도 25퍼센트 수준에 이른다. 오늘날 자원봉사운동은 양적 증대와 함께 참여 계층 및 활동영역이 다양화되고 있으며, 자원봉사에 대한 관심이 세계적으로 높아지고 있다. 우리의 학교도 학생 봉사활동을 장려하고, 장차 대학 입시나 취업에서 봉사활동 실적을 반영한다는 내용이 포함되어 있는 1995년 5·31 교육개혁 발표 이후 학생 봉사활동에 대한 교육적, 사회적인 관심은 점점 높아지고, 전국에서 수십만 명의 초·

중·고 학생들이 봉사 현장에 나서고 있다. 그러나 봉사활동에 대한 사전 교육과 준비가 부족한 상태에서 학교나 교사들의 체계적인 지도 없이 시간 채우기, 점수 따기 식의 봉사활동으로 운영되는 등 형식적 봉사활동만 이루어지고 있다. 그래서인지 봉사 학습을 통한 봉사 그 자체를 통한 기쁨과 보람보다는 학교 성적에 관련된 것만 중요시하여 학교 성적이나 점수를 잘 받았다는 데 봉사의 의의를 두고 있다. 특히 청소년 자원봉사활동은 실천적인 체험학습을 통한 바른 인성 함양을 목적으로 하는 자발적인 활동으로서 실시되고 있으나, 사실상 공동체 의식 함양이라는 효과를 기대하기에는 무리가 따른다. 특히 생애주기 에 있어서 인격 형성의 결정적인 시기인 청소년기에 입시 위주의 지식 교육에만 매달려서 균형 있는 인성 교육이나 생활체험 교육의 기회를 우리 청소년들은 거의 갖지 못하고 있다.

게다가 사회적으로 개인주의의 범람, 군사문화의 잔재인 불신 증후군의 확대, 신뢰 등 사회적 자본이 극심하게 쇠퇴하여 공동체의 존립을 위태롭게 하고 있다.[1] 이러함에도 일만 중시하는 봉사활동(자원봉사활동) 중심의 비정치적 시민만이 양산되고 있고, 동시에 봉사는 없고 권리 주창만 하는 시민운동은 한계를 노정하고 있다. 이에 타율성과 수동성에 머문 봉사활동을 주체적이고 능동적인 봉사활동으로 전환하고, 봉사활동 과정에서 사회개혁과 시민성을 연결시키는 봉사와 학습이 결합된 적극적 시민을 양성하는 민주주의 사회 건설을 위한 시민 교육이 필요하다. 본 연구는 이런 문제의식에서 출발한다.

---

1) 왜곡된 개인주의가 삶의 가치로서 팽배해지는 요즘 공동체의 의미를 회복하려는 교육적 활동으로 봉사활동은 의미 있는 방법이라고 할 수 있다.

## 2. 기존의 자원봉사활동과 그 한계

봉사활동은 자기의 시간과 힘을 모아서 남을 돕는 행위이고, 사회봉사, 자원봉사, 인간봉사 활동 등과 함께 일상생활에서 큰 구별 없이 사용되고 있으며, 실제로 그 대상과 영역, 목적 등에 따라서 약간의 차이를 가질 뿐, 궁극적으로는 인간의 복지를 목표로 하고 자율적이며 무보수라는 뜻에서 동일한 의미를 가진다. 봉사활동이란 자기의 시간과 힘을 모아서 남을 돕는 행위이다. 이러한 봉사의 개념은 처음에 기독교와 민주주의라는 사회적 배경에 입각한 타인을 위한 섬김과 사랑의 정신에서 비롯되었다.

'자원봉사활동Voluntarism'은 "한 개인이 가지고 있는 자신의 직접적인 자원(정신적, 육체적 자원)이나 능력을 활용하여 자발적으로 타인이나 사회를 위하여 계획적으로 어떤 대가를 요구하지 않으면서 지속적으로 수행하는 활동"이라 할 수 있다.[2] 특히 청소년 자원봉사활동은 봉사활동 수혜자에 대한 서비스 확장이나 이익 증대에 일차적인 목적

---

2) 일반적으로 자원봉사활동은 다음의 몇 가지 원칙을 갖는다. 첫째, 자발성(자유의지, 자유성)으로 무엇보다도 활동하는 개인의 자유의지나 자발적 의지를 존중한다는 원칙이 가장 기본적이다. 자원봉사활동에는 다른 사람에 의해 강제되는 행위나, 자신의 사회적 역할에 따라 마땅히 해야 하는 활동도 포함되지 않는다. 둘째, 공공성 이념으로서 자원봉사활동은 특정 개인이나 단체의 이익, 특정 사상과 신념, 종교, 민족, 목적 집단의 이익을 위한 활동이 아니라 모든 사람이나 사회의 보편적 이익으로 환원되는 것이다. 셋째, 무상성의 이념으로서 자원봉사는 원칙적으로 일정한 보수나 대가를 기대하지 않는 활동이어야 한다. 남을 도와줌으로써 갖게 되는 정신적 보람이나 만족 이외의 다른 물질적 보상을 기대하지 않아야 한다. 넷째, 개척성(사회개발성) 이념이다. 자원봉사활동은 우선 사람들의 관심을 끌지 못하는 사회적 과제나 정부나 공공부문의 노력만으로 해결하기 어려운 문제를 다루는 보완적 역할을 가지고 있다. 그렇지만 자원봉사는 보완적 역할에 머물지 않고 보다 적극적으로 사회적 문제를 제기하고 국가와 공공부문의 해결방안을 모색하는 등의 사회 개혁적이고 개척적인 역할을 담당하는 활동이다. 다섯째, 지속성의 이념으로 자원봉사활동에는 우연적이거나 일시적인 충동에 의한 선행은 포함되지 않는다. 자원봉사활동은 의도적인 계획을 갖고 일정기간 지속적으로 이루어지는 행위를 전제하고 있다.

이 있는 성인 자원봉사활동과는 달리 봉사활동 제공자인 청소년들에게 사회성, 시민정신, 이타심 등 성장기 교육에 꼭 필요한 경험을 제공하는 중요한 교육활동으로 간주되고 있다.[3]

이런 중차대한 의미를 갖는 봉사활동임에도 불구하고 현재 우리나라에서 시행되고 있는 상황은 봉사정신의 구현이나 사회개혁의 과제 모두를 상실하고 있다. 그동안 자원봉사활동은 힘든 일만 하는 것으로 이해되어왔고, 그러기에 기존의 자원봉사활동은 새로운 한계를 노정하고 있다.

첫째, 한국의 봉사활동은 이타적 교육활동으로서 그 교육적 시도는 좋으나 학교공동체의 주체인 교사, 학부모, 아동 모두 봉사의 의미를 음미할 겨를도 없이 맹목적으로 하향식으로 받아들여지고 있다.

둘째, 한국의 봉사활동은 성적과 관련된 평가를 하려는데 문제가 있다. 실제적으로 그러한 평가는 아동들에게 스트레스를 주고, 때때로 스트레스는 옳지 못한 방법을 동원하게 만든다. 좋은 평가를 받기 위해 봉사활동을 한다면 그 봉사 활동은 평가의 수단일 뿐 결코 목적으로 다가올 수 없다.

셋째, 한국의 봉사활동은 부모들의 잘못된 교육관으로 본래 의미가 상실되고 있다. 봉사활동은 어떻게 보면 하기 싫은 일도 체험하면서 그 일의 보람을 느끼는 것이라고 할 수도 있다. 그런데 요즘 학부모들은 궂은 일과 험한 일은 모두 대신해주고 자녀들은 편하게 아무 어려움 없이 지내기를 원한다. 그래서 심지어 요즘은 학부모가 자녀들의

---

3) 청소년 자원봉사활동은 일반적 자원봉사의 기본적 이념이나 원칙 이외에 청소년 육성 차원의 측면이 고려되어야 한다. 즉 청소년 자원봉사활동은 청소년 성장 과정의 인간발달적 측면을 고려하여 봉사활동 과정 자체가 교육적이어야 한다는 점을 유념해야 한다.

봉사 학습 과제를 대신 해주는 경우도 있다. 이러한 형태의 봉사 학습은 이타성을 배우는 기회로 작용하기가 어렵다. 표면적으로 인격 교육을 주장하면서도 실질적으로는 자녀에게 좀 더 많은 지식을 넣어주기 위해 지적 활동 이외에는 부모가 대신해주는 잘못된 태도가 근본적인 문제이다.

넷째, 행위자 자신이 적극적이고 주체적인 인간이 되지 못하는 데 문제가 있다. 요즘 아동들은 모든 일에 적극적으로 참여하기보다는 부모님과 선생님에 의해 어떤 목적에 따라 움직이는 수동적인 경향이 아주 강하다. 따라서 봉사활동을 하면서도 학생 스스로 적극적으로 활동을 하는 것이 아니고 수동적으로 움직이게 된다.

이런 수동적인 자세로는 봉사활동이 갖는 진정한 의미를 찾기 어렵다. 따라서 아동들이 실천적인 경험을 하고 봉사의 의미를 이해하도록 노력해야 한다.[4] 학생들이 적극성과 주체성을 가지고 실천할 수 있는 봉사활동의 기회를 제공하고, 진정한 의미의 봉사의 가치를 깨닫게 하기 위해 봉사와 시민성의 개념을 결합할 필요가 있다.

---

4) 봉사활동은 본래 학생들의 발달적 욕구에 기반을 두고 있다. 즉, 10세 이후 학생들은 보호와 승인의 맥락 속에서 모험을 위한 기회 포착 및 자율성에 대한 욕구, 긍정적이든 부정적이든 상관없이 자기가 살고 있는 무대 속에서 자신의 힘으로 어떤 차이를 만들어내고자 하는 욕구, 협동 혹은 경쟁을 통하여 동료 집단에 소속되고자 하는 강한 욕구, 다양한 상황들 속에서 문제를 해결할 수 있는 능력을 갖고 싶다는 욕구, 급격한 신체적 변화와 민감한 감정의 변화 시기에서 감정적 헌신, 몰입의 대상을 추구하려는 욕구 및 충동에 대한 억제력을 갖고 싶은 욕구, 그리고 사회적 정체성의 추구에 대한 욕구 등을 지니고 있다. 이러한 발달적 욕구들은 봉사활동을 통하여 긍정적인 방향에서 충족된다.

## 3. 봉사와 시민성의 결합[5]

민주주의란 사회적 삶의 양식, 결속된 삶의 양식, 이익의 나눔, 의사소통의 확장 등으로 이해된다. 민주주의 사회는 좋은 시민을 길러내는 교육을 해야 한다. 봉사는 시민이 되는 초보적 수준의 사회적 실천이다. 민주적 시민의 삶을 살기 위해서는 그에 걸맞는 덕목과 자질이 요청된다. 민주시민의 자격을 갖추기 위한 시민적 덕목으로는 신뢰, 희망, 용기, 자아존중, 우정, 신용, 정직, 예절 등이 있다(White, 1996). 시민이 민주적 시민성을 갖게 하려면 민주적 성향과 자질을 갖게 하는 시민 교육을 받아야 한다. 좋은 시민의 구성요소로서의 시민성citizen-ship은 권익(권리)의 옹호와 신장과 더불어 책임을 지는 덕목과 자질을 요구한다. 시민으로서의 권리의식을 갖는 것과 시민으로서의 덕(예절과 교양)과 신념과 행동양식을 갖추는 것 모두를 포괄한다. 즉, 시민성은 시민으로서의 권리(시민권)와 시민다움이라는 윤리적 성질을 동시에 요구한다.[6]

그런데 그동안 공민 교육이나 국민 교육은 봉사의 대상에 대한 비판적 의식 없이 단순히 노력봉사만을 강조함으로써 봉사의 시민권을 확보하지 못했다. 말로 배우는 것이 아니라, 행위함으로써 배운다는 봉사활동은 학생들이 그것으로부터 공적 삶에 대한 참여의 기술을 별로 배우지 못하고 행해질 때 학생들에게 정치적 무관심을 불러오고, 사회

---

5) 봉사와 시민성과의 관련은 학문적으로 ① 자유주의적 봉사와 시민관 : 권리 중심적 관점, ② 공화주의적 봉사와 시민관 : 신사의 특징으로서 공적 봉사, ③ 공동체주의적 봉사와 시민관 : 제3의 대안(공익활동, 공익봉사) 등의 이론적 배경을 갖고 있다.
6) 시민성의 구성요소는 정체성의 획득, 권리와 자격의 충족, 책임과 의무에 대한 헌신, 공공문제에 대한 적극적 관심, 다양한 사회적 가치의 수용 등을 포괄한다(심성보, 2005 : 27-55).

〈시민성의 유형〉

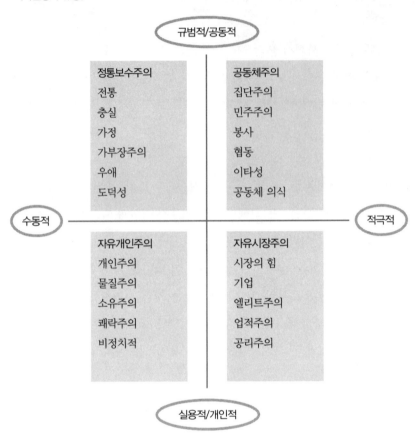

<table>
<tr><td colspan="2" align="center">규범적/공동적</td></tr>
</table>

정통보수주의
전통
충실
가정
가부장주의
우애
도덕성

공동체주의
집단주의
민주주의
봉사
협동
이타성
공동체 의식

수동적 ——————————————— 적극적

자유개인주의
개인주의
물질주의
소유주의
쾌락주의
비정치적

자유시장주의
시장의 힘
기업
엘리트주의
업적주의
공리주의

실용적/개인적

Davidson & Arthur, 2000.

문제를 효과적으로 해결하는 능력을 갖지 못하게 하며, 학생들을 매일 매일의 정치적 과정에 연결시키는 작업을 봉쇄할 위험이 있다 (Rimmerman, 1997 : 22-24). 기존의 자원봉사활동은 개인과 국가의 문제를 의미 있게 보지 못하고, 치료적 언어만을 학습하게 한다는 비판을 받았다. 즉 봉사와 불평등 문제, 개인과 국가의 의미 있는 관계, 보상 없는 자원봉사활동, 봉사받는 사람의 입장과 관점 그리고 처지 이해는 도외시되었다. 봉사 대상에 대한 현실적 이해 없이, 그 현실의 구조적 문제와 근본적 변화를 시도하지 않으면서 봉사활동에만 몰입하는 소극적 봉사행위에 머물렀기에 기존 봉사활동은 봉사의 적극적 의미를 체득하지 못하여 민주주의 발전과 시민의 양성에 실패한 것이다. 그러므로 봉사는 시민이 되는 사회적 책임으로서 사회적 실천을 하는 것이며, 봉사의 경험에 올바른 의미를 부여해야 한다. 봉사활동은 단순히 노력봉사만이 아니라, 봉사의 과정을 통해 노작勞作의 의미를 체득하면서도 봉사의 대상에 대한 비판적 인식을 갖게 하는 학습에 의미를 두어야 한다.


## 4. 봉사활동의 대안으로 등장한 봉사 학습

봉사 학습service learning이라는 용어는 우리에게 사실 생소하다. 왜냐하면 우리는 그동안 '봉사활동'이라는 용어에 익숙해왔기 때문이다. 봉사 학습은 하향식 학습방식에 의한 정보 – 동화 모델이 아니라, 봉사활동을 포함하고 있는 구체적인 체험학습의 한 형태이다.[7] 체험학습으로서 봉사 학습은 학생들로 하여금 교과 지식이나 이전의 경험을 지역사회의 실질적인 요구들을 충족시키는 데 적용할 수 있도록, 그들에게

---

7) 체험학습은 봉사 학습을 포함한 포괄적 의미를 갖고 있는 데 반해, 봉사 학습은 구체적으로 다음과 같은 특성을 갖는다. ① 봉사 학습은 학생들의 일차적인 동기가 봉사활동이라는 점에 초점을 두고 있다. ② 학생들은 봉사활동 자체를 통하여 그리고 그러한 봉사활동의 경험에 대한 비판적 숙고 활동을 통하여 학습하게 된다. ③ 학생들이 자신들의 학습을 위한 교육 전략을 교사들과 함께 짠다는 점에서 민주적이다.

실생활의 경험들과 기회들을 제공하여 구체적으로 관련시키는 것이다. 즉 봉사 학습은 'Town'과 'Gown'의 격리에 교량을 놓는 하나의 방식이다(Lisman, 1998 : 41).

일찍이 아리스토텔레스가 갈파한 바와 같이, 우리 인간은 정의로운 행동을 함으로써 정의롭게 되고, 정직한 행동을 함으로써 정직한 사람이 되는 것이다. 듀이Dewey도 "인간학습의 본질은 실제로 해 봄으로써 가장 잘 배운다(learning by doing)는 것이다"라고 했듯이 봉사활동 학습은 선에 대해 알고 배운 것들을 직접 실천해 볼 수 있는 다양한 기회들을 제공해준다는 점에서 그 의의가 크다고 할 수 있다. 원래 봉사활동 학습의 중요성은 듀이와 그의 제자이자 진보주의 운동의 리더였던 킬패트릭(Kilpatrick, 1918) 등에 의해 시민성 교육, 경험 교육의 차원에서 꾸준히 강조되어왔다. 경험교육은 학습자들에게 능력의 향상과 공동선을 증진하기 위한 환경과의 상호작용을 통한 학습, 그리고 교육의 총체적인 부분으로서 경험의 효율적 사용에 강조점을 부여한다고 할 수 있다. 여기에 킬패트릭이 '프로젝트 방법project method' 사용을 제안함으로써 봉사활동의 중요성이 더 강조되었다고 할 수 있다. 이러한 봉사활동 학습은 도덕적 행동을 실천하기 위한 직접적인 기회를 제공해준다.

봉사 학습은 실용주의 및 경험주의 교육사상의 관점에서 이해되어야 한다. 봉사 학습은 타인에 대한 봉사라는 가치를 표현하는 경험주의 교육철학이다. 존 듀이는 학교가 유용한 기관으로 기능하기 위해서는 사회적 시설로서 성격을 가지고 지역사회와 밀접히 결합되어야 한다고 주장하여 교육의 사회적 성격을 분명히 하였다. 그리하여 지역사회 학교라는 새로운 학교 개념이 형성되기에 이르렀다. 이제 대학은 더 이상 고매한 상아탑으로 머물러 있지 않고 사회적 요구에 따라 사회에 봉사하며 사회를 변화시키는 사회적 기능을 요청받고 있다. 동시에 봉사 학습은 경험의 재구성과 성장이라는 봉사와 학습의 동시적인 효과를 거두는 데 그 목표가 있으며, 행동에 의한 학습 혹은 경험에 의한 학습이라는 교육적 가치를 중시하는 경험교육 철학에 근거하고 있다.

봉사 학습의 교육철학은 교육이 반드시 사회적 책임감과 연관되어야 하며, 가장 효과적인 학습은 의미 있는 방식으로 능동적으로 경험과 연관되어야 신념에 기초하고 있다. 교육철학자 듀이가 말한 대로 그것은 교육 및 민주주의의 근본으로서 협동적이며 연관된 삶, 학습목표의 구성에 있어 학생들의 적극적인 참여의 필요성, 학습 과제의 해결에 있어서 협동의 필요성, 교육적인 경험의 극대화 및 비교육적 경험의 극소화, 지적 발달 및 사회적 발달의 중요성, 학습한 것과 개인의 경험 사이의 유기적인 관련성, 타인의 복리 증진을 지향하는 행동의 가치 등과 관련된다. 처음에는 봉사로 시작하였지만 땀 흘리는 노작과정을 통한 인격의 변화와 육체적 노동의 체험을 갖게 되는 '존재의 학습'을 하게 된다. 봉사는 성적이나 점수에 반영하는 것이라는 의미보다는 인간으로서 '존재적 의무임'을 깨닫게 해주어야 한다. 즉 봉사 학습을 통해 아동들이 다른 사람을 위해서, 그리고 우리 자신을 위해서 의미 있는 활동을 해야 할 권리가 있다는 차원에서 봉사활동을 받아들이는 교육을 해야 한다. 이렇게 될 때만이 자신과 타자에 대한 진정한 배려의 의미에서 봉사활동이 진행될 수 있다.

이런 철학에 기반한 프로그램으로서의 봉사 학습은 학생들에게 그들이 속해 있는 지역사회 및 전체사회에 대해 의미 있는 봉사활동을 제공해주는 것과 함께 그러한 봉사활동에 관련된 것들에 대해 숙고하고 연구하는 것을 동시에 이루는 여러 목적을 가진 방법을 포함하고 있다(추병완, 1999 : 388).

① 봉사 학습은 지역사회의 실질적인 요구들을 충족시키며, 학교와 지역사회가 서로 협력하여 상호작용할 수 있도록 매우 사려 깊게 조직된 봉사활동 경험들에 대한 학생들의 능동적인 참여를 통하여 학생들이 학습하도록 고무해주는 방법이다.

② 봉사 학습은 교육과정 속에서 통합되었거나 학생들이 실제로 행한 봉사활동, 그리고 봉사활동을 하면서 보았던 것에 대하여 생각하고, 말하고, 글을 써보도록 하기 위하여 구조화된 특정 시간을 제공해주는 방법이다.

③ 봉사 학습은 학생들에게 새로이 터득한 기능들과 지식들을 그들이 속해서 살고 있는 지역사회의 실제적 상황들 속에서 활용할 수 있는 기회들을 제공해주는 방법이다.

④ 봉사 학습은 교실과 학교를 넘어 지역사회로까지 학생들의 학습을 확대시킴으로써 학생들이 학교에서 배운 것을 더욱 고양해주고, 다른 사람들에 대한 배려감의 발달을 조장하도록 도와주는 방법이다.

이런 봉사 학습은 봉사활동을 학습과 연계시킴으로써 학습자 자신을 변화시킴은 물론 그러한 봉사활동의 수혜자라고 할 수 있는 학교 및 지역사회에 의미 있는 변화를 가져오는 활동의 성격을 갖는다. 이런 점에서 봉사 학습은 자원봉사활동과는 명백하게 구분된다. 봉사 학습은 여러 사회적 관계영역에서 모색되고 있는 새로운 사회협약의 맥락에서 이해되어야 한다(Giddens, 2000 : 24). 새로운 사회협약은 인간이 한 때 자연과 맺었던 것과 동일한 관계를 사회와 맺는 상황을 재창출함으로써 이기심과 불평등을 제거하는 것이다. 새로운 사회계약은 시민 교육을 통하여 새로운 시민, 곧 자연인 또는 전인을 키워냄으로써 가능하다. 따라서 봉사 학습의 사상적 배경은 전인을 지향하는 시민 교육이다. 이는 새로운 사회계약 공동체를 지향하는 루소의 자연교육사상과 그리고 지역사회 사회문제 중심의 학습을 강조하는 듀이의 경험학습의 교육방법에 근거한 전인교육이며 시민 교육이라고 할 수 있다. 봉사 학습은 단순히 노동력의 필요에 의하여 자원봉사활동을 하게 하는 것이 아니라, 새로운 사회를 가능하게 하는 전인으로서 자기능력을 완성시키기 위한 시민 교육의 일환이다. 이는 사회적 관계 영역에서 제기되고 있는 경제적 · 사회적 관점의 통합 모색의 맥락으로 이해되어야 한다.

이런 시민 교육의 의미를 갖는 봉사 학습service learning은 자원봉사활동voluntarism과는 달리 학습과 긴밀하게 연계되고, 그 학습과정에서 숙고와 성찰의 기회를 갖게 한다(Fertman, 1994 ; Kraft, 1996). 즉, 봉사학습은 학생들이 학교나 지역사회에서 봉사활동을 전개하고, 그러한 경험들에 대해 숙고하고 반성해보는 일련의 학습과정을 요구한다. 봉사 학습은 일보시를 통해 남에게 도움을 줌으로써 동정, 이타심, 헌신 등의 공민의식을 함양시키는 협소한 봉사로 끝나는 것이 아니다. 봉사학습은 봉사의 대상에 대한 비판적 의식을 갖게 하는 등 복지제도에 대한 비판적 인식을 길러주는 시민의식을 갖게 하는 혁신적 목적으로 발전하게 된다. 봉사 학습은 소극적 봉사정신의 내면화를 위한 '약한 민주주의'가 아니라, 자기 힘의 강화, 집단적 문제 해결, 타인의 이해결정 등의 강한 민주주의 과정을 요구한다(Lisman, 1998 : 89-115, 117-126).

그리고 봉사 학습은 봉사의 대상에 대한 비판적 이해, 구체적 봉사 활동, 봉사의 결과에 대한 평가, 그리고 정부나 기관에 정책적 대안 제시를 하는 과정까지 나아간다. 이렇게 되면 일 봉사만 하는 수동적 봉사가 아니라, 봉사에 대한 정치적 이해와 의미까지 학습하는 정치 교육으로 발전하는 것이다. 즉, 봉사 학습을 통해 시민이 필요로 하는 민주적 성향(태도)을 함양한다. 봉사의 의미를 올바로 체득하게 하는 시민 교육적 봉사 학습은 사회적 책임, 지역사회 참여, 정치적 소양과 문해력 등을 갖추어야 한다(Pearce and Hallgarten, 2000).

이렇게 시민을 봉사와 헌신만 하는 수동적 시민이 아니라, 봉사 대상에 대한 비판적 의식까지 체득하는 적극적 시민으로 성장시키는 민주시민 교육으로서 봉사활동이 이루어지게 된다. 나아가 봉사활동을 통해 봉사 대상에 대한 현실인식을 갖게 하는 동시에 대안을 모색하면서 정책을 제시하는 활동하는 과정으로 발전하는 정치학습political learning의 단계까지 나아간다. 이러한 봉사활동의 영역 확장은 도움을 주는 일 자체로 끝나는 봉사활동 행위 자체를 넘어서, 봉사 대상에 대한 객관적 이해 등 현실의 학습을 통해 국가적 차원의 높은 정치학습으로까지 나아간다. 이렇게 자선적 성격의 봉사활동에 머물지 않고 정치적 차원의 시민 교육으로 발전하는 봉사 학습의 성격을 갖게 된다. 이것은 그동안 자원봉사활동이 해결하기 어려운 문제였던 사회적 과제나 공공부문의 문제를 보다 적극적으로 사회문제로 제기하고 공론화하면서 국가와 지방자치단체 차원의 해결방안을 모색하는 사회개혁적 역할을 담지하는 활동으로 확장된다. 이런 봉사 학습은 새로운 강력한 방식의 시민 운동과 시민 교육으로 제창된 것이다. 봉사활동(실천)과 사회개혁(운동)이 결합한 것이다. 이런 식의 봉사 학습을 두고 많은 학자들은 지체되고 있는 오늘의 민주주의와 시민 교육을 한 단계 도약시키는 계기가 될 것으로 보았다.

이렇게 봉사 학습은 아동들을 '백지상태'와 같은 의존적이고 수동적인 존재로 상정하는 전통적인 사고방식과의 단절을 요구하고 있다. 즉, 봉사 학습은 아동들을 가정과 학교 그리고 지역사회의 실질적 문제들을 해결해나가는 적극적인 존재, 혹은 신뢰할 수 있는 교육적 자원으로서 인정함으로써 단편적인 지식 전수에 급급한 현재의 학교구조를 변화시킬 수 있는 혁명적인 잠재력을 지니고 있다.

우리는 아래 표에서 자원봉사활동과 봉사 학습의 대조적 특징을 보게 된다. 자비심의 개발에 목적을 두는 것(양로원 봉사, 장애자 봉사 등)과 변화(개혁)에 목적을 두는 것(장애시설에 대한 조사와 분석 등), 두 방식은 전혀 다른 도덕적 · 정치적 · 인지적 목적들을 갖고 있다.

첫째, 도덕적 측면에서 전자는 다른 사람들에게 도움을 주는 것(gi-

| | 도덕적 목적 | 정치적 목적 | 지적인 목적 |
|---|---|---|---|
| 자원봉사활동(개인의 인격 형성) | 도움을 줌, 자선 | 시민의 의무, 사회화, 약한 민주주의 | 부가적 경험(이타심, 헌신 등) |
| 봉사 학습(개인과 사회의 변화) | 배려적 관계, 정의 | 사회적 재건, 정치참여, 강한 민주주의 | 개혁적 목적, 비판, 숙고, 성찰 |

ving)을 지향하고 있는 반면, 후자는 도움을 주고받는 사람들 사이의 관계를 심화시키는 배려적 관계caring를 지향하고 있다. 봉사 학습은

도덕적 행동의 실천을 강조하기 때문에 배려의 관점에서도 중요한 가치를 가진다. 배려를 실천하면 돌봄의 행위를 통해 다른 사람들을 잘 보살필 수 있다. 학생들이 보살핌의 행위를 잘 실천하기 위해 어른들과 함께 보살피는 행위에 참여해야 한다(Noddings, 1995 : 191). 봉사 학습은 인간의 상호의존성 그리고 나눔과 베풂의 가치를 직접 체험하게 해줄 뿐만 아니라 이겨야 하는 경쟁 대상자가 아니라, 더불어 살아가야 하는 동반자로 상대방을 인식하게 해준다.

둘째, 정치적 측면에서는 정치사회화 혹은 유능한 시민의 개념을 각기 바른 방식에서 해석하고 있다. 전자는 학생들이 민주사회에서 유능한 시민으로 성장하기 위해서 이타심의 중요성을 인식하고, 편협한 이기심이 지닌 위험들을 경험해볼 수 있는 다양한 기회들을 가질 것을 지향한다. 반면, 후자는 봉사 학습이 학생들로 하여금 사회적 문제들이나 조건들에 대한 비판적 숙고의 기회를 제공하고, 정치참여의 기능들을 지니게 하며, 사회적 연대를 형성하게 하는 계기가 되어야 한다고 본다. 전자가 '약한 민주주의(weak democracy : 개인에게 자기이익과 최대의 기회 부여, 작은 정부, 자아실현과 자율성, 소비자권리, 애국심 등을 강조)'에 의미를 둔다. 반면, 후자는 학생들의 적극적 참여를 통하여 '강한 민주주의(strong democracy : 신자유주의 거부, 공공선과 참여민주주의, 교육의 기회균등 등을 강조)'를 만들어가는 데 목표를 두고 있다. 시민성은 '자기이익'의 관점으로 볼 때 '약한 민주주의weak democracy'로 해석되고, '공공선'의 관점으로 볼 때는 '강한 민주주의strong democracy'로 해석된다(Lisman, 1998).

셋째, 지적인 측면에서는 전자가 학교에서 배운 지식들을 실천해보기 위한 부가적 경험을 제공해주는 데 반해, 후자는 봉사활동 행위 자체와 비판적 탐구를 경험함으로써 교과지식은 물론 특정한 사회적 쟁점들에 대한 지식들을 변형시키는 역할을 하게 된다. 봉사 학습은 학생들로 하여금 다양한 발달적, 사회적 기능들을 지닐 수 있게 해준다. 학생들이 자존심, 감정이입, 비판적 사고력, 문제 해결 능력을 기르고 갈등 해결 기능, 협동 기술, 사회참여 기능 등과 같은 다양한 사회적 기능들을 지닐 수 있게 해준다.

넷째, 우리 사회는 대부분 전자에만 목표를 지향하면서 배타적으로 자비심(자선) 혹은 이타성의 개발에만 치우치고 있는 실정이다. 더구나 자원봉사활동의 목적이 학생들의 성장에만 초점을 맞추고 있어 정작 도움을 받게 되는 사람들의 성장과 발달에 대해서는 매우 소홀히 하고 있다. 그러기에 봉사활동을 하는 학생들의 성장 및 발달과 더불어 봉사활동 수혜자들과 지역사회 전체의 복리 증진에 기여함으로써 실질적인 변화를 가져오게 할 때 봉사 학습의 진정한 목적이 달성될 것이며, 엄청난 시너지 효과를 낼 수 있을 것이다.[8]

## 5. 봉사 학습의 실행 원리와 절차

### 1) 봉사 학습의 실행 원리

① 학생들의 봉사 학습을 계획할 때 실행될 지역사회의 요구사항들을 우선적으로 고려해야 한다.

② 봉사 학습의 목적은 학생 자신은 물론 수혜자들의 봉사활동 능력

---

8) 장애활동봉사와 함께 장애환경에 대한 학습, 휴지줍기운동과 환경교육을 함께 하면 되는 것이다.

을 고양시키는 상호 발달에 있다. 기존의 봉사활동은 호혜적 학습이 되지 않지 않고, 학생들의 성장과 발달에만 일방적으로 치우쳤기에 봉사활동의 제공자와 수혜자들은 상호존중과 적극적 이해, 비억압적 관계 형성을 하면서 상호 간의 협동적 발달과 성장을 도모할 수 있어야 한다.

③ 학습목표들을 명확하게 정의할 필요성이 있고, 미리 의도하지 않았던 학습상황에 대처할 수 있는 사려 깊은 숙고와 공동노력이 필요하다.

④ 봉사활동은 학생들에게 해볼 만한 가치가 있는 창의적이고 도전적인 것으로 여겨져야 한다. 봉사활동은 학생들의 요구와 관심에 부합해야 하며, 적절한 도전의욕을 불러일으킬 수 있는 계기가 되어야 한다.

⑤ 봉사 학습은 봉사활동의 참여 시간에만 한정하지 말고 구체적인 활동에 맞추어져야 한다.

⑥ 배려와 보살핌의 능력을 위해 인격의 세 측면, 즉 인지, 정서, 행동 모두의 동시적 실행을 통한 학습이 요구된다. 봉사 학습은 이를 효과적으로 습관화시킬 수 있는 방법이다.[9]

⑦ 모든 학생이 집단적으로 봉사 학습에 참여하도록 한다.

⑧ 봉사 학습이 모든 교과에서 범교과적으로 시행될 때 더욱 효력을 발휘한다.

---

9) 이런 점 때문에 '배려를 위한 교육'뿐 아니라 '인격 교육' 운동에서도 봉사 학습을 도덕교육의 중요한 수단으로 활용할 것을 강력하게 권고하고 있다.

## 2) 봉사 학습의 실행 절차

봉사 학습에는 '계획·실시·반성'의 과정을 반복하는 실천 연구의 순환과정a spiral of action research이 필요하다. 이때 실천이라는 것은 기술적인 실천을 하면서도 해석하고 반성(성찰)하는 실천을 동반한다. 이 가운데 각각의 특수한 맥락 속에서 실천적 지혜(맥락적 지혜)를 발현해보는 과정, 그리고 비판적·반성적 실천을 통해 이루어지는 해석과 분석의 과정이 요구된다. 이때 교사도 스스로 사고하고 행동하는 주체로서 사려 깊은 반성(성찰)적 실천을 하고, 모든 학생들도 그러한 과정에 함께 참여한다.

### 계획, 준비 그리고 학습

준비단계는 봉사 학습을 위한 구체적인 활동들을 특정한 학습 결과들과 연관시키며, 나아가 그러한 활동들을 학생들이 수행할 수 있도록 준비시키는 데 그 초점을 맞추고 있다. 봉사 학습을 위한 구체적인 활동들을 특정한 학습목표들과 연관시키는 것은 두 가지 방법을 통해 이루어진다. 이 방법은 교사들의 역할에 큰 변화를 가져오게 된다. 즉, 교사는 학생들에게 '정보를 나누어주는 사람'으로부터 '실생활을 위한 정보 해석자'로 바뀌게 된다.

- 어떤 특정한 학습결과를 지향하는 가운데 특정한 봉사의 초점이나 주제, 그리고 활동을 가지고 시작한다. 학교나 교실의 봉사활동 학습주제들은 집단활동의 조직 및 조형을 안내해주기 위하여 설정된다. 그러한 주제는 참가자들의 노력들에 초점을 맞추는 것을 도와준다.[10]
- 보조적인 봉사활동을 개발하기 위하여 특정한 학습 결과나 활동을 가

지고 시작한다. 하나의 구체적인 학습 결과를 가지고 시작하며, 그러한 학습 결과에 도움이 되는 보조적인 봉사활동을 고안해낸다. 이러한 경우 학습 결과들과 관련된 지식이나 기능들은 봉사활동을 통해서 나타나게 된다. 따라서 이때의 학습은 단순히 교실수업으로만 끝나는 것이 아니다. 학생들은 지역사회라는 무대 속에서 그들이 배운 것을 계속 적용해보게 되는 것이다.[11]

봉사 학습에 있어 지역사회는 교사들에게 하나의 확대된 교실과 같은 것이 된다. 그러므로 교사들은 봉사 학습이 단순히 학생들에게 자원봉사활동을 연결시켜주는 것이 아님을 명심할 필요가 있다. 봉사 학습은 교육과정의 내용들과 자발적인 봉사 활동들을 결합함으로써 교사들에게는 그러한 경험으로부터 중요한 학습을 구성해나갈 수 있는 기회들을 제공준다. 반면 학생들에게는 자신들의 경험에 대해 반성해볼 수 있는 기회들을 제공해준다. 교사들은 봉사 학습을 준비하는 과정에서 봉사활동을 위한 기능들을 학생들에게 제공해주고, 그에 필요한 기능들을 훈련시키며, 역할놀이 등을 통해 활동중에 일어날 수도 있는 문제점들에 현명하고 신속하게 대응할 수 있는 방법들을 체험해보도록 하는 것이 좋다.

학생들은 각자의 봉사활동 기간 중에 구체적으로 어떤 활동을 하며, 무엇을 배우게 되는지에 대한 명확한 감각을 지니고 있어야 한다. 학

---

10) 예를 들어 봉사 학습의 주제가 무주택자들을 도와주는 것이라면 학생들은 무주택 현상에 대해 어떻게 대처해왔는지에 대하여 논의해봄으로써 무주책 현상에 대하여 학습할 수도 있다.
11) 예를 들어 지역사회의 재활용센터나 공원에서의 과학수업, 지역사회의 119 긴급구조대에서의 체육수업 등은 좋은 예이다.

생들은 봉사활동을 실행하는 방법, 자신들의 활동을 통해 혜택을 입게될 사람들, 지역사회 주민들의 실제적인 요구사항들, 자신들의 활동과 관련된 사회적 상황들, 봉사활동의 장소에 대한 정보, 봉사활동 중에 일어날 수도 있는 문제점 등에 대하여 미리 잘 알고 있어야 한다.

### 봉사활동과 실행

봉사 학습의 두 번째 단계는 봉사활동을 하는 것 바로 그 자체이다. 지역사회에 뿌리를 두고 있는 봉사는 '행위를 통한 학습'이다. 민주주의 사회에서 시민으로서 자신의 역할을 적절하게 준비하려면 좀 더 넓은 지역사회에 관심을 기울여야 한다. 봉사활동은 학생들에게 도전적이고, 의미 있고, 흥미로운 것이어야 한다. 또한 그러한 활동들은 실제적인 필요성을 지니고 있어야만 한다. 봉사활동은 직접적인 봉사활동, 간접적인 봉사활동, 시민적 행동 등 세 가지 유형으로 실행된다.

### ① 직접적 봉사활동

학교 밖의 직접적 체험은 학교교육의 중요한 구성요소이다. 그것은 주로 도움이 필요한 사람들과의 직접적인 인간적 접촉을 통해서 이루어진다. 예컨대 학생들이 양로원을 방문하여 학교에서 배운 무용을 노인들에게 가르쳐주는 활동을 통해 인간의 노화과정에 대해 실제적인 지식을 가질 수 있다. 동시에 학생들은 노인들과의 지속적인 만남을 통하여 하나의 인간관계를 형성하게 되고, 그 속에서 자신들이 노인들의 삶에 있어 어떤 기여를 하게 되었는지를 그들 스스로 생생하게 평가해볼 수 있는 기회들을 가질 수 있다. 이렇듯 스스로 인지된 일종의 자기강화는 봉사 학습의 성과를 더욱 높여준다.[12]

## ② 간접적 봉사활동

도움이 필요한 사람들과의 직접적인 접촉 대신, 그러한 문제 해결에 도움을 줄 수 있는 다양한 경로들에 학생들을 접하게 하는 것이기 때문에 상대적으로 활동들을 계획하기가 매우 용이하다. 이러한 간접적인 봉사활동에는 수재민을 위한 성금 및 구호품 모으기, 낙후지역 아동을 위한 교과서 및 참고서 모으기 등 매우 다양한 활동들이 포괄된다.[13]

## ③ 시민적 행동

시민적 행동은 민주적 시민성에 대한 적극적이고 능동적인 참여를 강조한다. 사회적 변화나 정치적 캠페인을 위해 조직을 하는 등의 봉사 기회에 참여함으로써 지역사회에 참여하도록 한다. 시민적 행동은 두 가지 활동을 포함해야 한다. 즉 중요하게 여겨져야 할 문제들에 대해 지역사회의 시민들에게 알려주는 것이고, 동시에 그런 문제를 해결하기 위하여 직접 활동하는 것이다. 학생들은 지역사회에 있는 향교 등과 같은 문화재에 대한 실태조사를 통하여 지역 행정관서에 보다 적극인 문화재 보호 활동을 촉구할 수도 있다. 그들은 또한 학생들의 약물복용, 음주, 흡연 등과 같은 문제들에 대해 학부모들의 관심을 촉구하기 위하여 가두 캠페인을 전개할 수도 있다. 학생들이 이러한 시민적 행동에 전심전력을 다해 능동적으로 참여한다면 새로운 정책 수

---

12) 봉사활동은 참가자의 수에 따라 개별적인 봉사활동과 집단적인 봉사활동으로 구분될 수 있다.
13) 간접적인 봉사활동의 단점은 학생들이 그들의 도움을 필요로 하는 사람들을 직접적으로 접할 수 없다는 데 있다. 그러므로 학생들은 즉각적인 강화나 피드백을 받을 수 없는 약점이 있다.

립 등과 같은 긍정적인 정치적 변화를 가져오게 할 수도 있다.

### 대화, 반성, 숙고 그리고 대안 제시

성찰은 봉사활동과 학습을 통합하는 것으로서 자원봉사활동과 구별 짓는 매우 중요한 요소이다. 봉사활동의 경험에 대하여 성찰해보는 것은 학생들로 하여금 그들의 노력이 지니고 있는 의미와 효과를 이해하는데 도움을 주며, 그들이 학습한 것과 그들이 실제로 행한 것을 연결시켜주는 데 도움을 준다. 학생들은 실제로 그들이 행한 봉사활동 경험에 대하여 곰곰이 생각해보고, 숙고해보아야 한다("나는 무엇을 하고 있는가?" "이 활동을 통해 내가 배우고 있는 것은 무엇인가?"). 숙고민주주의를 획득하는 '말하는 것'을 통한 학습은 봉사가 단순히 학교교육의 핵심이 되어야 한다는 것을 거부하며, 그 대신에 공공선이 무엇인지를 숙고한다.

교사와 학생은 일종의 대화식 일기나 기록한 내용물을 통해 함께 서사narrative를 만들고 이를 통해 서로의 경험(체험)에 대해 비판적으로 반성할 수 있는 가능성을 열어놓는다. 이런 교육적 상황에서는 학생과 교사 서로 간에 다양하고 풍부한 종류의 살아 있는 도덕적 상황, 도덕적 지식, 그리고 도덕적 의식과 가치관들이 상호 교환됨으로써 반성 및 성찰의 습관화를 지닐 수 있게 된다. 이 때 성찰의 과정에는 봉사의 현장을 한걸음 물러나는 비판적 거리둠의 자세로 분석하고 비평하며 해석하는 비판적 성찰이 있고 그리고 봉사활동의 현실에 더욱 심층적으로 다가가는 내적 체험을 숙고하는 정서적 상상력이 작용하는 감정이입적, 주관적 성찰도 요청된다.

학생들로 하여금 반성 및 성찰의 기회를 갖도록 하는 것은 그들의 자아감을 깊고 넓게 해주고, 그들 자신의 삶과 봉사 학습이 연관될 수 있도록 해준다. 봉사활동을 통해 학교에서 배운 것들과 봉사활동을 통해 야외에서 배운 것들이 상보적이 될 수 있어야 한다. 자신들의 봉사 활동 경험에 대한 지속적이고 비판적인 반성 및 성찰 활동을 통하여 학생들은 반성 및 성찰의 습관을 지닐 수 있다. 이러한 반성 및 성찰의 습관들은 학생들의 도덕적 무관심과 나태를 막아줄 수 있는 매우 중요한 인격의 근본이 된다. 학생들이 반성과 성찰을 하면서 느낀 스치는 생각이나 대안들을 나중에 제시할 수도 있다. 이런 생각은 보고서를 작성하거나 정책 제언을 할 때 도움이 될 것이다.

### 축하와 축제

축하활동은 봉사활동에 관련된 모든 사람을 위한 것이 되어야 한다. 학생들은 지식의 획득과 적용, 학습과 봉사의 결과들에 대해 스스로 자축하는 기회를 가져야 한다. 학생들은 그들이 봉사활동을 통해 얻은 것들을 지역사회 주민들, 부모님들, 선생님들, 그리고 그들의 봉사활동에 관련된 그 밖의 모든 사람들과 함께 나누어야 한다. 예컨대 봉사활동에 대한 감상문 전시회, 봉사활동 경험을 담은 사진 전시회를 할 수도 있고, 학생들의 봉사활동을 통해 혜택을 입은 사람들을 학교로 초청하여 학생들에게 감사의 글이나 말을 들려주는 활동을 하는 등 매우 다양한 방법들을 통해 축하 활동이 이루어질 수 있다. 이러한 축하 활동을 지역사회의 모든 사람이 참여하는 축제 형식으로 전개할 수도 있다. 지역사회 주민들의 감사 표현과 학생들의 소감 등을 교환하는 토론의 장을 마련할 수도 있다. 축하 활동이 단순히 학생들만의 것이 아닌, 지역사회의 모든 성원이 참여하는 축하 활동이 될 때 학생들이 그들의 봉사활동에 대해 느끼는 보람과 가치는 그만큼 커진다. 그러므로 축하활동은 서로를 따뜻하게 보살피고 격려해주는 학교 문화와 지역사회 문화를 창조하는 데 도움을 줄 수 있다.

### 보고서 작성과 정책 제언

학생들의 행동, 실천, 그리고 실행 업적에 대한 주의깊은 자기평가 활동을 담은 보고서를 작성해야 한다. 학생들은 자신들의 봉사활동에 대한 포트폴리오를 만들 수 있다. 봉사활동을 하면서 활동 그 자체로 끝나는 것이 아니라, 반성과 숙고를 통한 보고서를 작성하며 봉사활동에 대한 종합적 평가를 담은 보고서를 작성할 필요가 있다. 그렇게 해야 의미 있는 봉사활동이 될 수 있다. 동시에 봉사활동을 하면서 국가나 공공단체에서 정책적으로 시행할 수 있는 제안들이 생길 수 있다. 장애 봉사활동을 하면서 장애 정책에 대한 제언을 구안할 수도 있고, 휴지 줍는 활동을 통해서도 도로환경 정책에 대한 제언을 건의할 수도 있다.

## 6. 봉사 학습의 효과

첫째, 학생들의 학습에 대한 호기심, 학습동기, 학업성적을 향상시켜준다. 지적 발달 및 교과 학습의 측면에서 볼 때 봉사 학습은 의견의 표현, 읽기, 셈하기 등과 같은 기본적인 학습능력들을 향상시켜준다. 나아가 교과서나 수업에서는 다루어지지 않지만 누구나 꼭 알아야 될 중요한 것들에 대한 통찰력과 판단력, 이해력을 증진시킨다.

둘째, 개방성, 의사소통(경청과 설득 능력), 문제 해결 능력, 비판적 사고와 비판적 숙고 및 이해 능력 등 고등사고 기능들을 발달시킨다.

셋째, 학생들이 사회적 이슈들의 배후에 있는 기저의 문제에 대해 더욱 진지하게 접근하도록 한다. 학생들은 도대체 사회의 중요한 결정들이 어떻게 만들어지는 것이며, 제도적 결정들이 인간의 삶에 어떤 영향을 미칠 것인가에 대해 더욱 민감해진다. 그리고 학생들은 그들의 노력이 자신들이 살고 있는 사회 속에 어떤 긍정적인 변화를 가져올 수 있다는 것을 깨닫게 된다.

넷째, 개인적 성장 및 발달의 측면에서 볼 때 봉사 학습은 학생들의 자존감과 자아 개념 그리고 개인적 효능감을 고양시키며, 자아 발달 및 도덕적 판단력의 발달을 촉진해준다. 그리고 학생들이 서로 따뜻하게 보살펴주는 학교 문화를 창조하게 된다. 또한 봉사 학습은 실행과정에서 배려의 습관을 형성하는 데 유익하다. 학생들은 자신들의 도움을 필요로 하는 사람들에게 숭고한 봉사를 제공함으로써 협동과 상호신뢰, 배려와 감정이입 등의 다양한 경험을 쌓게 된다. 또한 봉사활동학습은 학교에서 배운 지식들을 자신 및 다른 사람들을 위해 실천해볼 수 있는 기회를 제공해줌으로써 상호신뢰와 협동, 참여와 배려, 민주적 의사결정 등에 기반을 둔 새로운 학교 문화를 창조할 수 있게 해준다.

다섯째, 학생들에게 협동과 봉사의 윤리, 시민적 책임감, 상호협동과 신뢰 등 시민적 태도를 함양시킨다. 학생들은 실제적 문제들에 직면하여 다른 사람들과 더욱 협력적으로 일할 수 있는 방법들을 배우게 된다. 사회적 성장 및 발달의 측면에서 볼 때 봉사 학습은 사회적 책임감, 타인들의 복리에 대한 적극적인 관심, 정치 효능감, 시민적 참여 능력, 사회적·문화적 다양성 등에 대한 인식 능력을 향상시킨다.

여섯째, 성인들로 하여금 학생들이 단순한 의존적 존재가 아니라, 그들 스스로 사회에 기여할 수 있는 '유능한 예비 민주시민'임을 인식할 수 있는 기회를 제공해준다. 지역사회는 학생들로부터 가치 있는 봉사활동을 받음으로써 지역사회의 요구사항들을 부분적으로 충족시킬 수 있으며, 장차 지역사회를 이끌어나갈 책임감 있고 유능한 민주시민들을 확보할 수 있다.

일곱째, 학교와 학부모는 지역사회의 동반자 관계를 형성하고, 학생들에게 진정한 실생활의 경험들을 제공해줄 수 있게 된다. 학부모들은 봉사참여를 통하여 학교교육에 능동적으로 참여할 수 있다. 학교는 학부모와 지역사회의 협력 및 참여를 이끌어내게 되고, 자신들의 학습에 대해 책임감 있고 학습 열의로 가득한 학생들을 교육하게 되며, 협동적인 분위기와 더욱 풍부해진 교육과정, 학생들의 수행성에 바탕을 둔 평가 등을 통하여 교육적 수월성을 추구하게 된다.

여덟째, 학생들에게 삶의 방향과 직업 탐색의 기회를 제공해준다. 봉사활동과 관련된 직업에 대한 지식 획득 및 탐색 능력을 갖게 된다. 봉사활동은 학생들에게 사회의 다방면에서 다른 사람들을 위해 봉사하는 훌륭한 성인 역할 모델들을 접할 수 있게 해준다. 학생들은 봉사활동 장소에서 매우 긍정적인 성인 역할 모델들과의 상호작용을 통하여 도덕적 생활의 참모습을 직접 관찰할 수 있는 기회를 갖게 된다. 봉사활동은 유덕한 성인들과의 만남의 장을 제공함으로써 학생들이 그러한 모델들을 모방하고 동일시할 수 있게 해준다.[14]

---

14) 어떤 학생이 병원의 응급실에서 환자들을 돌보는 봉사활동을 하는 경우, 그 학생은 자신의 봉사활동 못지않게 열심히 환자들을 돌보는 의사나 간호사들과의 지속적인 만남과 상호작용을 통하여 그들의 행동을 모방하고 동일시할 수 있는 다양한 기회를 접할수 있게 된다.

아홉째, 학교 개혁의 차원에서 볼 때 봉사 학습은 암기식 학습을 진정한 학습으로 대체시켜준다. 교사들은 단순한 지식의 제공자에서 탈피하여 학생들의 학습을 촉진시키는 촉진자 역할을 수행할 수 있게 한다. 봉사 학습은 학교에서 배운 지식들을 자신 및 다른 사람들을 위해 실천해볼 수 있는 기회를 제공해줌으로써 상호신뢰와 협동, 참여와 배려, 민주적 의사결정 등에 기반을 둔 새로운 학교 문화를 창조할 수 있게 해주고, 동시에 권위주의적이고 경쟁적인 현재의 학교 문화를 개선해나갈 수 있는 실질적인 계기를 마련해줄 것이다. 학생들의 학습 반경을 학교 건물을 뛰어넘어 지역사회로까지 확대함으로써 지역사회 전체를 하나의 학습공동체로 만들 수 있다. 교사들과 학교행정가들 사이에 협력적인 분위기를 만들어냄으로써 협동에 바탕한 새로운 학교 문화를 창조하게 한다.

끝으로 봉사활동의 수혜자들 혹은 지역사회의 측면에서 볼 때 봉사 학습은 수혜자들의 당면 문제점들을 해결해주고, 그러한 문제들을 해결해나갈 수 있는 능력들을 지니게 해준다. 또한 지역사회는 지역주민들의 개인적 혹은 집단적 요구 사항들을 해결할 수 있는 소중한 기회를 갖게 된다.


## 7. 제4의 물결로서의 봉사 학습의 전망

봉사 학습은 학생들을 '백지상태'와 같은 의존적이고 수동적인 존재로 상정하는 전통적인 사고방식들과의 단절을 요구하고 있다. 즉, 봉사 학습은 학생들을 가정과 학교 그리고 지역사회의 실질적 문제들을 해결해나가는 적극적인 존재, 혹은 신뢰할 수 있는 교육적 자원으로서 인정함으로써 단편적인 지식 전수에 급급한 현재의 학교구조를 변화시킬 수 있는 혁명적인 잠재력을 지니고 있는 것으로 평가되고 있다. 그래서 21세기에 들어 봉사 학습운동은 '제4의 물결'로서 관심을 끌고 있고, 학교교육개혁운동에 있어 '잠자는 거인'으로 비유되기도 한다.

우리나라에서도 얼마전부터 '봉사활동'을 필수적인 교과 외 활동으로 설정하여 학생들의 종합생활기록부에서 중요한 평가자료의 하나로써 대학입시를 위한 내신성적으로 활용하고 있다. 그러나 우리나라의 봉사활동은 아직 교과 학습과의 유기적인 연관성이 매우 취약하다. 이런 현실에서 봉사활동은 새로운 접근과 발상의 전환을 요구한다. 그렇다면 학생이 점수 따는 수단으로 되어 있는 봉사활동이 아닌 봉사와 학습이 결합된 진정한 봉사 학습체제를 갖추어야 한다. 우선 봉사활동의 주체 양성을 위해 학교교사부터 봉사 학습을 할 수 있는 전문적 봉사대원을 모집해야 한다. 그리고 이 활동을 함께 할 수 있는 학부모 봉사대를 모집해야 한다. 또한 학생들에게는 봉사활동 동아리를 활성화해야 한다.

기든스는 21세기를 맞이하여 '제2의 민주화 물결'이 일어나야 한다고 강조한다(Giddens, 2000 : 23). 그것은 권리와 책임 간의 새로운 협약을 맺는 것으로 나타나야 한다. 책임 없는 권리는 존재하지 않으며, 또한 권리 없는 책임도 존재하지 않는다. 더욱 열린 정보사회를 맞이하여 청소년을 교화와 주입이 아닌 비판과 성찰을 통한 시민으로 육성해야 한다. 일상생활의 민주화, 형식적 민주화를 넘어선 정서적 민주화, 지역사회의 네트워크가 활성화된 사회적 자본의 부활이 절실히 요청된다. 시민활동과 봉사활동의 결합력을 높임으로써 21세기 지구적 시민의 주체를 양성해야 한다. 소극적 시민과 적극적 시민의 동시 양성을 위해 봉사활동을 유기적으로 결합하여 개인의 인격수양과 사회개혁의 동시적 추진체가 형성되어야 한다. 그렇게 해야 우리의 미래 청소년은 소극적 시민에서 적극적 시민으로 성장하게 되고, 나아가 사회정의의 구현과 견고한 민주사회를 건설하는 역군이 될 수 있을 것이다.

3부

민주적 학교(학급) 만들기

10장

# 세계의 변화와
# 아동(청소년)의 역사

## 1. 아동은 미성숙한 존재인가?

그동안 아동은 이성이 결여된 존재로서의 어린이, 소박과 진실의 상
징으로서의 어린이, 완결된 존재로서의 어린이 등으로 이미지화되어
왔다. 그리고 역사적 · 사회적 존재로서는 초기자본주의적 야만의 직
접적 피해자로서의 어린이(마르크스), 규율과 순종 또는 사회적 권력
에 편입된 어린이(푸코), 기호체계에 포획된 어린이 또는 다의성을 위
한 투쟁을 하는 어린이(가타리), 해방된 경험의 전승자로서의 어린이
등으로 존재해왔다(김경수, 2000). 그런데 대체로 어른들은 아동을 미
성숙하고, 비합리적이며, 무능하고, 반사회적이라고 보았다.

그렇지만 그들 나름의 발달 단계(내생성)가 있으며 발달 과업과 독립

| 아동 | 성인 |
|------|------|
| 미성숙 | 성숙 |
| 비합리적 | 합리적 |
| 무능 | 유능 |
| 반사회적 | 친사회적 |
| 반문화적 | 문화적 |

성을 갖고 있고, 순진함과 순결성이 있기에 단순히 성인의 삶을 복사하는 수동적 존재만은 아니며, 그들 자신의 흥미와 관심, 그들만의 세계가 있기에 성인의 세계를 위한 단순한 수단이 될 수는 없는 것이다.

## 2. 세계의 변화와 아동(청소년)의 역사

아동기나 청소년기를 생애 주기의 독자적인 범주로 인식하게 된 것은 '근대'에 들어서이다. 근대 이전에는 성인이 되어가는 과정의 '작은 어른'이었다. 미성년인 아동의 세상과 성년인 '성인'의 세상을 분리한 것은 자본주의적 경제체제와 근대국가의 출현에 따른 것이며, 아동의 인권 개념도 이 시점에서 출현하였다. 즉 일터와 가정이 분리되면서 아동은 부모에게 삶의 의미와 즐거움을 안겨주는 존재이자 극진한 사랑과 보호를 받을 권리가 있는 존재라는 의미를 지니게 된 것이다.

어린이는 근대의 고안물로서 첫째, 어린이는 '보호'받아야 할 존재이다. 어린이는 육체적으로 약하고 정신적으로 어리기 때문에 어른으로부터 보호받아야 한다. 근대에 들어서 어린이의 보호가 사회적인 책임이 되었다. 그래서 어린이는 보호받을 권리가 있고 국가는 어린이를 보호할 의무가 있다. 국가는 어린이를 '국가적 존재'로 격상시킴으로써 사회적·생물적 재생산을 보장하게 된다. 여기에서 국가주의와 과학주의 이데올로기가 등장한다. 국가가 어린이를 부모의 소유물이나 하찮은 생물이라는 차원에서 벗어나게 해주었다면, 과학은 이러한 국가의 활동을 합리화해주었다.

둘째, 어린이의 근대화는 '어린이의 해방'이라는 성격을 띤다. 부모의 독단과 폭력으로부터 그리고 죽음의 고역 같은 노동으로부터 어린이는 해방되었다. 그러나 사람의 일이라는 게 늘 그렇듯 좋은 일만 일어나지는 않는다. 어린이는 보호받기 위해 국가가 강요하는 여러 규율을 받아들여야 하는 처지가 되었다. 어린이는 '미래의 희망'이라는 이름 아래 여러 방식으로 이용되었다. 어린이의 '국가적 동원'이 이루어진 것이다. 이와 함께 부모의 독단과 폭력도 사라지지 않았고, 마찬가지로 아동의 노동도 발생했다.

아동이 폭력과 강제의 희생물이 되는 것을 방지하기 위해 아동의 노동이 엄격하게 금지되었고, 이때부터 아동의 인권 개념이 자리 잡았다. 아동의 복지 문제가 사회적으로 진지하게 다뤄지기 시작한 것도 이때부터다. 아동을 위한 장난감이 생겨나고, 아동복이 따로 만들어지고, '행복한 유년기에 대한 기억'이 인기 있는 문학적 주제로 떠올랐다. 아동을 연구하고 관리하기 위한 교육학적·의학적 담론이 생겨났다. 천진난만하고 교화를 필요로 하는 아동의 이미지가 탄생하였고, 아동들은 학교라는 공간에 따로 분리하여 '육성'하게 되었다. 미래를 짊어지고 갈 '예비 국민'으로서 '훈련'을 받게 된 것이다.

힘든 노동에 시달려야 했던 아동이 부모와 국가의 극진한 보호 아래 공부만 하면 되는 시대가 온 것을 두고 역사의 진보를 이야기하는 사람들이 있을 것이다. 물론 아동이 고된 노동을 강요당하던 때와 비교하면 분명 상황은 나아졌다. 그러나 거시적으로 볼 때 그 변화는 생산양식의 변화에 따른 사회문화적 진화의 과정이었을 뿐이고, 아동이 더 행복해졌다는 식의 판단을 내릴 문제는 아니다. 산업자본주의화가 진전되면서 '아동기'에 대한 문제 제기가 이루어지는데, 그것이 바로 아동의 범주에 속해 있던 '십대들'에 의해서였음을 주목할 필요가 있다.

자본주의화가 진행되면서 학교에 다니는 기간이 길어졌고, 아동기 역시 길어졌다. 아동기와 청소년기의 경계는 사춘기로 불리는 신체적 · 정서적 · 지적 발달의 성숙도에 근거해서, 청소년기와 성인기의 경계는 학업 종료와 직업세계로의 진입 그리고 결혼을 통한 독립기구의 형성에 근거해서 구분되었다.

1990년대 들어서면서 서구사회에서는 '사회 전체의 청소년화'라는 말이 나오고 있다. 그리고 청소년 문화가 지닌 '문명사적 가능성'에 대한 논의가 활발하게 일고 있다. 후기산업사회로 갈수록 취업이 어려워지고 일상생활에서도 자립보다는 공존이 강조되면서 '청소년기의 연장'이 진행되고 있다. 이제 개인은 십대에서 이십대에 이르는 10년이 넘는 시기를 성인이 아닌 '중간범주'로 살아가는 것이다. 특히 학업을 마치고도 취업을 하지 못하거나 부모로부터 독립이 늦어지거나 독립을 해도 혼자 사는 '이십대 청소년들'이 늘어나는 현상을 놓고, 청소년기를 다시 둘로 나누자는 주장이 있다. 그래서 십대 이전의 아동기에는 보호 중심의 '복지권'이, 십대 청소년기에는 '복지권'과 '자유권'이, 그리고 이십대 청년기에는 '자유권'이 강조되고 있다.

청소년기를 성인이 되기 전에 잠시 거쳐가는 중간범주로 보는 것은 적절하지 않다. 오히려 '연장된 청소년기'를 생애 주기에서 새로운 의미를 갖도록 재규정하고 청소년들의 사회참여를 적극적으로 제도화하는 것이 바람직하다. 실제로 청소년기는 한 사람의 지적 · 정서적 토대를 마련하는 아주 중요한 시기이다. 청소년기는 한 사회의 중요한 '문화실험기'이다. 지금까지 한국사회에서는 청소년기를 단순하게 십대라든가 중 · 고등 학생으로 범주화하였는데, 실제로 청소년기는 경제사회적으로 완전 독립을 이루지 못한 전환기에 있는 생애의 한 시점이며, 변화하는 시대를 느끼면서 새로운 문화공간을 만들기 위해 자유로운 문화실험을 할 수 있는 시기이다.

최근에 들어 청소년기가 연장되고, 그 경계가 모호해지면서 새로운 담론들이 등장하였다. 사회가 급격하게 분화되고 변화의 속도가 빨라지면서 아동과 어른의 생활권은 점점 더 분리되어갔고, 이에 따라 '미성년'으로 범주화된 십대 아이들은 자기들 또래의 세상을 만들어갔다. 그들은 기성세대의 엄격한 보호, 관리, 선도의 대상인 것에 대한 불만을 터뜨리기 시작하였다. 부모에게 경제적으로 의존하고, 학교에 다니는 사람은 모두 일방적으로 미성년자로 간주되면서 관리되었는데, 그들의 보호와 통제가 합리적이지 않다는 생각을 하게 된 아동들, 즉 '십대의 반란'이 생겨난다. 특히 소비자본주의화가 진행되면서 놀이공간이 늘어나고 라디오와 오디오, 그리고 텔레비전을 통한 대중문화가 가정과 학교 깊숙이 침투해 들어간다. 십대들은 부모와 학교 외부에서 많은 정보와 자극을 받고, 그 과정에서 부모와 학교가 반드시 옳거나 정당한 것만은 아님을 알게 된다. 십대들은 기성세대의 규제를 부당하다고 느끼면서 자기들만의 시간과 공간을 만들어갔다. 한 연령대가 스스로를 동일시하여 세대운동을 일으키기 시작한 것이다. 우리나라의 촛불집회나 인터넷 운동도 중요한 사례가 된다.

청소년들은 아동과 자신들을 분리하면서 독자적인 문화공간을 마련하게 되었고, 성인/아동, 성년/미성년의 경직된 이분법을 깨고 '준시민'으로서 입지를 굳혀갔다. '반문화운동'이라고 불린 서구 청소년들의 움직임은 기성세대와 스스로를 구분하면서 '근대성'의 새로운 가치를 심어가는 과정이었으며, 이 과정에서 청소년들은 학교와 가족 밖에서 상당한 발언권·참정권·시민권을 확보하였다. 학습권이나 학교활동, 아르바이트에 이르기까지 그 외 국가와 시장이 마련한 시공간에서 청소년들은 자신들이 원하는 것을 마음껏 실험하는 권리를 확보한 것이다. 이런 변화는 청소년들의 사회경제적 자립이 가능해지고, 또래집단의 영향력이 늘어나며 대중매체 문화가 다른 모든 전통적 통합의례나 세대 간의 의사소통을 압도해버리는 단계에 보편적으로 일어나는데, 이는 상당 수준의 경제성장과 소비자본주의화가 된 시점에 가능한일이다.

## 3. 우리나라 아동 청소년의 역사와 현실

우리나라의 아동 청소년은 그동안 전쟁 기계(1950년대), 노동 기계(1960년대 이후), 투쟁 기계(1980년대), 문화소비 기계(1990년 이후), 입시 기계(해방 후 지금까지) 등으로 몸과 마음은 '사물화'되었으며, '노예화'되고 '주술화'되어 '상품화'되었다. 사회운동의 영역을 돌아보더라도 '어린이·청소년의 주변부적 위치'는 여전하다. 사회적 약자들이 처한 일반적 조건은 자신의 목소리를 갖지 못한 채 타인에 의해 대변되어야 할 존재로 인식되며, 자신의 권리를 옹호할 수 있을 만큼 세력화되기 힘들다. 특히 1990년대 들어서서 청소년들은 후기산업사회의 수동적 구경꾼으로 전락해가고 있다. 소비자본은 급격하게 소비자로서의 청소년 정체성을 부각시키면서 학생으로서의 정체성을 마구 흔들어대고 있다. 다수 청소년들은 파행적 근대화가 낳은 '훈육공간'인 학교와 건강한 의사소통을 기대하기 어려운 가정, 그리고 찰나적 쾌락을 공급하는 소비공간을 넘나들면서 분열되지 않는 삶을 살기가 거의 불가능한 상황에 적응해나가야 한다.

현재와 같은 한국 청소년이 만들어지는 데 결정적 역할을 한 것은 유신시대이다. 유신체제는 한국의 근대화를 오로지 경제발전의 원동력으로 규정하고 그 외의 모든 영역을 억압하였다. 즉, 청소년을 국가의 〈국민교육헌장〉을 외우는 학생으로 규정하였다. 국가의 경제발전을 위해 헌신하는 '국민'만을 필요로 했기에 청소년들은 사라지고 '입시생'만 남게 되었다. 부모들은 "공부는 때를 놓치면 안 된다." "때려서라도 공부를 시켜주세요."라며 아이들을 학교에 장시간 잡아두려고만 했지 그들의 삶에 깊은 관심을 기울이지 않았다. 국민 이외에 '시민'은 허용하지 않았기에 청소년(학생)의 인권은 존재할 수가 없었다. 압축 성장과 파행적인 근대화 과정에서 아동의 인권, 청소년의 시민권이라는 개념은 방정환 선생이 제창한 이후 거론된 적이 없었다.

아직까지 학교에서 교사 폭력이 행해지고 있고, 청소년정책은 성년/미성년의 이분법 속에서 규제와 통제 일변도로 나가고 있다. 인권의 역사에서도, 흔히 어린이와 청소년은 가장 뒤늦게 등장한 권리 주체 중 하나로 일컬어진다. 어린이와 청소년을 '보호의 대상'이 아닌 '자기결정의 주체'로, '복지 시혜의 대상'에서 '정의로움을 요구하는 주체'로 분명하게 규정하기 시작한 〈유엔아동권리협약〉은 1989년에야 채택되었다. '보호에서 자율로'의 변화는 서구를 중심으로 한 청소년 인권운동의 성장이 낳은 열매이지만, 아직까지도 대다수 사회에서 지배적인 관점은 '보호주의'에 머물러 있다.[1]

어린이와 청소년은 각별한 관심과 보호의 대상이기는 하지만 인권의 주체로서 온전한 대접을 받지 못하고 있다. 어린이와 청소년을 향한 관심은 이들이 자신의 운명과 삶을 스스로 결정할 수 있도록 어떻게 '조건'을 보장할 것인가에 초점이 맞춰져 있지 않다. 가족의 이해를 실현하기 위한 존재로, 사회가 필요로 하는 능력과 자질을 갖추어야 할 존재로, 기존의 사회규범을 따라야 할 존재로, 주어진 의무에 충실할 때에만 어린이와 청소년은 '자비로운 성인'에 의한 보살핌을 받는다.

반대로 이러한 위치를 거부하는 '위험한 아이들'에겐 통제와 억압이 따라붙는다. "그게 다 너희를 위해서야."라는 말로 어린이와 청소년의 존엄성과 자율성 보장에 대한 욕구는 쉽게 묵살되는 것이다. 그 배경에는 어린이와 청소년이 미성숙한 존재라는 인식이 깔려 있다. 어린이와 청소년은 온전한 존재가 아닌 만큼 그들이 알아서는 안 될 비밀의 세계가 존재해야 하고, 그들에겐 주어져서는 안 될 경험이 존재하며, 그들이 드나들어서는 안 될 공간이 존재한다는 것이다. 이에 따라 어린이와 청소년은 '성인들과 국가가 허용한 공간', 주로 가족과 학교와 삶의 경험 아래 '유폐된 존재'가 되었고, 사회의 구성원으로서

---

1) 최초의 국제적 아동인권선언이라고 일컬어지는 〈아동의 권리에 관한 선언〉(제네바선언, 1924년 국제연맹총회에서 채택)의 전반적 기조가 "아동은 특별한 보호와 우선적인 돌봄을 필요로 한다"는 아동관에 기초해 있는 사실은 이를 잘 말해준다. 이러한 인식은 지금까지도 강력한 뿌리를 내리고 있으며, 아동권리협약도 보호주의적 잔재로부터 완전히 자유롭지는 못하다.

인권을 존중받고 공적 영역에 참여하고 발언할 수 있는 통로를 차단 당했다. 어린이와 청소년에 대한 '사회적 유폐'는 그들의 무지와 무권력 상태를 강화함으로써 폭력에 대한 취약성을 증대시키고, 다시금 그들이 보호의 대상이 되어야 한다는 인식을 강화하는 악순환을 낳고 있다.

이렇게 어린이와 청소년의 대다수는 학생이라는 이유만으로 인권을 포괄적으로 부정당한 채 학교에 속박된 삶을 살아가고 있다. 학교라는 공간 하에서 학교 당국와 학생, 교사와 학생 사이의 권력관계에서 발생하는 인권 문제는 청소년들의 삶에 중대한 영향을 미친다. 인권을 존중받는 경험이야말로 자신과 타인의 인권을 존중할 줄 아는 사람을 만들어내는 가장 중요한 질료이지만, 학교는 오히려 폭력과 부조리와 권력에 굴종하는 순종적 삶의 태도를 '학생다움'이라고 교육함으로써 반인권의 질서와 문화를 재생산하는 데 기여하고 있다.

# 11장

# 교육개혁의 주체인 학생의
# 목소리 강화와 시민으로 교육하기

## 1. 학생들의 목소리 강화를 통한 교육개혁

권리가 박탈된 삶의 조건 속에서 학생들을 어떻게 시민으로 교육할 수 있는가? 미성숙한 학생이 순식간에 성인 또는 시민이 될 수는 없을 것이다. 여기에서 근본적으로 관점을 달리해야 한다. 그동안 어른들의 잔치였던 국가 주도, 교사 주도의 배제와 소외의 정치를 청산해야 한다. 이제는 강요가 아닌 참여(포함)의 정치를 할 때이다. 학생들의 적극적 참여를 통해 학교를 변화시켜야 한다. 주체들의 힘을 강화해야 한다. 교육현장의 가장 허약한 위치에 있는 학생들의 목소리를 '권능화empowering' 해야 한다. 참다운 민주주의는 가장 약한 힘을 가진 사람이 자신의 목소리를 낼 때 가능하다(Rubin & Silva, 2003 : 1-2). 공동체의 성원으로서 '주체들의 목소리'를 낼 수 있도록 해야 한다.

이러한 생각의 근본적 변화가 가능하려면 교사는 학생과 다른 존재적 위치에 있음을 인정해야 한다. 즉, 교사의 말을 무조건 따르도록 하는 순응의 정치와 같음의 정치가 아니라, 서로 다른 위치에 있음을 인정하는 '다름의 정치'가 필요하다. 학생은 단순히 듣는 존재만은 아니며, 교사는 먼저 학생들에게 말하기만 하는 것이 아니라 듣는 데(경청) 익숙해야 한다(McLaren, 2003). 학생들이 직접적으로 체험한 경험의 목소리에 귀를 기울여야 한다. 교사와 학생 간에 상호작용적 · 반응적 대화를 해야 한다. 이제 교사는 군림하는 억압자의 위치를 넘어서야 한다. 교육개혁뿐 아니라 삶의 변화는 교사와 학생이 함께 이루어내야 하는 공동의 작업이다.

그동안 성인(교사 등) 중심의 교육개혁이 한계에 부딪히자 공교육 개혁의 흐름이 관료 중심에서 교사 중심으로, 교사 중심에서 학부모 중심으로, 이제는 학부모 중심에서 학생 중심으로 이동하고 있다. 근대의 공교육 역사에서 제1의 물결 시대에는 국가의 교육권과 관료들의 권한이 막강하였다. 이들은 단일민족국가의 건설과 빈곤 탈피를 위한 개발주의적 교육정책을 중심으로 경제주의적 목표에 중심을 두었다. 그러나 이러한 근대 초기 공교육 기획은 불평등과 관료주의bureau-cracy, 비민주적 방식으로 중대한 도전을 받는다. 이 도전은 교육의 중요한 주체로서 교사의 권리, 즉 교육권으로 나타나는 제2의 물결 시대를 맞이했다. 그러나 전문직적 권한을 강력하게 요구하는 교사주의 teachercracy는 학생과 학부모의 권리를 주변에 머물게 하는 또 다른 소외를 낳았다. 그러자 참여민주주의와 풀뿌리 민주주의에 대한 요구가 거세져서 등장한 교육에 대한 주민 및 시민 통제라는 교육자치제도를 성립시키는 제3의 교육 물결 시대가 대두하였다.

교육개혁의 주요한 주체로 등장한 학습자인 학생과 그들을 학교에 위탁한 학부모의 참정권이 커지는 이유도 여기에 있다. 전문가로서의 교사는 시민적 통제를 더욱 받게 된다. 그러나 요즘 서구에서는 학부모의 교육 참여 주장이 지나쳐 '학부모주의parentcracy'에 대한 우려도 적지 않다. 우리의 경우 학부모주의라고 할 정도로 과잉된 학교 참여는 없는 상황이고, 교사의 교권 또한 관료주의의 과잉 팽창으로 위축된 오랜 역사가 있다. 교사의 통제력이 학부모보다는 여전히 우월하지만, 여전히 성숙한 교육자치를 하기에는 교사의 통제권이 미발달된 수준이다. 반면 학생들은 지극히 종속적 위치에 있다. 그래서 지금은 학생을 교육개혁의 주체로 내세워 학교를 변화시키려는 움직임이 일어나고 있다. 교사의 목소리에서 학부모의 목소리로, 나아가 학생의 목소리로 이동하고 있는 것이다.

교육개혁의 최종 실천의 장은 학생들의 세계를 변화시키는 데 있으므로 주변부에 머문 학생을 중심부로 끌어들여야 한다는 것이다 (Matheson & Dillow, 2000). 학생들을 교육정책의 결정에 참여시켜 비판적 목소리를 낼 수 있게 함으로써 학교를 변화시키는 주체능력을 키워야 한다. 학생의 경험과 목소리를 반영해야 한다. 공동체의 성원으로 살아가도록 하려면 교사 중심의 교육개혁이 아니라 개혁의 기획·탐구·결정 과정 등에 '학생들의 정치studentcracy'가 필요하다. 학생의 용의 복장, 교칙, 체벌, 차별, 축제와 공연, 체육대회 등의 문제에 대해 학생들이 주체적으로 참석하여 의견을 낼 수 있어야 한다. 그렇게 학교를 정상화하여 학습 부적응자와 문제아를 줄여나가는 효과를 거둘 수 있다는 것이다.

오랫동안 익숙한 전통적 방식의 길들이기 교육을 접고, 동붕동행同

朋同行하는 진리의 동반자가 되어야 한다. 주입식으로 전달받고 암기하는 수동적 학습이 아니라 비판적 탐구 능력을 배양해야 한다(Akkari & Perez, 2000). 학교는 교사만의 사회가 아니라 학생과 함께 가르치고 배우는 학습공동체이다. 교사들이 잘 모르는 학생들의 일상세계(경험세계)에 대해 이해해야 한다. 무엇보다 학생들의 경험에 귀 기울이기, 위기에 처한 학생들 지지하기, 주변부에 있는 위기의 맥락 이해하기, 위기에 처한 학생들 돕기 등이 필요하다. 그리고 학생들의 상승하는 기대를 충족시키는 데 도움을 주어야 한다. 학생들은 자신을 도와줄 자격을 갖춘 성인(교사 등)의 도움을 필요로 한다. 학생들을 지원할 때 낙인(비난, 오명)을 찍지 말아야 한다.

학교가 더 이상 비민주 · 비합리가 통하는 곳이 아니라, 구성원들의 참여와 자치로 가꾸어가는 민주적인 교육공동체이자 민주주의의 체험장으로 변모하도록 노력해야 한다. 교실에서 교사와 학생의 의사소통을 활성화해야 한다. 교실이라는 작은 공간에서조차 의사소통이 잘 되지 않고, 대화가 없으며, 무의미한 존재로 살아가는 교실 환경을 학교의 민주주의를 통해 활성화해야 한다.

교실과 학교의 민주화는 사회를 민주적으로 변화시키는 힘을 준비하고 내면화하는 장기적인 초석이다. 민주적 지식과 경험을 갖게 하고 이를 적극적으로 실천할 수 있는 힘을 축적하여 사회에 영향력을 미치도록 하는 것이다. 단순히 반장을 뽑고 운영위원을 선출하는 일회성 행사에 만족하는 것이 아니라, 주체들(교사, 학생, 학부모 등)의 적극적 참여를 학교에 요구하는 '강한 민주주의'가 필요하다.

물론 학생 중심의 학교개혁의 딜레마가 존재할 가능성이 있기에 실천적 지혜를 지닌 교사가 잘 지도해야 한다. 학생들의 시민권을 확대

| 학생들을 비민주적으로 만드는 방법 | 학생들을 민주적으로 만드는 방법 |
| --- | --- |
| 권위주의적 학교, 권위주의적 교사, 학생의 의견 무시, 저급한 의사소통, 점수와 성적이 중심이 됨, 학교 중도 탈락자에 대한 지원이나 지지가 없음, 지나치게 엄격한 규칙은 창조성을 가로막음, 불명확한 통제 체제, 교사의 태도로 인한 학생의 상처, 주입식 학습으로 인한 창조성 박탈, 편향된 체제(사회계층, 인종, 성 등), 학교가 비공감적인 사회정치적 측면을 반영함, 국가로부터의 지나친 재정적 통제, 교과과정을 통한 시간의 지나친 제약, 선택의 부재, 강제적인 특별활동 | 좋은 의사소통, 더불어 살아가는 방법을 적극적으로 배움, 적절한 지도, 교육에 도덕적·윤리적·사회적 요소의 포함, 개인의 잠재력을 개발할 기회 제공, 학생을 학교운영위원회에 포함시킴, 학생 자치활동의 활성화, 학생들을 지역사회와 연관시킴, 학생이나 학부모에게 민주적 가치를 분명하게 알림, 학생들이 정보에 접근할 기회를 평등하게 제공, 민주적 행동에 대해서는 보상이 이루어지도록 함, 집단차별과 성차별 등 소수자 차별이 없도록 함 |

하여 민주시민으로 성장할 수 있는 기회를 제공하고, 학부모에게는 학교운영위원회의 의결권을 부여하는 동시에 교사에게도 마땅히 가져야 할 교재 편찬권이나 평가권을 부여해야 한다. 무엇보다 학생을 중요한 권리의 주체이자 중요한 파트너로 여기는 '동반자'라는 인식의 중대한 전환이 있어야 한다.


## 2. 교육개혁의 주체인 학생을 시민으로 교육하기

아동을 권리의 담지자인 시민으로 대우하기 위해서는 전통적 아동관을 넘어서야 한다. 즉, 아동은 부모의 자산이고 책임이며, 아동은 권리와 책임을 행사할 수 없는 미성숙 상태이고, 정치의 세계로부터 보호되어야 하며, 아동은 무질서하고 파괴적이며, 아동을 개인이 아니라 국가와 사회의 구성원으로 보아야 한다는 관점을 비판적으로 보고, 그러한 관점을 넘어서야 한다. 그리고 학생들의 경험(목소리)을 신장시켜 민주주의를 완성하도록 하는 교양 있는 시민을 양성하기 위해서는 인권·평화·민주주의 교육의 활성화가 시급하다. 이런 민주시민 교육이 활성화되어야 교양 있고 성숙된 정치감각을 지닌 민주시민으로 성장할 것이다.

교실에서의 수업활동을 통해서 자주적으로 지식을 구성할 수 있는 민주적 소양을 길러야 한다. 또 학생의 목소리를 크게 할 수 있는 학생회 활동을 활성화해야 한다. 근본적으로 학생들의 의견이 존중되고 인권이 보호되는 학교를 만들기 위해서, 학생회의 자치활동이 활성화되도록 노력해야 한다. 학생 자치 문화의 형성 없이는 민주주의를 생활화하도록 도와주는 민주 교육은 탁상공론일 뿐이다. 그것은 학생들이 민주시민으로 성장할 가능성을 원초적으로 가로막는다. 오늘날 기성 정치인들이 보여주는 반민주적 행태는, 학창시절 생활에서 학습된 실천적 지식이 아니라, 대학입시를 위해 암기 위주의 명제적 지식으로 학습되었기에 발생한 내재된 한계에서 비롯된 자승자박의 결과라고 아니할 수 없다.

학생들의 경험을 중시하며 그들을 시민으로 성장시키는 교육이 민주시민 교육이다. 민주주의는 사적 이익보다는 공동선을 위해 민주적으로 숙고하고 결정하는 공동의 삶의 양식으로서, 공동선을 향해 함께 활동하도록 하면서 대안적 삶의 양식을 추구하는 적극적 시민의 양성을 격려한다(Jaddaoui, 1996 : 74-77). 아동 및 청소년이나 학생을 시민으로 성장하도록 돕는 교량 역할을 하는 민주시민 교육democratic citizenship education은 평화와 우애 속에서 살도록 하고, 이를 위해 비판적 사고, 의사소통 능력, 정치적 소양, 갈등의 평화적 해결 능력, 민주시민의식과 시민적 덕목(신뢰와 협동, 타인 존중) 함양, 봉사활동, 참여적 능력을 키우기 위한 학습 등을 실시한다.

민주시민 교육은 공정성, 인권, 평화, 관용 등 민주적 가치를 중시한다. 그러기에 민주적 시민 교육은 인간의 존엄성, 관용과 차이 존중 등의 가치를 포용하는 인격 교육과 융합될 수 있어야 한다. 그리고 민주적 시민 교육은 성실, 용서 등의 이타적 덕목을 중시하는 인격 교육이나 침해받지 않을 방어적 차원의 권리뿐만 아니라 정의나 공정함 등의 가치를 중시하는 인권 교육과 융합할 수 있어야 한다. 사람으로서 권리를 갖는 인권이 사람으로서 자격을 갖게 하는 인격의 요소에 포함될 때 충돌이 적을 것이다. 만약 인격의 요소에서 권리적 요소를 빼버리면 공공의 문제에는 관심이 없고 오직 자기수양에만 관심을 갖는 소인이 돼버리기 쉬울 것이다. 좋은 인간은 좋은 시민이 되어야 한다는 아리스토텔레스의 말은 인격의 사회적 관여와 참여를 강조한 말이라고 할 수 있다. 이와 같이 중도적 시민 교육은 시민적 권리를 확보하고 주창하는 인권 교육과 시민적 책임과 의무를 다하는 인격 교육을 동시에 해야 한다.

민주시민 교육은 인권과 평화를 더욱 풍부하게 하고 확장시키며 민주제도를 강화하고 재형성하는 길이기도 하다. 그러기에 민주시민 교육은 인권 교육과 평화 교육을 모두 포괄하는 것이다.

그리고 민주시민 교육으로서의 평화 교육peace education은 폭력(구조적·심리적·문화적·생태적 폭력)을 극복하는 학교의 평화 문화 창조, 갈등과 폭력의 평화적 해결, 그리고 생태적 폭력 극복 등 다차원적 평화 문화(구조적·심리적·문화적·생태적 평화)의 창조를 목표로 한다.

| 권리 | 1세대 권리 | 2세대 권리 | 3세대와 4세대 권리 |
|---|---|---|---|
| 1. 핵심 개념 | 자유 | 평등 | 우애, 지구적 연대, 상호연계, 상호의존 |
| 2. 표어 | 개인의 자유, 즉 표현과 집회의 자유, 사적 재산의 권리와 관련된 주요한 정치적 권리 | 경제적·사회적·문화적 권리, 즉 배고픔으로부터의 자유, 배분적 정의, 새로운 국제적·경제적 질서 | 세대 간의 평등, 지구적 상호의존을 강조하고 민주주의 개념을 확장시키는 21세기에 부응하는 새로운 권리와 책임의 출현과 통합; 지구적 권리 |
| 3. 주요한 역사적 전례 | 영국·미국·프랑스 혁명; 자유적 개인주의 | 19세기 사회주의, 노동조합운동, 여성의 참정권, 20세기의 탈식민화 운동 | 국제적 정부기관(IGOs)과 국제적 비정부기관(INGOs)의 출현, 평화운동, 페미니즘, 사회정의운동, 환경운동, 인권 교육, 평화 교육, 환경 교육, 지구적 미래 교육 |
| 4. 법적 절차, 국제적 규범 | 시민적·정치적 권리에 대한 UN 규약 | 경제적·사회적·문화적 권리에 대한 UN 규약 | 유네스코, 세계유산협약, 아동의 권리에 대한 국제협약 |
| 5. 민족국가와 지배구조와 관련된 주요한 서술 | 국가의 불개입 | 국가의 개입 | 지구정상회담, 지구촌헌장, 지구적 시민, 국가주권의 축소와 국제법의 인정, 일터와 학교에서의 참여적 풀뿌리 결정과 협동적 실천 |

민주시민 교육으로서의 인권 교육은 권리와 책임, 인간의 존엄성, 타인 존중, 민주적 참여, 인권 문해력, 정치적 문해력을 함양한다. 일상적으로 반인권적인 사례들이 보고되고 있는 현실 속에서 그 책임으로부터 자유로울 수 없는 교사들에게 정말 필요한 것은 '인권 문해 능력human right literacy'의 고양이다.

인권 교육human right education의 목표와 방향은 다음의 입장을 견지해야 한다. ① 모든 아이들은 하나의 동등한 인격체로 존중될 권리가 있다. ② 모든 아이들은 스스로 자신의 문제를 해결할 수 있는 능력이 있다. ③ 인권적 대화는 아이들의 자아존중감과 독립심을 키우는 방향으로 이뤄져야 한다. ④ 인권적 대화는 교사와 아이들 사이의 협력과 이해를 바탕으로 한 유대감을 형성해야 한다. ⑤ 교사도 하나의 동등한 인격체로 아이들 앞에서 존중될 권리가 있다.

아동의 권리를 신장하는 인권 교육 또는 아동권리 교육의 구성요소는 첫째, '민주적 가르침'이다. 민주적 가르침은 타인의 권리존중의 중요성에 대한 태도와 가치를 전달, 교사의 행동 그 자체가 교육과정(학생과의 관계에 있어 민주적 교사의 요청), 의사소통과 의사결정 기술, 인간 상호존중과 책임성의 개발, 민주적 교실 체험(의사결정의 참여, 이슈에 대한 견해를 자유롭게 사고하고 표현할 수 있는 교실 분위기), 모든 아이들에게 공정하고 평등한 대우, 지식의 사회적 의미와 봉사의 의미 교육 등을 포함한다.

둘째의 구성요소는 '협동 학습'이 필요하다. 협동 학습은 좋은 시민의 가치를 촉진, 민주적 가치의 학습과 실천에 필수적임, 자신의 생각을 또래와 의사소통하고 그들의 견해를 경청하고 존중하는 능력, 갈등 해결 기술, 성취를 공유, 역할놀이 등을 포함한다.

셋째, 권리에 대한 성찰이 필요하다. 권리에 대한 성찰은 권리에 대한 지식을 주입식으로 가르치기보다는 논의, 토론, 비판적 사고를 통한 학습, 비판적 사고를 통해 배운 문제 해결 기술을 일상생활의 경험에 적용하는 것 등이 포함된다. 권리존중의 가치에는 정의와 공정성 의식, 예절, 관용, 상호존중, 아동의 힘 기르기 등이 포함된다.

'시민권'을 강조할 경우 시민의 권리적 요소를, '시민성(시민다움, 교

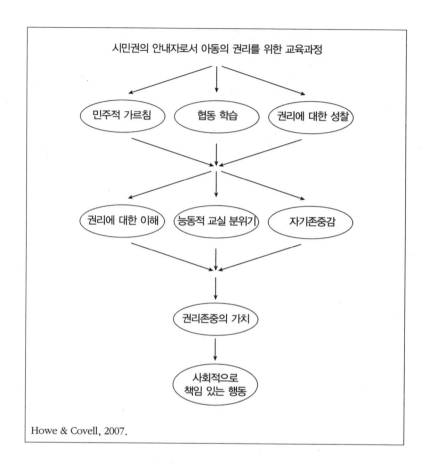

Howe & Covell, 2007.

양)'을 강조할 경우 윤리적 요소를 강조하게 된다. 권리적 요소에는 자신을 보호하는 것과 타인을 보호하는 것 두 요소가 포함되고, 윤리적 요소는 예절과 품위 등 도덕적 요소가 더 강하다. 전자가 '인권'을 강조하는 경향이 있고, 후자는 '인격'을 강조하는 경향이 있기에 인권과 인격은 대치될 수도 있다. 여기에서 '사회과'와 '도덕과'의 긴장이 일어난다. 주로 권리의 외적 침해에 관심을 갖는 인권 교육과 그것에 대해 참고 양보하는 수양을 강조하는 인격 교육 간에는 만나지 못할 이념적 첨예함이 가로놓여 있다. 극단적인 경우 공정함이 지나치면 인정이 없고, 양보가 지나치면 원칙이 없을 수 있다.

　그러나 인권 교육의 내용을 침해받지 않을 방어적 차원의 권리뿐만 아니라 인간의 존엄성, 관용과 차이 존중 등의 가치가 포함되어 있을 경우 인격 교육과 만날 수 있다. 반대로 인격 교육의 내용에 성실, 용서 등의 이타적 덕목뿐만 아니라 정의나 공정함 등의 가치가 포함되어 있을 경우 인권 교육과 만날 수 있다. 사람으로서 권리를 갖는 인권이 사람으로서 자격을 갖게 하는 인격의 요소에 포함될 때 충돌이 적을 것이다. 만약 인격의 요소에서 권리적 요소를 빼버리면 공공의 문제에는 관심이 없고 오직 자기수양에만 관심을 갖는 소인이 돼버리기 쉬울 것이다. 그러기에 학생은 시민으로서의 권리(시민권)와 시민다움의 윤리적 성질(시민성)을 융합한 가치를 갖도록 준비해야 한다.

# 12장

# 좋은 학교와 민주적 공동체
# 학교 문화 만들기

## 1. 서론

권위주의 시대를 마감하고 민주화 시대를 여는 새로운 지평이 열렸음에도 불구하고 학교 문화는 좀처럼 변하지 않고 있다. 상명하복식 교육행정 체제는 다소간 변화하였고, 종전의 통제와 감시 체제가 어느 정도 사라졌다고는 하지만 아래로부터의 자발적인 상향식 교육 문화나 자율적 리더십은 좀처럼 향상되지 않고 있다. 민주화 이후 '새로운 학교 문화의 혁신'을 제창한 지 10여 년이 흘렀지만, 모범적 학교 문화의 사례라고 소개할 만한 새로운 성과가 그렇게 많이 드러나지 않고 있다. '모범'이라고 호칭할 만한 좋은 교육을 하고 있는 학교는 대안학교의 사례뿐이고, 대부분의 제도교육은 입시교육에 매몰되어 있다. 일부 시범학교나 연구학교도 부분적으로 좋은 학교 문화의 일부 측면을 보여주고 있지만, 학교 구성원의 의사소통 등 근본적으로 민주 교육의 실천과는 거리가 멀어 보인다. 오늘날 학교 문화는 지나치게 개인화되고, 보호소적이고, 형식적이며, 불안정하고, 고립적이며, 소외된 위험 사회 징후를 보인다. 최근 신자유주의적 세계화로 인해 더욱 경쟁화 · 시장화 · 상품화 · 서열화 현상을 보이는 학교개혁의 주류적 흐름은 학교 문화의 협동화와 공동체화를 더욱 어렵게 하고 있다. 특히 우리 학교의 교사들은 각종 교육개혁의 피로증으로 인하여 공동체의 중요한 요소와 멀어지고 있다.

이러한 현실에서 새로운 학교 문화의 혁신을 위한 시도로서, 어떤 학교가 좋은 학교이며 그런 학교를 위해 학교 문화가 어떻게 변화해야 하는지, 이를 위한 교사의 신념체제 변화와 조직의 발전과정과 학교 문화의 정의, 학교 문화의 관행과 혁신, 학교 문화의 혁신을 위한 개별적 · 조직적 발전 과정을 탐색해보고자 한다.


## 2. 좋은 학교의 구성요소

대부분의 학교는 일반인이 교문을 들어서는 순간부터 특별한 풍경과 분위기를 접하게 된다. 우리가 알고 있고 듣고 있는 익숙한 학교들을 생각해보자. 학교 문을 들어설 때의 모습이나 교실의 복도를 걸어갈 때, 교무실에서 회의를 하거나 각종 회합을 할 경우 어떻게 느끼고 있는가? 어떤 학교가 좋은 학교인가? 좋은 학교는 다음과 같은 물음에 답을 해야 한다(정기섭, 2004 ; 이기범, 2000).

① 학교가 교사 – 교사, 교사 – 학생, 교사 – 학부모 사이에 신뢰에 바탕을 둔 '협동적인 인간관계'를 맺고 있는가? 좋은 학교의 구성요소는 학생 관련 요소, 교사 관련 요소, 인간관계 관련 요소가 핵심이며, 그 중 학생 관련 요소가 제일 중요한 위치를 차지한다. 교사의 위치는 '학생을 위하여' 존재한다.

② 교사들이 '교육적 열정'을 갖고 있는가? 좋은 삶을 위한 교육의 비전이 있는가?

③ '학교교육의 철학'이 있는가?

④ 교장이 지도자로서 '개방적 태도'를 갖고 있는가? 권력을 민주화하고 있는가?

⑤ 교과 수업 이외에 '다양한 경험의 기회'를 제공하고 있는가?

⑥ 학생의 자발성과 활동성에 기초하여 학생 스스로의 학습을 위한 '다양한 교육방법'을 동원하고 있는가?

⑦ 교사를 위한 '계속 교육의 기회'를 제공하고 있는가? '자기갱신'을 지속적으로 하고 있는가?

⑧ 학교교육의 질에 관한 '지속적인 점검'을 하고 있는가?

⑨ 학부모와 학교 밖의 기관과 연계(동반자 관계)를 잘 맺고 있는가?

⑩ 학교가 '공동체로서의 기능'을 하고 있는가? 돌봄과 배려의 공동체를 만들고 있는가?[1]

---

1) 좋은 학교 판단기준(독일의 주요 주간지인 《슈테른》(Stern, 2002. 5)에서는 좋은 학교를 판단하는 기준으로 다음과 같은 질문을 사용하였다(정기섭, 2004).
　　〈첫 인상〉 학교 건물이 마음에 듭니까? 이것은 삭막한 깨끗함을 말하는 것이 아니라 친근한 주변, 휴식을 취할 수 있는 충분한 공간을 말하는 것입니다.—학교는 학생들의 성취의 가치를 인정합니까? 예를 들면 출입구와 교실에 그림, 수공적이고 창조적인 작업들을 전시하면서 말입니다.—학교의 분위기는 개방적입니까? 또는 학교 관리자가 비서를 보호벽 삼아 뒤에 숨어 있습니까?—학교 소개 책자는 어떤 인상을 줍니까? 그 때 그래프

헨티히(H. V. Hentig)는 학교는 오로지 삶과 경험의 공간으로서만 미래가 있고, 학교는 '민주적 폴리스'여야만 한다면서 좋은 학교의 특징을 다음과 같이 제시한다(Wehr, 박규호 역, 2000 : 162-163).

① 삶을 허용하기
② 차이점을 인정하기
③ 공동체 안에서 살기
④ 전인적 인간이 되기
⑤ 작은 세계와 큰 세계를 잇는 다리가 되기
⑥ 학교는 학교로 남기 등

좋은 학교는 빨리 낙후되어버리고 마는 교과서적 지식의 주입이 아니라 전인적 학생을 길러내기 위한 것이므로 체험학습을 통해 지성

적인 꾸밈보다는 내용이 더 중요합니다.
　〈교사, 학생, 학부모와의 대화〉 교사는 자신의 학생들에 대해서 이상적인 입장을 갖고 있습니까? 신뢰는 성공을 위해서 아주 중요합니다.—교사와 학생의 관계가 상호적으로 보입니까? —교사가 수업에서 학생들의 질문과 문제를 충분하게 허락합니까? 그리고 수업 외의 시간에 학부모와 학생들이 교사를 만날 수 있습니까? —학급의 규모는 어느 정도입니까? 개인적인 촉진이 가능합니까? —어떠한 수업방법이 선택됩니까? 무엇보다도 전면을 향하는 수업이 주어집니까? 또는 작업집단 역시 통례적입니까? —수업은 정확한 시간에 시작합니까? 숙제는 규칙적으로 점검되고 학급 작업(과제)은 즉시 수정됩니까? —교사는 갈등 또는 드잡이(난투) 때 즉시 개입합니까? 또는 수동적으로 행동합니까?
　〈학교운영〉 학교는 어떤 목표를 갖고 있습니까? 학교는 환경 교육, 사회적 통합, 음악 교육과 같은 특별한 모습을 추구합니까? —학교는 등록, 유급, 탈락자, 과정 선택, 평균 성적에 관한 자료를 수집하면서 목표를 스스로 점검합니까? 학교는 부모, 학생, 졸업생 그리고 고용주에게 학생 지식의 질에 관하여 질문을 합니까? —학교는 수학올림피아드 또는 백일장 같은 것을 통하여 학생들의 학습과 성취를 준비하고 촉진합니까? —학습이 처진 학생들을 구제하기 위한 촉진 전략들이 있습니까? —어떻게 특별한 재능과 경향이 촉진됩니까? —학생의 자기 책임이 프로젝트 작업과 같은 것을 통해서 촉진됩니까? —교사의 계속 교육은 어떻게 실시합니까? —학교는 학생들의 실습을 위해서 공장들 그리고 기관들과 학교 밖에서 함께 작업합니까? —정규적인 수업 이외에 어떤 것을 제공합니까?

적·문화적·예술적 교육을 실시해야 한다. 체험학습에서는 느림—학교를 뜻하는 라틴어의 'schola'는 '한가로움'을 의미한다—을 재발견할 수 있으며, 발견에 기초한 협력·자발성·자율·책임감 등을 길러준다. 좋은 학교는 마치 한 손의 다섯 손가락처럼 만남과 축제와 공부와 놀이와 대화가 활기차게 하나로 통합되는 장이어야 한다. 좋은 학교는 탐구하고, 경험하고, 구성하고, 묘사하고, 생각하고, 행동하고, 즐기고, 휴식하고, 규칙을 만들고 따르는 등 학생들이 지닌 욕구를 충분히 만족시켜주어야 한다(Wehr, 박규호 역, 2000 : 154-155).

한국교육과정평가원은 좋은 학교의 특징을 다음과 같이 제시한다.

① 학교운영의 '중점'이 뚜렷하다.

② '교장의 지도력'이 돋보인다.

③ 교육 주체 간 '의사소통'이 원만하다.

④ 좋은 학교 중에는 사립학교가 많다.

⑤ 우수한 교사를 확보하기 위하여 '채용과정'이 엄격하다.

⑥ 교사들이 요구하고 필요로 하는 '교사연수 프로그램'을 자체적으로 갖고 있다.

⑦ 교육개선의 방법을 학교 내부에서 학교 여건에 맞게 모색해 적용하고 있다.

⑧ '독특한 수업 프로그램'을 운영한다.

⑨ 교사, 학생, 학부모가 공동으로 학교규칙을 민주적으로 제정하고 엄격히 적용한다.

## 3. 학교 문화의 개념과 혁신

좋은 학교를 만들기 위한 학교 문화는 어떠해야 하는가? 학교 문화는 학교의 구성원들인 학생, 교사, 교장, 직원 등에 의해서 공유되고 있는 가치체제와 신념체계로서 학교사회에서 구성원들이 일을 처리해 나가고 삶을 영위해나가는 방식이라고 정의할 수 있다(주철안, 2004 : 242). 학교 문화는 "학교 구성원들이 말하고 행위하는 것에 의미를 부여하는 신념과 가정의 보이지 않는 당연시되고 있는 흐름"이다 (Henderson & Hawthorne, 2000 : 158). 학교에서 일을 처리하고 삶을 영위해나가는 방식은 회사와 같은 다른 조직체에서 이루어지는 것과 유사한 것도 있지만, 독특한 성격을 지니는 것도 많다. 문화는 마음의 문제이며, 생각 · 인식 · 신념으로서 행동 · 목표 · 대상 · 형식 등에 연루되어 있다(Maehr & Midgley, 1996 : 56).

학교 문화는 학교 구성원들이 수많은 매일의 일 처리를 어떻게 해석하는지를 구성한다. 학교조직에 있어 이런 삶의 심층적 구조는 상징적 언어와 표출하는 행동을 통해 반영되고 전달된다. 학교 문화는 학교의 역사, 맥락 그리고 사람들에 의해 형성된다. 학교 문화는 학교 구성원들이 서로 관계하며 함께 활동하는 방식을 통해 표현되고 공유된다. 즉, 학교구조의 운영, 교육체제와 물리적 환경, 학습에 이르기까지 학교 문화는 시간을 넘어 존재하는 신념과 행동을 형성하는 안정적이고 바탕이 되는 사회적 구성물이다. 학교 문화는 교실의 삶, 학교의식, 조직의 분위기를 관통하는 학교 구성원들 간의 관계 유형과 기대를 포함하며, 구성원들이 학교 문화의 문제를 어떻게 규정하고 논의하는지, 무엇을 칭송하고 처벌하는지, 누가 어떤 권위를 갖고 있는지를 포괄한다. 학교는 하나의 '조직체'가 아니라, 공유된 규범의 집합이 있고 아동들에게 최상의 이익이 되는 것을 위해 함께 활동하는 방식에 의해 규정되는 '공동체'로서, 거기에는 우리가 지금까지 학교에 대해 생각하는 것 그 이상이 존재하고 있다.

공동체의 공유된 규범은 사람·노력·목적을 응집시키고, 학교의 목적과 삶을 지도하고 정당화하는 도덕적 가치이다. 공동체로서 기능하는 학교는 도덕적 리더십의 중심지가 된다(Sergionvanni, 1992 : 108). 도덕적 공동체로서 학교의 마음은 공유된 가치의 약속이다. 이런 약속은 그것의 도덕성을 결정하는 기반을 제공한다. 덕이 있는 학교는 도덕성의 가치가 무엇인지 그리고 그것을 어떻게 추구할지를 결정하는 기반으로서 공유된 규범적 가치의 약속을 하고 사용한다. 학교구조의 변화는 정치의 힘에 의해 가능하지만 학교 문화의 변화는 구성원들의 삶과 일하는 방식의 변화, 가치관과 신념의 변화를 요구하기에 인간 내면의 근본적 인식 전환이 없이는 불가능한 일이다. 그것도 각 개인의 개별적 변화에 머무는 것이 아니라 다수가 모여 있는 조직체의 구

| 공동체사회(Gemeinschaft) | 이익사회(Gesellschaft) |
| --- | --- |
| 상호의존적 | 독립적 |
| 배려적 | 계약적 |
| 비공식적 | 공식적 |
| 친밀한 | 조합주의적 |
| 신뢰 | 불신 |
| 친구, 우정 | 고용자와 피고용자 |
| 이웃관계 | 사업체 |
| 집단 지향 | 개인 지향 |

R. M. Berns, 2004 : 402.

성원이기에 타인이 함께 변화 하지 않으면 학교 전체의 문화적 풍토가 달라지는 게 쉬운 일은 아니다. 현실은 어렵고 답답하지만 희망은 전망을 가진 자에게 다가오기 마련이다. 꿈은 혼자 꾸면 불가능하지만 여럿이 함께 꾸면 그만큼 현실의 변화는 빨리 다가오기에, 학교 문화의 혁신을 위해 교사들은 집단적으로 자신들의 신념과 가치를 꾸준히 변화시키지 않으면 안 된다.

학교구조와 학교 문화는 상호 밀접한 관련이 있으며 상호의존적이다. 그동안 대부분의 교육개혁은 구조와 제도 개혁에 맞춰져왔다. 학교제도의 규정이 정하는 시간, 공간, 역할과 책임 등은 교사의 활동과 태도에 많은 영향을 미친다. 구조는 상대적으로 조정하기가 쉽고 명시적이다. 구조 변화 없는 문화의 변화는 개인의식의 변화만을 요구하기에 이 또한 문제이다. 그러나 제도가 바뀌어도 오래된 관행과 의식의 변화가 없다면 구조는 잘 움직이지 않는다. 학교운영위원회 제도가 만들어져도 학부모 의식의 변화가 뒤따르지 않음으로써 이전의 육성회나 다름없는 제도로 여겨지고 여전히 치맛바람이 영향을 미치는 현실은 바람직한 교육 문화의 육성을 어렵게 한다. 따라서 법적 · 제도적 개선과 함께 의식과 문화의 변화, 즉 학교 구성원의 집단적 교육 문화 혁신을 위한 노력이 시급하다.

학교 문화는 구체적으로 교사 · 학생 · 학부모 문화 등 하위 문화로 구분할 수 있다. 교사들 간에 형성되고 있는 문화는 학생들 간에 서로 공유하고 있는 문화와 구별된다. 교사들은 교무실을 중심으로 동료 교사들과 긴밀하게 상호작용하면서 일련의 행동양식을 구성한다. 학생들도 학급 내에서 대부분의 시간을 함께 보내면서 학생 상호 간에 일련의 행동양식을 만든다. 학부모들도 간헐적으로 학교를 방문하면서 교직원들과 특유한 행동양식을 형성한다. 학교공동체의 '문화'와 '분위기'가 모든 학교에서 분명하게 나타나는 것은 아니나 학생들은 매일 반복되는 학교생활에서 심리적으로나 정서적으로 소속감을 느끼도록 해야 한다.

특히 공동체로서의 학급과 학교 문화에 영향을 미치는 것은 교사의 문화이다. 민주적 공동체 학교의 건설에 있어서는 교직 문화의 변화가 매우 중요하다. 오늘날 개인주의적 교사 문화와 권위주의적 교사 문화는 학생과 교사의 관계를 악화시키고 있다. 교사 문화와 학생 문화는 별개의 것이 아니라 동전의 양면이다. 학교 전체의 문화를 변화시켜 학생들이 자유롭게 활동하고 생활할 수 있게 해야 한다. 그런데 오늘날 한국의 교사 문화는 개인주의적 성향을 보임으로써, 학생들과의 관계가 형식적이고 보수적인 경향을 보이고 있다. 그러기에 교사 문화를 혁신하여 학교 문화의 발전을 모색해야 한다.

그동안 한국의 학생 문화는 봉건적인 문화와 강력한 입시 문화로 인해 학생들을 교육활동의 주체로 대우하기보다 대상으로 여겨왔다. 특히 오늘날 학생들은 대중 문화의 주된 소비자로서 즉물적인 상업 문화의 영향을 많이 받아 교양 문화의 형성이 어렵다. 학교 내에는 날나리, 범생이, 왕따 등의 현상이 범람하고 있다. 그래서 학생 문화의 새로운 혁신을 위해 미래의 예비 시민으로서 자치활동을 강화하는 시민 교육의 중요성이 증대되고 있다.

그동안 한국의 학부모 문화는 자녀의 대학입시를 중심으로 전개되었다. 한국 학부모들의 문화적 특성은 정치적 · 경제적 · 사회문화적 · 교육제도적 맥락 속에서 형성되고 있다. 그러기에 한국 학부모 문화의 혁신은 건강한 교육관 형성과 학교운영 참여를 통해 지역사회와의 동반자 관계를 정립하는 차원에서 관심을 끌어왔다. 학교운영위원회의 설립은 이와 같은 의도에서 만들어진 것이다.

따라서 학교 문화의 혁신을 위해 관료주의(근대화 시대의 하향식 교육 행정), 교사 문화의 결여(협동 문화의 부재), 학생 문화의 부재(과잉된 경쟁 문화), 학부모 문화의 부재(계층상승의 도구가 되어온 오래된 역사) 등을 척결해야 한다. 무엇보다도 교사 문화의 변화가 일어나야 한다. 학교의 교육목표 달성에 부정적인 영향을 미치는 관행화된 유해 문화를 척결해야 한다. 새로운 혁신적 학교 문화의 건설을 위해, 다문화적이고 열려 있는, 진정한 의사소통의 유형이 요구된다. 개체성을 표현한 협동적 공동체의 전망이 있어야 하고, 계속적 대화와 숙고를 해야 하고, 계획과 실제와 관련한 적극적 탐구와 문제 해결을 시도하고, 개별적 집단적 반성과 행동을 필요로 한다.

학교 문화의 혁신을 위한 요소는 다음과 같다.


① 모든 참여자 사이의 인간상호 관계와 신뢰가 필수적이다.
② 교육과정, 가르침, 학생, 학교 문화, 평가에 대한 확장된 숙고를 해야 한다.
③ 행위와 학교교육, 가르침, 학생의 의미에 대한 탐구가 삶의 양식이 되어야 한다.
④ 협동적 전망, 문제 해결, 정책결정은 전문적 활동의 측면을 관통한다.
⑤ 공유된 권위는 실천, 지식, 배려의 윤리에 근거해야 한다.
⑥ 참여자들은 그들이 믿는 학생, 학교, 지역과 국가의 최상의 이익을 위해 목소리를 내는 용기가 필요하다.

이러한 혁신을 위한 학교 문화의 유형은 '학습조직'으로 나타난다. 혁신적 학습조직은 다음과 같은 요소를 겸비한 교사(교장)이다.

① 미래를 형성하는 참여자의 능력을 계속 확장해가는 '리더십'을 지닌 교사(교장).

② 성장의 자극을 위한 '창조적 긴장'을 위한 학습(조직과 그것이 실제 운영되는 유형의 격차)을 이용할 수 있는 교사(교장).

③ 교육과정, 장학, 전문성 개발, 평가, 학교 분위기와 같은 조직의 여러 측면의 상호관계를 볼 수 있는 '시스템적 사고'를 하는 능력을 지닌 교사(교장).

전문적 개발, 평가전략, 학교 문화에 대한 전반적 고려가 없이는 학교의 한 측면, 이를테면 교육과정만을 고려하기가 어렵다. 그러기에 주류 학교 문화의 혁신적 학교 문화로의 전환을 논의할 때에는 학교 문화의 여러 차원 사이의 밀접한 상호의존을 생각하는 총체적 가치를 염두에 두어야 한다. '주류 학교 문화'를 '혁신적 학교 문화'로 발전시키기 위해서는 사람이 개체적·전체적 신념과 행동을 변화시켜야 하고, 대화와 비판적 성찰을 유지하는 조직적 능력을 창조해야 하고, 변화의 정치를 이해하고 참여하는 능력을 키워야 한다. 권위주의적인 교사 문화를 청산하고 민주적인 리더십을 강조하는 교사 문화가 정착되어야 한다.

학교 문화의 혁신을 위해서는 강한 참여민주적 원리, 탐구의 개방성과 숙고의 과정을 견지하면서 활동해야 한다. 우리는 일부 사람에게 큰 목소리를 내게 하기보다는 숙고와 결정과정에서 모든 사람이 목소

| 주류 학교 문화 | 혁신적 학교 문화 |
|---|---|
| 1) 교육과정의 철학 : 높은 학업 성취, 경쟁 | 1) 교육과정의 철학 : 사고하는 정신, 강한 자아의식, 민주적 가치 |
| 2) 기준과 평가의 주도 | 2) 기준의 안내, 학생 중심, 윤리적 지도 |
| 3) 하향식, 외부(권위)에 의해 부과된 결정과 처방 | 3) 모든 이해 당사자에 의한 숙고와 결정 (평등성, 다양성, 시민성) |
| 4) 파편화된 개인주의 · 파벌주의 | 4) 협동적 대화 : 공동체 건설 |
| 5) 주류적 반성적 실천 · 행정적 평가, 결과주의 | 5) 교사의 계속적 탐구와 책임성 있는 5c(창조성, 배려, 비판, 성찰, 동료애)의 반성적 실천 |

Henderson & Hawthorne, 2000 : 5, 42-65.


리를 내도록 하는 과정을 개발해야 한다. 학교 문화의 혁신을 위해서는 관료주의, 관리주의, 효율주의, 체제주의, 행동주의를 극복하고 참여민주주의를 구현해야 한다.[2] 형식적 참여(관리자에 의해 이루어진 교육정책의 결정을 교사가 받아들이도록 설득함)와 부분적 참여(교육정책의 결정에 영향을 미칠 수 있는 평등한 힘을 가짐)에서 상호작용이 활발한 '완전한 참여(교육정책 결정의 결과를 결정하는 평등한 힘을 가짐)'가 이루어지도록 해야 한다(Bottery, 1992 : 36). 교육정책 결정의 수직 구조를 '수평 구조화'해야 한다. 말하자면 정책의 입력 단계에서 출력 단계에 이르기까지 교사가 전문적 힘을 발휘할 수 있는 권한이 주어져야 한다는 것이다. 그렇게 해야 상실된 교육력을 회복할 수 있는 교사의 '전문

---

2) 신자유주의적 교육은 관료적 경직성을 제어하고 개인의 자율적 선택을 중시한다는 점에서 다소 민주주의적 요소를 갖고 있다. 하지만 관료주의는 대의민주주의와 접목되어 있기에 직접민주주의와 의사소통민주주의, 심의민주주의와 협의민주주의 등 참여민주주의를 새로운 학교운영 원리로 삼아 학교운영을 민주화하는 것이 중요하고 학교 구성원의 민주적 지도력이 최대로 발휘될 때 교육개혁은 현장에 뿌리내릴 수 있을 것이다.

적 자율성'이 주어진다.

또한 문화 건설자로서의 교사와 교장의 리더십이 요청된다. 권위주의 시대에 늘상 있어온 누구에 대한 저항보다는 스스로 자율적으로 행동하는 자치 문화와 자율적 리더십을 발휘해야 한다. 교사의 변화를 유도할 수 있는 학교체제에서 강자의 위치에 있는 교장은 군림하는 권한의 행사보다는 권한을 함께 공유하는 수평적 대화자로서 위상을 정립해야 한다. 학교장은 건강한 교사 문화를 형성하기 위한 리더십을 발휘해야 한다. 한국의 학교 문화에서 교장집단과 교사집단 간의 오래된 갈등과 불신은 대화와 협상 문화 증진을 통해 개선되어야 한다. 상호 대결보다는 서로 상대방 집단의 인정을 통해 공존하는 '신뢰'의 문화를 증진시켜야 한다. 서로를 적대시하고 죽이는 상극이 아니라 격려하고 지켜주는 상생의 문화가 절실하게 요청된다.

학교 문화의 혁신을 위해 학생을 인격적으로 대우하고 삶의 주체로 바라보는 자세를 잃지 말아야 한다. 공동체의 출발은 인간 존중과 평등한 참여이며, 공동체의 주체는 자치를 통한 권력 행사 방식의 변혁을 통해 책임의식과 주인의식을 자각하게 된다. 그러기에 공동체적 덕목이 먼저 교사의 몸에 배어야 학교 문화의 변화가 일어날 것이며, 공공재로서의 사회적 자본social capital을 형성함으로써 학교와 지역사회의 협동적·사회적 네트워크를 만들어가야 한다(Winch, 2000). 오늘날 천박한 개인주의가 팽배하고 공공적 헌신이 결여된 시대를 맞이하여 존중, 배려, 신뢰, 공헌과 같은 사회적 자본이 요청된다. 교사는 국가의 관료주의와 시장의 상업주의에 대치되는 공동체적 자본이라는 시민사회의 덕목으로 무장해야 한다. 이런 공동체적 덕목을 갖추어야 가족이나 지역사회의 해체를 억제할 뿐 아니라 학교의 상실된 공동체성을 회복할 수 있다.

학교 문화의 혁신을 위해서는 교사를 존중하고, 학생과 학부모를 존중하고, 교사와 학생, 학부모와 지역사회가 '동반자'가 되도록 애쓰고, 학교가 가족적인 분위기를 갖도록 노력해야 한다. 개인주의는 나에게 올바른 것이 무엇인지를 묻게 하고, 최대로 자기표명을 하게 하며, 비순응적이고, 스스로를 위한 자유를 중시하지만, 타인에게 중요한 것이 반드시 나에게 중요한 것이 아니며, 그래서 타인의 감정에는 무감각하기 쉽다. 공동체적 끈이 없는 개인주의는 자기도취의 문화에 빠지기 쉽고, 공동체적 문명에 위협적이며, 고삐 풀린 개인주의와 제멋대로의 물질주의를 낳고 만다. 따라서 소극적 자유에 머물러 있을 가능성이 있는 신자유주의는 인간 상호 간의 관계를 중시하는 관계적 존재로 확장하는 '새로운 개인주의'로 자리 잡아야 한다. 그렇게 하여 사회적 협동과 공동체 생활을 가능하게 하는 맹아를 학교 안팎에 싹트게 해야 한다. 학생의 가치교육이나 생활지도에 있어 개인주의와 공동체주의가 절묘하게 결합하여 균형을 이루어야 한다. 교사와 학생의 개체적 인성뿐만 아니라 공동체의 소속감을 옹호하는 것으로 이해되어야 한다(Tibbitts, 1997 : 55-56).

학교에서의 삶을 통해 나타나는 공평과 배려의 표현, 그리고 책임의식, 소속감, 열린 마음, 개체적 목소리의 발달에 학교 문화는 중요한 교육과정으로 자리 잡아야 한다. 학교 문화는 학교의 조직에 스며들고 있는 공동체의 문화, 즉 종교적·인종적·정치적·사회적·성별 규범에 의해 영향을 받기에 학교의 가치, 의사소통 방식, 신뢰의 표출이나 결여를 이해할 때 공동체의 문화적 맥락을 고려해야 한다.

## 4. 학교 문화의 혁신을 위한 가치와 조직의 발전

### 1) 교사의 전문적 가치(신념) 체제의 개발

리더십의 형식, 아동의 기대, 서로 다른 문화적 · 종족적 유산에 대한 이해와 반응, 교육에서 가장 중요한 것이 무엇인지에 대한 관점은 모두 교육자의 개별적 신념에서 출발한다. 교사와 행정가의 신념(가치)에 대한 이해는 학생 시절의 과거 경험과 교사 교육, 행정가 준비 프로그램, 그들이 가르치고 있는 학교 문화에 대한 이해를 포함한다. 이런 환경에서 신념은 교육자의 아동, 동료, 학부모에 대한 매일의 관계를 위한 기반이다. 그들은 시간 배분, 교과서 사용, 질문 형식 결정에 영향을 미치고, 누구의 부탁을 받았으며, 칭찬이나 비난을 받는지에 영향을 미친다. 사람의 개념적 틀과 가치가 이념, 가정, 우선성을 창조하기 위해 상호작용하는 것이 '가치(신념) 체제'이다. 이런 가치 체제는 핵심의 위치에서 때로는 가장 강하게 때로는 가장 약하게 검토되고 수정되면서 형성되는 것이다. 주변부의 담지자는 더욱 상황적으로, 즉 현재의 상황에 대한 관점이나 아주 고정된 개인적 상황을 다루는 방식으로 훈련된다. 요약하면 우리의 가치 체제는 우리의 삶과 활동을 분별하는 방식의 중심을 차지한다.

전형적인 주류의 학교 문화에 있어, 한 사람의 신념 체제는 학교의 문화적 규범과 부드러운 대치를 하지 않으면 그것은 개별적 문제이다. 예를 들어 어떤 학생이 반복적으로 수학문제를 풀어야 수학을 잘 배운다고 생각하는 교사가 있는가 하면, 또 다른 학생은 실제 생활의 문제와 결부되어야 수학을 아주 잘 배운다고 생각하는 교사가 있다. 전자는 수학의 '조작' 문제이고, 후자는 '숙달' 문제이다. 양자의 균열을 일

| 남성적 가치(좌뇌적 가치) | 여성적 가치(우뇌적 가치) |
|---|---|
| 자기주장, 정의(옳고 그름), 공정성, 개체성, 보편성, 권리, 원칙, 토론, 시비지심 | 관계, 돌봄, 공감, 연민, 관심, 신뢰, 평화, 본보기, 대화, 실천, 봉사, 측은지심 |
| 분리, 자율 | 애착, 친밀 |
| 경쟁 | 협동 |
| 인지와 명료성에 초점 | 유형, 전체, 맥락의 자각 |
| 합리성 | 직관 |
| 분석 | 정서, 느낌 |
| 구별 | 종합 |
| 활동 | 실존 |
| 파급 | 정착, 간직 |
| 공격적임(파고듦) | 참고 견딤 |
| 독립 | 상호의존 |
| 외적 세계의 통제 | 변화의 순환과 갱신 |
| 외부를 향한 탐구 | 내부를 들여다봄 |
| 중심 | 개방성 |

으키는 두 신념 체제는 학교 문화가 전문적 자율성을 지지하고, 동료적 숙고와 성찰을 함으로써 조정될 것이다.

학교 문화의 혁신을 위해 학생들의 최상의 이익과 혁신적 교육과정의 원리와 관련하여 자신의 신념과 행위를 성찰하고 검토해야 한다. 이런 반성적 과정은 개별적이고 협력적이다. 학교 문화는 어떤 계획이나 전망의 진술만큼이나 교육과정의 한 부분이 되어왔다는 강한 메시지를 학생과 학부모들에게 전달해왔음을 교사들은 충분히 자각해야 한다.

혁신적 학교 문화로 이동하고 그것을 지속하려면 개별적이면서 집단적인 신념 체제를 충분하게 검토해야 한다. 학교 문화의 혁신적 목표는 특정한 신념 체제를 복사하는 것이 아니고, 학교 문화에 현존하고 있는 신념들을 충분히 자각하고 그것에 책임을 지는 것이다. 목표는 몇몇 핵심적 가치에 대한 합의를 협상하는 것이고, 혁신적 교육과정의 덕목에 대한 공유된 신념 체제를 세우는 것이고, 창조적·비판적·관조적·협력적 문제 해결에 참여하는 것이다.

'창조적 긴장'[3]을 일으키는 '불일치'는 자기성찰을 위한 자극제가 됨과 동시에 학교에서 일을 처리하는 방식, 학교의 규범과 문화에 대한 집단적 성찰과 변화를 창출할 수 있다. 진정한 맥락에 기반을 둔 정보와 학교 문화의 현실에 대처할 의지가 없다면, 교사 집단과 공동체 집단은 불일치한 상황을 촉발할 것 같지 않다. 그들은 학습공동체를 이루거나 존속하지 않을 것이다. 자연스럽게 발생하는 갈등이 합의를 이루는 활동으로 전환하려면 참여자의 안정된 네트워크가 필수적이다. 도전은 채택되고, 전문적 친밀성은 획득되어야 하고, 인내를 견뎌내야 한다. 지도자는 학교 문화의 변화를 위해 새로운 가치와 신념을, 즉 문화를 창조하고 관리하는 문화 건설자로서 신념을 확고하게 해야 한다.

신뢰, 배려, 대화의 불일치에서 발생하는 복잡한 갈등을 평화적으로 처리하는 능력이 '교육적 리더십'이다. 권위주의적 학교운영이 사라진 자리에 새로운 세기의 교육자로서의 자질과 리더십이 절실히 요청되

---

3) 진정한 학교 문화와 이상화한 신념의 비판적 검토에서 나오는 차이는 성장과 학습, 변화로 이끈다. 이는 '창조적 긴장'이라고 할 수 있다. 창조적 긴장은 세계와 타인의 관계를 의식하고, 이들 요소를 만드는 의미에 대해 성찰하는 '폭넓은 깨달음'이다. 이에 대해, 많은 교육자들이 때로는 열려 있고 때로는 대치적 상태에 있게 되는데 이를 어떻게 처리하는가가 중요하다. 대부분의 학교에서 창조적 긴장이 쉽게 해결되는 것은 아니다. 이런 긴장은 종종 인지적이기보다 정서적이고 심대한 혼란을 불러올 수 있기 때문에, 특히 사람들의 의견이 노조 지도자, 교장, 핵심 관료들과 배치되기 때문에 대부분 이런 친밀하고 도전적 상호작용을 피하려고 한다.

는 시대를 맞이하여 좀 더 포용적이고 어진 마음을 지니고, 학생들 위에 군림하는 것이 아니라 함께 참여하며 소통하는 교육자의 리더십이 요청된다. 학교조직의 혁신은 학교 구성원의 가치나 이해를 해결하는 부합 방식에서 자원의 배분에 영향을 미치고 통제하는 데 있다. 그것은 '권한의 표시'이다. 서로 다른 사람이 서로 다른 가치에 우선함을 두고 권한의 필요를 느낀다면 구성원의 일부는 조직의 결정권을 가진 사람에게 영향을 미치려고 노력할 것이다. 권한이나 영향이 반드시 소극적 구성을 하는 것은 아니다. 그것은 학교의 일상생활을 어떻게 표출하느냐에 있다. 그렇기에 학교생활에 참여한 사람들의 관계, 즉 '군림하는 권한power over'을 '함께하는 권한power with'으로 변화시켜야 한다(Henderson & Hawthorne, 2000 : 154). 우리는 다양한 역할과 책임을 다수의 중첩된 역할로, 평행의 분리된 일을 함께하는 문제 해결과 지원 그리고 결정으로 혁신해야 한다.

교육의 지도력은 사람들이 타인에게 영향을 미치거나 조종하고 자신을 보호하기 위한 권한을 어떻게 사용하느냐에 달려 있다. 그것은 '갈등'에 대한 것이고, 사람들이 원하는 것을 얻기 위해 서로 어떻게 '경쟁'을 하느냐에 대한 것이다. 동시에 그것은 '협동'에 대한 것이고, 사람들이 자신들의 목적을 달성하기 위해 서로의 '지원'을 어떻게 획득하느냐 하는 것이다. 그것은 모든 사회적 배경 속에서 생각되는 무엇이고, 그것에 대해 강한 느낌을 갖는 무엇이지만, 그것이 무엇인지를 정확히 말하기 힘들고 쉽게 관찰되는 것도 아니다.

학교 문화를 혁신하고 지속시키기 위한 방안은 분명 갈등, 협력, 그리고 결과적으로 공유된 이해와 헌신을 포괄한다. 그러나 그들은 또한 많은 정치적 도전을 포함하고 있기에 민주적 리더십을 가져야 한다.

| 전통적 리더십 | 민주적 리더십 |
|---|---|
| 권한과 통제(head-ship) | 영향력과 지지,수평적 리더십(follow-ship, centre-out leadership) |
| 타인(교사, 학생)에 대한 권한을 행사함 | 권위를 타인(교사, 학생)에게 부여함, 학생들의 목소리 경청 |
| 지도자는 행동을 지시함 | 지도자는 자신의 생각과 감정을 표현함, 경청 |
| 지도자는 강요하고 부추김 | 지도자는 격려하고 지지함 |
| 타인을 평가하기를 선호함 | 스스로의 점검과 자기평가 |
| 보상과 처벌 위주 | 타인의 성취를 고무하고, 난관에 직면하도록 함, 타인의 성장을 격려하고 신뢰함 |
| 지시하고 감독함 | 학업 발전에 대한 정보 추구와 성취에 대한 피드백 준비 |
| 결정이 질서를 부여함 | 생각과 행동의 상호의존을 격려함(중심의 일과 다른 일에 중첩적 참여) |
| 훈화(생각 없는 반응, 조건화), 훈련 | 탐구, 성찰, 자율성 |

Whitaker, 1997 : 137.

일부 교사들은 교장의 권한에 대해, 그 원리와 실제에 정면으로 대항한다. 그들은 너무 많은 시간을 가지고 있고, 그들에게 너무 많은 신뢰성이 부여되고, 아이들과는 동떨어져 시간을 보내고 있다고 질타하면서 교사의 전문적 자율성이 박탈되고 있다고 비판한다. 반면 교장들은 준비되지 않은 교사에게 지나치게 권한을 주고, 교육의 문외한인 학부모를 학교운영에 지나치게 관여시키고, 그러면서도 행정가에게는 모든 책임을 지우면서 도무지 영이 서지 않고 권위는 아무것도 없다고 푸념한다. 권한의 배분으로 인해 더 나은 가르침과 학습, 더 좋은 학교교육을 지원한다는 충분한 증거를 보여주는 데 실패하고 있다고 비판하기도 한다.

학교에서 힘의 관계를 진정으로 변화시키는 것은 권한을 배분하는 정치 과정에 참여하는 것을 의미한다. 모든 학교는 명시적이거나 비명시적으로 자체의 권한 기반과 관계를 지니고 있다. 일부 권한은 공식적 조직 지도자, 예를 들어 교장이나 노조 지도자에게 주어져 있다. 그것은 또한 비공식적으로는 공식적 역할을 하는 사람과 밀접한 관련을 맺고 있는 전문가로 간주되는 교사에게 권한이 주어져 있다. 학생의 이해보다는 교사 자신들의 이해를 위해 무리를 지어 권한을 행사하기도 한다. 일부 교사들은 모든 조직적 활동과는 독립되어 조용하게 머물면서 개별 교실을 자신들의 에너지와 관심의 중심으로 보면서 개별적 힘을 보존한다.

교직원들은 신뢰의 힘을 바탕으로 서로 숙고하고, 생각을 달리하는 사람들과 때로는 다정하게 또 때로는 아주 비정할 정도로 충고하는 데 필요한 의사소통과 정치적 기술을 개발하지 않으면 안 된다. 그러나 그런 훈련은 또한 신념과 실천의 비판적 검토에 참여할 능력 개발이 포함되지 않으면 피상적으로 돼버릴 위험이 있다. 서로에게 예를 갖추고 적극적으로 경청하는 것만으로는 우리의 언어, 전망, 그리고 행동에 붙박여서 중심이 되는 가치 논란들, 성별 문화적 해석 혹은 사회계급과 기타 억압적 '~주의'를 진중하게 다루기에 충분하지 않다. 학교 문화의 혁신을 위해서는 불가피하게 새로운 가치와 신념을 도입해야 한다. 기존 문화와 반문화는 예기치 않은 복잡한 환경을 맞이하여 상호작용할 것이다. 혁신적 해결을 계획하고 표출하고 평가하는 학교의 맥락이란 대치를 회피하지 않고 창조적 긴장과 폭넓은 각성을 드높이는 것을 지향한다. 이러한 과정을 통해 새로운 이념과 신념의 꽃이 피어날 것이다.

## 2) 조직의 집단적 발전

조직의 문화는 조직 구성원들이 오랜 시간에 걸쳐 형성해온 독특한 사고와 행동 유형 및 신념 체계로 구성되며, 유형적인 요소와 무형적인 가치나 신념 등을 포함한다. 조직 발전의 주요한 목표는 학교가 자체의 문제를 해결하기 위한 지속적 능력을 달성하는 것이다. 학교의 조직과 그 구성원으로 하여금 자신의 경험을 탐색하고 반성을 통해 학습하도록 하는 것이다. 조직생활을 분석하고 해석하는 데는 비판적 안목이 필요하다. 학교가 부드럽고 효율적으로 기능하는 것만으로는 충분하지 않다. 그것은 또한 다양성을 받아들이는 데 윤리적이고 비억압적이어야 한다.

학교조직은 자체의 실천과 기본적 신념과 관련하여 체제적 검토와 비판적 성찰을 자극하고 유지해야 한다. 조직의 발전은 학교 내 인간 상호 간의 맥락적 활동에 초점을 맞추어야 한다. 교사·행정가·학부모와 학생이 어떻게 의사소통하고, 문제가 어떻게 구조화되고 관여되는지, 갈등과 합의가 어떻게 다루어지는지, 권한을 어떻게 표출하는지, 누가 포함되고 배제되는지, 학교의 규범과 일상적 생활이 어떻게 움직여가는지에 관심을 두면서, 학교조직이 발전하는 과정에서 다음과 같은 조직 발전에 관심을 기울인다.

• **단계 1**  조직 발전의 1단계에서는 구성원들이 의사소통하고, 서로 신뢰를 표현하며 관심을 기울이고, 갈등을 처리하고, 학교 문화에 대한 자료를 수집·분석하고, 합의를 발전시키는 방법을 탐구하는 학교 공동체 구성원의 훈련이 필요하다.

'인간 상호 간의 관계'는 개혁적 노력이 성공하느냐 실패하느냐의 중요한 열쇠이다. 인간의 상호관계는 똑같이 학교 문화의 변화가 성공하느냐와 실패하느냐의 중심을 차지한다. 대부분의 교사진은 독립적으로 일하도록 사회화되어왔다. 그래서 협동적인 일을 학습하는 것은 이전처럼 편안하게 쉬는 것은 아니라고 하더라도, 동료들과 모임을 이루어 더욱 친밀하게 자신의 일과 신념에 대해 대화하는 것을 쉽게 받아들이는 것이다. 조직의 개발 훈련은 한 집단이 신뢰를 쌓을 수 있고, 도전할 수 있고, 서로에게서 배울 수 있는 발판을 제공한다. 종종 교사와 행정가는 서로 개방적·생산적으로 '의사소통하는 방법'을 알지 못한다. 학교조직 개발자는 행정관료를 포함하여 교사진이 의사소통의 유형을 검토하고, 더욱 생산적이고 공감적인 숙고 방법을 체계적으로 학습하도록 일련의 훈련을 제공할 수 있다.

• **단계 2** 조직 발전의 2단계는 공동체 생활의 분석적·비판적 측면을 개발하는 데 초점을 맞추어야 한다.

교사진은 관심을 분명히 하고, 자신의 신념과 일에 대한 자료를 모아서 분석하고, 문제를 협동적으로 해결하고 기획하는 데 참여하고, 문화의 명시적이고 은밀한 의미를 비판적으로 평가하는 훈련을 받아야 한다. 조직개발의 훈련자는 가능한 많은 교사진과 학생과 대화하며, 모임을 관찰하며, 의사소통의 유형과 인간상호 간의 관계를 기록한다.

모두가 훈련에 앞서 진행된다고 동의할 때 '요구평가'는 다음의 순서로 이루어진다. 요구평가는 교사진의 관심 영역(의사소통, 교육과정,

학생 행동, 학부모 참여)에 대한 자료를 얻기 위해 조사와 인터뷰를 이용한다. 학교공동체의 구성원은 관심 영역을 명확하게 하고, 자료수집의 도구를 선택·개발하고, 자료를 수집·분석한다. 학교 분위기 관련 조사는 요구평가를 시작하는 효과적 방안이다. 회합의 참여자는 요구평가를 받으면서 그 방법을 배우게 된다.

필요하다면 조직개발 전문가는 훈련과정 중에 각자의 의미와 느낌을 듣고, 사람에 대해 충분히 배려하고 있음을 전달하고, 타인을 이해하기 위해 자신의 의제와 느낌을 뒤로 미루고 그로부터 무엇을 말하게 하는 '적극적 경청'과 같은 참여자의 의사소통 기술을 사용한다. 전문가는 참여자가 '나의 메시지'로써 자신의 관점을 주장하도록 하고, 자신의 다른 전망을 소중하게 여기도록 도움을 준다.

모든 참여자들은 학교의 의제를 설정하고, 타인의 목소리를 배제하였던 파당을 인지한다. 이렇게 요구평가 자료와 이야기를 통해 깊이 있고 정교한 사고를 함으로써 사실적이고 치밀하게 준비한다. 조직개발을 위한 자료 수집도구에는 교육과정의 평가에 사용되는 도구(언어와 사고의 명료화, 포괄성, 일치성, 효과성, 배려성, 진정성, 참여성, 관용성, 포용성, 열린 마음, 비억압성, 평등성 등)와 같은 인터뷰 기술, 학교 분위기와 규범 조사, 회합의 체계적 관찰이 포함된다. 조직개발은 교육과정보다는 '학교 문화'에 초점을 더 둔다. 공동체로서 교사진의 신념과 행위는 자료의 근원이 되며, 교사진의 탐구는 과정을 유도하고, 자료의 해석은 이런 학습과정을 강력하게 한다.

• **단계 3**   조직 발전의 3단계는 동일시되는 관심과 문제가 무엇인지를 수행하기 위한 상호작용의 기술, 분석적·비판적 평가과정 그리

고 행동 기획을 통합한다.

행동을 위한 기획은 집단의 핵심적 신념과 학교 문화에 대한 탐구로
부터 추출된 자료에 기반을 둔다. 문제에 동의하고, 목표를 확립하고,
활동을 발전시키고, 기간대를 설정하고, 책임집단을 명확하게 하고,
발전과 성취의 평가를 계획한다. 예를 들어 학교의 교사진은 관심 문
제를 둘러싸고 학교 내의 의사소통과 학교와 중앙 행정부처 간의 의사
소통을 명료하게 한다. 그들은 폐쇄적이고 불완전한 의사소통을 일으
키는 문제의 본질을 발견하기 위한 조사를 한다. 그들이 학교 수준의
결정, 지역 교육청 수준의 결정, 미래를 위한 우선권에 대한 중요한 정
보를 확보할 때 의사결정 과정에 참여하지 않는 교사들 사이에서도 강
력한 합의를 이끌어내도록 한다. 이때 교육행정가는 그들의 메모와 보
고를 통해 교사들과 충분히 의사소통을 해야 한다. 교사들은 관료적 ·
하향적 통제라고 보지 않고 진정한 의사소통을 했다고 여길 것이다.

교사와 행정가, 교사와 교사의 쌍방형 의사소통은 또한 문제 제기적
이어야 한다. 교사진과 행정가는 함께 더욱 효과적이고 포용적인 의사
소통의 유형을 세우기 위한 계획서를 만들어야 한다. 교사진과 행정가
들의 발언과 제안을 고려한 후에 반응과 채택을 위해 재조명하고 최종
계획서를 제출한다. 교사진, 행정가, 지역인사로 구성된 위원회 모임
을 포함하여 여러 가지 전문 프로젝트 팀은 특별한 제안서를 제출한
다. 교사들은 서로 잘 알고 인간적 의사소통을 촉진하기 위해 지역인
사를 방과 후 비공식적 친목회 모임에 초대한다. 인지된 문제가 모두
사라진 것은 아니지만 교사진과 행정가는 의사소통, 배려, 성찰, 신뢰,
소속감 등 공동체 의식을 명백하게 발전시킬 수 있는 능력(자질)에 대

| 교육자의 자질 | 특징 |
|---|---|
| 마음의 진정성 | 속이지 않고 자신의 진실을 소통하는 데 깊은 관심 |
| 배려 정신 | 스스로 공유하면서 타인을 도와주는 진실한 소망 |
| 공동체성 | 집단, 위원회, 팀 속에서 긴밀하고 친밀한 관계를 세우는 능력(혼자가 아닌 동반자, 네트워크) |
| 인간성 | 인간의 사건에 대한 과학적 접근의 유일성에 신뢰를 보내지 않고, 인간 잠재력의 가능성에 대한 깊은 관심 |
| 내면세계 | 스스로 더 많은 책임을 지기 위해 자신의 생각과 감정 유형의 탐구와 자기각성에 대한 관심 |
| 생태적 감각 | 자연환경에 대한 결의와 여타 종에 대한 배려(착취적 삶의 양식보다는 지속 가능한 삶에 대한 관심) |
| 변화에 민감 | 세계의 변화에 대한 자각과 자기계발에 대한 실험적 접근 |
| 자기신뢰 | 자신에게 최선의 것이 무엇인지를 알기 위해 자신의 경험을 신뢰하고 외적 권위에 대한 신뢰를 갖지 않음(자신의 일에 자부심을 갖기, 스스로 책임지기) |

해 더욱 적극적인 느낌을 갖도록 한다.

학교 구성원들 간의 합의를 만들어가는 '협상의 정치'는 개인이 학교 전체의 신념을 위해 자신의 신념 일부를 포기하도록 하는 것을 의미한다. 진정한 합의의 발전은 인내를 요구하고, 탁월한 조직개발의 기술과 이해, 그리고 예정된 결과보다는 과정에 초점을 맞추는 의지를 필요로 한다. 새로운 혁신적 학교조직 문화의 창출은 사람들이 대안적 작업 방식에 대해 협상하도록 하는 것이다.

## 5. 민주적 공동체 학교 문화의 형성 방향

민주적 공동체 학교 문화는 개인주의와 공동체주의의 양극화를 방지하기 위해 양 이념이 갖는 소극적·적극적 의미를 올바로 자리매김하게끔 해야 한다. 경쟁을 선호하는 신자유주의는 협동과 공동체의 가치를 별로 중시하지 않아 공교육의 문화적 공통성을 소홀히 하는 경향이 있기에 특히 그렇다. 개인과 공동체의 가치를 조화시키려고 하고, 공동체의 과거 전통으로 돌아가려는 보수적 공동체주의자보다 공동체의 전통을 중시하면서도 그것을 현재의 참여적 민주주의와 결합시키려는 '민주적 공동체주의' 학교 모형이 현실적이다. 즉, 자율적 개인과 응집력 있는 공동체를 동시에 융합하여야 한다(Sadovnik & Semel, 1998).

학교는 교육적 목적을 가지고 있는 공동체, 표현의 자유가 허용된 열린 공동체, 개인의 존엄성과 절차적 공정성이 중시되는 정의의 공동체, 집단에 대한 의무를 져야 하는 공동체, 서로에게 관심을 가지고 배려하는 공동체, 전통과 개혁이 동시에 공존하는 의식의 공동체, 자율적이고 자력갱생하는 자치적인 작은 공동체를 지향한다. 새로운 학교는 합리적 사고를 증진시키면서도 아동의 자기존중감과 공감력을 함양하고, 아동 간의 협동심을 고양시키고, 학교 및 사회의 민주주의를 증진시켜야 한다(Bottery, 1990 : 29-32).

민주적 공동체 학교는 이러한 원칙 아래 다음과 같은 민주적 공동체 학교 문화의 방행을 설정해야 한다.

## 1) 학교 혁신을 위해서는 새로운 가치(신념) 체제가 요청된다

첫째, 비판의 가치(전제와 가정, 해석, 문제 제기, 정당화, 허위의식 폭로, 비판의식, 의식화 등)가 요청된다(Freire, Giroux, Apple). 비판의 가치는 위계, 특권, 계층 구분과 왜곡, 권한 규정, 침묵과 지배의 문화 등 '누가 통제하는가, 무엇이 정당화하는가, 누가 정의하는가'에 관심을 둔다.

둘째, 정의의 가치(옳고 그름, 자율성, 개체성, 독립, 공정성, 보편성, 권리, 원칙, 규칙, 토론, 시비지심 등)가 요청된다(Piaget, Kohlberg). 정의의 가치는 공정한 참여, 평등한 접근 기회, 정당한 절차, 정책 형성과 수행, 평가권, 책임과 자원 배분 등 '우리는 어떻게 우리 자신을 지배하는가'에 관심을 둔다.

셋째, 배려의 가치(돌봄, 보살핌, 공감, 연민, 관계성, 관심, 신뢰, 비폭력, 평화, 이타심, 특수성, 본보기, 대화, 실천, 봉사, 협동, 측은지심 등)가 요청된다(Gilligan, Noddings). 배려의 가치는 삶의 질, 문화적 풍요, 개체성, 충실, 인간의 잠재력, 인간의 존엄, 권한 강화, 환경의 배려 등 '우리의 관계에 무엇을 요청하는가'에 관심을 둔다.

## 2) '정의로움'이 훼손되는 학교 문화가 형성되어서는 안 된다

우리나라의 경우 특히 학교공동체의 강조가 좋은 슬로건임에도 불구하고 좋은 것이 좋다는 식의 잘못된 관행을 '묵인하는' 문화로 변질되거나 '인정'에 끌리는 공동체 문화로 인해 학교의 부조리나 잘못된 관행이 발생되었음에도 그것을 묵인하거나 인정상 봐주는 대충대충 문화가 일상화된다면 학교의 정의를 건설하는 것은 요원하게 될지도 모른다. 우리는 학생부와 상담부의 갈등과 긴장을 해소하지 않으면 안 된다. 담임교사는 정의의 윤리와 배려의 윤리 사이에 항상 갈등하며 번민하면서 학생지도의 어려움에 직면해 있다. 학생들을 지도할 때 항상 부딪치는 문제가 정의와 배려의 균형을 잡는 일이다. 소속감을 형성하게 하는 공동체로서의 학교가 소외 극복과 학업 성취 등 학교 발전의 중요한 효과를 가져다주지만, 동시에 학교가 사회정의를 위한 '비판의 기능'을 소홀히 해서는 안 된다. 이제 우리에게는 비판, 정의, 배려를 위한 시민 교육이 필요하다.[4]

## 3) 교육행정 기관의 기능이 변화되어야 한다

민주적 공동체 학교는 학교경영에 있어 '어떻게'라는 경영방식과 함께 '왜'라는 경영목적을 동시에 생각해야 한다(Bottery, 1992 : 6). 학교의 모든 구성원의 참여가 권장되고, 권한 공유가 이루어진다. 학교운영에 있어 현재 학교가 안고 있는 목표의 장점과 약점을 경청하여 학교 상태를 명료화하고, 선택된 우선 순위를 결정하고 구성하며, 그것에 따라 수행하고, 수행의 성과를 평가하는 일련의 과정을 공동체의 구성원과 함께한다. 새로운 학교는 '다양성'을 중시한다(Hargreaves & Hopkins, 1991 : 3-5). 즉 교사를 평가하면서, 의무나 임무에 있어서는 통일성을 강조하지만 수업방식에 있어서는 차이가 존중된다. 차이와 평등의 조화는 열린 민주적인 대화의 광장에서 결정되어야 한다. 우리가 다원주의적 민주사회를 희구한다면 소수자나 개개인에게 다수자의 가치를 강요하는 교육 내용과 교화 정책, 그리고 획일적 학교교육을

---

4) 시민 교육의 내용으로 공동체 건설, 적극적 대인적 기술 개발, 문제 해결과 결정 능력 개발, 좋은 습관 촉진, 자기존중감의 개발, 존중과 책임, 공감 능력 등의 개발, 생활지도와 상담 프로그램의 개발, 당신이 대우받고 싶은 대로 타인을 대우하라, 남을 해치지 마라, 다른 사람의 말을 경청하라, 불공정한 일을 하지 마라, 타인의 자유를 침해하지 마라, 자신의 일에 자부심을 가져라, 스스로 책임을 져라, 자신이 받고 싶은 만큼 관대하라, 좋은 친구가 되라 등이 제시될 수 있다.

피하고자 한다면 개인과 소수자 집단의 필요에 대해 민감하게 반응하며 가능한 유연성을 확보함으로써 학교(경영, 교육과정, 교수법, 평가 등)를 역동적으로 운영할 수 있는 장을 제공해야 한다.

### 4) 교장의 역할이 변화되어야 한다

단위학교 구성원들 간의 민주적 · 협동적인 관계가 형성되기 위해서 단위학교에서 학교장의 역할, 학교운영위원회 및 교무회의 등 관련 기구들의 기능 조정 및 제도화가 수반되어야 한다. 우선, 단위학교의 학교장은 단위학교 공동체에서 리더의 리더로서 모든 구성원들을 교육적 목적으로 이끌어가는 고차원적인 리더십을 발휘해야 한다(허병기, 2001).

학교의 교장은 자신들의 가장 중요한 목적으로서 교직원, 학생, 학부모 간의 민주적 공동체 형성에 목표를 두어야 한다. 교장들은 자신들을 민주적 공동체 형성에 헌신하는 변화 주도자가 되어야 한다. 교장이 발휘하는 리더십은 공립학교 교장들보다 더 격려하고, 지원하고, 조장하는 역할을 보여주는 것으로 교사들에게 평가되어야 한다. 즉, 교장들은 교사들에게 평가자 또는 감독자라기보다는 전문적인 동료로서 간주되어야 한다. 공립학교 교장들의 경우에서 발견되는 상위 직위로 승진하기 위한 수단이 아니라 학교 정책에 대한 영향력 행사에 보다 많은 관심을 보이는 것이 교장의 직위에 대한 동기가 되어야 한다. 이를 위해 현재의 임명제 교장제도를 보직제로 전환할 필요가 있다. 이와 함께 신규 교장 및 현직 교장들을 대상으로 한 연수 프로그램을 다양화해서 학교장의 경영 능력과 리더십 함양 기회를 지속적으로 제공할 필요가 있다.

## 5) 학교와 지역사회 간의 공동체적 관계가 형성되어야 한다

교육공동체 논의에 있어서는 공동체로서의 학교에 대한 논의뿐만 아니라 학교와 지역사회 간의 공동체 형성에 대한 논의가 필요하다. 학교는 실제적으로 지역사회와 상호 영향을 주고받기 때문에 학교를 둘러싼 지역사회의 생태계를 외면할 수 없다. 학교를 둘러싼 지역사회의 영향에 무관한 독립적인 학교공동체 구축은 가능하지 않다. 따라서 학교의 구성원들을 포함하여 지역사회 내의 주요한 교육 주체 또는 교육 세력들이 교육공동체의 구축에 참여할 때 공교육의 내실화는 보다 확실해질 것이다. 더욱이 지역사회 내에 교육 분야뿐만 아니라 정치, 경제, 복지, 환경 등 다른 분야에서도 공동체적인 관계가 보다 공고해질 때 이는 교육공동체 구축과 기능 수행에 더욱 긍정적으로 기여할 것이다.

## 6) 공동체 형성을 위한 단위학교 여건이 조성되어야 한다

학교공동체는 선의를 지닌 사람들이 새로운 역할과 가치를 받아들임으로써 간단하게 출현하는 것이 아니다. 학교공동체는 이를 가능케 하는 상황적 조건이나 여건에 의해 영향을 받는다. 교육공동체도 역시 예외가 아니기 때문에 교육공동체가 순기능을 원활하게 발휘하기 위해서 여러 가지 상황적 조건들이 구비되어야 한다. 이러한 상황적 조건에는 단위학교 차원에서 갖추어져야 할 조건들이 일차적으로 구비되어야 한다.

단위학교에서 구성원들이 친밀하게 접촉할 수 있도록 작은 학교를 지향해야 할 것이다. 즉, 학생과 교사의 교육적인 만남이 이루어지고,

교육을 삶과 연관시키고, 건전한 인격의 함양에 필요한 교육과정을 반영하기 위해서 '작은 학교'의 철학을 추구해야 한다(주철안 외, 1999).

인간교육을 바탕으로 질적인 수업이 이루어지기 위해서 대규모 학교의 경우 학급 수는 감축되어야 한다. 학교 규모가 대규모화되면 인간관계의 익명성, 형식성이 커짐으로써 교육적 공동체의 형성이 어려워진다. 이와 함께 학급당 학생 수 및 교사당 학생 수도 더 감축되어야 할 것이다.

단위학교 구성원들의 자율성과 책임이 보장되기 위해서 학교 내에서 교사들의 전문적인 능력 개발 기회가 확대되어야 한다. 이와 함께 교내 자율 장학의 활성화가 이루어짐으로써 동료 교사들 간에 교과 및 학생 지도 등에 있어서 함께 연구하고 협력하는 협동적 공동체 풍토가 조성되어야 한다.

### 7) 교사의 생활지도 방식의 변화가 필요하다

교사의 태도는 개인의 특성에 의해서 결정되기도 하지만 학교의 생활지도 방식에 따라 대부분 교사의 태도가 결정된다. 예를 들어 학교 규정에 대한 문제에 있어 교사 개인의 의견보다는 학교 전체의 생활지도 방식에 따라 교사 개인의 태도도 결정된다. 특히 학사 일정은 학년을 중심으로 이루어진다. 기존에 학생 지도 분야별로 나누어진 생활지도부, 진로상담부, 특별활동부 등의 생활지도 조직들은 학생지도에 있어서 유기적 · 조직적으로 지도하면서 전문성을 확보했을 때 의미가 있다.

### 8) 교사들은 학교 내의 작은 '전문 공동체'를 만들어 공동의 목적을 위

**해 긴밀한 의사소통을 해야 한다**

물론 교사의 전문적 공동체는 민주적 공동체로 발전해야 한다 (Reitzug & O'Hair, 2003). 행정가는 '동료'로서 학교의 목표 달성을 위해 학생의 학습과 관련된 숙고를 하고 모든 학생을 위한 공평함에 초점을 맞추어 협약하며 권한을 함께 나누고 참여해야 한다. 학교 전체가 공동체 형성의 거대한 토양이 되어야 하지만, 그렇게 되지 못한다고 하더라도 거대한 학교 단위의 공동체로 환원될 수 없는 독특한 소공동체 활동이 필요하다.

교사 집단이 스스로 자발적으로 미니 공동체를 만드는 것이 학교 전체의 공동체 형성과는 또 다른 차원에서 시도되어야 한다. 공동체는 체계적 변화의 노력을 해야 변화가 가능하다. 강한 공동체 의식과 연계된 요인은 학생들이 교사와 또래들과의 잦은 협력적 상호작용이 이루어지는 강한 평등정책을 요구한다. 학생을 위한 협동 학습, 대화, 친사회적 가치 형성은 교실의 운영을 통해 이루어진다. 오늘날 많은 학교는 전형적으로 학교정책이 공동체나 협동보다는 개인주의와 경쟁을 부추기는 경향이 있다.

### 9) 교사는 좁은 교실 울타리 속에서의 전문성을 넘어 범학교 차원으로 확대되어야 한다

학교 내의 개인인 교사와 학생은 불가피하게 하나 이상의 하위 공동체를 갖게 된다. 공동체의 실천은 하위 공동체의 이익이나 비용에 민감해야 반응하면서 균형을 잡아야 한다. 소공동체 간의 균형을 잡기 위해 범학교 차원의 공동체는 공통학교의 목적이나 협약을 위해 간집단적 협동을 통해 촉진되어야 한다. 공동체의 행동적 차원은 긴밀한 의사소통, 협동, 대화를 통해 가능해진다. 이러한 행동은 '시간'을 필요로 한다. 학교공동체의 실천은 교사와 학생을 위해 학교 계획을 창조적으로 이용하여 공동체의 관계적 측면을 극대화해야 한다.

### 10) 학생 자치 활동을 강화해야 한다

학생 자치 활동은 학생들이 공동체 속에서 자기의 의사를 표출하고 조정하는 것을 배우는 중요한 교육과정이다. 학생 자치는 학급의 주인으로서 자신을 느끼고 학급과 학교, 사회와의 관계를 연결시켜주는 고리가 된다. 민주적인 제도 마련을 통한 반장 선출, 전교 학생회장의 선출과정, 현실적인 학교·학급 문제를 주제로 한 학급회의, 학급회의의 진행과정에 대한 교육, 학급회의의 결정사항이 학교 내에서 굴절되고 관철되는 모습을 경험함으로써 아이들은 공동체의 기본적인 의사소통 과정과 개인과 집단, 사회와 개인, 서로 다른 입장을 가진 수많은 세력들과 조정하는 것을 배우고 경험하게 된다.

또한 자치의 과정은 교사들의 학생관과 밀접한 관계를 가지므로 인권과 사회적 관계에 대한 고민까지를 동반하게 한다. 학생들이 공동체적 품성과 사회와 타인에 대한 관심과 공동체적 삶을 통한 자기 존재의 발견이라는 민주공동체 교육의 내용을 만들어가기 위해서는 구성원 공통의 삶을 관통하는 공적인 성격의 삶을 공동의 존재 기반으로 하고 있어야 한다.

학급 자치는 학교 자치를 통해서 실현되며, 학교 자치가 학급 자치를 지원하여 실질적인 학생의 생활과 밀접하게 실현되어야 학교 자치는 내용과 추진력과 광범위한 학생 참여 및 학생의 인생관과 생활태도 변화로 연결될 수 있다. 학급조직은 담임교사나 교과 지도 교사를 통해 학생 참여의 통로가 확보될 수도 있으며 학생회 활동을 통해서 자치를 달성할 수가 있다. 그러므로 학생 자치구조의 문제에서 시급하게 쟁취해야 할 것은 학생회 직선제와 학생의 학교운영위원회 참여 및 기본적인 학급활동이 실질적으로 보장되도록 해야 한다.

### 11) 교사 양성과정이 변화되어야 한다

학생들의 좋은 학습을 위해 오랫동안 머물러야 할 장소로서 교실의 교육적 중요성을 보존하기 위해 현재와 같은 임명제 교장 승진제도를 혁신해야 한다. 교육대학과 사범대학 교수들의 의사소통 문화가 새롭게 건설되어야 한다. 예비 교사의 모범이 될 교사 양성 집단의 민주적 소통방식을 삶으로서 보여주지 못한다면 학교 문화의 혁신은 어려울 것이다. 교사 양성과정에 민주적 소통 방식을 위한 훈련과정이 강화되어야 한다.

# 13장

# 학급공동체를 통한
# 참여적 규칙 만들기

## 1. 서론

학교 및 학급의 공동체 기능이 무너지고 있다는 소리가 높다. 교실 붕괴 현상이 보여주듯 교사의 지도력이 잘 통용되고 있지 않다. 교사의 지도력이 왜 이렇게 무너지고 있는가? 요즘 아이들의 자기중심적 사고와 나 제일주의 탓도 있으나, 학생들의 급속한 변화에 교사가 능동적으로 대응하지 못해 일어나는 교사의 지도력 부재에도 원인이 있다. 이런 사태를 초래한 보다 큰 원인은 기존의 사회규범이 이완되고 있는 데서 찾을 수 있다. 새로운 규범의 출현에 교사가 이전의 규범을 가지고 대응함으로써 교사와 학생 사이에 의사소통이 단절되면서 양자의 관계가 무너지고 있는 것이다. 종전에 교사가 갖고 있는 권위로써 학생에게 규율을 강제하는 것이 통하지 않게 되었고, 학생들은 이를 간섭 또는 극단적 주입이나 강요로 여긴다. 권위에 대한 부정은 기본적으로 청소년기에 나타나는 보편적 현상이기도 하지만, 우리의 상황은 억압 시대의 권위가 무너지면서 발생하는 규범의 부재에서 빚어진 공동화 현상이라고 볼 수 있다.

이러한 문제 해결을 위해 어떤 교사는 교사의 체벌권을 더욱 강화해야 한다고 주장한다. 또 다른 교사는 교사의 인권을 중시해야 한다는 주장을 한다. 그 원인과 대안을 어디에서 찾든 학생들의 저항이나 침묵을 소극적으로 해석하면 청소년들의 일탈 현상으로 해석할 수 있다. 나아가 적극적으로 해석하면 전환기적 시점에서 새로운 질서의 태동을 예고하는 사회이행적 현상으로 해석할 수 있다. 이러한 양자의 해석 공백을 매우기 위해 내용적 가치를 곧바로 제시하기는 어렵고, 우리는 절차적·과정적 차원에서 새로운 규범(규율과 규칙)의 창조와 실천을 시도할 필요가 있다. 아무리 규칙이 좋고 올바르더라도 그 규칙을 함께 만들고 실천하지 않으면 그 규칙은 나의 것이 되지 못한 채 박제된 교과서적 지식에 머물고 말 것이다. 이렇게 새로운 규율을 창조하는 과정에서 구 규범과의 적절한 대안이 모색될 것이다.

이러한 문제의식 아래 이 책은 학급활동 속에서 학생 자신이 지킬 규칙을 스스로 만들게 하고 실천하도록 함으로써 도덕적 실행력을 높이는 데 목표를 두고 있다. 필자는 도덕적 실행력을 높이기 위한 방법으로 학급의 자치적 운영이 효과가 있다고 보고, 학급회의를 통한 규칙 만들기와 실천하기를 적용한다.

이러한 원리는 콜버그의 후기 사상에서 시작되어 히긴스A. Higgins와 리코나T. Lickona에 의해 발전된 '정의로운 공동체' 이론에서 빌려 왔다. 전통적인 덕목 교육론이 갖고 있는 교화적 도덕 교육을 극복하면서 학급을 도덕적 공동체로 만들 수 있는 새로운 가능성으로서 제시되고 있는 원리들이다. 이러한 원리들은 아이들이 상호작용을 하고, 관계를 맺고, 문제를 해결하고, 하나의 집단으로 성장하기 위하여 하나의 공동체가 되는 것을 필요로 하는 학교의 일상생활 속에서 도덕을 체득하면서 도덕을 배우게 됨을 알려준다.

필자는 이러한 참여적 결정이 이루어지는 학급의 민주적 기능, 학급의 중요한 모임인 학생들의 자치 활동인 학급회의, 학급회의를 통한 규칙 만들기, 마지막으로 학급의 민주적 기능을 원활하게 하기 위한 정책적 제언을 하고자 한다.

## 2. 학급 집단의 특성

민주적 공동체 교육을 잘 달성하기 위해서는 학급 집단이 아동들에게 삶의 공간이며, 학습과 더불어 사회화 경험이 이루어지는 공간이라는 인식을 가지고 학급 전체의 역동적 현상에 대한 이해가 필요하다 (안이환, 2006 : 167-171).

첫째, 학급의 '상호작용'은 의사소통의 양과 질로 드러난다. 의사소통의 양은 학급 집단의 활발한 분위기와 비례하며, 의사소통의 질은 어법과 예절, 정확한 어휘 사용을 통하여 말하고 듣기의 순서를 정상적으로 따르는지를 보면 알 수 있다.

둘째, 학급 집단의 규칙, 기준, 행동을 체계화하는 것이 집단의 규범과 가치다. 학급 집단의 규범과 가치는 개인의 욕구와 개성을 제한하므로 갈등을 초래하고 문제를 야기한다. 학급 집단에는 아동들이 지켜야 할 규범과 가치는 많다. 명시적 규범과 가치는 공식화된 급훈, 선생님과 아동들 간의 약속, 관행과 묵시적인 것 등이 있다. 묵시적 규범과 가치는 학급 집단의 독특한 경험을 반영하는 것으로 담임교사의 역할이 매우 크다.

셋째, 학급 집단에는 공식적 목적과 개인적 '목적'이 있다. 이 목적을 달성하는 학급은 집단의 상호작용, 의사소통 양상, 분위기, 평가 등을 고려해야 한다. 학급의 공식적 목적은 교육과정에 명시되어 있는 목적으로서 주로 아동의 학습 및 생활 지도에 관한 내용으로 채워진다. 교사의 교육 목표는 대부분 이 공식적 목적을 달성하기 위한 중간 과정에 속한다. 아동들 또한 자신의 학년에 맞는 학습 능력과 적응적 목표 달성 수준을 보여야 하는 개인적인 목적이 부과된다.

넷째, 아동들은 학급 집단에 참여함으로써 친애 욕구, 친밀 욕구, 소속 욕구 등을 충족시킨다. 학교의 학급은 '우리 반'이라는 소속감을 느끼도록 해준다. 학급 참여를 통한 정서적 유대는 여러 가지 경험을 통해서 강화될 수 있다. 이런 정서적 유대 경험은 사회의 정체감을 발달시킨다.

다섯째, 학급의 집단 분위기는 집단에 퍼져 있는 감정 내지는 사회적 풍토를 만들어낸다. 냉랭하고 썰렁한 학급, 선생님을 잘 따르는 학급이 있다. 민주적 분위기 속에서 다른 아동들의 의견 존중을 배우고, 따뜻한 분위기 속에서 다른 학급 동료들을 인격적으로 존중하고 관심과 애정을 베푸는 법을 배우게 된다.

## 3. '정의로운 공동체' 접근의 참여민주적 결정

콜버그의 가설적 도덕의 딜레마에 대한 토론식 수업이 학생들의 진정한 도덕적 성장을 이룰 수 있는지에 대해 여러 측면에서 비판이 제기되고 있다. 콜버그 자신도 가설적인 상황에서 이루어진 도덕성 발달 단계의 변화가 실제적인 도덕적 상황에서도 동일하게 나타날 수 있을지에 대해 의문을 갖기 시작했다. 도덕적 토론만이 있고, 실천으로 옮겨질 가능성이 없으면 표면적인 교육과정과 이면적인 교육과정의 간격이 크다는 반증이다.

만약 교실 수업에서는 정의의 가치가 토론되고 있고, 이에 반해 실제의 학교상황은 이와 다른 가치에 의해 지배되고 있다면 수업에서 토론을 통해 이루어지는 도덕과 교육은 오히려 학생들에게 혼란을 가중시키고, 인식과 실천의 괴리는 더욱 커질 것이다.[1] 이 말은 어린이들이 억압적이고 타율적인 어른들로부터 해방되기만 하면 자율적이고 협동

---

1) '원리적으로는' 거짓말하는 것이 나쁘다고 인식하고 있지만, '실제적인 상황'에서는 정직하게 행동하거나 다른 사람에게 정직성을 기대하고자 하는 요구를 별로 갖고 있지 않으면, 학교가 정직이라는 도덕규범보다는 출세 지향적인 물질 문화의 가치에 지배를 더 많이 받을 것이다. 정직해야 된다는 이성적인 도덕적 추론과정도 필요하지만 도덕적 행동을 하도록 하는 '학교의 도덕적 분위기' 형성이 행동 변화를 유도하는 데 더욱 중요한 의미를 갖는다. 예를 들어 만약 학생들이 싫증을 느낄 때마다 수업을 빠지기로 결정한다면, 교사들은 그들의 결정 이면에 놓인 도덕적 판단 형식을 통한 추론도 필요하지만, 그보다는 특정한 도덕적 내용으로서 공동체적 질서와 인내, 다른 사람에 대한 고려가 보다 중요한 의미를 가질 것이다. 딜레마식 토론식 수업이 합리적·도덕적 추리와 판단 과정 자체를 문제 삼는 것이 아니라 아동이 겪는 학교에서의 실제적 삶을 포착하지 않고 머리만 굴리는 도덕일 때, 도덕적 사고가 머릿속의 추상적 추리에만 맴도는 공허함에 빠지고 실천력은 더욱 약화되는 허약성을 보일 것이다. 이렇게 미루어볼 때 개인 수준의 도덕적 변화가 교실 수업에만 국한될 것이 아니라, 학생과 연관이 있는 학교생활의 모든 장면으로 옮겨지는 맥락을 띨 때 도덕적 행위 변화를 유도할 수 있는 구속력을 갖게 된다. 비롯 학생들이 도덕문제에 관해 읽고 토론한다 하더라도 실제생활에서 사회적·도덕적 문제에 연계되어 관여하는 과정이 없다면 별 효과가 없을 것이다.

적인 도덕을 형성하게 된다는 '낭만주의적 도덕교육론'에 대한 문제 제기이기도 하다.

그래서 도덕교육에 대한 인지발달론적 접근은 콜버그와 그의 동료들에 의해 '정의로운 공동체 접근just community approach'으로 더욱 정교화되어 나타났다. 정의로운 공동체 접근은 민주적 토론과 결정을 통해 교사와 학생이 '공유하는 규범'을 발전시키고자 하는 전략이다(Power, Higgins & Kohlberg, 1989 : 138-142 ; Power & Higgins, 1992 : 234).

이 점에서 정의로운(공정한) 공동체 접근은 도덕 교육의 세 가지 목적을 분명히 하고 있다.

첫째, 도덕적 토론의 참여를 통해 학생들의 도덕적 추리를 고양하도록 한다.

둘째, 민주적 결정과 규칙 만들기와 집단적 연대와 공동체를 건설하여 규범과 가치의 도덕 문화를 창조하도록 한다.

셋째, 학생과 교사가 함께 도덕적 직관과 결정에 따라 행동할 수 있는 맥락을 제공한다(Higgins, 1995 : 57).

정의로운 공동체의 학급은 민주적이기 때문에 교사와 학생의 관계는 평등적이다. 정의로운 공동체 프로그램은 작은 단위(약 80~100명의 학생과 4~5명의 교사)로 운영되며, 비형식적이며 관료적이지 않다. 프로그램의 운영은 교사 단독으로 결정하는 것이 아니라 교사와 학생의 공동체 모임에서 공개 토론을 통해 이루어진다. 교사는 아동들의 또래 활동을 통제하거나 무시하지 않고, 모든 구성원들의 비형식적 사회성이나 공동체성이 이루어지는 데 큰 관심을 보인다. 정의로운 공동체 프로그램은 모든 성원들의 적극적 참여와 투표를 통해 '공정성', '정의' 그리고 '공동체'의 쟁점이 토론될 수 있고, 규칙이 확립되고 수행되는 환경을 제공한다. 복잡하고 규칙이 지배되는 조직에 학생과 교사가 함께 참여하는 것은 학교를 도덕적으로 학습하고 활동하고 행동하는 더욱 공정하고 정의로운 장소로 만드는 적절한 수단일 뿐 아니라 개인의 사회적 · 도덕적 발달을 고양시키는 적절한 수단이 된다.

정의로운 공동체 접근에서 정의의 측면이 토론과 공정성, 권리, 의무의 고려에 초점을 맞춘 '민주적 과정'을 중시한다면, 공동체의 측면은 출석, 교실과 학교 질서, 쉼터와 집단의 형성 과정에서 학교 일상뿐 아니라, 공동의 생활을 공유함으로써 정의의 문제를 구성원들이 함께 공유하는 '공동체 의식'을 중시하고, 그 속에서 변화를 일으키는 실용적인 전망을 갖는 이상적인 학교사회를 창출하려는 기획 의도를 갖고 있다(Higgins, 1995 : 58).

정의로운 공동체 접근은 자기가 속한 집단이 정의롭고 공정해야 도덕성의 정당화가 가능하다는 생각을 한다. 이 생각은 바로 학생들이 학교생활 속에서 경험하는 학교의 민주적 분위기에서 스며드는 '잠재적 교육과정'을 통해 도덕성이 암암리에 형성된다는 말이다. 이것이 뒤르켐이 말하는 사회적 규범의 내면화와 유사할 수 있으나, 그와 다른 점은 '참여적 민주주의participatory democracy'의 원리에 기반을 두고 잠재적 교육과정(학교교육의 과정을 규정하는 사회적 규범, 즉 규칙, 규제 등)을 보다 정의롭게 만듦으로써 학생들의 도덕적 성장에 도움을 주는 '도덕적 분위기moral atmosphere' 형성을 강조하는 도덕적 관점을 취한다(Higgins, 1995 : 59-62).

민주적 분위기를 중시하는 정의로운 공동체 학교는 첫째, 민주주의와 공정성에 의거해야 한다. 교사와 학생, 학생과 학생 간의 평등한 관계와 의사결정 과정에 있어서 공정성을 확보해야 한다.

둘째, 학생들에게 많은 책임감이 부여되고, 자신이 만든 규칙에 대한 복종을 요구한다.

셋째, 개인의 책임감과 함께 집단에 대한 책임감을 요구한다.

넷째, 인간 상호 간의 신뢰 분위기를 요구한다.

다섯째, 어떤 문제를 해결하는 데 있어 교사와 학생이 합의하는 원리와 규칙을 설정해야 하는 사회적 계약 관계를 형성한다.

여섯째, 학생들 간 혹은 교사와 학생 간의 갈등을 조정하고 중재하는 노력을 통해 교사의 권위를 확립한다.

일곱째, 교사와 학생은 그들 자신을 위한 공동의 목표를 공유해야 한다(Higgins, 1995).

정의로운 공동체 이론에서는 정의를 가르치고, 민주적인 의식에 대해서 말로 가르치기보다는 그것의 형성을 위해 학교와 학급을 정의롭고 민주적으로 운용하고, 학생을 정의롭게 대우하는 것이 더욱 중요하다고 본다. 도덕 교육에 있어 가장 좋은 방법은 학생들을 '정의justice', 다시 말해 '공정성fairness'이 살아 움직이는 학교활동에 참여시키는 것이다. 그러므로 정의로운 공동체 학교는 민주적인 사회의 교육적인 부활을 요구하며, 이것은 곧 '학교의 민주화'를 의미한다. 학교 민주주의는 학생 간, 학생과 교사, 교장과 교육행정가의 이해와 요구를 수렴하고, 타인의 견해를 듣고 이해하고자 노력하며, 공정하고도 협동적인 방법으로 갈등을 조정하는 '도덕적 의사소통'의 과정을 요구한다.

민주적인 학교라야만 학생들의 도덕성 발달을 촉진시킬 수 있는 교육 실천력을 갖추고 민주적인 의사결정을 하게 되며, 그런 과정에서 인간의 자율적 능력이 신장된다. 민주적인 의사소통 과정은 서로를 규제하는 규범의 자기 입법의 선택 과정이면서 동시에 공동체적 규범의 집단적 구성 과정이라고 할 수 있다.

교실에 적절한 민주적 과정의 형태를 도입하는 참여적 결정participa-tory decision-making은 민주주의 방식으로 규범을 형성한다(Howard & Kenny, 1992). 사회가 법을 지키듯 교실과 학교에서도 질서 유지를 위한 규범으로서 '규율discipline'의 뜻에는 학교의 타동적인 규정과 규칙, 교사의 훈육과 처벌, 그리고 자발적 자기통제인 자기도야의 의미가 동시에 내재해 있다. 어떤 규율이냐에 따라 길들이는 복종과 순종의 의미를 지니고 있기도 하고, 합의적 결정을 통한 계약적 질서와 의사소통의 토대적 의미를 갖기도 한다.[2] 콜버그는 전자의 사고를 포기하지 않으면서 후자의 사고로 발전하고 있다. 전자의 규율을 '덕목 보따리 bag of virtues'로 보는 시각과 후자의 규율을 참여적 민주적으로 구성하고자 하는 '정의로운 공동체 접근'이 그것이다.

학교교육에서 할 수 있는 참여적(합의적·구성적) 결정 모델은 다음과 같다.

① 사회적 공동체의 건설과 자기존중감의 함양

② 협동적 학습과 도움을 주는 관계의 형성

③ 도덕적 반성

④ 참여적 결정 중 마지막 네 번째에 주로 초점을 둔다(Lickona, 1992 : 157 ; Sadowsky, 1992 : 258). 네 번째의 도덕성 형성을 위한 참여적 결정은 학생들을 교실을 지키는 규칙, 계획, 문제의 해결과 결정에 참여시키는 것이다.

---

2) 일반적으로 타동적 제약을 의미하는 규제나 교화의 의미가 강하지만, 필자는 일단 중립적 의미로 사용하였다. 그것은 참여적 결정의 과정을 중시하기 때문이다.

법률가가 좋은 규율이 무엇인지를 토의하고 논의하듯 교사와 학생도 학급의 좋은 규율이 무엇인지를 토론하고 합의를 도출할 수 있는 분명한 기회를 제공한다. 참여적 결정은 도덕적 추리를 자신의 행동이나 사회적 환경에 적용할 수 있다. 권위주의적 결정은 편법이지만, 민주적 결정은 도덕성 발달에 매우 중요하고, 계속적 관심과 행동의 정정을 요구한다. 여기에서 교사는 교실 안의 사태와 교실 바깥의 세상의 연계를 위해 학습과 삶을 밀접하게 이어주는 매개자 역할을 한다.

학생들의 참여적 결정은 다음과 같은 도덕적 의미를 갖는다.

① 학생들이 규율을 만드는 데 관련을 할 때 그들은 규율을 심도 깊게 이해할 수 있다.
② 학생들이 교실의 결정에 참여함으로써 그들은 자신의 도덕적 추리를 자신의 도덕적 환경과 도덕적 행동에 적용할 기회를 갖는다.
③ 교실의 구성원은 규율을 만드는 데 관여할 때 문제 해결에 더욱 책임감을 느끼게 된다(Lickona, 1991 : 77).

동시에 참여적 결정은 다음과 같은 도덕적 잠재력을 지니고 있다.

① 학급을 함께 소유한다는 의식을 강화할 수 있다.
② 타인의 입장(관점)을 이해할 수 있는 도덕적 추리 능력을 증진시킨다.
③ 집단 속에서 경청할 수 있는 기술과 자신을 표현할 수 있는 능력을 개발한다.
④ 학생들의 생각이 가치롭게 존중되며, 그들이 집단 내에서 자신을 표현하는 법을 익힘으로써 자부심을 얻을 수 있다.

⑤ 학생들이 키워가고 있는 훌륭한 인격의 특성들을 촉진하고 자리 잡게 해주는 지원구조로서 도덕적 공동체를 창출할 수 있다.

⑥ 민주적 집단 의사결정에 참여하고 참여적인 민주적 시민이 되는 데 요구되는 태도와 기술을 개발할 수 있다(Lickona, 1991 : 80).

아동들의 규칙은 천천히 성장하다가도 때로는 깨어지기도 하기에 그것을 함께 지키려는 '지지구조'를 필요로 한다(Lickona, 1992 : 159). 지지구조의 형성은 자신의 행동에 내재적 제약이 되는 동시에 자율적 자치를 가능하게 한다. 규칙이 만들어지고 지켜지는 학급회의는 학생의 사회적·도덕적 행동을 유도하는 교사의 강고한 도덕적 지도력을 요구한다. 아동의 인격에 뿌리를 두고 있는 도덕적 가치는 학급의 중요한 지지구조에 의해 유지된다. 규칙의 제정은 도덕적 추리를 계속하면서도 지속적으로 행동을 하도록 하는 과정으로서 결코 한 번에 끝나는 학습이 아니다. 그런데 규칙을 만들고 실천하는 과정은 어떤 특별한 기능적 절차에 의미를 두고 있기보다는 교실 활동에 참여하고 함께 책임지는 공동체적 '정신'과 '자세'에 더 큰 의미가 있다.

교사의 규율(훈육) 정책은 학급의 분위기, 도덕공동체로서 학급의 발전, 공동체 속에서 개별 구성원들의 도덕적 성장, 그리고 학교와 가정 사이의 관계에도 영향을 미친다. 도덕적 규율에는 학생들에게 자기 행동을 규제하는 방법을 배우도록 도와주기 위한 모종의 '외적 통제'도 필요하지만, 그러한 외적 규율은 어디까지나 출발점이지 목적 그 자체는 아닌 만큼, 자율적인 '자기통제'라는 인격의 내면적 특성을 조장하는 인간주의적 방식이어야 한다.

인간주의적 방식은 권위적인 통제 방법을 완전히 거부하는 것이 아니라, 이성(자율성) 및 협동(상호존중)을 통한 학생의 능력에 호소하는 방법에 적절하게 조화되는 균형을 이룬 상태이다. 이러한 균형은 또래나 어른들과의 개별적 경험이 아동으로 하여금 자신들의 행위와 그 행동에 대한 다른 사람들(사회문화적 관행)과의 반응 사이에서 생기는 인과관계를 구성하도록 이끌어준다. 또한 이러한 자치적 규율 제정과 실천은 특히 폭력이나 거친 행동을 하는 아이들의 행동 변화를 유도하는 데 큰 도움을 준다. 이러한 변화를 유도하지 못하면 규율은 아동의 마음 바깥에 존재할 것이고, 행동에 대한 내적인 통제를 거의 갖지 못할 것이다.


## 4. 학급회의를 통한 참여적 규칙 만들기


학급회의는 학급 구성원들 간의 상호반응적 토의를 강조하는 학급 전체의 모임이다. 교사 주도하에 학생들 또는 교사와 학생들이 함께 하는 모임이다. 가능할 때마다 참여자들 간에 얼굴을 맞댈 수 있는 집단에서 행해지는 모임이다. 정기적으로 예정된 시기(매일 아침, 매주 수요일 중간 놀이 시간)와 특별한 필요가 생길 때 갖는 회의이다. 학급회의는 좋은 가치를 지원한다. 학급회의는 규칙을 정하고 좋은 규율을 유지시키는 실용적인 도구로서 교실을 모두에게 보다 흥미있는 즐거운 장소로 만들며, 학생들이 서로를 알고 배려하게 하는 데 도움을 준다. 그것은 또한 아이들에게 민주주의의 장점을 직접 경험하게 한다. 또한 많은 교사들에게 아이들이 본질적으로 착한 본성을 가지고 있다는 믿음을 재삼 확인시켜준다. 학급회의에서 인격 발달의 목적은 다음과 같다.

① 규칙적인 대면, 의사소통을 통해서 다른 사람들의 말을 경청하고 그
들의 입장을 이해할 수 있는 능력을 증대시킨다.

② 학생들의 생각이 가치롭게 존중되며 그들이 집단 내에서 자신을 표현
하는 법을 익힘으로써 자부심을 얻을 수 있는 토론장을 제공한다.

③ 인격의 세 구성 부분—도덕판단, 감정, 행동의 습관—을 일상적인 교
실 생활에서 존중과 책임을 실천하는 부단한 노력을 통해서 육성한다.

④ 학생들이 키워가고 있는 훌륭한 인격의 특성들을 촉진하고 자리 잡게
해주는 지원구조로서 도덕적 공동체를 창출한다.

⑤ 집단 의사결정에 참여하고 민주적 시민이 되는 데 필요한 태도와 기
술을 개발한다.

교실은 학생들이 존재하고 학습하는 좋은 장소이다. 학급이란 공부
를 하는 지적 학습공동체인 동시에 그 앎을 실천하는 도덕적 행위의
공동체이다. 도덕적 실천에서 참여적 결정은 민주사회에서 특별한 의
미가 있다. 아동의 규범 형성은 아동의 일상적인 개인 경험에 뿌리를
박고 있다. 듀이(1968)는 민주주의가 정부를 운영하는 방법보다도 광
범위한 것이고, 그것은 '삶의 양식'과 같은 것이라고 하였다(Dewey,
1968 : 58-60). 삶의 양식의 토대는 모든 사람의 기여를 통해 구성되는
공동의 지성에 신뢰를 두고, 학생들로 하여금 공동의 지성을 경험하게
하고, 살아 있는 일상적 민주주의를 배우게 한다.

이같이 모든 사람의 상호작용적 참여는 삶의 양식으로서 민주주의
의 기본 핵심이다. 학급은 아동이 교실 내 갈등에 대해 공정한 규칙이

나 해결을 하는 책임을 지고, 활동적 규범을 결정하는 데 참여하도록 하는 도덕적 공간이다. 그래서 피아제는 '교실의 참여적 자치'를 무엇보다 강조하였다. 그것은 아동이 진실로 사람들이 더불어 살아가며 도와주는 규범의 원천과 목적을 이해하고, 규범을 만들며 토론하는 데 익숙하도록 하는 것이다. 교사와 학생이 함께 규범을 지켜갈 때 학생들은 '함께 살고 일하는 것'을 도와주는 규범의 사회적 목적을 학습하게 된다(Lickona, 1991 : 77).

학급을 지배하는 규율 중에 가장 핵심을 차지하는 규정은 '규칙'이다. 규칙은 학교법으로 성문화된 것도 있고, 관행적 규칙도 있다. 참여적 결정을 통한 규칙 만들기는 학급회의를 통해 학생들이 좋은 교실의 질서를 만드는 규율을 위해 자발적 책임을 공유하도록 한다. 학급회의는 규칙을 만들고 좋은 규율을 유지시키는 실용적인 기제로서 교실을 모두에게 보다 흥미있고 즐거운 장소로 만드는 민주주의의 장점을 경험하게 한다. 학급회의를 통한 규칙 만들기를 위한 참여적 결정은 판단에서 행동으로 나아가는 동기의 추진력을 제공한다. 교사와 학생이 함께 규칙을 만드는 협동적인 규칙 제정은 도덕적 공동체 발전에 있어 협동과 상호존중의 최초 구성 행위가 된다. 외부의 강제에 의해 부과된 규칙은 아이의 정신에 외재적인 것이지만, 상호존중과 협력에 의한 협동적 규칙 만들기는 아동의 마음에 뿌리를 내리는 능동적 기능을 한다(Piaget, 1965 : 362, 395-406).

아이들을 학급의 규칙 만들기에 참여시키고, 그러한 규칙들을 따르도록 개인적 · 집단적 책임감을 느끼게 하는 규칙을 만들고 실천하는 민주적 참여에는 다음과 같은 도덕 교육적 이점이 있다.

① 공동의 규칙 만들기는 학급의 아이들이 교실공동체의 선에 기여하는 규칙들을 함께 만들어가는 협조체제를 형성할 수 있다.

② 공동의 규칙 만들기는 아이들에게 교실의 규칙들이 바로 내가 만든 것이라는 소유의식을 갖게 하고, 그러한 규칙들을 따르고자 하는 도덕적 의무감을 촉진시킬 수 있다.

③ 공동의 규칙 만들기는 아동들을 도덕적 사고의 주체자로 여겨, 아이들이 보다 나은 도덕적 추론을 하도록 돕는 일에 시간을 투여하게 한다.

④ 공동의 규칙 만들기는 아이들로 하여금 규칙들의 이면에 있는 가치들을 파악하고, 교실을 넘어서서 책임감 있는 규칙 준수를 일반화하도록 도와준다.

⑤ 공동의 규칙 만들기는 아이들로 하여금 규칙에 대하여 비판적으로 생각해보고, 좋은 규칙을 만들 수 있는 능력을 발달시킨다.

⑥ 공동의 규칙 만들기는 외적 통제보다는 내적 통제를 강조하고, 규칙과 법에 대한 자발적 순응을 조성해준다(Lickona, 추병완 외 역, 1998 : 144).


학교교육에서 참여적 결정을 하기 위한 가장 중요한 기제는 '학급회의'이다. 학급회의는 학생들을 가능한 최상의 교실을 만드는 데 충실한 동반자로 만듦으로써 민주주의에 대한 경험을 하게 해준다. 학급회의는 통상 학급 구성원 집단을 '의식적인 의사결정 공동체'로서 소집하기 때문에 학생들의 최선의 가치와 행동을 이끌어내고 강화시킬 수 있는 가장 중요한 '지원 체제'이다(Lickona, 추병완 역 : 171). 교실의 의사소통을 가능하게 하는 민주주의 핵심 원리가 움직이는 학급회의는 아동들과 규율과 질서를 형성해가는 책임을 공유하는 모임이다. 학급 회의는 '상호작용'의 토론을 강조하는 전체 학급의 모임이다(Lickona, 1991 : 77). 학급은 사회의 작은 단위로서 '소공화국'의 헌법을 만들어 실천하는 곳이다. 학급회의는 주말이나 매일 할 수가 있다.

학급회의는 규율을 만드는 입법적 기능, 규율을 행동으로 옮기게 하는 집행적 기능, 그리고 그 규율을 잘 지켰는지 평가하는 사법적 기능을 한다. 규율이 정해지면 서로를 잘 보호하고 우리의 일을 더욱 잘 할 수 있으며, 우리 학급이 더 행복한 장소가 될 수 있다. 학급도 하나의 공동체로서 소공동체를 잘 유지하고 발전시키기 위해 질서가 필요하고 질서 유지를 위해 규율이 필요하다. 사회도 이와 마찬가지라는 것을 아동들이 숙지하도록 한다.

학급의 규칙을 만들어가는 실천 과정에서는 개별상담을 하거나 집단상담('이러한 상황을 개선하기 위해 우리가 할 수 있는 일이 무엇이 있을까?')을 통해 문제를 해결할 수도 있다. 교사와 학생이 같은 편에 서서 공동의 목표를 향해 함께 나아가는 참을성 있는 노력이 요구된다. 모두에게 이익이 되는 방식으로 당면문제를 해결한다. 학급운영을 할 때 학급의 일상생활 속에서 발생하는 도덕적 문제 해결은 항시적으로 평가하는 '규율위원회discipline committe'를 만들어 가동하도록 한다. 규율위원회는 학생들의 도덕적 사태를 공정하게 다룰 수 있는 정의로운 공동체를 만드는 데 도움이 된다.

교실의 규율 문제를 해결하기 위해 '공정위원회'를 만들 수도 있다. 필요한 경우 학부모를 참여시키는 방안도 있다. 이 경우 학급의 '훈육계획서'를 학부모에게 보내 동의를 얻도록 노력한다. 학부모와 교사는 학급에서 이루어지는 공동체적 질서인 규칙을 공유하도록 한다. 공유가 확인되었다면 학생에 대한 '일일 보고 카드'를 만들어 상호 점검할 수도 있다.

학급회의를 통한 규칙의 제정과 실천에는 학급담임의 민주적 능력이 요구된다. 왜냐하면 초등학교에서 학생들과 가장 많은 시간을 보내는 사람이 학급담임이기 때문이다. 학생들은 대부분 학급담임을 통하여 도덕적 규율 준수의 중요성을 배운다. 규칙 위반에 대한 구체적 처벌이 주로 학급담임에 의하여 이루어지기 때문에 담임이 규칙을 공정하게 적용하는 데 실패하거나 학생들을 도덕적 인격체로 간주하지 않으면 도덕 교육의 성과를 기대할 수가 없다.

학급담임은 수업시간이나 조회 · 종례 시간을 통한 도덕적 훈화, 학급회의 지도, 일반적인 학급관리, 상벌제도, 과제 검사, 생활행동 점검표 등 다양한 활동 등을 통하여 학생들에게 삶의 모범과 전형을 보여주는 '중요한 타인'이다. 초등학교 학급회의의 중심에 있는 담임교사는 학생들이 상대방의 생각과 의견에 잘 반응하도록 함으로써 친구의 관점과 상호작용할 수 있도록 도와주는 세심한 격려를 해야 한다. 또한 아동의 특별한 요구에 반응하거나 따뜻한 눈길, 개방적인 의사소통, 집단적 응집력을 보이는 배려를 아끼지 않는 도덕적 분위기와 자유롭고 공정하게 학급을 운영하는 민주적 분위기를 동시에 조성한다. 이러한 분위기의 조성과정에서 학생들이 스스로 도덕적 주체자가 되어 자신의 도덕성을 구성하고, 동시에 함께 구성하는 공동체적 존재로 변화되도록 지도한다.

## 5. 학급 규칙 만들기의 교수-학습 절차

교사는 학급회의를 문제 해결의 기제로서 이용한다. "여러분, 이 문제를 해결해야 하니까 우리 모두 모여보자!" 학급은 많은 목소리를 낼 수 있는 도덕적 공간이다. 제언대를 통해서 목소리를 낼 수도 있고, 소집단 브레인스토밍을 할 수도 있고, 대립하는 두 사람이 함께 문제를 해결하는 '갈등 해결 코너'를 만들 수도 있다. 또래의 압력을 줄이기 위해 비밀 투표함을 만들 수도 있다. 모든 사람이 결정에 동의하는 '합의 모델', 다수자의 규칙에 따르는 '투표 모델', 동의하는 사람만 투표하는 '동의의 투표 모델' 등 여러 가지 방식이 학급운영에 사용될 수 있다.[3]

**1단계** 도덕적 문제 사태(규칙 위반 등)의 제시 : 규칙에 대한 관심 유도

신학년이 시작되는 첫날에 하는 첫번째 일은, 둥글게 둘러앉아 학습 모임을 갖는 것이다. 각자 자기소개를 한 후 학급에 규칙이 필요하지 않겠느냐는 논의를 시작하도록 한다. 학급회의를 시작하기 전에 "우리 교실에서 왜 규칙이 필요하지요?" 하고 질문하는 것에서 시작한다.

"규칙이 왜 중요하지요?" "만약 여러분이 원하는 것을 모두 마음대로 할 수 있게 된다면 어떻게 되지요?" 하고 학생들의 관심을 유도한다.

---

3) 학급회의 방식은 크게 10단계를 통해 이루어진다. 빙 둘러앉는다―의제를 정한다―규칙(바람직한 의견 발표와 경청의 태도, 잡담 금지, 주제에서 벗어난 얘기하지 말기, 회의 규칙을 지키지 않을 때 주의를 줌)을 정한다―그룹을 만든다―문제를 제기한다―개인별 생각할 시간 갖기―대화를 위해 '조용히 하라'는 신호 알리기―그룹 내 성원 간의 대화 시작(돌아보면서 대화가 잘 안 되는 그룹의 경우 도움을 준다)―전체 그룹 토의―다음 회의를 의한 시간을 정한다―회의를 마친다.

"규칙이 좋은 건지 나쁜 건지 말해볼까요?" "만약 규칙이 없다면 어떤 일이 일어날까요?" 하고 호기심을 불러일으킨다.

"만약 친구가 여러분의 물건을 훔친다면 어떻게 하지요?" "친구가 여러분을 때린다면 어떻게 하지요?" 이렇게 규칙이 없는 상황을 전망해보는 것은 아이들 사이에 많은 토론거리를 불러일으킨다.

"자신의 생활 속에는 어떤 규칙을 갖고 있습니까?" "우리 집은 어떤 규칙이 있습니까?" "자동차를 운전하는 도로에는 어떤 규칙이 있습니까?" 학급의 아이들은 규칙에 대해 이야기할수록 규칙이 없는 학급은 별로 좋지 않겠다는 생각을 자연스럽게 하게 될 것이다.

### 2단계 문제 사태의 인지와 발전 : 규칙의 필요성 자각 시작

규칙에 대한 관심이 생겼다고 여겨지면 이렇게 이야기해보자.

"우리는 하나의 공동체입니다. 그렇기 때문에 우리는 규칙을 필요로 합니다. 우리가 함께 지내며 좋은 학급을 만드는 데 도움을 줄 규칙에는 어떤 것들이 있을까요?"

이런 말을 한 다음 우리가 꼭 지켜야 하는 규칙들을 소집단별로 종이에 쓰게 하고, 10여 분이 지난 후 그것을 다시 칠판에 쓰거나 붙이도록 한다.

학생들이 제시한 규칙은 '서로 배려를 하자' '휴지를 버리지 말자', '책상을 깨끗이 쓰자', '싸우지 않기', '별명을 부르지 않기', '서로 나누어 갖기', '밀지 말 것', '때리지 말 것', '다른 아이의 숙제를 찢지 말 것' 등 여러 가지로 나타날 것이다. 내가 만든 규칙과 자신들이 만든 규칙이 얼마나 유사한가를 알아보는 데 관심을 갖게 한 후, 이렇게 말한다.

"나와 각 집단이 제시한 모든 목록에서 우리 학급의 규칙이 될만한 것을 선정하여 하나의 학급 규칙을 제정합시다." 규칙을 제정하는 과정에서 규칙을 깨지 말아야 하는 이유를 생각해보고, 학급의 규칙이 어떻게 움직이고 적용되는지를 유추해보도록 한다. 이렇게 함으로써 학생은 규칙에 복종해야 하는 이유를 인지하기 시작한다.

**3단계** 규칙의 타당성과 규범성 찾기 : 공정성, 사회성, 경청, 대화, 의견존 중, 합의, 질서 등

학급의 규칙은 학급의 '헌법'과 같은 것이기에 모든 구성원들이 장차 자기 학급의 규칙을 자발적으로 따라야 할 것이다.

"사회에는 법이 있는 것처럼 학급에도 규칙이 있어야 하겠지요?" 하고 학생들의 공감대를 적극적으로 유도한다. 적극적인 도덕적 경험을 갖게 하는 모임인 학습회의는 상호존중하는 '대화'와 '경청'을 위해 서로 동의한 규칙에 의해 운영된다. 학급회의의 중요한 구성원인 학생들이 학급회의에 적극적으로 참여하도록 하고, 다른 사람이 말할 때 조용히 타인의 의견에 귀를 기울이는 태도를 갖도록 한다.

학급회의의 결정은 다음 토론에서 행동을 평가하는 중요한 잣대가 된다. 이런 평가의 과정을 통해 행동의 변화를 유도한다. 만약 누군가 합의한 규칙을 깼을 때는 즉시 회의를 소집하여, 당면한 문제의 해결을 시도한다.

"우리가 어떻게 해야 하지요?" "우리가 어떤 규칙에 합의를 했지요?" 학생들이 이러한 발문 과정에서 자신의 의견을 솔직하게 내놓

도록 해야 한다. 의견의 표명은 학생 개개인에게 자기존중감을 갖게 할 수 있고, 동시에 타인이 자신의 의견을 주의 깊게 경청함으로써 집단의 구성원임을 확인하게 된다. 그리고 나서 자신들이 만든 규칙에 동의함으로써 결의를 다지며, 자신이 속한 학급 구성원으로서 소속된 공동체의 중요성을 자각하고 그에 따라 자발적으로 규칙을 따르도록 한다.

### **4단계** 규칙 실행의 점검과 실천 동기의 표명 : 실천 사례 찾기, 규칙의 연습, 자기 입장의 천명

학생들과 함께 규칙을 제정한 다음에는 그 정해진 규칙을 유지해야 한다. 따라서 정기적으로 모여 규칙을 평가해보자.

"다음번에 좀 더 잘하기 위해 내가 해야 될 것은 무엇인가?"

"지금 잘 되고 있는 점은 무엇인가?"

"규칙들이 제대로 지켜지고 있는가?"

"새로운 규칙이 필요한가?"

이러한 질문과 토론을 해보는 것은 학급을 새로운 질서(규칙)에 의해 운영되도록 하며, 학생들이 규칙들을 자발적으로 준수하려는 마음가짐을 심화시킬 수 있다. 이 경우 집단이 결정에 따를 것을 '서약'하라고 요구할 수도 있다. "타인을 헐뜯지 말자"는 규칙을 위반했을 때 진심으로 사과하게 하거나, 왜 그렇게 했는지 이유를 말하도록 기회를 주거나, 사과의 편지를 쓰게 할 수 있다. '반성의 의자'에게 앉게 하거나 왜 그렇게 했는지 편지나 반성문을 쓰도록 할 수 있다. '타임아웃'을 선포하거나 아니면 아량을 베풀 수도 있다. 자신의 행동에 대한 자기점검을 할 수 있는 카드를 만들어 책상 위에 붙여주고 스스로 체크 (O/X)를 하도록 하는 방법도 있다. 어떤 학생이 규칙을 위반했을 때 아무도 눈치채지 못하게 다가가 "네가 지금 어떤 규칙을 어겼는지 알고 있나?" "우리 반 아이들은 왜 그 규칙이 좋은 것이라고 동의했을까?"라고 동정심을 갖고 접근할 수도 있다.

## 6. 민주적 학급운영을 위한 제언

첫째, 민주적 학급을 잘 운영하기 위해서는 담임교사는 다음 사항을 유념해야 한다.

① 학급 담임교사는 분명한 목표의식을 가져야 한다. 이런 의식을 가진 교사는 아동들의 목표의식을 동기화시켜 학급목표를 달성하게 된다.
② 교사는 학급에서 일어나는 일에 대하여 상세한 정보를 가지고 있어야 한다.
③ 교사는 의사소통의 양과 기술에서 아동의 고민을 들어줄 때와 전체 아동을 상대로 훈시할 때 교사가 사용하는 어법에 차이를 둘 수 있을 만큼 풍부한 의사소통 기술을 지녀야 한다.
④ 교사는 학급 권력의 정점에 있으므로 학급의 위계적 조직과 구조화, 그리고 학급에서 발생하는 비공식적 조직의 특성과 영향력에 대해서도 관심을 가지고 학급을 진단하고 구조할 수 있어야 한다.
⑤ 교사의 지도 유형에는 민주적 지도 유형, 전제적 지도 유형, 자유방임형 유형이 있다. 어떤 특정 방식이 절대적 방식은 아니기에 상황에 따

라 다양하게 적용해야 한다.

이런 목표의식 속에서 교사는 집단 지도자로서의 교사, 조직 관리자로서의 교사, 집단갈등 관리자로서의 교사, 집단응집력 강화자로서의 교사 역할을 해야 한다.

둘째, 학급회의를 통한 참여민주적 결정이 갖는 교육적 의미는 매우 지대하다. 학급회의를 통한 규칙의 제정과 실천은 민주주의의 구체적 실천일 뿐 아니라, 미래 사회의 시민으로 자라나는 중요한 경험을 하게 함으로써 민주사회를 준비하는 중요한 교육적 역할이라고 할 수 있다.

교실에서 학생들의 민주적인 경험을 제고하기 위한 방법은 다음과 같다.

① 각기 다른 지위에 있는 학생들을 다르게 대하지 말고, 부정적인 기대의 말을 하지 말아야 한다.
② 능력 지위 체계를 강화하는 평가활동을 피해야 한다.
③ 낮은 지위의 학생이 다른 학생을 가르칠 수 있는 기회를 제공해야 한다.
④ 학업 이외의 비학업적인 성취도 공개적으로 인정해야 한다.
⑤ 학생들에게 무엇을 배우고 어떻게 배우고 싶은지를 선택할 수 있는 권리를 제공해야 한다.
⑥ 학급의 이슈에 대해 의사결정을 할 수 있는 학생조정위원회를 만들어야 한다.
⑦ 학우들의 학업 성취에 관한 평가에 학생들을 참여시켜야 한다.

⑧ 학생들에게 다른 학생에게 개별 교사가 될 기회를 제공해야 한다.

⑨ 교사는 학업 혹은 학업 이외의 다른 주제를 이용하여 공개적으로 학생들과 면담해야 한다.

⑩ 교사는 학생들에게 소집단별 과제를 제공해야 한다.

⑪ 적절한 행동을 위한 지침을 만들 때 학생들의 지지를 구해야 한다.

⑫ 학습을 위한 팀을 조직하여 학생들의 참여율과 영향력, 그리고 학업 성취를 높임으로써 학급을 민주화시키는 잠재력을 신장시켜야 한다 (추병완, 2007 : 247~250).

학급회의는 통상 집단을 의식적인 의사결정 공동체로서 소집하기 때문에 학생들의 최선의 가치와 행동을 이끌어내고 강화시킬 수 있는 가장 중요한 지원 체제로서, 학급회의는 가치 교육의 주요한 전략기지이다. 또한 규칙의 판단, 감정, 행동의 습관이 일상적인 교실 생활에서 실천하는 부단한 과정이라는 인식이 필요하다.

셋째, 그동안 우리는 교과서에서 민주주의를 많이 접하면서도 구체적 교실 활동에서는 민주주의의 참여적 결정을 실험하고 실천해보는 학급회의가 형식에 그치는 경우가 많았다. 그러한 형식주의는 아동을 민주적 시민으로 교육하는 데 장애가 될 뿐 아니라, 도덕성의 정당화에 있어 허약함을 자초한다. 자라나는 세대들에게 시민사회의 한 구성원으로서 요구되는 도덕적 자질을 온전하게 가르칠 수 있는 기관은 가정과 사회를 매개하는 학교이다. 학교는 학생들의 공동의 도덕적 감각을 형성시키고 민주적 도덕성의 기반 구축에 핵심적인 역할을 한다. 바른 인성의 토대 위에서 모두의 복된 삶을 지향하는 인간을 기르고 나아가 바람직한 도덕공동체로서 사회를 창출해내기 위해 사려 깊고 책임 있는 민주시민으로서의 도덕성을 기르는 일이 도덕 교육의 과제이다.

민주사회가 기본 전제로 하는 시민성citizenship 함양을 위해 학교는 실제 민주주의를 연습하고 훈련하고 체험하는 곳이다. 민주적 시민성 함양을 위해 학교에서 이루어지는 학급회의는 학생들을 가능한 최상의 교실을 만드는 데 충실한 동반자로 만듦으로써 민주주의에 대한 경험을 하게 해준다. 그것은 새로운 활력을 불러일으키며, 학생들의 역할과 책임을 넓혀주는 동시에 본보기와 스승으로서 교사의 영향력을 높여준다. 그러한 과정에서 그것은 집단과 구성원 각자의 도덕적 성장을 촉진시킨다. 도덕적 공동체로서의 교실이 바로 그러한 지원구조의 하나이다.

넷째, 학교에서 이루어지는 규율들의 민주적 합의 도출을 원활하게 하기 위해서는 학급회의의 자치적 운영이 중요하다. 학급회의의 민주적 운영은 학생 개개인의 자치적 삶의 양식을 함양할 수 있을 뿐 아니라, 그것이 학교 전체의 자치적 운영으로 발전하고, 나아가 사회 전체의 민주시민적 삶의 양식에 학생들을 입문시키는 중요한 기능을 할 수 있다. 그리고 그것은 시민사회의 기반 형성에 중요한 주춧돌 역할을 할 것이다.

학급회의가 잘 운영되면 학교 전체의 학생회의도 잘 운영될 것이다. 학생들의 규칙 제정을 포함한 학생들의 민주적 의견을 수렴하고 실천함은 학생을 책임 있는 성인으로 성장시키는 시민 교육의 중요한 기제이다. 교과서적 도덕 교육이 실천력을 갖지 못하는 난점을 극복하는 데 학급회의는 중요한 도움을 줄 수 있다. 학교의 규칙이 자신의 행동을 통제하는 거추장스러운 부정적 규범이라는 불신을 줄이기 위해 구성원들의 자율적 참여와 민주적 결정 과정을 통해 규칙을 공동 구성할 때 규칙의 정당성은 더욱 커질 것이다.

다섯째, 규칙에 대한 민주적 합의를 원활하게 하는 데는 학급회의뿐 아니라 학교 전체의 민주적 분위기 형성이 중요하다. 자유롭고 공정한 민주적 분위기는 아동의 도덕성 형성에 중요한 환경적 요인이기에 교사나 교장은 학교운영에 있어 민주적 환경을 조성해야 한다. 특별활동이나 문화활동 등 학생들의 자치 문화를 자유롭게 함으로써 동료들 사이에 공동체 문화가 싹틀 것이다. 관료주의와 권위주의적 학교 문화는 학생들의 열린 도덕성 발달에 중대한 장애요인으로 작용하는 닫힌 문화이다. 그러므로 일선 현장의 교사와 교장은 학생들이 공동체의 일원이 되도록 노력해야 하며, 자신들의 권위를 지위나 강압에 의해서가 아니라 지혜, 정의로운 절차에 대한 민주적 신념과 태도, 그리고 학생들의 존경심을 통해 확보해야 한다.

강압적 교사 중심의 학급운영이 아니라, 학급 구성원 모두의 참여를 통해 주인의식과 공동체 의식을 갖게 할 수 있는 담임교사의 역할은 막중하다. 교사의 민주적 지도력은 학급회의를 통한 도덕적 정당화에 매우 중요한 역할을 한다. 물리적 권위로써 학생들을 제압하는 것이 아니라, 내적 권위를 가진 교사가 학생들의 규율을 지도할 때 교사와 학생 간의 관계에는 새로운 신뢰가 형성될 것이다. 이때 교사는 학생들이 중요한 책임을 지도록 하는 규칙으로 유도할 수 있는 도덕적 권위를 발휘해야 한다.

여섯째, 학급회의의 참여적 결정과 민주적 참여가 갖는 실천적 의미를 위해 교무회의나 학교운영위원회, 이사회 등이 민주화되고 활성화되어야 한다. 민주적 시민은 한순간에 형성되는 것이 아니라, 일상생활 속에서 오랜 시간을 통해 형성된다는 사실을 유념해야 한다. 학교이사회나 학교운영위는 각 학급이나 학교 문제에 대한 조언이나 생각을 나눌 수 있는 민주적 제도가 되어야 한다. 학생들의 규칙 합의와 현실의 공동체가 요구하는 규칙과 갈등할 때 학교운영위원회는 중요한 역할을 할 수 있다. 가상의 인위적 공동체인 학급은 기성의 지역공동체의 전통적 요소와 일치하지 않는 부분이 많기에 합의할 수 있는 의사소통의 통로가 항상 열려 있도록 해야 한다. 불일치가 클수록 교육주체들 사이의 대화가 매우 긴요하다. 교사(구세대)의 규칙과 아이들(신세대)의 규칙이 갈등할 때 조정의 힘이 생길 수 있다. 필요한 경우학생 대표가 학교운영위나 교사회의에 참여하여 자신들의 집단적 의견을 투명하고 민주적으로 표출하는 기회를 제공함으로써 더불어 사는 공동체를 이루는 근간이 될 것이다.

일곱째, 교실 활동을 통한 규칙의 제정과 실천은 학교의 일차적 구성원인 교사와 학생의 권한을 확대하지 않으면 성공할 수가 없다. 따라서 이들에 대한 시민권적 권리의 보장이 법률적으로나 인식의 면에서나 획기적으로 변화해야 한다. 이 점에서 시민 교육으로서 인권 교육이 매우 긴요하다. 아동을 도덕적 주체자로 성장시키기 위해 교사는 아동의 인권 중 어떤 요소가 발달되어야 하는지를 알아야 하며, 이를 위한 인권 교육 프로그램 계획을 가지고 있어야 한다. 그렇게 해야만 실질적인 민주시민사회의 주춧돌을 놓을 수 있을 것이다.

# 14장

# 대화의 기능과
# 교실의 대화적 공간으로의 변화

## 1. 왜 대화인가?

우리 사회가 억압으로부터 탈출하여 어느 정도의 자유는 획득하였으나 아직 권위주의의 미청산으로 민주주의의 적극적 향유는 행사하지 못하고 있다. 이익갈등의 평화적 해결 능력은 아직 미숙하여 민주화에 걸맞는 민주시민으로 성장했다고는 볼 수 없다. 그래서 우리 사회는 여전히 과도기적 상황에 있다. 특히 민주화 이후의 민주주의가 진척이 잘 되지 않는 이유의 한 원인도 대화 능력의 부재에 있다. 경직된 학습 분위기, 토의·토론방법의 미숙, 타협에 대한 피해의식, 자기주장 방법에 대한 전략 결여, 다양한 토의·토론 방법에 대한 체험 기회의 부족, 공식적인 토론보다 비공식적 논의의 일반화, 논리적인 사고력 및 표현력 등이 미숙하다.

이러하기에 일상생활 속에서 대화 능력을 가진 민주시민의 양성이 무엇보다 시급하다. 문제가 발생할 경우 그것의 해결은 평화적 해결방식인 대화의 능력밖에 없다. 대화의 능력은 민주주의 사회의 기본으로서, 민주시민의 자격을 갖추기 위해서는 대화의 능력을 갖추어야 한다. 문제를 폭력으로서 해결하지 않고 대화를 통해 합리적으로 해결하는 것이 민주사회의 구현에 매우 적실히 요청된다. 특히 도덕 교육에 있어 도덕적 문제의 발생시 일방적 잔소리나 훈계를 통해 해결하기보다 차분한 설득과 이해를 통해 해결하는 기술과 태도가 필요하다. 그렇게 할 때 폭력 없는 사회의 건설이 가능할 것이다. 이런 문제 속에서 본 논문은 대화의 다양한 기능과 유형, 대화의 특징과 윤리, 그리고 이를 바탕으로 한 도덕 교육의 실천적 공간으로서 교실의 위상에 대해 논구한다.


## 2. 대화의 일반적 특징

대화는 일종의 사회적 행동으로서 일정한 규칙에 따라 전개된다. 대화의 형식적 특징은 의사소통 행위에서 중요한 정보를 제공할 수 있다. 만일 아동과의 대화 형식이 대화의 형식에 부합하지 않는다면 교사는 아동과의 대화 행위 자체를 검토하는 작업부터 시작해야 할지 모른다. 대화의 화제로 등장 가능한 내용은 표현할 수 있는 모든 것이라고 해도 과언이 아니다. 사람들은 다음과 같은 말을 대화거리로 삼는다(박성희, 2006 : 83-85).

① 대화에 참여하는 사람이 표현하는 거의 모든 내용은 사실상 그 초점이 자신, 대화 파트너 그리고 대화가 이루어지는 상황에서 벗어나지 않는다.

② 사람들은 세상의 모든 것들이 연결 관계에 있고, 인과의 고리에 얽혀 있다고 믿는다.

③ 사람들의 심리적 에너지는 자기 자신에게 쏠려 있다.

④ 모든 이름 또는 개념은 항상 대조되는 개념을 바탕으로 형성된다.

⑤ 대화는 말로만 이루어지는 것이 아니라, 입은 물론 신체의 여러 부분들도 대화의 과정에 동참하고 의사소통의 통로 역할을 한다.

⑥ 대화는 의미의 진공 속에서 이루어지는 것이 아니고, 각자의 고유한 삶의 역사가 있고, 인생을 보는 개별화된 방식이 있다.

⑦ 대화하는 상대방이 누구인가, 상대방의 대화법이 어떤가에 따라 같은 개인의 대화에도 변화가 발생한다.

⑧ 사람은 되먹임feedback을 통해서 자기의 행동을 관찰하고 자기가 하는 일, 자기가 느끼는 감정, 자기가 선택한 반응들에 대해서 알 수 있다. 자기의 행위를 해석할 수 있는 것이 되먹임을 통해서 가능한 것과 마찬가지로 다른 사람의 의사소통 행위도 되먹임을 통해서만 알 수 있다.

⑨ 대화에 열중하다 보면 대화의 전체 맥락과 방향을 잃어버리고 지나치게 작은 것에 집착할 때가 있다. 나무에만 신경을 쓰다가 숲을 보지 못하는 잘못을 저지르는 것이다. 이를 염두에 두고 대화의 큰 맥을 유지하면서 순간의 화제에 몰입할 수 있다면 이상적 대화가 이루어질 것이다.

## 3. 대화의 다양한 기능

인간은 타고나면서부터 사회적 동물이다. 여기서 사회란 사람 사이의 접촉을 의미하며, 그 접촉은 주로 말로 이루어진다. 그런데 사람 사이의 접촉수단으로서 말은 곧 대화이다. 대화의 방식은 목적에 다양하지만 채팅을 하거나, 논박하거나, 협상을 하는 등 여러 형식의 의사소통 방식을 취한다. 대화는 세계에 대해, 우리 자신에 대해, 그리고 서로에 대해 더 충분히 파악하기 위하여 계속적으로 발달해가는 소통의 상호교환 과정이다. 인간 존재의 본질은 대화적이며, 그것은 모든 사람이 구현해야 하는 진정한 잠재력이다(Bernstein, 1986 : 65, 113). 대화는 관계로서의 대화, 소통으로서의 대화, 교육으로서의 대화로 나누어 그 기능을 생각해볼 수 있다.

### 1) '관계'의 기능

관계relation로서의 대화는 상대를 포함하는 것이고, 개인을 전적으로 통제하거나 지시하는 것이 아닌 상호작용의 정신 속에 따라가는 것이다. 대화는 두 사람이 서로에게 말하는 것이지만 그리스어 어원은 그 이상의 의미를 말해주고 있다. 즉, dia+logue의 'dia'는 '사이에' '넘어서' '통하여'의 뜻으로 두 사람을 넘어 '걸쳐 있고' '연결되어 있다'는 의미이고, dia+logue의 'logos'는 말이나 언어뿐 아니라 '생각', '이성' 그리고 '판단'으로 사용되기에 서로에게 말해진 그 이상의 무엇으로 '관계'와 '관계성'의 의미를 지니고 있다(Burbules, 1993 : 15).[1] 이

---

1) 로고스의 개념은 타당성 요청에 대한 협의된, 관계적 위상을 말해준다. 의미와 진리가 초월적 준거에 있는 것이 아니라, 실패할 가능성도 있지만 사람 사이의 이해와 동의의 노력

렇게 어원학적으로 대화는 두 사람 사이에, 두 사람을 넘어서, 두 사람을 관통하는 소통이다.

의사소통적 대화는 형식적 언어인 'langue'가 아니라, 담론인 'parole'의 현상으로 보아야 한다. 그것은 맥락과 변화하는 목적에 잘 반응하는 인간의 기본적 실천이다. 대화는 따로 떨어져 이루어지는 것이 아니라 '가로지르는' 것이다. 이렇게 대화는 상당히 '긴장된 관계성'을 보이고 있다. 이런 인식이라면 효과적인 대화는 참여자들의 특별한 관계를 확립하고 유지하는 데 달려 있다. 대화는 대체로 일정한 형식의 특성을 요구하지만 그것에 구속되는 것은 아니다. 대화에 있어 상호작용의 형식을 뒷받침하고 형성하는 것은 참여자가 서로 존중하는 태도이며, 정서이면서 기대로서, 대화 과정 그 자체에 의미가 있다. 이것은 부분적으로 논의가 진행되어갈 때 상호작용의 '역동성'에서 나온다. 오랜 시간에 걸쳐 대화를 유지하는 것은 가까운 화제에 대해 활발하게 상호교류를 하는 것이다.

### 2) '소통'의 기능

인간은 소통communication에 의해 살아가고, 우리가 생각하는 많은 실천들은 우리를 소통시키는 방식, 즉 언어, 이성, 도덕성, 사회조직 등의 파생물로 정의할 수 있다. 대화는 소통의 한 형식이고, 두 사람 또 그 이상의 사람 간의 면대면 상호작용을 하는 것이다. 대화는 구체적으로 언어적 · 이성적 · 도덕적 · 사회조직적 소통이 중심에 있다.

첫째, '언어적 소통'의 수단인 대화의 문자적 형식은 언어로 구성되

---

을 통해 실천적으로 달성하는 것에 있다.

지만, 그 대화 속에 원초적 운동이 작동한다. 즉, 언어적 소통은 '말의 내적 대화'이다.[2] 언어는 대화의 수단이면서 동시에 그것의 결과이며, 우리의 목소리를 확인하면서 불가피하게 우리는 타인의 반응을 듣게 된다.

둘째, '이성적 소통'은 인간의 합리적 활동을 이루어진다. 이성적 소통 능력은 어린 시절부터 타인과 함께 소통된 상호작용을 통해 내면화된 것에 의해 만들어진다. 안내하고, 설명하고, 질문하고, 논박함으로서 대화의 소통은 시작된다.[3]

셋째, '도덕적 소통'은 대화를 통해 상대에 대한 관여, 존중, 관심이 표현된다. 이것은 기본적으로 존중해야 할 타인의 관점을 고려하는 평등의 정신과 개방의 태도를 함의한다(Burbules, 1993 : 12). 대화적 소통 능력은 도덕적 존재로서 자아의 개념과 기본적으로 연결되어 있고, 이 개념 속에 자주 대화 자체의 윤리적 명령을 지니고 있다.

넷째, '사회조직적 소통'은 정치, 특히 민주주의와 밀접한 관련을 맺고 있다. 듀이는 일찍이 민주주의를 옹호하면서 이는 정치형태가 아니라 평등, 존중, 공적 담론 등에 근거한 사회적 조직에 기초해야 함을 주창하였다.[4] 민주주의란 공동의 관심사에 대해 집단 내에서 집단을

---

2) 언어는 기본적으로 대화적이다. 분명 우리는 타인과 말을 할 때 언어를 사용하며 창조해 간다. 우리의 언어는 새로운 사용을 통해 이전에 사용한 것과 결합되어 새 것과 옛 것의 구성물로 이루어진다. 각각의 언설에 결합된 문구, 슬로건, 격언, 그리고 함의의 망들은 이전의 대화에서 보여준 동의와 부동의의 역사에 함유된 것이다.

3) 이성적 대화는 사고를 위한 우리의 능력, 특히 문제를 해결하고, 결론을 향해 민감하게 생각하고, 경쟁적 고려들에 대해 무게 중심을 두고, 합당한 행동과정을 선택하는 능력과 밀접하게 연관되어 있다. 우리는 복잡하고 어려운 과정을 거쳐 스스로에게 지시하지만 종종 아이들에게 큰 소리로 말을 한다. 그런데 사람은 합당하게 될 수 있는 능력을 갖게 되면 말을 건네거나, 생각을 하거나 행동을 하며, 그것에 어떻게 반응하는지 등 사회적 환경에 의해 영향을 받는다.

4) 일반적으로 민주주의란 넓은 의미에서 서로 다른 개인과 집단이 이슈에 대한 대치적 입

넘어 공개적 의사소통을 원활하게 하는 과정이다. 사회적 관점에서 볼 때 사회조직적 소통은 협상, 협동, 상호관용, 공동의 이익 추구, 그리고 갈등의 비폭력적 해결의 관계를 확립하는 것이다.

### 3) '교육'의 기능

대화는 참여자들의 지식과 통찰이나 감수성을 증진시키는 발견과 새로운 이해를 향한 '교육적pedagogical' 활동이다. 어떤 경우 대화에는 특정 질문이나 이미 구성된 통찰을 서로 소통하는 의도된 목표가 있을 수 있다. 그러나 또 다른 경우 대화의 참여자 아무도 대화가 어디로 가고 있는지, 또는 대화가 성공적인지 아닌지를 정확히 모를 수 있다. 대화의 참여자들은 자기 자신을 개방하고, 자신과 다른 관점에 접하게 됨으로써 서로 가르치고 서로 배우는 교육적인 관계를 맺는다.

만약 우리가 대화와 그것이 갖는 이점을 과정 지향적 접근에 통해 바라본다면 대화가 불확실한 측면이 있다고 하더라도 그것은 '교육적으로 가치 있다'고 볼 수 있다. 대화가 특정의 목표를 가지고 시작한다면 소통적 상호작용의 역동성은 참여자로 하여금 그 목표를 변경하거나 포기하도록 할 수 있다. 이러하기에 '가르침'과 '배움'의 협소한 범주, 즉 교수자와 학습자를 이분법적으로 의도적으로 이화하는 기존의

---

장에 대해 학습하고 이해할 때 존재할 수 있고, 모든 집단에게 반드시 항상 동의와 합의가 도출되는 것은 아니지만, 충분히 타인의 관점을 파악하여 민주적 과정을 통해 결론에 도달할 수 있다. 이런 의미에서 대화는 민주주의의 필수불가결한 요소이다. 사회의 구성은 공적 영역 내에서 논의될 수 있는 다양한 관심들을 더욱 크게 하여 원활하게 하는 것이다. 이런 이상을 현재의 맥락에 적용해본다면 민족의 정체성과 같은 전통적 통일의 범주가 붕괴되는 상황에서 다양한 문화 속에 살고 있는 사람들 간의 '근접성'을 높여주는 방안으로서 모색될 수 있다.

5) 물론 대화 이외의 가치있는 교육적 소통은 교수(강의), 설명 등이 있다.

교육은 새로운 대화 방식에 잘 맞지 않는다.[5] 이 범주는 교사와 학생의 역할을 이항화하여 더 넓은 개발의 상호과정과는 대조되는 특정의 학습 결과를 추구하도록 한다(Rorty, 1979). 이는 또 다른 수업의 형태로서 '상호적 가르침'으로 명명된다. 단순히 새로운 정보를 제공하는 것이 아니라, 지식이 어떻게 만들어졌는지를 분명하게 이해하는 것을 촉진하는 데 관심을 둔다. 이것은 독립적이고 자율적인 학습자로서 발달시키기 위한 것이다. 교사의 중요한 역할과 학습자의 적극적이고 상대적 개념 사이에는 불필요한 대립은 존재하지 않는다.[6]

교사와 학생 사이라는 역할이 주어졌다고 하더라도 어떤 수직적인 관계를 상정하는 것이 아니라 비권위주의적이고 탈중심적 접근을 지지하는 것이 '교육으로서의 대화'이다. 대화에서의 참여자들은 모두 가르치고 모두 배운다. 교사와 학생 간의 대화라고 할지라도 가르치는 자와 배우는 자가 고정된 것은 아니다. 왜냐하면 대화는 어떤 객관적인 지식을 얻고자 하는 것이 아니라, 바로 대화를 나누고 있는 특정한 인간을 이해하고 그 인간의 성장을 목적으로 하고 있기 때문이다. 이렇게 대화는 서로를 이해하게 되고, 보살피며, 새로운 자아를 구성하는데 도움을 주며, 대화를 함으로써 각자를 인간적으로 성장하게 해주는 기능을 한다.

---

6) 현대의 인지심리학은 말이나 개념의 복잡한 관계를 포함하는 스키마schema, 즉 인지구조에 의해 지식을 기억 속에서 구조화된다는 점을 강조하고 있다. 이런 관점은 이해나 파악이 새로운 정보를 기존의 인지구조에 통합하거나 새로운 정보에 비추어서 인지구조를 변경하는 것을 말해준다. 이와 같이 구성주의 지식 이론과 함께 이해의 인지구조적 모델은 '발판 설정scaffolding'으로서 가르침의 이념을 등장시켰다.

## 4. 대화의 다양한 유형

대화의 형식은 단 하나의 방법만에 의해 이루어지지 않는다. 일상적 활동에서의 대화 초기에는 담소로 시작되지만 차츰 탐구와 토론으로 발전한다. 교실의 대화 상황에서 초기에는 교수와 강의를 중심으로 시작되지만 탐구와 토론, 나아가 담론으로 발전할 수 있다.

### 1) '담소'로서의 대화

담소conversation로서의 대화는 사람이 만나는 순간, 그 공간에서 어떤 특별한 목적 없이 가볍게 주고받으면서 엮어가는 대화이다. 사람은 편안하게 대화 상대자의 견해와 경험을 이해하면서 대화에 참여한다. 이런 대화는 일상생활에서 보여주는 '가벼운 대화'로서 어떤 특정한 질문이나 문제에 대한 대답이라기보다는 상호주관적인 이해가 우선시 되며, 보다 개방적인 논의를 포함한다. 그런데 이 대화는 대안적 관점에 대한 동감과 관용의 정신에 의해 지도되기 때문에 협동적·관용적 정신과 상호 이해 등 어느 정도 가장 중요한 '의사소통적 덕'을 표현하지만, 반드시 동의나 차이의 화해를 모색하려고 하지 않는다. 이런 측면에서 담소로서의 대화는 포괄적이지만 발산적이다. 편안하게 진행되는 담소로서의 대화에는 대화 상대와의 심리정서적 분위기 형성이 매우 중요하다.

### 2) '교수'로서의 대화

교수instruction로서의 대화는 연속적이고 인도적인 질문을 통해서 교사가 이미 염두에 두고 있는 결론에 한 사람 혹은 보다 많은 참여자들을 끌어당기는 대화의 유형이다. 교수로서의 대화는 한쪽이 다른 쪽의 생각이나 행동을 움직이게 하기 위해서 말을 하고, 응답을 기대하는 대화이다. 즉 '시키는 대화'로서 강의식 교수이다.

교수적 대화의 전략은 예측, 질문 만들기, 요약, 명료화이다. 교수적 대화는 열린 탐구의 가능성에 제한을 가할 수 있다. 이 대화는 비판적이면서 동시에 수렴적이다. 그렇지만 분명 조종적이고 지나치게 일방적인 경향이 있다. 이런 비정상적 대화를 하는 교실은 교사가 학습자를 대상화하고 지식을 사물화한다. 대답을 기계적으로 하는 대화는 비정상적 대화이다. 기계적 대화는 조작된 의사소통이다. 아동이 탐구의 파트너가 아닌 교수의 대상으로 취급됨에 따라 아동의 자기평가는 위태롭다. 반면 정상적 대화를 하는 교실은 교사와 학생 간에 공유된 관심이 있음을 의미하고, 따라서 서로 기꺼이 주고자 하고, 기꺼이 받고자 한다(Young, 2003 : 166). 정상적 대화의 상황은 대화 중인 사람이 방해나 제약 없이 서로를 반성적으로 추론하고 느끼는 존재로 대우할 때이다. 학습자가 교수의 대상이 아니라, 교수의 파트너임을 확인한다. 정상적 대화는 대화의 상대자가 대화를 공동구성한다.

### 3) '탐구'로서의 대화

탐구inquiry로서의 대화는 특정한 문제에 대한 대답이나 해결, 특정한의 논쟁에 대한 화해를 지향하고, 모든 사람이 일치하는 결과를 낳고자 하는 대화의 유형이다. 한쪽이 무엇을 알아볼 목적으로 묻고, 거기에 대해 응답하는 대화가 있다. 즉 '묻는 대화'이다. 탐구로서의 대화는 새로운 지식의 추구, 도덕적 정치적 이슈에 대한 합의, 문제의 해결을 통해 고무된다. 이 대화 유형은 첫째, 이슈나 문제의 탐구를 포함한다. 둘째, 문제 해결을 포함한다. 셋째, 정치적 합의의 달성을 포함한다. 넷째, 어떤 공동의 목적을 달성하기 위한 조정적 행동을 포함한다. 다섯째, 도덕적 차이를 판결하는 것을 포함한다(Bulbules, 1993 : 117-118). 위의 다섯 가지 탐구로서의 대화 유형은 서로 밀접하게 연결되어 있으며, 포괄적이고 수렴적 특성이 있다.

### 4) '토의' 및 '토론'으로서의 대화

토의discussion는 어떤 사태(사물)에 대해 각자의 의견을 제시하고, 검토하는 활동으로서 논의에 참가한 사람들이 논제를 둘러싸고 여러 가지 의견을 말하며, 좋은 결론을 얻으려고 하는 대화의 형식이다. 토의는 주어진 문제에 해답을 찾아내는 데 의미가 있다. 반면 토론debate은 어떤 논제를 둘러싸고 여러 사람이 각자의 의견을 말하며, 상대방을 설득시키는 데 중점을 둔다. 토론은 사리의 본질을 따지며 상호 간의 논지의 극단까지 끌고 가는 특성이 있다. 토의가 문제에 대한 해결안 모색을 시도한다면, 토론은 토의를 통해 드러난 해결안에 대한 찬반 혹은 가부의 결정을 시도하며, 이기고 지는 경쟁적 논쟁을 불가피하게 수반한다. 토의는 집단구성원 개개인의 지혜와 능력을 최대한 발휘하며, 공동의 문제에 대하여 최선의 해결책을 모색하는 논의의 과정이기에 주로 문제 해결을 목적으로 하지만 주어진 문제 자체에 대한 이해와 인식을 좀 더 깊게 할 수 있으며, 이 과정에서 문제의 가치와 의미도 파악하게 된다.

반면 토론은 어떤 목적을 달성하기 위하여 두 사람 이상이 대면적 상황에 처하여 정보나 아이디어를 교환하는 대화의 과정으로서 대립을 전제로 하는 논쟁의 성격이 강하다. 한 가지 문제를 놓고 대립하는 집단 간에 실시하되 인원, 진행방식, 심사방법 등의 규칙을 준수하며, 문제 해결, 의사결정, 진리의 탐구를 목적으로 한다.

이렇게 보면 토론은 토의의 발전된 방식이라고 할 수 있다. 토의·토론 학습은 학생 중심의 학습 형태로서 교사와 학생 간, 학생 상호 간의 대화와 논쟁을 통한 집단사고 과정을 거친다. 즉, 공동의 문제에 대하여 집단성원의 지식과 경험을 교환하는 수단이며, 의도적인 활동이다.

토론으로서의 대화는 일치에 이르거나 공동의 대답을 발견하는 의사교환이라기보다는 어떤 입장들을 지지하고 반대하는 논쟁적인 참여를 통해서 입장들을 검토해본다. 어떤 문제에 대해 서로의 의견이 찬성과 반대로 갈라졌을 때에 어느 쪽이 옳은가를 결정짓는 대화이다.[7] 즉 '토론적 대화'로서 비판적이면서 동시에 발산적 성격이 강하다. 토론적 대화는 자신의 생각 또는 반대 이유를 찾아서 드러내고, 그 이유가 옳음을 설명하여 이해시키려고 노력하고, 상대방의 결론 이유가 왜 잘못되었는가를 지적하는 '생각의 충돌' 과정이 벌어진다(김병원, 2000 : 5).

원만한 토론은 규칙을 정하고, 형식을 갖추어서 규격을 갖추어야 한다. 그래야 '규칙이 있는 토론'이 될 수 있다. 규칙이 있는 토론은 첫째, 안건 상정, 이유와 설명, 반론 제기, 정리 등을 과정을 통해 토론의 승패를 정하는 형식이 있고, 둘째는 반대 쪽이 찬성 쪽 안건의 찬성결론 이유에 대해서 집중적으로 토론하는 형식이 있다. 이런 형식을 통한 토론의 과정이 결코 쉽지는 않지만 체계적이고 지속적인 연습만 하

---

7) 토론적 대화는 진행과정에서는 주어진 현안에 대해여 회의 참가자의 난상 토의를 거쳐 해결안을 모색하고, 다시 해결안을 놓고 가부 간에 진지한 토론을 벌여 최종안을 확정한다.

면 누구나 토론 내용 전개의 규칙을 잘 지키면서 토론할 수 있다.

### 5) '담론'으로서의 대화

담론discourse은 아무렇게나 교환되는 말이 아니라, 사람 사이에 합리적 숙고가 이루어지는 의미 있는 대화를 통해 이루어진다. 그러므로 그것은 단순히 혼자 중얼거리는 독백이 아니다. 대화 속에서 이루어지는 담론은 어떤 배경적 가정에 근거하여 계속 말해지고 쓰여진 모든 언표들이다. 말함과 글씀 등과 같은 언어가 가지는 모든 특징들이 대화적 삶의 사건으로서 담론이 된다. 이런 담론은 대상을 지향하며, 실체성을 밝히며 표현한다. 그러므로 담론은 '말하는 자에 의해' '듣는 자에 대하여' '무엇에 관해' '어떤 것을 말하는 것'으로 구성된다(김종문, 1996 : 50). 말이 쓰여진 문자나 텍스트 등은 담론의 표현을 은유하는 것이며, 일 · 노동 · 놀이 등은 행위를 은유하는 표현들이다. 텍스트의 논의와 행위의 표현들이 서로 짜여지며, 합성되는 과정의 상호작용 그 자체가 대화적 삶의 장이다.

어떤 의미 있는 방식으로 논리적인 고유한 탐구, 토론, 설명의 지속적인 질서정연한 형식을 갖춘 담론은 화자와 청자 사이에 이루어지는 가장 완전한 이해 합리적 동의 확보를 목적으로 하는 의사소통 행위 양식이라고 할 수 있다. 그것은 언어적 상호작용 속에서 '규범적 논증'을 실행하는 대화로서 사회적 과정 속에서 발생한다. 담론은 말과 언어를 통한 대화를 하면서 '해석'과 '논쟁'을 시도한다. 따라서 담론적 대화는 교육을 통해 익숙해진 사람들 사이에서만 효과적으로 진행될 수 있고, 합리적 의사소통을 통해 이상적 대화를 가능하게 한다. 담론은 관심과 욕구의 갈등을 해결하기 위한 협동적 상호작용 행위이다. 논쟁적 담론적 대화는 단순한 의사전달이나 견해의 교류만으로 이루어지는 것이 아니라, 상호주관성의 합치를 이루기 위해 심층적 논증을 하는 탐구의 과정이라고 할 수 있다.

이렇게 담론적 대화는 타당한 주장을 논증을 통해 규명하는 성찰적 대화이다. 이상적 의사소통에 도달하는 담론 구성은 '논증 argumentation'을 통해 가능하다. 이상적 의사소통의 가정은 더 나은 논변의 힘을 통하여 담론적 논변을 시도한다. 그러기에 담론은 관심과 이익의 갈등 상황에서 폭력이나 강제에 의해 해결하기보다는 논쟁적 담론의 비제한적이고 합의를 도출하는 힘에 의해 해결한다. 대화를 통한 논증과정은 합리적 증거 제시와 민주적 대화를 통해 도덕적 합의에 도달하는 끈기 있고 참을성 있는 과정을 필요로 한다.

담론의 대화 과정은 동시에 논변의 진행 과정에 보여지는 미묘의 심리적 긴장과 태도에 대해서도 민감하게 반응하며 논리를 진행해야 한다. 사태의 정의는 사태의 어떤 측면에 대한 특수한 돌발성을 예상하는 인지적 과정인 동시에 느낌의 과정에 의해 이루어진다. 그러므로 담론적 도덕적 결정은 공감과 친사회적 감정을 포함한다(심성보, 1999 : 312-313). 가끔 가장 먼 사람일 수도 있는 '이웃'의 운명에 대한 공감은 사회문화적 거리가 있는 경우 논의 참여자들이 기대하는 인지적 능력 발휘를 위한 필수적인 정서적 조건이다(Habermas, 황태연 역, 1997 : 250). 규범을 정초하고 적용하는 데 있어 인식작용과 감정적 자세를 통합하는 것은 모든 성숙한 도덕적 판단능력의 특징이다. 따라서 대화는 배려의 감정(Noddings, 1984)과 사랑(Freire, 1970)과 연결되어야 한다. 즉, 정서적 민주주의를 필요로 한다.

도덕적 담론은 도덕적 대화의 게임이 이루어지는 사회적 실천 언어이다(May, 1995 : 20). 도덕 교육에 있어 의사소통적 담론이 부각되는 이유는 단순히 외적 제재가 아니라, 아동 스스로 사회적 관점이 점점 더 성숙되면서 보다 복합적인 상호작용 체계 속에 참여할 수 있는 역할 행동이나 담론적 행동을 습득하기 때문이다(유병렬, 1991 : 301). 인간사회의 윤리가 형이상학적이고 선험적인 그 무엇으로부터 오는 것이 아니라 인간들의 욕구와 이익이 부딪히는 적나라한 삶의 세계로부터 발생되는 것이다. 규범에 영향을 받을 가능성이 있는 사람들이 자신과 상대방의 욕구를 진정으로 논의해보는 담론이라는 실질적인 의사소통구조를 통해서 이루어져야 한다. 담론의 윤리는 참여자들이 적어도 자기 자신의 특정 욕구뿐만 아니라, 타인의 욕구에 대해서도 보다 진실하게 해석할 수 있는 가능성, 즉 욕구 일반화의 가능성을 통해 합의에 도달할 수 있어야 한다. 사람은 사회적 관점이 가장 성숙할 때 이상적 담론의 형태를 통해 상호작용하고, 그에 필요한 의사소통 능력이 갖추어지기에 아동들이 담론 행위를 할 수 있는 대화 능력을 갖추도록 해야 한다.

## 5. 대화의 특성과 원리

대화는 다음과 같은 특수하고 다양한 특성을 드러낸다(Cissna & Anderson, 1994 : 13-15).

① 현존의 즉각성 : 지금, 여기라는 의사소통의 차원을 제안하는 것으로 대화는 대부분 참여자들에게 즉흥적이고 시연되지 않은 의사소통이

| 구 분 | 개 념 |
|---|---|
| 협 의 | 여러 사람이 특정 주제에 대해 대화를 하며 협력적 의논을 함 |
| 논 의 | 쟁점이 벌어질 일에 대해 서로 문의하고, 합의를 도모함 |
| 토 의 | 어떤 일에 대해 각자의 의견을 제시하며 검토하고 논의를 함 |
| 토 론 | 어떤 논제를 둘러싸고 여러 사람이 각각 의견을 제시하며 토의함 |
| 담 론 | 말이나 글로써 타당한 주장을 논증을 통해 규명하는 성찰적 대화 |

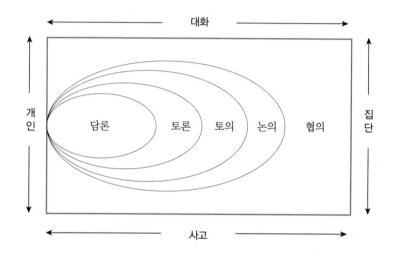

일어난다.

② 예기치 않은 결과의 출현 : 대화의 조건은 완전하게 예측할 수 없는 의
사소통을 일으킨다.

③ 낯선 타자성의 인정 : 대화는 우리 자신의 것이 아닌 어떤 입장의 기본
적인 낯섦과 친숙하지 않음에 기꺼이 놀라워하게 된다.

④ 협동적 지향 : 대화는 높은 수준에서 타자뿐만 아니라, 자아에 대한 관

심으로 특징지어진다.

⑤ 영향을 받기 쉬움 : 대화의 참여자들은 자신의 아이디어를 타인에게 개방하며, 타인의 아이디어로 인해 변할 가능성이 있다.

⑥ 상호적 함의 : 대화는 화자와 청중의 상호의존적 과정이며, 각자는 자기 자신, 타자, 그들의 말을 동시에 구성하게 된다.

⑦ 시간적 흐름 : 대화는 역사적인 계속성을 가정하며, 과거, 현재, 미래가 서로 연결되어 있는 과정이다.

⑧ 진실성과 진정성 : 대화의 기초는 정직을 기초로 한다.

이러한 대화의 성격과 특성을 숙지하면서 참다운 대화를 달성하기 위해 다음과 같은 기본적인 원리(원칙)을 준수해야 한다. 이 대화과정에는 또한 윤리적 원칙이 관통되고 있다.

### 1) 참여의 원리

대화에 무엇을 전제하여 진행되는 것이 아니라 참여의 정신 속에서 점차 발생하는 것이다. 대화가 가능하기 위해서는 대화 참여자들이 상대방에 대한 존중, 흥미, 관심이 있어야 한다. 대화는 둘 혹은 그 이상의 사람들이 참여하는 대화에서 그 결론이 어떻게 날지 알 수 없고, 누가 옳은지 그른지를 판단하기가 쉽지 않다. 그러나 결론이 날 때까지 참여자 모두가 소외되지 않고 대화에 직접 참여하게 해야 한다. 그렇게 함으로써 세계, 자기 자신, 서로에 대해 보다 충분하게 이해하게 되고, 그러한 이해가 그들 자신을 변화시킨다.

## 2) 경청의 원리

소통적 대화를 위해서는 교사가 말하는 것과 마찬가지로 '듣는 것'을 배우는 것이 중요하다. 사실 교사들은 주로 지시나 명령 형태의 말을 많이 사용하게 된다. 그런데 만약 교사들의 태도가 지나치게 권위적이고 지시적이라면 아동들은 교사가 자신들과는 다르다는 선입견이 생길 것이고, 무조건적으로 교사들의 말을 듣고 따라야 한다고 생각하고 그 결과 수동적인 존재가 될 수도 있다. 따라서 능동적으로 아동이 대화에 참여하고 자신을 드러내 보일 수 있게 하기 위해서는 아동들이 교사들로부터 공감할 수 있는 자세를 배워야 한다.

## 3) 상호성의 원리

의사소통적 관계의 대화는 상호존중과 관심의 태도 속에서 이루어져야 하고, 전문가의 특권을 당연시해서는 안 된다. 대화는 관계이기 때문에 관계를 가능하게 하는 소통적 상호작용의 질을 유지하고, 조건을 유지하는 것은 모든 상대방의 관심을 갖게 해야 한다. 대화적 관계의 역동성은 가역적·성찰적이어야 한다. 상호성을 위해 서로에 대한 생각을 경청하고 인내하는 태도가 필요하다.

## 4) 신뢰의 원리

대화가 잘 이루어지기 위해서는 무엇보다도 상대방에 대한 신뢰와 믿음이 필수적이다. 학생들이 진솔하고 적극적인 자세로, 편안한 마음으로 대화에 참여할 수 있게 하기 위해서는 교실에서 아동들이 서로 신뢰할 수 있는 대화를 하기 위해 교사들의 태도가 중요하다. 교사와 아동, 아동과 아동 사이의 신뢰와 믿음을 구축하기 위해 교사는 보살피는 태도를 보여야 하고, 매 순간 아동들을 보살피는 자로서 역할을 수행해야 한다. 그리고 교사와 학생 간에 신뢰가 형성될 수 있을 정도로 충분히 서로에 대해서 알 수 있는 시간이 요구된다.

### 5) 헌신의 원리

대화의 참여자는 대화에 헌신해야 한다. 대화를 가능하게 하기 위해서는 대화 참여자들의 태도, 관계, 가치, 정서가 무엇보다 중요하다. 참된 대화를 위해서는 대화에 임하는 사람들이 어떤 고정된 하나의 목표를 가지고 있는 분석적 추론과는 달리 대화의 상대자에 대해 깊은 관심을 기울일 수 있는 상호 간의 추론을 위한 능력을 지니고 있어야 한다. 뿐만 아니라 그들 사이에 서로 따뜻한 배려해주는 헌신적인 활동이 필요하다. 교사가 아동에 가져야 하는 관심은 아동이 어느 정도의 지적이해력을 향상시키는 것 못지않게 관심의 대상이 되는 아동이 얼마만큼 보살피는 능력이 있으며, 이를 향상시키기 위해서는 무엇이 필요하는지에 대해 민감하게 고민해야 한다.


## 6. 대화의 기법

아동과 대화를 잘하려면 무엇보다도 대화에 임하는 아동의 발달 수준과 마음 상태를 잘 알아야 한다. 아울러 아동이 자연스럽게 대화할 수 있는 분위기를 만들어주어야 한다. 아동과 대화할 때 유의해야 할 사항은 다음과 같다(박성희, 2006 : 86-90).

① 허용적인 대화의 분위기 조성 : 아동의 말문을 여는 중요한 요인의 하나가 대화 분위기다.

② 눈높이 맞추기 : 성인인 교사와 아동은 눈높이가 다르다.

③ 잘 들어주기 : 아동과 대화하다 보면 답답할 때가 많다. 교사가 대화에 피곤을 느끼면 대화를 다음으로 연기할지언정 대화를 하면서 아동의 말을 흘려듣는 일은 없어야 한다.

④ 보조 전략 활용하기 : 교사는 아동의 손금을 봐주면서 자연스럽게 아동에게 말을 걸고 대화를 시작한다. 손금 읽기뿐 아니라, 관상 보기, 놀이, 게임, 노래, 그림 등 아동이 관심을 보이는 활동이 보조 전략으로 사용될 수 있다.

⑤ 짧고 간결하게 말하기 : 교사가 아동들에게 말할 때는 짧고 간결하게 하는 것이 좋다.

⑥ 대화 내용 확인하기 : 대화를 하면서 이따금 아동이 교사의 말을 잘 이해하고 있는지 학인할 필요가 있다. 때로는 교사의 말이 이해되지 않으면서도 아동이 고개를 끄덕이거나 그냥 대화를 따라오는 경우가 있기 때문이다.

⑦ 나 메시지와 행동 메시지 사용하기 : 나를 주어로 한 메시지I-message는 자신의 생각이 생각이나 감정을 포현할 때 '나'를 주어로 삼음으로써 대화의 분위기를 부드럽게 하고, 상대방을 주어로 할 때 발생할 수 있는 위압감을 줄이는 대화 방식이다. 행동을 표현하는 행동 메시지Do-message는 상대방의 행동을 지적할 때 평가적 형용사를 사용하는 대신, 행동을 있는 그대로 기술해줌으로써 상대방을 자극하지 않는 대화방식이다. 나 메시지와 행동 메시지는 모두 상대방의 인격을 존중하는 말로서 부드럽고 우호적인 분위기에서 대화가 진행되는 것을 돕는다.

## 7. 대화 공간으로서의 교실의 변화

교실에서의 도덕적 대화는 담소, 토의 및 토론, 담론의 형식으로 이루어진다. 대화는 단순한 의사소통에 머물지 않고 도덕적 활동이 될 수 있다. 대화 참여자들이 도덕적 행위를 하지 않으면 대화는 이루어질 수 없다. 신페미니스트 윤리학자인 나딩스는 도덕 교육에서 대화를 필수적인 요소로 보고 있다. 대화는 서로에게 만족을 줄 수 있는 결론에 이르기 위해, 대화의 참가자들이 서로에게 따뜻한 배려를 하고, 동시에 그들 사이의 관계를 소중히 여기게 된다. 우리는 대화를 통해서 서로를 이해하고, 다른 사람들이 욕구를 만족시키기 위해서는 서로 서로 격려해주고, 도와주고, 인도해주고, 추종하는 등 관심을 갖는 것이다.[8] 학생들의 윤리적 이상을 고양시키기 위한 도덕 교육에서 상호 간의 이해와 신뢰를 형성하고, 의사를 교환할 수 있을 뿐 아니라, 상호 간의 배려를 지속할 수 있고, 배려하는 사람과 배려받는 사람이 함께 성찰할 수 있기 때문이다(박병춘, 2002 : 149).

이러한 대화의 특징은 여러 가지가 있지만, 도덕 교육에서 가장 중요한 대화의 형태는 성인과 학생들 간에 이루어지는 일상적인 대화, 즉 '담소'이다(Noddings, 1994 : 223). 학교에서 교사와 학생 간에 이루어지는 대부분의 대화는 교사들이 지시하는 형태, 즉 교수의 형식이기에 참다운 의미의 대화는 거의 이루어지지 않는다. 이러한 일상적 대화가 도덕적 의미와 가치 있는 도덕 교육 방법으로서 기능하려면 우선

---

8) 우리가 상대를 보살펴주기 위해 상대방이 우리에게 무엇을 원하는지 알아야 하고, 보살펴줄 사람에 대해서도 알아야 하기 때문에 그 사람을 이해하고 필요로 하는 것을 알기 위해서는 모든 종류의 의문, 정보, 관점, 그리고 태도를 전달해주는 대화가 필수적인 요소가 된다.

교사는 대화의 상대자인 학생들의 고통에 대해 관심과 동정심을 지닌 상태에서 응답하는 사람이어야 하고, 그리고 교사는 학생들을 반드시 배려해주고, 아이들과 대화하는 것을 즐거워해야 한다. 학생들은 자신들이 좋아하고 존경하는 선생님과 진정한 대화를 나눌 때 그 선생님을 모방하게 된다.

이러한 맥락에서 이루어진 대화에서는 비록 그 목적이 명시적으로 도덕교육을 위한 것은 아니라 할지라도 도덕적으로 연관된 문제들이 언급될 수 있다. 여기서는 대화 상대자가 대화의 주제나 내용보다 훨씬 더 중요하다. 대화자들은 대화의 목적이 상대를 이기기 위한 것이 아니기 때문에 이기기 위해서 경쟁할 필요가 없다. 일상적인 대화에서 대화의 상대자들은 서로 격려해주고, 도와줄 뿐만 아니라 서로 인도해주고 추종한다. 따라서 대화에서 가장 중요하고 관심을 두어야 할 것은 바로 '대화를 하는 사람들 간의 관계'이다. 담소로서의 대화는 먼저 대화의 내용에 대해서 개방적인 자세를 지녀야 한다. 대화는 미리 결론을 정할 필요가 없기 때문에 대화자들끼리 개방적이고, 자유로운 토론과 합의를 통해 결론을 도출할 수 있어야 한다. 담소로서의 대화는 자연스럽게 토론으로서 대화로 발전할 수 있는 것이다.

교실을 통한 형식적 도덕 수업은 적어도 담론의 형태를 취할 필요가 있다. 모방이나 감동을 통한 어떤 가치의 내면화도 중요하지만, 이런 방식은 도덕적 논의를 전개하는 담론이라는 전반적 틀 속에 통합되어야 한다. 가르침을 받는 대상들의 인지 발달이 높을수록 더욱 담론의 형식을 취해야 한다. 그래야 논증과 논변이 가능하다. 도덕적 가치를 포함한 어떤 신념이든 합리적 검토를 거치지 않는 것은 그것이 옳든 그르든 일단 하나의 편견일 수 있다. 도덕 수업 현장에서의 담론은 발표나 의견의 교류와는 구별되며, 타당한 주장을 논증을 통해 규명하는 '성찰적 대화'이다(유병렬, 1991 : 313-314).

그러므로 담론에 의한 도덕수업과정에서 주장을 내세우는 측은 자신의 주장에 대해 정당화의 근거를 제시하는 담론 내재적 의무를 실행해야 하며, 대화 상황에서 지켜야 할 담론의 규칙들이 또한 수용되고 적용되어야 한다.[9] 이 과정에서 진리 발견을 위한 협동적 노력과 보다 나은 주장의 힘이 제한 없이 받아들여지도록 학생들을 격려하고, 또 내면화되도록 해야 한다. 폭력과 위선과 기만이 아닌 언어에 담겨 있는 합리성의 힘이 동원되도록 해야 한다. 그리고 이렇게 담론을 통해 합의된 규범만이 진정 이성적으로 형성된 의지와 기만 없는 공동의 이해를 낳게 된다는 것을 학생들이 어려서부터 경험하도록 해야 한다. 또한 담론의 과정에서 학생들은 자신과 타인의 진정한 관심과 욕구가 무엇인지를 깊이 이해하도록 권장되어야 한다. 의사소통 행위는 이해에 도달하기 위한 행위이다. 도덕 수업은 겉으로 드러난 주장이나 행동 이면에 내재되어 있는 진정한 이유들을 통찰하는 힘을 어려서부터 기르는 과정으로 운영될 필요가 있다.

도덕적으로 옹호되는 규범은 강압으로부터 자유로운 대화를 통해 합의와 동의가 이루어지는 '소통의 윤리학communicative ethics'에 의해 정당화된다.[10] 합의와 동의를 중요시하는 소통적 윤리학은 '담론'의 형

---

9) **이상적 담론을 향한 의사소통과 대화의 특징**
　① 진술을 문법적으로, 분명하게 이해할 수 있도록 하라, 표현의 난해함을 피하라, 모호성을 피하라, 간략하게 말하라, 조리 있게 말하라(이해 가능성).
　② 경험이나 사실을 정확하게 표현하기 위해 명제의 내용을 선택하라(진리성).
　③ 언어의 표현이 의미하는 것을 정확하게 반영하도록 의도를 표현하라(진지성).
　④ 인정된 규범이나 수용된 자기 이미지를 만족시키는 방식으로 언어 행위를 수행하라(정직성).

식을 통해 말하는 의미와 가치에 대해 공개적으로 합의되는 과정을 중시하며, 소통적 윤리의 도덕적 정당화 방식은 세계에 동화(자연주의)되지 않고, 자신이 선호하는 진술로 동화(정서주의)되지도 않으면서 도덕적 판단의 인지적 합리적 요점을 옹호하는 방식이다. 소통의 윤리학은 양 극단을 피하면서도 동시에 양측의 논리적 소통과 심리적 소통을 모두 요청한다. 규범과 도덕의 타당성을 논박을 통해 정당성을 확보하는 도덕적 논변의 형식은 관계된 모든 참여자들이 실천적 담론의 과정에서 동의를 이루어가기 때문에 타당성이 있다고 할 수 있다.

대화는 상호작용이 일어나는 형식으로서 합당성의 소통적 개념과 밀접하게 연결되어 있다. 노딩스는 이를 '대인적 추리력interpersonal reasoning'이라고 명명한다(Noddings, 1991 : 157-169). 전제된 규칙에 따라 단계를 밟아 진행해 가는 논리수학적 추리와 달리 대인적 추리력은 개방적이고, 유연하고, 반응적이다. 이것은 어떤 특정의 결과를 넘어 '추리하는 사람의 관계'에 가치를 두는 태도에 의해 지도되며, 분리와 추상이 아닌 애착과 연결에 의해 특징 짓기에 대화 속에 발전된 이야기에 귀를 기울여야 한다.

위의 논의를 바탕으로 한 도덕 교육의 실천 공간으로서 교실은 어떤 위상을 갖는가? 그것을 우리는 다음과 같이 정리할 수 있을 것이다(고미숙, 2001과 2005 참조).

첫째, 도덕교육의 실천적이 이루어지는 교실은 대화의 과정뿐만 아니라 대화의 목적에 있어 '도덕적 과정'이 이루어지는 대화적 공간이

---

10) 하버마스와 벤하비브는 그것을 '의사소통적 윤리학communicative ethics'으로 명명한다. 더욱 추상적 수준에서 소통의 대화적 모델은 대체로 윤리이론의 기본으로서 위치해 왔고, 이것은 '담론윤리학discourse ethics'을 지배하는 근본적 원리이다.

다. 대화의 주요한 주도자인 교사는 직접적으로 대화에 참여할 뿐만 아니라, 학생들에게 지속적인 관심과 애정, 신뢰, 헌신을 보여주어야 한다. 동시에 학생들 각자는 타인을 이해하고, 다름에 대해 관용하고 수용할 수 있는 태도를 가져야 한다. 이런 태도는 모두 도덕적 가치이다. 우리가 만일 서로를 신뢰하지 않고, 관계를 맺지 않고, 이해하지 않고, 수용하지 않으면 대화 자체는 성립되지 않는다.

둘째, 도덕 교육의 실천의 장인 교실은 '자신의 본래적인 자아'를 찾아주는 공간이 되도록 해야 한다. 교사는 학생들이 끊임없이 타인과의 관계 속에서 자기 자신으로 돌아가도록 도움을 주어야 한다. 대화는 자기 자신을 실현해가는 과정이다. 내가 타인과의 관계 속에서 내 자신이 되는 것처럼, 타인은 나와의 관계 속에서 독특한 자기 자신이 된다.

셋째, 도덕 교육의 실천의 장인 교실은 학생들에게 '행복감'을 주는 공간이 되도록 해야 한다. 행복한 인간은 도덕적인 인간이 될 가능성이 높다. 행복한 학생은 타인을 위해 무엇인가 도움을 주고자 한다. 불행한 학생은 자신의 불행에 파묻혀 타인을 돌보고 배려할 겨를이 없다.

넷째, 도덕 교육의 실천의 장인 교실은 상대와의 대화를 통해 '의사소통적 덕'을 구현하는 공간이어야 한다. 차이의 존중, 경청의 자세, 실수 가능성을 인정하는 태도, 타인들에게 말할 기회를 주기 위한 자신의 억제, 자신을 정직하고 진실하게 표현하려는 성향 등을 실천되도록 한다.

다섯째, 도덕 교육의 실천의 장인 교실은 학생 스스로 자신의 도덕적 가치를 재검토하고 재구성할 수 있게 하는 기회의 공간이 되도록 해야 한다. 학생들은 수업시간에 교사로부터 여러 가지 도덕적 가치들을 배우지만, 이 가치들은 아직 내면화되지 못한 상태에 있다. 그러나 학생들은 자신과 다른 관점을 갖고 있는 친구들과의 대화를 통해 자신의 도덕적 가치들을 반성하고, 그러한 도덕적 가치가 자신의 삶과 어떤 연관성이 있는지를 검토할 수 있는 재구성의 기회를 갖도록 한다.

## 8. 대화를 통한 민주시민의 양성을 위해

대화가 만병통치약은 아니다. 그렇지만 갈등이 발생할 경우 합리적이고 평화적 문제 해결을 위한 실마리를 제공한다. 대화의 능력은 민주주의 사회의 민주시민이 지녀야 할 기본적 자질로서 함양되고 습득되어야 하는 가치이다. 지배와 억압이 아닌 대화는 민주주의의 기본으로서 민주시민으로서의 자질로서 대화 능력을 요구한다. 대화 학습은 학생 중심의 교수 · 학습 활동으로서 문제 해결력 및 의사소통 능력을 신장시키고, 민주시민으로서의 건전한 생활태도를 형성하는 데 도움이 된다.

친구 간에 벌어지는 사소한 다툼, 수업 속에 이루어지는 각종의 이슈 해결 등은 대화를 통해 문제를 해결할 때 인간관계가 원만해지며, 나아가 민주주의 발전이 가능할 것이다. 민주주의의 발전을 위해 토의와 토론 등 민주적 기능 능력의 훈련을 통해 공동체 구성원으로서 합리적인 문제 해결력 및 의사소통 능력을 신장시켜야 한다. 즉 타당한 논거, 근거의 제시를 통한 논리적인 사고활동, 다양한 대안의 설정 및 선택을 통한 합리적인 의사결정 과정 활동, 자기표현적 요소의 확충을 통한 명확한 의사전달, 상대방의 의견 존중 및 배려를 통한 타인존중의 태도, 토의 · 토론 기회의 확대 및 분위기 조성을 통한 자유로운 토론 풍토의 조성 등이 필요하다.

근본적으로 대화의 도덕 교육을 원활하게 하기 위해서는 교실의 일선 교사의 역할에만 머물지 않고 전체 학교의 분위기와 풍토, 즉 학교 문화를 변화시켜야 한다. 학교 문화를 정의롭고 배려적인 민주적 공동체로 변화시키는 노력과 함께 개별교사의 헌신적 대화 노력이 연동적으로 전개될 때 대화의 시너지 효과가 발휘될 것이다.

사람과 사람이 만나 관계를 만들어가는 데 있어 가장 근본이 되는 것은 의사소통이다. 아이들과의 관계에 있어서도 마찬가지다. 보다 나은 학급운영을 고민하고, 좀 더 괜찮은 수업을 고민하는 교사라면 한 번쯤, 아니 시시때때로 고민해보았을 아이들과의 의사소통 문제, 아이들과 잘 소통하기 위해 교사인 나는 어떠해야 하는지, 먼저 나로부터 고민해보자.

나는 과연 아이들에게 잘 다가가고 있는지, 나의 미숙함이 아이들과의 의사소통을 방해하고 있는 건 아닌지 돌아보는 데서부터 보다 원활한 의사소통은 가능해질 것이다. 교사는 훈시자도 전달자도 아니다. 동등한 인간 대 인간의 만남으로서 의사소통을 고민한다면 나의 언어방식부터 되돌아보아야 한다.

시대의 고통을 담지하는 교사는 주변의 교사와 진지한 대화를 나누어야 하고 의미 있는 담론을 교환할 수 있어야 한다. 학습은 도구적 목적을 넘어선 진정한 학습이어야 한다. 지속적 대화를 통해 자신의 경험을 넘어서는 지혜를 얻을 수 있다. 대화에 능숙한 교사야말로 학생들과 대화를 할 수 있는 물꼬를 틀 수 있고 이럴 때 교사와 학생의 진정한 만남이 가능하다.

이 시대의 진솔한 교사상은 아동에게 사랑과 자비를 나눌 수 있는 넘치는 마음을 간직할 수 있어야 하고, 이를 위해 수양이 필요하다. 그리고 사랑과 자비의 마음을 바탕으로 정의로운 벌을 내릴 때 참다운 교육공동체가 형성될 것이다.

| 도움받은 책 |

강순원(1997), 〈한국교육의 민영화에 관한 비판적 고찰〉, 《한신논문》 제14집, 한
　　신대학교.
───(2000), 〈신자유주의 교육이 우리의 대안인가?〉, 《초등 우리교육》 1월호.
강정인(1997), 《민주주의의 이해》. 서울 : 문학과 지성사.
고기순·정승민(2004), 〈홀리스틱 학습조직을 통한 학습사례 연구〉, 《한국홀리스
　　틱교육학회지》 제7권 제2호, pp.1-21.
고미숙(2001), 〈대화와 도덕교육〉, 《교육철학》 제26집, 한국교육철학회.
───(2005), 《대안적 도덕교육》, 서울 : 교육과학사.
구혜정(1991), 〈공교육 제도의 발달에 관한 사회학적 연구〉, 고려대학교 일반대학
　　원 석사학위논문.
김경동(2002), 〈시민사회사상사개관〉, 시민사회포럼·중앙일보시민사회연구소,
　　《시민사회와 시민운동》, 서울 : 아르케.
김경수(2000), 〈어린이의 시간과 공간 : 순응인가 아니면 생성적 변화인가〉, 《문
　　화과학》 21, 문화과학사.
김기석(1989), 〈유상중등교육의 팽창〉, 김신일(편), 《한국교육의 현단계》, 서울 :
　　교육과학사.
김기수(1997), 〈자유주의와 신자유주의에 관하여〉, 《한국교육연구》, 한국교육연
　　구소.
───(1998), 〈신자유주의 정책과 한국교육의 문제〉, 《교육정책 여름세미나 자
　　료집》, 한국교육연구소.
김기수(2000), 〈새 학교 문화 창조의 이념과 실제〉, 《교육철학》, 교육철학회.
김동춘(2000), 〈시민 교육〉, 《NGO란 무엇인가》, 아르케.
김병원(2000), 〈초등학교 토의토론의 지도방향〉, 《토의토론학습》, 경상북도교육
　　청.
김상무(1991), 〈교육민주화론에 대한 비판적 분석〉, 고려대학교 대학원 석사학위
　　논문.

김선구(1999), 《공동체주의와 교육》. 서울 : 학지사.

김성국(2000), 〈한국민주주의와 자기확대적 급진주의-국가-시민사회론을 중심으로〉, 민주주의 사회연구소 제 1회 정례연구발표회, 9월 23일.

김성열(1990), 〈교사중심 교육민주화운동과 그 쟁점〉, 《사회과학연구》 제2집, 경남대학교.

김수종(외)(2002), 《공동체란 무엇인가》, 서울 : 이학사.

김용일(1998),〈교육행정에서 공교육의 원리에 대한 재조명〉, 《교육학연구》 Vol.36, No.2, pp.99-125.

———(1999), 〈신자유주의 교육개혁의 성과와 한계〉, 《교육학연구》 Vol.37, No.3.

———(2000), 《위험한 실험 : 교육개혁의 정치학》, 서울 : 문음사.

김재웅(2000), 〈21세기 교육개혁과 교육정치학〉, 《교육정치학연구》 Vol.7, No.1.

김재춘(1999), 〈차이의 정치학의 교육적 함의〉, 한국교육정치학회, 《교육정치학연구》 Vol. 6, No.1.

김종문(1996), 《대화학습의 도덕교육》, 서울 : 교육과학사.

김진경(1997), 〈학교교육, 존재 자체의 위기 그리고 대안〉, 《교과교육》 11호, 서울 : 통일시대교육연구소.

김학한(1999), 〈학교에 대한 탈근대성과 탈학교론에 대한 비판적 검토〉, 《진보교육》 제4호, 진보교육연구소.

김호기(2001), 《한국의 시민사회》, 서울 : 아르케.

김호기·이광일(2000), 〈한국사회운동의 현황과 위상 : 노동운동과 시민운동의 새로운 과제〉, 한국학술단체협의회 편, 《전환시대의 한국사회》, 세명서관.

나병헌(2004), 〈학교교육의 위기와 공교육 이념의 재검토〉, 황원철 외 편, 《공교육 : 이념·제도·개혁》, 서울 : 원미사.

노종희(1996), 〈교육개혁을 위한 학교공동체 구축〉, 《교육행정학연구》, 제14권 제3호.

———(1998), 〈학교공동체의 개념적 분석과 그 구축전략〉, 《교육행정학연구》 제16권 제2호.

———(2003), 〈공교육 내실화를 위한 교육공동체적 접근〉, ER&D Network 제1회 교육지도자워크숍, 한국교육개발원.

도정일(2000), 〈시장 전체주의와 한국 인문학〉, 《비평》 02, 생각의 나무.

박부권(2002), 〈새로운 교육공동체의 조건과 과제〉, 교육공동체의 새로운 위상 정립을 위한 대토론회, 교육사회학회 기조발제문.

박병춘(2002), 《배려윤리와 도덕교육》, 서울 : 울력.

박세일(1995), 〈세계화시대의 교육을 위한 발상의 전환 : 규제에서 탈규제로〉, 나라정책연구회 편저, 《소비자 주권의 교육대개혁론》, 서울 : 길벗.

박세훈(1998), 〈교육에 있어서 시장경제적 논리 적용의 한계〉, 《초등교육연구》 Vol.13, No.2.

박성수(2000), 〈표면적 사유 또는 어린이 되기〉, 《문화과학》 21, 문화과학사.

박성희 외(2006), 〈대화의 심리와 대화기법〉, 한국초등상담교육학회(편), 《초등학교 생활지도와 상담》, 서울 : 학지사.

박재창 외(2007), 《민주시민 교육의 전략과 과제》. 오름.

박희연(2001), 〈초등학교 교육과정에서의 민주시민 교육연구〉, 《인간과 사회》 창간호. 경남초등도덕교육학회.

성병창(1998), 〈차터학교의 이해와 시사점〉, 《초등교육연구》 제13집, 부산교육대학교 초등교육연구소.

성열관(1998), 〈미국 교육체제 구조조정의 정치학〉, 《교육정치학연구》 Vol.5, No.1.

―――(2004), 《호모에코노미쿠스 시대의 교육》, 서울 : 문음사.

손호철(2000), 〈한국의 신자유주의와 민주주의〉, http : //members.tripod.lycos.co.kr/trie/ kor-new-demo.htm.

송기창(1999), 〈한국에서 사교육의 성장과 공교육의 위기〉, 한국교육연구소 창립 10주년 기념 학술대회, 사단법인 한국교육연구소.

송재룡(2001), 《포스트모던 시대와 공동체주의》, 서울 : 철학과 현실사.

심익섭(2004), 〈한국민주시민 교육의 기본논리〉, 《한국민주시민 교육론》, 서울 : 엠-이드.

심상용(2004), 〈시민단체의 민주시민 교육〉, 《한국민주시민 교육론》, 서울 : 엠-이드.

―――(2002나), 〈민주주의 교육〉, 《처음처럼》 7-8월호.

심성보(1995가), 《교육윤리학입문》, 서울 : 내일을 여는 책.

―――(1995나), 《전환시대의 교육사상》, 서울 : 학지사.

―――(1995다), 〈민주사회 건설을 위한 민주적 시민 교육 프로젝트의 구상〉, 부산교육연구소(편), 《삶과 교육 그리고 사회》, 서울 : 열린아트.

―――(1998), 《한국교육의 새로운 모색》, 서울 : 내일을 여는 책.

―――(1999), 《도덕교육의 담론》, 서울 : 학지사.

―――(2000가), 〈시장주의 교육정책의 한계와 참여민주주의적 대안〉, 한국교육

학회, 200년도 춘계학술대회, 6월 2일.

─────(2000나), 〈탈학교론과 공교육의 관계맺기〉, 《처음처럼》 1-2월호.

─────(2001), 〈신자유주의 교육개혁의 반공동체성과 민주적 공동체 교육의 요청〉, 《교육비평》, 여름 제4호.

─────(2002), 〈신자유주의 교육정책의 문제와 민주적 공동체교육의 모색〉, 《교육비평》 8호.

안이환(2006), 〈아동행동관찰과 학급집단의 아동〉, 한국초등상담교육학회(편), 《초등학교 생활지도와 상담》, 서울 : 학지사.

양승실(1999), 〈학교재구조화에 대한 이론적 · 실천적 논의〉, 한국교육정치학회, 《교육정치학연구》 Vol.6, No.1.

엄기형(2003), 〈교육공동체 형성을 위한 교육공동체 구성원의 역할 정립 방안〉, ER&D Network 제1회 교육지도자워크숍, 한국교육개발원.

오장미경(2003), 《여성노동운동과 시민권의 정치》, 서울 : 아르케.

오현철(2000), 〈민주주의의 새로운 패러다임 : 21세기 한국사회의 진로 모색〉, 학술단체협의회, 《전환시대의 한국사회》, 서울 : 세명서관.

유병열(1991), 〈도덕교육의 의사소통적 접근에 관한 연구〉, 《도덕국민윤리과교육》 제2집, 한국도덕국민윤리과교육학회.

유팔무 · 김호기 엮음(1995), 《시민사회와 시민운동》, 서울 : 한울.

유팔무(2000), 〈민주적 공교육체제의 모색〉, 《교육비평》 제2호, 서울 : 갈무리.

윤정일 · 윤홍주(1999), 〈교육민영화의 실현가능성과 한계〉, 《교육행정학연구》, Vol.17, No.1, pp.249-281.

윤종혁(1994), 〈근대 한.일 공교육 사상의 비교연구〉, 고려대학교 일반대학원 박사학위 논문.

이건만(1997), 《교육과 사회사상》, 서울 : 문음사.

이규환(1999), 〈한국공교육 체제의 평가와 전망〉, 한국교육연구소 창립 10주년 기념 학술대회, 사단법인 한국교육연구소.

이기범(2000), 〈제도교육의 재구조화를 위한 '좋은' 학교의 교육철학문화의 비교문화 연구〉, 《교육인류학연구》 3(3), pp.185-211.

이남석(1998), 〈차이의 정치학〉, 《정치비평》 4호(봄 · 여름호), 한국정치연구회.

이돈희(2000), 〈대전환기의 교육 패러다임 : 공교육 제도의 위기와 대응〉, 한국교육학회 2000년도 학술대회 기조강연문.

이병곤(2000), 〈영국의 교육개혁과 그 그늘〉, 《교육비평》 창간호.

이병환(2001), 〈국내외 대안교육의 모델 비교〉, 《지방교육경영》 제6권 2호.

이윤미(2008가), 〈현대교육에서의 공적 가치와 사적 자유 : 공적 가면의 형성과 해체〉, 《교육의 공적 가치와 사적 자유》, 한국교육사회학회 · 한국교육사학회.

─────(2008나), 〈이명박 정부의 교육정책에서의 실용과 이념의 이분법〉, 《이명박 정부의 교육정책에 대한 교육철학적 검토》, 2008년 교육철학회 · 한국교육사학회 춘계학술대회.

이차수(1998), 〈수요자 중심 교육개혁 논리의 타당성 검토〉, 《교육학연구》 Vol.36. No.2, pp.99-125.

이한(2000), 〈탈학교 운동은 공교육 바로잡기 운동이다〉, 《민들레》 통권 8호 3-4 월호.

이행봉(2000), 〈현대 민주주의 이론의 비판적 검토와 새로운 대안〉, 부산부마항쟁 기념사업회 주최, 《21세기 한국 민주주의의 미래》, 민주항쟁기념관 민주주의 사회연구소 제 1회심포지움 자료집, 10월 20일.

이혜영 외(1990), 〈공교육제도의 기원〉, 《교육이란 무엇인가》, 서울 : 한길사.

임혁백(2000), 《세계화시대의 민주주의》, 서울 : 나남.

임현식(1999), 〈수요자 중심 교육의 교육학적 타당성 분석〉, 《변화하는 교육패러 다임 : 교육철학 분석과 비판》, 교육철학회 연차학술대회.

정기섭(2004), 〈'좋은 학교'의 구성요소에 관한 연구〉, 《한독교육학연구》 Vol.2, pp.113-132.

정수복(1999), 〈제3의 길로서의 생태주의 패러다임 : 정치적 대안에서 문명사적 대안으로〉, 《현대사상》 7호, 서울 : 민음사.

정재걸(1998), 〈신자유주의와 전통적 자유의 개념〉, 《교육정책여름세미나 자료 집》, 한국교육연구소.

─────(1999), 〈한국에서의 공교육이란 존재하는가 : 공교육의 이념과 제도의 검 토〉, 《한국공교육체제의 평가와 전망》, 한국교육연구소 창립 10주년 기념 학 술대회, 사단법인 한국교육연구소.

정해구(2000), 〈한국민주주의의 현황과 과제〉, 《교육비평》 제2호, 서울 : 갈무리.

조상식(2008), 〈이명박 정부의 교육정책에 대한 비판적 소고〉, 《이명박 정부의 교 육정책에 대한 교육철학적 검토》, 2008년 교육철학회 · 한국교육사학회 춘계 학술대회.

조희연(2000), 〈한국의 시민사회단체의 역사, 현황과 전망〉, 《NGO란 무엇인가》. 서울 : 아르케.

조희연(2000), 〈한국 민주주의 전개의 구조와 쟁점 및 발전과제〉, 부산부마항쟁기 념사업회 주최, 《21세기 한국 민주주의의 미래》, 민주항쟁기념관 민주주의사회연구소 제 1회 심포지움 자료집, 10월 20일.

조형근(2000), 〈어린이(기) : 순수한 자기를 꿈꾸는 우리들의 초자아〉, 《문화과학》 21, 서울 : 문화과학사.

주철안(2001), 〈학교공동체이론의 탐색과 교육행정의 과제〉, 《지방교육경영》 제6권 2호.

──(2004), 〈문화관리자로서의 학교장〉, 윤정일 (외), 《교육리더십》, 서울 : 교육과학사.

주철안 외(1999), 〈교육수요자의 학교선택권 보장을 위한 학교체제 재구조화 연구〉, 교육부 정책연구보고서.

천보선(1999), 〈공동체의 위기와 학교붕괴(1)〉, 《진보교육》 제2호, 21세기 진보교육연구소.

천보선 · 김학한(1998), 《신자유주의와 한국교육의 진로》, 서울 : 한울.

최장집(1989), 〈민주화의 두 개념─절차적 민주주의와 실질적 민주주의〉, 《한국현대정치의 구조와 변화》, 서울 : 까치.

──(2000), 〈한국민주주의의 반성과 과제〉, 부산부마항쟁기념사업회 주최, 〈21세기 한국민주주의의 미래〉, 민주항쟁기념관 민주주의사회연구소 제1회 심포지움 자료집, 10월 20일.

──(2002), 《민주화 이후의 민주주의》, 서울 : 후마니타스.

──(2006), 《민주주의의 민주화》, 서울 : 후마니타스.

최협 외(2001), 《공동체의 현실과 전망》, 서울 : 선인.

최형익(2004), 〈한국의 사회구조와 청년주체의 위기〉, 《문화과학》 37, 서울 : 문화과학사.

추병완(1999), 〈봉사활동학습〉, 《도덕교육의 이해》, 서울 : 백의.

──(2004), 《한국민주시민 교육론》, 서울 : 엠-이드.

──(2007), 《도덕발달과 도덕교육》, 서울 : 하우.

한국초등상담당학회. 《초등학교 생활지도와 상담》, 서울 : 학지사.

한도현(2002), 〈예교의 사회원리와 시민윤리〉, 한형조(외), 《전통예교와 시민윤리》, 청계.

한숭희(1999), 〈신지식인으로서의 교사와 생태학적 교사조직〉, 《21세기 사회와 교육체제의 변화》, 한국교육연구소 여름정책 세미나.

허병기(2001), 〈학교의 학습공동체화 : 그 의미와 실현방안〉, 한국지방교육경영학회 연차대회 발표논문집.

허영식(2002), 〈한국의 시민 교육〉, 《현대사회의 변동과 시민 교육》, 서울 : 원미사.

홍성태(2000), 〈지식사회와 어린이〉, 《문화과학》 21, 서울 : 문화과학사.

持田榮一, 심임섭(편역)(1989), 《교육행정》, 서울 : 거름.

Akkari, A. & Perez, S.(2000), 'Education and Empowerment', Matheson, C. & D. Matheson, C.(eds)., *Educational Issues in the Learning Age*, London & Ney York : Continuum.

Allen,G.(1992), 'Active Citizenship : A Rationale for the Education of Citizens?', Allen, G. & Martin, I., *Education and Community: The Politics of Practice*, Cassell.

Apple, M.(1997), 'What Postmodernists Forget : Cultural Capital and Official Knowledge', Halsey, A. H.(et al.), *Education: Culture, Economy, Society*, Oxford.

───(1999), *Democratic School*, Open University Press.

Arthur, J.(2000), *Schools and Community*, Falmer Press.

Avineri, S.(1992), *Communitarianism and Individualism*, Oxford Univ. Press.

Peters, M. & Marshall, J.(1996), *Individualism and Community: Education and Social Policy in the Postmodern Condition*, Falmer Press.

Ball, S. J.(1994), *Education Reform: A Critical and Post-structural Approach*, Open University Press.

Barber, B.(1984), 《강한 민주주의》, 인간사랑.

───(1992), *An Aristocracy of Everyone: The Politics of Education and the Future of America*, Ballantine Books.

───(1995), 'The Future of Civil Scoiety', http : //civnet.org/civitas/barber.html.

Ball, S. J.(1994), *Education Reform: A Critical and Post-structural Approach*. Open University Press.

Battistoni, R. M. & Hudson, W. E.(eds.), *Experiencing Citizenship: Concepts and Models for Service Learning in Political Science*, AAHE.

Beck, J.(1998), *Morality and Citizenship in Education*, Cassell.

Beck, L. & Foster, W.(1999), *Administration and Community: Considering Challenges, Exploring Possibilities, Educational Administration*, Murphy & Louis, Jossey-Bass Publishers.

Becker, T. L. & Couto, R. A.(1996), *Teaching Democracy by Being Democratic*, Prager.

Benn, C.(1992), 'Common Education and the Radical Tradition', Rattansi & Reeder(eds.), *Rethinking Radical Education*, Lawrence & Wishart.

Bellamy, R.(1992), *Liberalism and Modern Society*, Polity Press.

Bendell, J.(1994), 'Parents who Choose to Educate their Children at Home'. Halstead, J. M.(ed.), *Parental Choice and Education*, Kogan Page.

Benhabib, S.(1996), 'Toward a Deliberative Model of Democratic Ligitimacy', Benhabib, S.(ed.), *Democracy and Difference*, Princeton University Press.

Benn, C.(1992), 'Common Education and the Radical Tradition', Rattansi & Reeder(eds.), *Rethinking Radical Education*, Lawrence & Wishart.

Bennett, W., 최홍규 역(1994), 《미덕의 책 》, 서울 : 평단문화사.

Berns, R. M.(2004), *Child · Family · School · Community*, Thomson.

Beresford, E.(1992), 'The Politics of Parental Involvement', Allen, G. and Martin, I.(eds.), *Education and Community*, Cassell.

Berin, I.(1969), *Four Essay on Liberty*, Oxford University Press.

Beyer, S. F.(1996), *Creating Democratic Classrooms*, Teachers College Press.

Biggs, D. & Porter, G.(1994), 'Parental Choice in the USA'. Halstead, J. M.(ed.), *Parental Choice and Education*, Kogan Page.

Biggs, D.(et al) (2000), 'Two Tracks to Citizenship in the USA', M. Leister, C. & S. *Modgil, Systems of Education*, Falmer Press.

Bloom, A., 이원희 역(1997), 《미국정신의 종말》, 서울 : 범양사.

Bottery, M.(1990), *The Morality of The School*, Cassell.

———(1992), *The Ethics of Educational Management*, Cassell.

Bowles, S. & Gintis, H., 이규환 역(1986), 《자본주의와 학교교육》, 서울 : 사계절.

Bowles, S. & Gintis, H.(1994), 'Broken Promises : School Reform in Retrospect', Sadovnik, A.(et als.), *Exploring Education*, Allan & Bacon.

Bridges, D.(1997), *Education, Autonomy and Democratic Citizenship*, Routledge.

Brookfield, S. D.(1999), *Discussion as a Way of Democratic Classroom*, Jossey-Bass Publishers.

Brown, P.(1994), 'Education and the Ideology of Parentocracy', Halstead, J.

M.(ed.), *Parental Choice and Education*, Kogan Page.

Burbules, N. C.(1993), *Dialogue in Teaching: Theory and Practice*, Teachers Colledge Press.

Burkimsher(1993), 'Creating a Climate for Citizenship Education in Schools', Edwards, J. & Fogelman, K.(eds), *Developing Citizenship in the Curriculum*, David Fulton.

Bution, H. W.(1989), *History of Education and Culture in America*, Prentice Hall.

Callan, E.(1997), *Creating Citizens: Political Education and Liberal Democracy*, Clarendon Press.

Carnie, F.(2003), *Alternative Approach to Education*, Routledge Falmer.

Carr, D.(2002), *Making Sense of Education Policy*, PCP.

Carr, W. & Hartnett, A.(1996), *Education and the Struruggle for Democracy: The Politics of Educational Ideas*, Open University Press.

Carspecken, P.(1991), 'Parental choice, Participaton and Working-class Culture', Education Group II Cultural Studies University Of Birmingham. *Education Limited*, London : Unwin Hyman.

Chubb, J. & Moe, T.(1990), *Politics, Markets and America's Schools*, Brookings Institution.

———(1997), 'Politics, Markets and the Organization of Schools', Halsy, A. H(et al.), *Education: Cuiture, Economy, Society*, Oxford. Univ. Press.

Cissna, K. N. & Anderson, R.(1994), 'Communication and the Ground of Dialogue', Anderson, Cissna & Arnett(eds.), *The Reach of Dialogue*, Hamton Press.

Clark, D.(1996), *School as Learning Communities*, Cassell.

Cleaver, H.(2000), http : // www.eco.utexas/faculty/Cleaver/index2.html.

Cohen, J.(1996), 'Procedule and Substance in Deliberative Democracy', Benhabib, S.(ed.), *Democracy and Difference*, Princeton University Press.

Cogan, J. & Derricott, R.(eds.)(2000), *Citizenship for the 21st Century: An International Perspective on Education*, Kogan Page.

Cookson, P. W.(1992), 'The Ideology of Consumership and the Coming Deregulation of the Public School system', Cookson, P. W.(ed.), *The Choice Controversy*, Corwin Press.

Cowen, R.(1997), 'Autonomy, citizenship, the market and education', Bridges, D.(ed.)(1997), *Education, Autonomy and Democratic Citizenship*, London & NY : Routledge.

Cremin, L.(1961), *The Transformation of the School*, New York : Random House.

Crittenden, J.(1992), *Beyond Individualism*, Oxford Press.

Cunat, M.(1996), 'Vision, Vitality and Values : advocating the Democartic Education', Beyor, L. E.(ed.), *Creating Democratic Classrooms*, Teachers College Press.

Davied, M.(1991), 'Comparison of Education Reform in Britain and the USA : a new era?', *International Studies in Sociology of Education*, Vol.11.

Davies, L.(1996), 〈교육적 개혁에 있어 보수주의와 급진주의〉, 《한국교육연구》 제3권 1호.

Davison, J. & Arthur, J.(2000), 'Education and Citizenship', Matheson, C. & D., *Educational Issues in the Learning Age*, Continuum.

Demaine, J.(1996), *Beyond Communitarianism: Citizenship, Politics and Education*, Macmillan Press.

Dewey, J.(1916/1966), *Democracy and Education*, N. Y. : Free Press.

──────이홍우 역(1993), 《민주주의와 교육》, 서울 : 교육과학사.

──────(1938/1966), *Experience and Education*, N.Y. : Colier Books.

Dougherty, K. J. & Dewey, J.(1968), *Problems of Men*, Greenwood Press.

Duska, R. & Whelan, M.(1975), *Moral Development: A Guide to Piaget and Kohlberg*, Paulist Press.

Edwards & Kelly(eds.)(1998), *Experience and Education: towards an alternative national curriculum*, P. C. P

Edwards, J. & Fogelman, K.(eds.)(1993), *Developing Citizenship in the Curriculum*, David Fulton.

Etzioni, A.(1993), *The Sprit of Community*, Simon and Schuster.

──────(1996a), 'The Responsive Community', *American Sociological Review*, Vol.61, no.1. pp.1-11.

──────(1996b), *The New Golden Rule: Community and Morality in a Democratic Society*, Basic Books.

Felce, J.(1993), *Citizenship and the other Cross-Curricular Themes: Economic and industrial understanding*, David Fulton Publishers.

Fogelman, K.(ed)(1993), *Citizenship in Schools*, David Fulton.

Grace, A.(1994), 'Education is a Public Good', Bridges, D. & McLaughlin, T.(eds.), *Education and Market Place*, Falmer Press.

———(1997), 'Politics, Markets, and Democratic Schools', Halsy, A. H(et al.), *Education: Culture, Economy, Society*, Oxford.

Feinberg(1991), 'Public Responsibility of Public Education'. *Journal of Philosophy of Education*.

Field, A. B. & Feinberg, W.(2001), *Education and Democratic Theory*, State University of New York Press.

Fielding, M.(1997), 'Power Emancipation or Enervation', Bridges, D.(ed.), *Education, Autonomy and Democratic Citizenship*, Routledge.

Flew, A.(1987), *Power to the Parents*, Sherwood Press.

Frankena, W.(1973), *Ethics*, New Jersey : Prentics Hall.

Frazer, N. Lacry, N.(1993), *The Politics of Community*, Harvester & Wheatsheaf.

Furman, G.(2003), *School as Community*, State University of New York Press.

Galston, W.(1989), 'Civic Education in the Liberal state', Rosenblum, N. L.(ed), *Liberalism and Moral Life*, Harvard.

Giddens, A.,임현진 외 역(1998), 《성찰적 근대화》, 서울 : 한울사.

———(2000), 'Citizenship Education in the Global Era', Pearce, N. & Hallgarten(eds.), *Tommorrow's citizens: Critical Debates in Citizenshipo and Education*, IPPR.

Goodlad, J.(1984), *A Place Called School*, N. Y. : McGraw Hill.

Grace, G.(1991), 'Expanding Public Education', Education Group II Cultural Studies University Of Birmingham, *Education Limited*, Unwin Hyman.

———(1994), 'Education is a Public Good', Bridges, D. & McLaughlin, T.(eds.), *Education and Market Place*, Falmer Press.

———(1997), 'Politics, Markets, and Democratic Schools'. Halsy, A. H(et al.), *Education: Culture, Economy, Society*, Oxford.

Grenn, C. L.(1988), *The Myth of the Common School*, University of Massachusetts Press.

Green, A.(1990), *Education and State Formation*, Macmillan.

──(1994), 'Postmodernism and State Education in Europe and Asia'. *Journal of Education Policy*, 9/1, pp.67-83.

──(1997), 'Educational Achievement in Centralized and Decentralized System'. Halsey, A. H. et al., *Education, Culture, Economy, Society*, Oxford.

Greenwood, C.(2001), 〈학교밖 교육의 등장과 학습원리, 21세기적 전망 : 영국의 사례〉, 서울시 대안교육센터.

Griffith, R.(1998), *Educational Citizenship and Independent Learning*, Jessica Kingsley Publishers.

Gutman, A.(1987), *Democratic Education*, Princeton University Press.

──민준기 역(1991), 《민주화와 교육》, 서울 : 을유문화사.

──(1991), 'What's the Use of Going to School', Sen, A. & Williams, B., *Utilitarianism and Beyond*, Cambridge Univ. Press.

Hargreaves, D. H. & Hopkins, D.(1991), *The Empowered School*, Cassell.

Hartley, D.(1995), 'The McDonaldlization of Higher Education', *Oxford Review of Education*, 21(4), pp.409-423.

Halstead, J. M.(1994), 'Parental Choice', J. M. Halstead(ed.), *Parental Choice and Education*, Kogan Page.

Halstead, J. M. & Pike, M. A.(2006), *Citizenship and Moral Education*, London & New York : Routledge.

Hamm, 김기수 외 역(1995), 《교육철학탐구》, 서울 : 교육과학사.

Harrison & Knight(1993), 'Cross-Curricularity', J. Edwards & K. Kogelman (eds.), *Developing Citizenship in the Curriculum*, David Fulton.

Hartley, D.(1995), 'The McDonaldlization of Higher Education', *Oxford Review of Education*, 21(4), pp.409-423.

Heather, D.(1990), *Citizenship: the civic ideal in world history, politics and education*, Longman.

──, 김해성 역(2007), 《시민교육의 역사》, 서울 : 한울아카데미.

Held, D., 안승국 역(1995), 〈자유주의적 민주주의론과 마르크스주의적 민주주의론〉, 《민주주의론강의》(1), 인간사랑.

Henderson & Hawthorne(2000), *Transformative Curriculum Leadership*, New Jersey : Prentice Hall.

Higgins, A.(1995), 'Educating for Justice and Community', Kurtines, W. M. &

Gewirtz, J. L.(eds.), *Moral Development*, Allyn & Bacon.

Higgins, Power, & Kohlberg, (1984), 'The Relationship of Moral Judgement to Judgement of Responsibility', Kurtines, W. M. & Gewirtz, J. L.(eds.), *Morality, Moral Development and Moral Behavior*, N.Y. : Wiley.

Hirsch, E. D.(1987), *Cultural Literacy*, Boston : Houghton.

Howard, H.(1991), 'Lawrence Kohlberg's Influence on Moral Education in Elementary School', Benninga, J. S., *Moral Character, and Civic Education in the Elementary School*, Teachers College Press.

Howard, H. & Kenny, R.(1992), 'Education for Democracy', Garrod, A.(ed.), *Learning for Life: Moral Education Theory and Practice*, Praeger.

Howe, R. B. & Covell, K.(2007), *Empowering Children: children's right education as pathway to citizenship*, Toronto : University of Toronto Press.

Hyland, T.(1998), 'Morality, Work and Competence : Social Values in Vocational Education and Training', Bridges, D.(ed.), *Education, Autonomy and Democratic Citizenship*, Routledge.

———(2000), 'Values and Studentship in Postcompulsory Education and Training', Leicester, M.(eds.), *Moral Education and Pluralism*. Falmer Press.

Ichilov, O.(ed)(1998), *Citizenship and Citizenship Education in a Changing World*, Woburn Press.

Jacoby, B. et al(eds.), 조용하 역(2008), 《대학교육과 봉사 학습》, 서울 : 학지사

Jaddaoui, N. H.(1996), 'Building Bridges toward Democracy', Beyor, L. E.(ed.), *Creating Democratic Classrooms*, Teachers College Press.

Jeffs, T.(1992), 'The State, Ideology and the Community School Movement', Allen, G. and Martin, I.(eds.), *Education and Community*, Cassell.

Johanek, M.(1992), 'Private Citizenship and School Choice', Cookson, P. W. (ed.), *The Choice Controversy*, Corwin Press.

Johnson, D.(1990), *Parental Choice in Education*, Unwin Hyman.

Johnson, R.(1991), 'My New Right Education', Education Group II. Cultural Studies University Of Birmingham, *Education Limited*, Unwin Hyman.

Jones, E. B. & Jones, N.(1992), *Education for Citizenship*, Kogan Page.

Jones, K.(1990), 'Citizenship in a women-friendly polity', *Signs*, 15, pp.781-812.

Karl, J.(1994), 'Parent Choice as National Policy in England and the United States', *Comparative Education Review*, vol.38, No.3.

Karabel, J. & Halsey, A. H., 강순원 역(1983), 《교육과 사회구조》, 서울 : 한울.

Karier, C. 심성보 외 역(1987), 《현대교육의 위기》, 서울 : 한길사.

Katz, M.(1968), *The Irony of Early School Reform*, Cambridge : Harvard University Press.

Kenway, J.(eds.)(1993), 'Marketing Education in the Postmodern Age'. *Education Policy*, Vol.8, No.2.

Kingdom, E.(1996), 'Gender and Citizenship Rights', Demaine, J.(ed.)(1996), *Beyond Communitarianism: Citizenship, Politics and Education*, Macmillan Press.

Kiziltan, M. U. et. al.(1990), 'Postmodern Condition : Rethinking Public Education', *Educational Theory*, Vol.35, No.1.

Kleinig, J.(1982), *Philosophical Issues in Education*, London : Croom Helm.

Kozol, J.(1932), *Savage Inequality: Children in Ameria's Schools*, New York : John Day.

Kymlicka, W.(1999), 'Education for citizenship', Halstead, J. M. & McLaughlin, T.(eds.) *Education in Morality*, London : Routledge.

Kymlicka, W. and Norman, W.(1994), 'Return of the citizen : a survey of recent work on citizenship theory', *Ethics*, 104, pp. 352-81.

Lickona, T. 추병완 외 역(1998), 《인격 교육론》, 서울 : 백의.

────(1991), 'An Integrated Approach to Character Development in the Elementary School Classroom', Benninga, J. S. *Moral Character, and Civic Education in the Elementary School*, Teachers College Press.

────(1992), 'Character Development in the Elementary School Classroom', Ryon, K. & Lickona, T., *Character Development in Schools and Beyond*, The Council For Research in Values and Philosophy.

Limage, L. J.(ed)(2001), *Democratization Education and Educating Democratic Citizens*, RoutledgeFalmer.

Lisman, C. D.(1998), *Toward a Civil Society: Civic Literacy and Service Learning*, Bergin & Garvey.

Lukes, S., 안승국 역(1995), 〈자유와 평등에 대한 개념적 재성찰〉, 《민주주의론강의》(1), 인간사랑.

Lynch, J.(1993), *Education for Citizenship in a Multi-Cultural Society*, Cassell.

Maehr, Martin, L. & Midgley, C.(1996), *Transformative School Cultures*, United Kingdom : Westminster Press.

Marshall, T. H.(1950), *Citizenship and Social Class and Other Essays*, Cambridge. UK : Cambridge University Press.

Martin, I. S.(1992), 'Community Education : LEAs and the Dilemas of Possessive Individualism', Allen, G. and Martin, I.(eds.), *Education and community*, Cassell.

Matheson & Dillow(2000), 'Education and Disempowerment', Matheson, C. & Matheson, D.(eds.), *Educational Issues in the Learning Age*, London & New York : Continuum.

May, T.(1995), *The Moral Theory of Poststructuralism*, Pennsylvania University Press.

McLaren, P.(2003), *Life in Schools,* Boston : Allyn & Bacon.

McLaughlin, T. H.(1992), 'Citizenship, Diversity and Education', *Journal of Moral Education*, 21(3), pp.235-50.

McLaughlin, T. H.(2003), 'School, Parents and the Community', Beck, J. & Earl, M.(eds.), *Key Issues in Secondary Education*, London & New York : Continuum

Miller, D.(1992), 'Community and Citizenship', Avinieri, S. & De-Shalit, A.(eds.), *Communitarianism and Individualism*, Oxford : Oxford University Press.

Monar, A., 심성보 외 역(1999), 《아동인격 교육론》, 인간사랑.

Mouffe, C.(ed.), *Dimensions of Radical Democracy*, London : Verso.

Mulhall, S. & Swift, A.(1992), *Liberals & Communitarianism*, Blackwell.

Muller, D., Ringer, F. & Simon, B.(1987), *The Rise of the Modern Educational System,* Cambridge Univ. Press.

Nisbett, R., 최인철 역(2004), 《생각의 지도》, 김영사.

Noddings, N.(1991), 'Stories in Dialogue : Caring and Interpersonal Reasoning', Witherell & Noddings(eds.), *Stories Lives Tell: Narrative and Dialogue in Education*, Teachers Colledge Press.

──────심성보 역(1999), 〈인격 교육과 공동체〉, 《아동인격 교육론》, 서울 : 인간사랑.

Nyberg, D., 고려대학교 교육사철학연구회 역(1996), 《교육의 잠식》, 서울 : 양서 원.

Okin, S. M.(1992), 'Women, Equality and Citizenship', *Queen's Quarterly*, 99, pp.56-71.

Oldfield, A.(1990), *Community and Citizenship*, Routledge.

Pahl, R.(1995), 'Friendly Society', *New Statesman & Society*, 10 March.

Parry & Moyser(1994), 'More participation, more democracy?', D. Beetham(ed.), *Defining and Measuring Democracy*, London : Sage.

Pateman, P.(1989), *The Disorder of Women*, Cambridge. UK : Polity Press.

Pearce, N. & Hallgarten, J.(2000), 'Citizenship Education : Framing the Debate', Pearce, N. & Hallgarten(eds.), *Tommorrow's citizens: Critical Debates in Citizenship and Education*, IPPR.

Peter, R. S.(1970), *Ethics and Education*, London : George Allen & Unwin LTD.

────이홍우 역(1983), 《윤리학과 교육》, 서울 : 교육과학사.

Peters, M. & Marshall, J.(1996), *Individualism and Community: Education and Social Policy in the Postmodern Condition*, Falmer Press.

Philips, A.(1991), *Engendering Democracy*, Cambridge. UK : Polity Press.

Phillips, J. A.(1997), 'Redesigning Instruction to Create Autonomous Learners and Thinkers', Bridges, D.(ed.), *Education, Autonomy and Democratic Citizenship*, Routledge

Phillips, M.(1999), 'What Makes Schools?', *American Educational Research Journal*, 34, pp.633-662.

Piaget, J.(1932/1965), *The Moral Judgement of the Child*, IL : Free Press.

────송명자 외 역(2000), 《아동의 도덕판단》, 울산 : UUP.

Postman, N., 차동춘 역(1999), 《교육의 종말》, 서울 : 문예출판사.

────(eds.), 송용의 외 역, 《21세기를 위한 학교와 교사》, 배영사신서 151.

Power, C., Higgins, A. & Kohlberg, L.(1989), 'The Habit of the Common life : Building Character Through Democratic Community Schoos', Nucci, L. P., *Moral Development and Character Education*, McCutchan Publishing Corporation.

Power, F. C. & Higgins, A. & Kohlberg, L.(1992), 'The Just Community Approach to Classroom Participation', Garrod, A.(ed.), *Learning for Life:*

*Moral Education Theory and Practice*, Praeger.

Power, C.(1988), 'The Just Community to Moral Education', *Journal of Moral Education*, 179(3), 195-208.

Power, C.(1991), *Democratic Schools and the Problem of Moral Authority*, Kurtines, W. M. & Gewirtz, J. L.(eds.), *Handbook of Moral Behavior and Development*, Vol. 3, New Jersey : Lawrence Erlbaum Associates.

Power, C., Higgins, A. & Kohlberg, L.(1989), *Lawrence Kohlberg's Approach to Moral Education*, N. Y. : Columbia University Press.

Quike, J.(1994), 'Individualism & Citizenship : Some problems and possibilities', *International Studies in Sociology of Education*, Vol.2, No.2.

Ranson, S.(1993), 'Markets or Democracy for Education', *British Journal of Educational Studies*, XXXI No.4, pp.334-340.

Ravitch, D.(1985), *The School We Deserve: Reflections on the Educational Crises of Our Times*, New York : Basic Books.

Rawls, J.(1971), *A Theory of Justice*, Cambridge : Harvard University Press.

Raywid, M. A.(1993), 'Community : an alternative School Accomplishment', Smith, G. A.(ed.), *Public Schools Work: Creating Community*, Routledge.

Reitzug, U. C. & O'Hair(2003), 'Tensions and Struggles in Moving Toward a Democratic School Community', Furman, G.(ed.), *School as Community*, State University of New York Press.

Retallick, J.(1999), 'Transforming Schools into Learning Communities', Retallick, J.(eds.). *Learning Communities in Education*, Routledge.

Rice, S.(1993), 'Teaching and Learning through Story and Dialogue'. *Educational Theory*, Vol.43, No.1.

Rimmerman, C. A.(1997), 'Teaching American Politics through Service, Education for Citizenship', Reeher, G. & Cammarano, J.(eds), *Education for Citizenship*, Rowman & Littlefield.

Ritzer, G., 김종덕 역(2000), 《맥도날드 그리고 맥도날드화》, 서울 : 시공사.

Rubin, B. C. & Silva, E. M.(2003), *Critical Voices in School Reform: Students Living through Change*, Routledge Falmer.

Ruth, J.(1997), 'Illusory Freedom : Liberalism, Education and the Market', *Journal of Philosophy of Education*, Vol.31, No.1.

Sadovnik, A. R. & Semel, S. F.(1998), 'Durkheim, Dewey and Progressive

Education', Walford, G. & Pickering, W. S. F.(eds.)(1998), *Durkheim and Modern Education*, Routledge.

Sadowsky, E.(1991), 'Democracy in the Elementary School : Learning by Doing', Benninga, J. S., *Moral Character, and Civic Education in the Elementary School*, Teachers College Press.

──(1992), 'Taking Part : Democracy in the Elementary School', Garrod, A.(ed.), *Learnnig for Life: Moral Education Theory and Practice*, Praeger.

Scheffler, I.(1973), *Reason and Teaching*, Indianapolis : Bobbs-Merrill.

Sehr, D. T.(1997), *Education for Public Democracy*, State University of New York Press.

Sergionvanni, T.(1992), *Moral Leadership: Getting to the Heart of School Reform*, San Fransico : Jossey-Bass.

──(1994), *Building Community in Schools*, Jossey-Bass Publishers.

──주철안 역(2004), 《학교 공동체 만들기》, 서울 : 에듀케어.

──(1999), 'The Story of Community', Retallick, J.(eds.), *Learning Communities in Education*, Routledge.

Sidorkin, A. M.(1999), *Beyond Discourse: Education, the Self and Dialogue*, State University of New York Press.

Silberman, C. S., 배영사 편집실 역(2004), 《교실의 위기》, 서울 : 배영사.

Skinner, Q.(1992), 'On justice, the common good and the priority of liberty', C. Soto, L. D. & Swadener, B. B.(eds.)(2005), *Power & Voice in Research with Children*, New York : PeterLang.

Sostre, L.(1992), 'Minerva and the Market : The sources of the Movement for School Choice', Cookson, P. W.(ed.), *The Choice Controversy*, Corwin Press.

Spring, J., 심성보 역(1985), 《교육과 인간해방》, 서울 : 사계절.

Starratt, R. J.(1994), *Building an Ethical School*, Falmer Press.

Steutel, J.(1991), 'Discipline, Internalization and Freedom', Spiecker, B. & Straughan, R.(eds.), *Freedom and Indoctrination in Education*, Cassell.

Stoll, L.(2003), 'School Culture and Improvement', Preddy, M., Glatter, R. & Wise, C.(eds.), *Strategic Leadership and Educational Improvement*, Open University.

Taylor, C.(1992), *Multiculturalism and the Politics of Recognition*, Princeton

University Press.

Tibbitts, F.(1997), 'Individualism, Collectivism and Education in Post-totalitarian Europe', Bridges, D.(ed.), *Education, Autonomy and Democratic Citizenship*, Routledge

Timmons, G.(1988), *Education, Industrialization, and Selection*, Routledge.

Tooley, J.(1997), 'Saving Education from the Lurching Steam Roller : the Democratic Virtues of Market in Education', Bridges, D.(ed.), *Education, Autonomy and Democratic Citizenship*, Routledge.

Tooley, J., 손준종 역(2004), 《국가가 필요없는 교육》, 서울 : 문음사.

Walford, G. & Pickering, W. S. F.(eds.)(1998), *Durkheim and Modern Education*, Routledge.

Walford, G.(1994), 'Weak Choice, Strong Choice, and the New Christian Schools', Halstead, J. M.(ed.), *Parental Choice and Education*, Kogan Page.

──────(1997), 'Diversity, Choice and Selection in England and Wales', *Education Administration Quarterly*, Vol.33, No.2(April).

──────(1998), 'Durkheim, Democracy and Diversity', Walford, G. & Pickering, W. S. F.(eds.), *Durkheim, Modern Education*, Routledge.

Walzer, M.(1983), *Spheres of Justice*, New York : Basic Books.

Warren, M.(1996), 'Deliberative democracy and authority', *American Political Science Review*, Vol.90, pp.46-60.

Weiner, Arnott & David(1997), 'is the future female? female success, male disadvantage and changing gender patterns in education', Halsey, A., Lauder, H., Brown, P. & Stuart Wells, A.(eds.), *Education, Culture, Economy and Society*, Oxford : Oxford University Press.

Wexler, P.(1993), 'Citizenship in the Semiotic Society', Turner(ed), *Theories of Modernity and Postmodernity*, Sage.

Whitaker, P.(1997), *Primary Schools and the Future*, Buckingham : Open University Press.

White, J.(1994), 'Education and the limits of the Market', Bridges, D. & McLaughlin, T.(eds.), *Education and Market Place*, Falmer Press.

──────(1996), 'Education and Nationality', *Journal of Philosophy of Education*, 30.

White, P.(1978), 'Education, Democracy and the Public Interest', Peters, R. S.(ed.), *The Philosophy of Education*, Oxford University Press.

───(1996), *Civic Virtues and Public Schooling: Educating Citizens for a Democratic Society*, Teachers College Press.

Whitty, G.(1989), 'The New Right and National Curriculum : State Control or Market Forces?', *Education Policy*, Vol.4, No.4.

───(1997가), 'Marketization, the State, and the Re-formation of the Teaching Profession', Halsy, A. H.(et,al.), *Education: Culture, Economy, Society*, Oxford.

───(1997나), 'School Autonomy and Parental Choice : Consumer Rights & Citizen Right in Education Policy in Britain', Bridges, D.(ed.), *Education, Autonomy and Democratic Citizenship*, Routledge.

Whitty, G., Halpin, D. & Power, S.(1998), *Devolution and Choice in Education:The School, the State, the Market*, Australim Council for Educational Reserch.

───이병곤 외 역(2000), 《학교, 국가 그리고 시장》, 서울 : 내일을 여는 책

Wills, P. 김찬호 외 역(1989), 《교육현장과 계급재생산》, 서울 : 민맥.

Wilcox, B.(2000), 'preface', Arthur, J.(2000), *Schools and Community*, Falmer Press.

Winch, C.(2000), *Education, Work and Social Capital*, Routledge.

Witte, J. F.(1992), 'Public Subsidies for Private Schools', Cookson, P. W.(ed.), *The Choice Controversy*, Corwin Press.

Wringe, C.(1994), 'Markets, Values and Education', Bridges, D. & McLaughlin, T.(eds.), *Education and Market Place*, Falmer Press.

Young, I. M.(1996), 'Communication and the Other', Benhabib, S.(ed.), *Democracy and Difference*, NJ : Princeton University Press.

Young, R.(2003), 이정화 · 이지헌 공역, 《하버마스의 비판이론과 담론교실》, 서울 : 우리교육.

# | 찾아보기 |